CONGRESSO EUROPEU
DE DIREITO DO TRABALHO

Comunicações apresentadas no Congresso
organizado pela *ELSA Nova Lisboa*
e pela *Faculdade de Direito da Universidade Nova de Lisboa*,
realizado nos dias 12, 13 e 14 de Abril de 2012

JOSÉ JOÃO ABRANTES
Coordenação científica

CONGRESSO EUROPEU DE DIREITO DO TRABALHO

Comunicações apresentadas no Congresso
organizado pela *ELSA Nova Lisboa*
e pela *Faculdade de Direito da Universidade Nova de Lisboa*,
realizado nos dias 12, 13 e 14 de Abril de 2012

CONGRESSO EUROPEU DE DIREITO DO TRABALHO
Comunicações apresentadas no Congresso organizado pela *ELSA Nova Lisboa* e *Faculdade de Direito da Universidade Nova de Lisboa*, realizado nos dias 12, 13 e 14 de Abril de 2012

AUTOR
JOSÉ JOÃO ABRANTES
EDITOR
EDIÇÕES ALMEDINA, S.A.
Rua Fernandes Tomás n.ºs 76, 78, 80
3000-167 Coimbra
Tel.: 239 851 904 · Fax: 239 851 901
www.almedina.net · editora@almedina.net
DESIGN DE CAPA
FBA.
PRÉ-IMPRESSÃO
EDIÇÕES ALMEDINA, S.A.
IMPRESSÃO E ACABAMENTO
PAPELMUNDE

Abril, 2014
DEPÓSITO LEGAL
374295/14

Apesar do cuidado e rigor colocados na elaboração da presente obra, devem os diplomas legais dela constantes ser sempre objecto de confirmação com as publicações oficiais.
Toda a reprodução desta obra, por fotocópia ou outro qualquer processo, sem prévia autorização escrita do Editor, é ilícita e passível de procedimento judicial contra o infractor.

 GRUPO**ALMEDINA**

BIBLIOTECA NACIONAL DE PORTUGAL – CATALOGAÇÃO NA PUBLICAÇÃO
CONGRESSO EUROPEU DE DIREITO DO TRABALHO,
Lisboa, 2012
Congresso Europeu de Direito do Trabalho / coord. José João Abrantes. – (Speed)
ISBN 978-972-40-5546-6
I – ABRANTES, José João, 1955-
CDU 349

ÍNDICE

I PAINEL

José João Abrantes, *A Constituição e as reformas laborais em curso*   13
Francisco Liberal Fernandes, *A Directiva n.º 1999/70/CE e a celebração do primeiro contrato a termo*   27
Luís Manuel Teles de Menezes Leitão, *A Precariedade: Um novo paradigma laboral?*   37

II PAINEL

Catherine Barnard, *UK dismissal law in the time of the crisis* . .   57
Edoardo Ales, *The Italian Reform of the Labour Market in a Growth Perspective*   75
Bernd Waas, *The capacity of trade unions to bargain collectively in Germany*   105
Robert Rebhahn, *Despedimento por razões económicas – um olhar comparativo sobre a Europa*   123

III PAINEL

Bernardo da Gama Lobo Xavier, *O despedimento colectivo* . . .   141
Catarina de Oliveira Carvalho, *Algumas reflexões sobre a relevância da dimensão da empresa no direito do trabalho*   165
Maria da Glória Leitão, *O novo paradigma do Direito do Trabalho – Que futuro para o Direito do Trabalho? Há Direito do Trabalho no futuro? Os desafios que enfrenta o Direito do Trabalho no séc. XXI, num mundo em mudança acelerada*   223
Rita Canas da Silva, *Discriminação laboral em função da idade* .   237
António José Moreira, *O poder disciplinar. A necessária caminhada para o Direito*   291

IV PAINEL

Leszek Mitrus, *Fixed – term employment in Poland*	309
György Kiss, *Current Challenges of Labour Law in Hungary* ...	327
Raluca Dimitriu, *Some aspects regarding precarious work. The Romanian case*	355

V PAINEL

Diogo Leote Nobre, *Revolução nas leis laborais – Qual revolução? Da teoria à prática nas alterações à legislação laboral em matéria de cessação de contrato de trabalho*	373
Joana Vasconcelos, *Insolvência do empregador e contrato de trabalho*	383
António Garcia Pereira, *Inefectividade das leis e justiça do trabalho*	405
Júlio Manuel Vieira Gomes, *Algumas novas questões sobre as cláusulas ou pactos de não concorrência em Direito do Trabalho*	433

VI PAINEL

Francis Kessler, *Transfer of undertakings*	469
Joaquín García Murcia, *El derecho del trabajo en España a la altura de 2012: Líneas de evolución y transformaciones recientes*	483

NOTA PRÉVIA

Organizado por um pequeno grupo de estudantes da Faculdade de Direito da UNL, sob a presidência do aluno do 4.º ano Sérgio Coimbra Henriques, com o apoio da Reitoria, da Faculdade de Direito, da Associação de Estudantes e da ELSA, e sob a coordenação científica do signatário da presente nota, decorreu nos dias 12, 13 e 14 de abril de 2012, na Reitoria da Universidade Nova, o Congresso Europeu de Direito do Trabalho, que contou, como oradores, com a quase totalidade dos doutores portugueses nessa área jurídica e um conjunto de convidados estrangeiros de grande qualidade, todos membros da European Labour Law Network e professores de algumas das mais prestigiadas Universidades europeias (Cambridge, Cassino-Roma, Frankfurt, Viena, Cracóvia, Budapeste, Bucareste, Paris-Sorbonne e Complutense-Madrid), para além de advogados e magistrados com nome consagrado no domínio juslaboral. Ao longo dos três dias do Congresso, foram discutidas as diversas alterações que o ramo do direito em questão tem vindo a sofrer face à actual conjuntura de crise e as suas implicações, numa perspetiva comparativa, que permitiu a reflexão sobre a pertinência e a adequação social dessas alterações e a forma como elas se enquadram (ou não) nos diversos ordenamentos europeus. O evento constituiu, sem margem para dúvidas, um enorme sucesso. Pessoas que há muitos anos participam neste tipo de iniciativas, quer portugueses quer estrangeiros, referenciaram-na como uma das melhores em que alguma vez estiveram e referiram tanto a qualidade das intervenções como dos debates que se lhe seguiram. Com a sessão de abertura presidida pela Vice-Reitora, Professora Maria Arménia Carrondo, em representação do Reitor, a presidência dos restantes painéis coube a Professores da casa (Professores João Caupers, José João Abrantes, Rui Pinto Duarte e Teresa Pizarro Beleza) e ainda a dois magistrados judiciais ligados a este ramo do direito (Conselheiro José António Mesquita e Desembargadora Maria Adelaide Domingos).

A forma como o evento decorreu serviu, além do mais, para demonstrar que, hoje, talvez até mais do que nunca, faz sentido continuar a discutir o direito do trabalho, que, num tempo em que o social tende, cada vez mais, a ser degradado num subproduto do económico, continua a ser um espaço privilegiado da tal *"luta pelo Direito"*, de que já falava Rudolf von Ihering, afinal a luta por um mundo *"mais livre, mais justo e mais fraterno"*, de que fala o preâmbulo da nossa Constituição de 1976. Por isso, as intervenções que tiveram lugar ao longo dos três dias do Congresso correspondem, desde logo, a um acto de cidadania e a uma forma de expressar preocupação pelo futuro do Estado Social. Mais uma razão para que a organização do Congresso se tivesse empenhado em dar à estampa essas intervenções, o que agora se faz, através deste número da Coleção SPEED, a cuja Direcção – muito em especial à Professora Helena Pereira de Melo – se deixa aqui um sentido agradecimento pela prontidão com que logo se disponibilizou a albergar esta iniciativa.

Deixa-se aqui uma chamada de atenção para o facto de que deverá entender-se que, salvo indicação em contrário, todos os textos se encontram actualizados à data de Abril de 2012.

Lisboa, FDUNL, 5 de julho de 2013

JOSÉ JOÃO ABRANTES
(Coordenador Científico do Congresso Europeu de Direito do Trabalho. Professor da Faculdade de Direito da UNL)

Congresso Europeu de Direito do Trabalho
Dia 12 de Abril de 2012

Coordenação Científica: Professor Doutor José João Abrantes

9:00 Registo dos participantes

9:30 Sessão de Abertura
Reitor da Universidade Nova de Lisboa Professor Doutor António Rendas,
Diretora da Faculdade de Direito Professora Doutora Teresa Pizarro Beleza,
Presidente do Conselho Científico Professor Doutor Rui Pinto Duarte,
Coordenador Científico Professor Doutor José João Abrantes,
Comissão Organizadora Sérgio Coimbra Henriques

I Painel

10:20 Professor Doutor José João Abrantes, Universidade Nova de Lisboa
A Constituição e as reformas laborais em curso

10:40 Professor Doutor Francisco Liberal Fernandes, Universidade do Porto
Questões de conformidade entre o direito nacional e o direito comunitário em matéria de contratos a termo

11:00 Debate

11:20 Coffee Break

11:35 Dr. Luís Miguel Monteiro, Morais Leitão, Galvão Telles, Soares da Silva
Direito do Trabalho que futuro?

11:55 Professor Doutor Luís Menezes Leitão, Universidade de Lisboa
Contrato a termo

12:15 Debate

II Painel

14:30 Professora Doutora Catherine Barnard, Universidade de Cambridge, Reino Unido
United Kingdom dismissal law - As leis do despedimento no Reino Unido

14:50 Professor Doutor Edoardo Ales, Universidade de Cassino, Itália
New dismissal law in Italy - Nova lei de despedimento italiana

15:10 Debate

15:30 Coffee Break

15:45 Professor Doutor Bernd Waas, Universidade de Frankfurt, Alemanha
Current challenges of German Labour Law - Atuais desafios do Direito Laboral Alemão

16:05 Professor Doutor Robert Rebhahn, Universidade de Viena, Áustria
Economic dismissal in a comparative view -
Despedimento por motivos económicos, uma perspetiva comparada

16:25 Debate

Com o apoio de

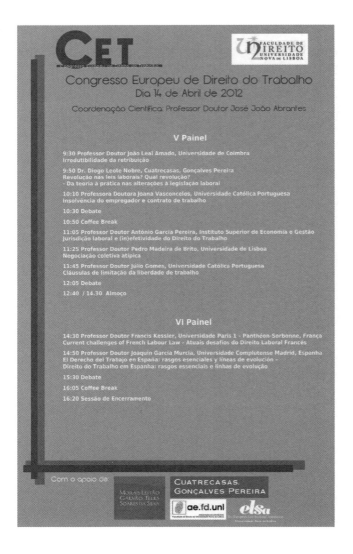

A CONSTITUIÇÃO
E AS REFORMAS LABORAIS EM CURSO*

JOSÉ JOÃO ABRANTES
Professor da Faculdade de Direito da Universidade Nova de Lisboa

1. Resultado de determinada evolução histórica, o direito do trabalho possui princípios especiais, afastando-se de certos dogmas contratualistas, de modo a proteger a parte contratual mais débil, e tendo como técnica específica a desigualdade jurídica em favor desse contraente.

Regulador de uma relação em que os direitos de uma das partes podem ser feitos perigar pelo maior poder económico e social da outra, o direito do trabalho formou-se historicamente como um direito de protecção dos trabalhadores assalariados. Foi o próprio desenvolvimento do capitalismo que, conduzindo à concentração daqueles trabalhadores e ao crescimento da sua força numérica, gerou as condições que lhes permitiram reclamar direitos que anteriormente não lhes eram reconhecidos e conduziu ao intervencionismo estadual e à autonomização de um novo ramo do direito, já que o direito comum dos contratos se mostrava completamente indiferente à "questão social".

Segundo as concepções jurídicas liberais, o patrão e o operário são pessoas livres e juridicamente iguais, podem negociar, voluntária e autonomamente, em perfeita igual-

---

* Sinopse dos principais pontos da intervenção do autor no Congresso Europeu de Direito do Trabalho, organizado pela ELSA – European Law Students' Association e realizado em Lisboa durante os dias 12, 13 e 14 de Abril de 2012.

dade, as condições da prestação de trabalho. Mas o que acontece, de facto, é que o segundo, não possuindo meios de produção, não pode assegurar a sua subsistência e do seu agregado familiar, a não ser que venda ao primeiro a única mercadoria de que pode dispor e de que este, por sua vez, precisa, que é a sua força de trabalho. O que significa que o trabalhador, não só está obrigado a negociar, como o terá de fazer nas condições impostas pelo mercado, o qual aparece determinado por uma elevadíssima taxa de desemprego, que torna impossível a obtenção de melhores salários e melhores condições de trabalho.

A desigualdade de facto entre patrões e operários faz o contrato "perder o aspecto contratual"[1] e vai levar à sujeição dos segundos à "ditadura contratual" dos primeiros[2].

O trabalhador exerce a sua "liberdade" de trabalho, submetendo-se às condições do patrão, sem hipóteses de as contrariar, até porque, em nome da igualdade, a ordem jurídica liberal proíbe as coligações, as associações e a greve – do que resulta a colocação frente a frente, isoladas, da oferta e da procura de trabalho segundo o funcionamento livre das leis do mercado, conduzindo directamente a um contrato em que o trabalhador mais não faz do que aceitar condições pré-fixadas pelo outro contraente, economicamente mais forte.

A ordem jurídica desconhece categorias económicas e pessoas concretas, ignora as desigualdades de facto, pára à porta da fábrica, no interior da qual é o sagrado direito

---

[1] Ruy ENNES ULRICH, *Legislação operária portuguesa* (1906), p. 444.
[2] Cfr. Vital MOREIRA, *A ordem jurídica do capitalismo* (1973), p. 77.

de propriedade que faz lei e que confere ao empresário o poder regulamentar do processo de trabalho.

Porque se afirma o princípio da igualdade perante a lei, não há leis específicas para o trabalho assalariado, o qual se rege única e exclusivamente pelo direito civil, onde os dogmas da autonomia da vontade e da liberdade contratual têm carácter absoluto, encarando-se a prestação de trabalho como o aluguer de uma mercadoria (a força de trabalho) como as outras.

Tal regime jurídico dá cobertura à servidão económica dos trabalhadores, com salários baixíssimos, a extensão da jornada de trabalho por 16 e mais horas, por vezes sem interrupção, tanto para homens, como para mulheres e crianças, deficientíssimas condições de higiene e salubridade dos locais de trabalho, vida degradada, morte prematura, etc.

Mas é, por seu turno, o próprio desenvolvimento do capitalismo, com a necessidade de concentrar grandes massas de trabalhadores, que viria a engendrar os factores determinantes da formação do direito do trabalho, surgido como reacção à incapacidade revelada pelo direito civil de fazer face à "questão operária". Sob a pressão das suas lutas, a ordem jurídica vai ser obrigada a emitir leis para a protecção dos trabalhadores e a reconhecer os sindicatos e o respectivo direito de celebrarem com as entidades patronais contratos aplicáveis aos trabalhadores por eles representados, bem como, posteriormente, as suas formas de luta. Quebra-se a pretensa neutralidade do Estado e abre-se todo um caminho de produção legislativa que vai levar ao direito laboral moderno, num processo que, iniciado timidamente em meados do séc. XIX, terá uma história sofrida, feita de sangue, suor e lágrimas.

Aspecto fulcral de toda a evolução posterior do direito do trabalho e que o conformará como ramo autónomo do direito é a desvalorização da autonomia privada individual e a valorização da autonomia colectiva, bem como a intervenção do Estado através de legislação social, esta procurando, no essencial, assegurar a igualdade substancial dos contraentes e a tutela do trabalhador, aquela operando a transferência das negociações "do plano individual para o dos grupos", o que representa, no fundo, "um regresso (...) ao contrato", corrigindo-se, assim, de algum modo, a situação em que era o empregador a impor sozinho as suas condições[3].

2. Os últimos anos têm assistido, em Portugal e em muitos outros países, a grandes mudanças na política legislativa do trabalho, naquilo que tem sido designado por "flexibilização" da legislação laboral. Nas últimas décadas, a ideia de *emprego* e a de *emprego com direitos* têm, de certa forma, aparecido contrapostas. Ao direito do trabalho, cuja preocupação maior deveria ser, já não a *segurança do emprego*, mas sim o próprio *emprego*, competiria, fundamentalmente, garantir a flexibilização e a diminuição dos custos laborais, se necessário mesmo à custa da própria estabilidade da relação e dos direitos dos trabalhadores. As correntes neoliberais são hoje, de facto, uma tentação das políticas de emprego e têm influenciado a própria União Europeia e outras instituições, como a OCDE e o Banco Mundial, atingindo mesmo a sua expressão mais acabada na célebre

---

[3] Cfr. Gérard LYON-CAEN, "Défense et illustration du contrat de travail", *Archives de Philosophie du Droit 1968*, p. 62 ss.

proposta do círculo de Kronberg "*mais mercado no direito do trabalho*", exprimindo, no fundo, a ideia de converter este ramo do direito numa mera formalização das leis do mercado.

Invocando a *desnecessidade de protecção do trabalhador* e a *rigidez das leis laborais*, preconizam o enfraquecimento dos direitos individuais e colectivos dos trabalhadores.

Ora, não só não é correcto responsabilizar as leis do trabalho pelo deficiente funcionamento do aparelho produtivo como não é verdade que a essência e a função social deste ramo do direito tenham perdido a razão de ser.

Se não se pode deixar de concordar com o que represente uma mera rectificação de dispositivos desnecessariamente rígidos ou uma mera adaptação de algumas normas legais a novos condicionalismos, que são em si perfeitamente compatíveis com a filosofia tradicional deste ramo do direito, já merecerá censura, segundo cremos, tudo o que conduza a uma subversão dos princípios e valores fundamentais da sua regulamentação jurídica tradicional, nomeadamente, tendo em conta aquela que, hoje, face à Constituição, deve ser a sua função social – uma função social, tal como é recortada por uma Lei Fundamental que tem como princípio basilar a dignidade da pessoa humana (art. 2.º) e para a qual das "tarefas fundamentais do Estado" fazem parte a promoção do bem-estar e qualidade de vida do povo e da igualdade real entre os portugueses, "bem como a efectivação dos direitos económicos, sociais, culturais e ambientais, mediante a transformação e modernização das estruturas económicas e sociais" [art. 9.º – alínea *d*)].

A Constituição parte de um conceito *humanista* da relação de trabalho, que assenta na necessidade de achar soluções que possam garantir tanto a liberdade de empresa como os direitos dos trabalhadores. O que lhe está subjacente é uma exigência de reconciliação entre o económico e o social, entre a eficácia produtiva e o reconhecimento das aspirações e dos direitos dos trabalhadores, até porque não pode haver aquela sem este, no fundo, para empregar a síntese feliz de um antigo PM francês, não pode haver "liberdade *de* empresa sem liberdade *na* empresa".

3. Na sequência do pedido de assistência financeira feito, há cerca de um ano, à Troika CE/FMI/BCE, do Memorandum de Entendimento assinado com a mesma em 17 de Maio de 2011 e do Compromisso para o Crescimento, Competitividade e Emprego, celebrado pelo Governo, a UGT e as associações patronais com assento na Comissão Permanente de Concertação Social em 18 de Janeiro deste ano, foi remetida à Assembleia da República a Proposta de Lei n.º 46/XII, contendo alterações substanciais ao Código do Trabalho, que viria a ser aprovada na generalidade há poucos dias, mais concretamente, no dia 30 de Março último.

Deixando de parte a exposição de motivos[4], concentremo-nos no essencial dessas alterações, o que, facilmente,

---

[4] A qual, só por si, também justificaria a nossa atenção. Para além de outros aspectos, faz-se aí, por exemplo, referência à flexisegurança, quando a proposta nada tem a ver com este conceito, o qual pressupõe que, em contrapartida da mobilidade no mercado laboral, haja políticas activas de emprego e formação profissional e uma elevada protecção no desemprego, para responder às necessidades dos que mudam de emprego ou abandonam temporariamente o mercado de trabalho. O adequado funcionamento desse modelo assenta num conjunto de

nos fará descortinar que o sentido do diploma obedece à lógica, que temos vindo a criticar, de que é preciso diminuir os custos laborais e os direitos de quem trabalha.

Isso é visível em qualquer das 4 áreas fundamentais abrangidas pela proposta – organização do tempo de trabalho, fiscalização das condições de trabalho, cessação do contrato de trabalho por motivos objectivos e regime aplicável aos instrumentos de regulamentação colectiva de trabalho.

É assim que, por exemplo, o banco de horas – que, actualmente, só pode ser instituído por contratação colectiva – passa a poder ser negociado directamente com o trabalhador ("banco de horas individual")[5] e em certas condições, se uma maioria dos trabalhadores de uma equipa, secção ou unidade económica o aceitar, poderá mesmo vir a ser imposto aos outros trabalhadores contra a sua vontade ("banco de horas grupal")[6].

Os acréscimos remuneratórios do trabalho suplementar são reduzidos para metade dos valores actuais[7] e é elimi-

---

pressupostos, como uma forte carga fiscal, geralmente bem aceite e culturalmente cumprida pela população, um montante elevado do PIB para as políticas do mercado laboral, subsídios de desemprego bastante generosos, elevada taxa de sindicalização, reformas do mercado de trabalho assentes num diálogo social efectivo entre os parceiros sociais, etc., não transponíveis para o nosso país (com grandes diferenças estruturais, económicas e culturais, por exemplo, relativamente ao que se passa na Dinamarca).

[5] Novo art. 208.º-A.

[6] Novo art. 208.º-B. A solução é, em nosso entender, de duvidosa constitucionalidade, face, pelo menos, ao disposto no art. 59.º, n.º 1, alínea b) da CRP.

[7] Novos arts. 268.º e 269.º

nado o descanso compensatório para o trabalho suplementar prestado em dia útil, de descanso semanal complementar ou feriado[8].

São eliminados 4 feriados (dois civis e dois religiosos)[9], bem como a majoração de 1 a 3 dias de férias em caso de inexistência de faltas injustificadas ou de um número reduzido de faltas justificadas[10]. Por outro lado, as empresas poderão encerrar para férias nas "pontes"[11] e retoma-se a velha norma da LFFF de 1976, que determina que a falta injustificada a um período normal de trabalho diário imediatamente anterior ou posterior a dia de descanso ou a feriado implica a perda de retribuição (também) relativamente a esse dia de descanso ou feriado[12].

No que respeita à fiscalização das condições de trabalho e comunicações à ACT, possibilita-se, em nome da desburocratização e dispensa de formalidades, a supressão de toda uma série de obrigações patronais que tinham por objectivo o controlo do cumprimento da lei e dos deveres patronais em matéria laboral[13].

---

[8] Novo art. 229.º

[9] Novo art. 234.º, n.º 1. Alega-se que o nosso país tem mais feriados do que a generalidade dos países europeus, o que está por demonstrar. Basta lembrar a Quinta-feira da Ascensão, a segunda-feira de Páscoa, o segundo dia de Natal (o "Boxing Day") e outros casos de feriados nalguns desses países, que o não são em Portugal.

[10] O que não deixa de ser curioso, quando, em 2003, essa majoração foi apontada como sendo uma das grandes medidas para a salvação da produtividade e da competitividade.

[11] Novo art. 242.º, n.º 2.

[12] Novo art. 256.º, n.º 3.

[13] V., por ex., em matéria de horário de trabalho, novos arts. 213.º, 216.º e 218.º

No despedimento por extinção do posto de trabalho, as empresas passam a ter maior liberdade para escolher quem vão despedir, pois caem os actuais critérios de selecção do posto a eliminar, *v.g*, de antiguidade, bastando agora que a empresa aplique "critérios relevantes e não discriminatórios" para o efeito[14]. Por sua vez, no que concerne ao despedimento por inadaptação, este passa a poder ocorrer mesmo sem alterações no posto de trabalho, criando-se, no fundo, um novo tipo de despedimento[15]. Quer naquela modalidade de despedimento quer nesta última, deixa igualmente de ser obrigatório para o empregador tentar colocar o trabalhador em causa noutro posto de trabalho compatível com a respectiva categoria.

Muitos outros aspectos poderiam ser trazidos à colação, como, por exemplo, a redução acentuada das compensações por despedimento, questões que levantam até dúvidas de constitucionalidade em matéria de contratação colectiva, etc.

Mas os exemplos apontados já chegam para demonstrar que se continua a apostar num modelo de flexibilidade identificada com a compressão de custos sociais e, consequentemente, reduzida à precarização dos vínculos laborais, à adaptabilidade dos horários de trabalho e à mobilidade.

Mais, aproveita-se a crise como oportunidade para retirar direitos sociais e proceder a um "ajuste de contas" com as conquistas dos trabalhadores ao longo das últimas décadas.

---

[14] Novo art. 368.º, n.º 2.
[15] Novo art. 375.º, n.º 2.

4. Ora, é mais do que evidente que essa não deverá ser a aposta. O remédio mais eficaz para o desemprego é antes o crescimento económico, que pressupõe uma melhor educação e formação profissional, melhor gestão das empresas, bem como políticas activas de emprego, de reconversão profissional e de protecção social. Não há, não pode haver, produtividade nem competitividade das empresas sem uma adequada organização e gestão das mesmas, sem progresso tecnológico, formação e valorização profissional, não podendo, obviamente, menosprezar-se a importância do factor humano, *v.g.* da motivação dos trabalhadores e do respeito pelos seus direitos, enquanto elemento essencial para o bem-estar e o dinamismo das empresas. Esses, sim, são os factores verdadeiramente decisivos para a produtividade.

A crise financeira que hoje assola a Europa é uma crise, também social, que claramente coloca a necessidade de o Velho Continente conceber políticas concretas que previnam o empobrecimento e corrijam as desigualdades sociais.

O grande desafio colocado ao direito do trabalho é a sua modernização e esta implica desde logo o repúdio das opções de política legislativa de cariz neo-liberal, que, tendo como matriz uma visão assente na desregulamentação das relações de trabalho e na subversão do sistema tradicional dessas relações, se caracterizam, de uma forma geral, pelo sacrifício, se necessário, de valores antes intangíveis, enquanto garantes de condições mínimas de trabalho. Fiel ao dogma do mercado, o neo-liberalismo defende o enfraquecimento do Estado na sua dimensão e nos seus fins, conduzindo tais ideias, no plano laboral, ao abandono do proteccionismo e ao regresso à plena autonomia da vontade e liberdade contratual. Uma tal concepção da pessoa humana, da sociedade e do Estado ignora, ao cabo e ao resto, que as liberdades colectivas dos assalariados e o estatuto de protecção do trabalhador são parte integrante da democracia moderna e que, no mercado, a anarquia e a ausência de regras beneficiam sempre os elos mais fortes da cadeia, maximizando as injustiças e o fosso entre os mais fortes e os menos favorecidos.

A verdade é que estamos face a um ramo do direito que ainda hoje se mantém fiel aos pressupostos, que estiveram na sua génese, de promoção da igualdade material e de protecção do contraente débil, que há muito mais de um século tão bem traduzidos foram no aforismo de que *"entre o fraco e o forte é a lei que liberta e a liberdade que oprime"*.

A lógica que preside à visão neoliberal assenta no primado do económico sobre o social, com as exigências de funcionamento do sistema produtivo a (tentar) fazer esquecer as exigências do respeito pelos direitos da pessoa humana, e concretamente do trabalhador.

O caminho para a transformação modernizadora da legislação laboral é, pois, outro. Passa por ligar o progresso social ao crescimento económico, por compatibilizar os direitos de quem trabalha com a capacidade de adaptação das empresas às exigências derivadas de uma cada vez maior competitividade. O grande desafio para o direito do trabalho é hoje o de reencontrar aquela que sempre foi a sua questão fundamental, a justiça social e a cidadania plena, isto é, uma cidadania, não apenas civil e política, mas também económica, social e cultural.

Não é esse, porém, o entendimento do Governo, que, custe o que custar, como tantas vezes repete, prossegue numa via que privilegia a diminuição dos custos laborais e a redução dos direitos dos trabalhadores, mesmo que para isso se viole a Constituição, como nos parece que acontece com algumas destas alterações agora introduzidas ao Código do Trabalho. De estranhar é que alguns juristas, nomeadamente constitucionalistas, digam, por estas ou outras palavras semelhantes, que o (único?) princípio a ter em conta é hoje o da necessidade, perante o qual todos os outros devem ceder, ou que a situação em que estamos justifica uma adaptação das normas constitucionais que limite o seu alcance garantístico. Não é, de facto, legítimo que, em nome do combate ao défice das contas públicas, se esqueça a Lei Fundamental e com ela o próprio Estado democrático de direito, que, como se disse, impõe a reconciliação entre eficácia produtiva e direitos dos trabalhadores, entre a liberdade *de* empresa e a liberdade *na* empresa[16].

Como diz a Constituição Pastoral *Gaudium et Spes*, "a pessoa humana é e deve ser o princípio, o sujeito e o fim de todas as instituições sociais" e "os progressos técnicos (…) podem proporcionar a base material para a promoção humana, mas, por si sós, de modo nenhum são capazes de a realizar".

---

[16] Ainda por cima, estamos hoje bem pior do que há um ano – quando o voto coligado das diversas oposições parlamentares, que, a uma só voz, proclamaram que o povo português não poderia suportar mais um PEC, derrubou o governo de então, provocando eleições antecipadas, que nos levaram ao novo ciclo político em que nos encontramos –, com uma situação económica e social, marcada por índices de desemprego e recessão nunca antes atingidos, que se agrava cada vez mais, sem que, infelizmente, se vislumbre saída a curto ou a médio prazo.

Nestes tempos de ultraliberalismo, é preciso, de facto, afirmar que há valores cuja prossecução não pode ser confiada ao mercado e que o primeiro desses valores, o princípio fundador de qualquer sociedade, é a dignidade da pessoa humana – a dignidade que cada ser humano, pelo simples facto de o ser, possui.

É isso que, hoje, como sempre, está em causa no direito do trabalho: a plena autodeterminação do trabalhador como pessoa e como cidadão. A empresa é um espaço de exercício de poder, daí derivando a necessidade de garantir a liberdade e a dignidade de quem trabalha. É, aliás, o que impõe a *Constituição laboral*, que, coerentemente com a filosofia global do texto constitucional, nos indica a necessidade de recentrar o ordenamento jurídico em torno dessa pessoa – não o homem abstracto do ideário liberal, mas sim o homem concreto da sociedade contemporânea.

Num tempo em que a produtividade é muitas vezes convertida no único critério para aferir o valor-trabalho e o *social* tende por vezes a ser degradado em sub-produto do económico, o direito do trabalho é um espaço privilegiado para a actuação dessa directriz personalista, que aponta para uma cidadania plena – e designadamente na empresa.

A "*luta pelo Direito*" ("*Kampf ums Recht*"), na expressão de *Ihering* – afinal a mesma luta, por um mundo "*mais livre, mais justo e mais fraterno*", de que fala o preâmbulo da Constituição –, tem hoje, num momento em que os imperativos económicos procuram questionar muitos dos dogmas tradicionais da disciplina, um campo de eleição na área juslaboral, onde cada vez mais se sentem como necessárias a acentuação da sua raiz antropocêntrica e a afirmação da garantia dos direitos fundamentais da pessoa humana como questão central, que não poderá deixar de prevalecer sobre outros valores, como a rentabilidade e a racionalidade económicas.

A defesa dos mais fracos é, deve ser, uma das funções do Estado democrático, em consonância, aliás, com os ideais humanistas, que proclamam a necessidade de cada um fazer suas "*as alegrias e as esperanças, as tristezas e as angústias, dos homens deste tempo*", realizando a solidariedade que devemos aos nossos semelhantes, particularmente àqueles que não têm voz e àqueles que têm fome e sede de justiça.

A DIRECTIVA N.º 1999/70/CE E A CELEBRAÇÃO DO PRIMEIRO CONTRATO A TERMO

FRANCISCO LIBERAL FERNANDES
Professor da Faculdade de Direito da Universidade do Porto

1. Divergência conceitual

Um dos aspectos em que é possível questionar a conformidade da disciplina do contrato a termo prevista no Código do Trabalho (CT) e na Lei n.º 59/2008, de 11-9, que aprovou o regime do contrato de trabalho em funções públicas (RCTFP), com o disposto na Directiva n.º 1999//70/CE do Conselho, de 28-6-1999, respeitante ao acordo-quadro CES, UNICE e CEEP relativo a contratos de trabalho a termo[1], tem a ver com a discrepância existente entre a noção de contrato a termo contida neste acordo-quadro e a concepção vigente no direito português[2].

---

[1] *JO* L 175, de 10-7-1999. Esta Directiva foi transposta para o direito nacional pelo Código do Trabalho de 2003 (Lei n.º 99/2003, de 27-8).

[2] Para além do indicado no texto, outros aspectos há em que se poderão existir relações de tensão entre o direito nacional e a referida directiva, designadamente no que respeita *(i)* à devolução para a autonomia colectiva da competência para definir a disciplina do contrato a termo, consagrada no art. 139.º do CT, *(ii)* e à proibição absoluta da conversão do contrato a termo em funções públicas em contrato de duração indeterminada, estabelecida no art. 92.º, n.º 2, do Regime do Contrato de Trabalho em Funções Públicas (RCTFP).

A divergência entre as duas ordens jurídicas coloca-se a propósito da celebração do primeiro ou único contrato a termo. Com efeito, enquanto o legislador português – na linha do estabelecido no art. 53.º da CRP – sempre fez depender a celebração daquele contrato (assim como as respectivas renovações) de circunstâncias objectivas específicas, concretamente, a satisfação de necessidades empresariais temporárias, o legislador comunitário adopta, por sua vez, uma perspectiva diversa ao definir o contrato a termo nos seguintes moldes: *para efeitos do presente acordo, entende-se por 'trabalhador contratado a termo' o trabalhador titular de um contrato de trabalho ou de uma relação laboral concluído directamente entre um empregador e um trabalhador cuja finalidade seja determinada por condições objectivas, tais como a definição de uma data concreta, de uma tarefa específica ou de um certo acontecimento* (art. 3.º, n.º 1, do acordo-quadro).

A diferença a que se alude reside nisto: ao contrário do direito nacional, aquela directiva não faz depender a validade da celebração do primeiro contrato a termo da existência de uma necessidade laboral temporária; quanto a este aspecto da fundamentação do contrato, o legislador comunitário concentra essa exigência apenas ou principalmente na fase da renovação do contrato e não no momento da sua formação, como sucede entre nós.

2. Objectivos da Directiva

2.1. O acordo-quadro enuncia um conjunto de princípios e de prescrições mínimas com o objectivo de garantir a realização de um regime geral de igualdade de tratamento entre os trabalhadores contratados a termo e os trabalhadores com contrato de duração indeterminada[3], procurando impedir que os primeiros não beneficiem de condições ou direitos reconhecidos aos segundos. Aliás, entre nós, quer o art. 146.º do CT quer o art. 100.º do RCTFP consagram semelhante princípio de igualdade de tratamento.

O acordo-quadro reconhece que, não obstante as relações de trabalho a termo poderem em certos sectores, actividades ou em determinadas circunstâncias corresponder aos interesses dos empregadores e dos trabalhadores, o contrato de trabalho de duração indeterminada constitui a forma comum das relações laborais e a modalidade contratual que melhor contribui para a qualidade de vida e para a melhoria do desempenho dos trabalhadores.

No entanto, admite diferenciações entre estas duas categorias contratuais quando fundadas em razões objectivas, isto é, em factos concretos e precisos que caracterizem a actividade laboral ou o seu modo de prestação. Como o Tribunal de Justiça da União tem entendido, semelhante especificidade não pode, contudo, ser justificada por um "critério que, de formal geral e abstracta, se refere à própria duração do tempo de trabalho. Reconhecer que a mera natureza temporária de uma relação laboral basta para justificar essa diferença esvaziaria de conteúdo os objectivos da Directiva 1999/70".

---

[3] A Directiva n.º 1999/70 e o acordo-quadro são aplicáveis tanto aos contratos de trabalho, como às relações laborais estabelecidas com a Administração pública.

2.2. Com o objectivo de garantir a realização do referido princípio da igualdade, o art. 5.º, n.º 1, do acordo-quadro proíbe o abuso decorrente da conclusão sucessiva de contratos a termo entre o mesmo trabalhador e empregador, tanto no sector público como no privado. Para o efeito, impõe aos Estados-membros que adoptem, pelo menos, uma das medidas que enumera – *(i)* exigência de razões objectivas, *(ii)* duração máxima total dos contratos a termo, e *(iii)* limitação do número de renovações –, isto no caso de ainda não possuírem disposições legais que permitam atingir eficazmente o mesmo fim.

Subjacente àquele objectivo está, pois, o pressuposto de que a sucessão de contratos a termo é potencialmente apta a prejudicar os trabalhadores que os celebram quando comparada com a situação dos trabalhadores com contratos de duração indeterminada, seja a nível da qualidade de vida seja a nível do desempenho profissional. Contudo, o acordo-quadro não proíbe as renovações do contrato a termo, mas tão só o seu uso abusivo; ora, na perspectiva da directiva, esse abuso não se verifica se o direito interno contiver, no mínimo, uma das medidas atrás referidas ou outras equivalentes que sejam efectivamente eficazes para a respectiva prevenção.

Para além disso, o acordo-quadro impõe ainda aos Estados-membros a obrigação de fixar sanções que confiram efectividade às medidas adoptadas em conformidade com o direito comunitário. Esta devolução da competência preventiva (e sancionatória) para o legislador nacional significa que é perante as normas adoptadas pelo legislador nacional que se avalia o grau de adequação do direito nacional à realização do efeito útil do acordo-quadro.

3. As noções de 'sucessão de contratos' e 'razões objectivas'

3.1. Uma das medidas previstas pelo direito comunitário para evitar o abuso da contratação sucessiva a termo prende-se com o conceito de sucessão de contratos a termo. O acordo-quadro (art. 5.º, n.º 2) delega nos Estados-membros a competência para definir as condições em que os contratos a termo se consideram sucessivos, por um lado, e em que circunstâncias os mesmos se convertem em contrato sem termo no caso de se verificar o referido abuso, por outro.

Quanto a estes aspectos específicos, o legislador nacional consagrou no art. 143.º, n.º 1, do CT uma noção restritiva de contratos sucessivos – para o que contribui *(i)* o facto de privilegiar a unificação organizativa ou a existência de relações de domínio ou de grupo em detrimento do critério da personalidade jurídica dos empregadores, *(ii)* a moratória que estipula entre a celebração dos novos contratos ou *(iii)* o facto de atender à actividade exercida independentemente da relação laboral que a enquadra –, procurando assim limitar as possibilidades de abuso e prevenir a fraude à regra da duração indeterminada das relações laborais[4]. Para os casos em que se verifique infracção à lei, prevê o CT a conversão do contrato a termo em contrato sem termo (art. 147.º, n.º 1, alínea *d*)).

Conjugando todos estes aspectos, pode dizer-se que o direito interno é globalmente suficiente para assegurar o objectivo do acordo-quadro.

---

[4] Relativamente à sucessão de contratos a termo no âmbito do trabalho em funções públicas, veja-se o art. 96.º do RCTFP.

3.2. Ainda assim, o conceito de sucessão de contratos a termo consagrado no art. 143.º do CT não exclui em absoluto a possibilidade do seu uso abusivo em virtude da insuficiente ou escassa densidade do conceito de posto de trabalho, um dos elementos constituintes da noção de sucessão de contratos. De facto, nas empresas de grande dimensão ou nos grupos de empresas, parece-nos não levantar dificuldades especiais colocar o mesmo trabalhador a desempenhar sucessivamente a mesma actividade em unidades ou secções económicas distintas e, portanto, em postos de trabalhos diferentes, possibilidade que, numa primeira leitura, parece afastar a ideia de abuso.

Como se sabe, a noção de posto de trabalho não é objecto de definição legal, muito embora a sua utilização no CT aponte para um conteúdo relacionado com determinado centro ou local de actividade (critério espacial) ou com o exercício de uma prestação individualizada (critério funcional). Porém, para efeitos do art. 143.º do CT, aquele conceito deve ser entendido como sinónimo de exercício de uma mesma actividade, quer esta corresponda ao objecto do contrato quer seja fixada nos termos dos arts. 118.º a 120.º do CT (relativos à delimitação funcional do conteúdo do contrato de trabalho). É que a dimensão espacial a que o conceito pode ser associado encontra-se afastada pelo próprio art. 143.º, ao admitir a sucessão de contratos a termo nos casos em que intervenham entidades jurídicas formalmente distintas, embora integradas no mesmo plano económico ou de produção e, portanto, passíveis de ser geograficamente separadas.

3.3. Outra medida prevista para evitar o abuso da contratação sucessiva a termo consiste na exigência de que a renovação dos contratos termo seja justificada por razões objectivas (art. 5.º, n.º 1, alínea *a)*). Não definindo o acordo-quadro este conceito, o TJ tem-se pronunciado no sentido de fixar o respectivo alcance ou sentido; de acordo com a sua jurisprudência, por razões objectivas deve entender-se "circunstâncias precisas e concretas que caracterizam uma situação determinada, de natureza a justificar no seu contexto particular a utilização de contratos de trabalho sucessivos de duração determinada".

Assim, uma norma de direito interno que, de uma forma geral e abstracta, se limite a prever o recurso à sucessão de contratos a termo, sem o condicionar à existência de razões relacionadas com a natureza ou o conteúdo da actividade em causa, é contrária ao objectivo prosseguido pelo acordo-quadro – garantir os trabalhadores uma certa estabilidade no emprego – e ao princípio de que a contratação sem termo é a regra de admissão nas relações laborais.

4. Sobre a celebração do primeiro contrato a termo

4.1. Regressando ao problema da celebração do primeiro ou único contrato a termo, o facto, como se disse, de o acordo-quadro centrar a sua força tutelar na proibição da sucessão abusiva daqueles contratos significa que adoptou uma política legislativa de flexibilidade relativamente ao recurso àquele tipo de vínculo laboral.

A justificação que deixa transparecer relativamente a esta opção de política de direito tem a ver com a tutela das pequenas e médias empresas (veja-se o n.º 11 das considerações gerais do acordo-quadro) e com o interesse em assegurar um melhor equilíbrio entre a flexibilidade do tempo de trabalho e a segurança dos trabalhadores (primeiro parágrafo do preâmbulo do acordo-quadro, e n.ºs 3 e 5 das respectivas considerações gerais).

Apesar de qualificar o contrato de trabalho sem termo a figura normal da contratação laboral, o acordo-quadro admite a celebração do primeiro ou o único contrato a termo sem a necessidade de verificação de razões objectivas específicas que o justifiquem. Nestas circunstâncias, não impõe que os Estados-membros adoptem sanções quando o primeiro ou único contrato a termo se destine a satisfazer necessidades permanentes do empregador, mas apenas, como se disse, relativamente à respectiva renovação.

4.2. Ora, não poderá esta divergência conduzir à necessidade de interpretar o direito nacional, inclusive a CRP, à luz da concepção comunitária de contrato de trabalho a termo?

Na verdade, a transposição para o direito interno desta noção poderá ser encarada como uma forma de permitir às empresas (em especial, às pequenas e médias empresas) contratar trabalhadores a termo sem as exigências actualmente prescritas. Uma tal medida iria, por certo, contribuir para a diminuição das situações de fuga do direito do trabalho, efeito que também não pode ser menosprezado no âmbito da política legislativa. Além disso, face à realidade actualmente dominante em matéria de recurso ao contrato a termo – em grande medida *contra legem* –, uma tal mudança não iria trazer grandes transformações no plano social.

A obrigação de transpor para o direito interno da noção de contrato a termo contida no art. 3.º, n.º 1, do acordo--quadro poderia assim ter repercussões importantes a nível do direito interno; porém, tendo em vista salvaguardar as especificidades de cada Estado-membro, o acordo-quadro (art. 8.º, n.º 3) não considera essa transposição um fundamento válido para a diminuição do nível geral de protecção consagrado pelo direito nacional (proibição de deterioração). Além disso, o art. 8.º, n.º 1, do acordo-quadro admite também a manutenção ou a criação de disposições mais favoráveis para os trabalhadores do que as fixadas pelo acordo-quadro.

Assim, se o direito interno determinar que a primeira ou única contratação a termo fique sujeita a uma fundamentação específica ou objectiva, a proibição de deterioração prevista no art. 8.º, n.º 3, do acordo-quadro assegura a conformidade dessa norma nacional com o direito comunitário.

4.3. Como se disse, o art. 8.º, n.º 3, do acordo-quadro não proíbe em absoluto que o legislador nacional reduza a protecção consagrada ao tempo da transposição da Directiva n.º 1999/78, mas tão só que reduza o nível geral dessa protecção – o que poderia legitimar a adopção do conceito de contrato de trabalho a termo, previsto no art. 3.º, n.º 1, do acordo-quadro, desde que aplicado apenas ao primeiro ou único contrato celebrado. No entanto, se atendermos a que o art. 53.º da CRP impõe que o recurso àquela modalidade contratual seja sempre objecto de uma justificação específica, o afastamento dessa exigência a nível da primeira ou única celebração poderia significar uma alteração relevante do nível geral de protecção interna.

Por conseguinte, a fundamentação específica mantida no Código do Trabalho relativamente à celebração do primeiro ou o único contrato a termo não é incompatível com o acordo-quadro. Contudo, atendendo às relações hierárquicas entre o direito nacional e o comunitário, dir-se-á que a Directiva n.º 1999/70 veio abrir a possibilidade de o direito interno ser objecto de alterações relacionadas com o regime aplicável à primeira ou única celebração do contrato a termo.

Porto, Maio de 2012

A PRECARIEDADE: UM NOVO PARADIGMA LABORAL?

LUÍS MANUEL TELES DE MENEZES LEITÃO
Professor Catedrático da Faculdade de Direito de Lisboa

1. A estabilidade como modelo clássico de relação laboral

O modelo clássico da relação laboral assenta na subordinação jurídica do trabalhador ao empregador, a nível individual, e na sua integração numa unidade empresarial, vista como uma colectividade que reúne, para execução de uma actividade económica, sob a direcção do mesmo empregador, trabalhadores de diversas profissões. Tal corresponde ao denominado "modelo fordista" das relações industriais, em que a grande empresa industrial, para assegurar a produção em massa, necessita de uma especialização estrita das diversas tarefas e competências e numa organização piramidal do trabalho.

Neste modelo ganham importância preponderante os contratos de trabalho a tempo integral, não temporários e normalizados (e destinados principalmente a homens adultos) em que o empregador recebe um elevado nível de subordinação e controlo disciplinar, mas ao mesmo tempo é obrigado a assegurar – em resultado das imposições da legislação social – um elevado nível de estabilidade e de prestações sociais e garantias para o trabalhador, as quais são alargadas aos membros da sua família, em virtude de uma difusão generalizada e homogénea de formas estáveis de famílias nucleares)[1].

Este modelo de estabilidade laboral e protecção social veio a consolidar-se durante o séc. XX, principalmente após o segundo conflito mundial, gerando o que ficou conhecido como a "idade de ouro" do Direito do Trabalho. Efectivamente, numa perspectiva optimista considerava-se que o progresso económico tenderia a conduzir simultaneamente ao pleno emprego e a uma melhoria constante dos direitos dos trabalhadores, que veriam assim garantido o seu posto de trabalho durante a sua idade activa, passando a beneficiar da protecção da segurança social no fim da mesma.

Há assim que reconhecer que o modelo clássico da relação laboral se funda na estabilidade do emprego e no reconhecimento de garantias ao trabalhador, o que o torna claramente incompatível com formas de trabalho precárias.

2. As crises económicas e a sua repercussão no Direito do Trabalho

O modelo social imposto pelo Direito do Trabalho veio a ser bastante afectado pelas crises económicas, surgidas a partir da década de 70 do séc. XX, em consequência do choque do petróleo. Principalmente na Europa essa década aparece associada a uma profunda recessão, com

---

[1] Cfr. ALAIN SUPIOT (org.), *Transformações do trabalho e futuro do Direito do Trabalho na Europa*, Coimbra, Coimbra Editora, 2003, pp. 17-18.

uma consequente descida drástica dos níveis de emprego. Em consequência dessa descida, o modelo tradicional do contrato de trabalho entra em crise[2], com o grande aumento das situações de trabalho precário, gerando-se uma constante "fuga ao contrato de trabalho subordinado", que é assim substituído por contratos de prestação de serviços, muitas vezes ilegalmente, gerando o fenómeno dos "falsos trabalhadores independentes"[3]. Da mesma forma, começam igualmente a proliferar novas formas de trabalho, inicialmente atípico, mas que depois vão sendo sucessivamente reconhecidas nos diversos ordenamentos jurídicos.

Ora, quer a fuga ao trabalho subordinado, quer o surgimento de novos modelos de contratos de trabalho caracterizam-se sempre por acentuarem a precariedade nas relações laborais. No caso dos contratos de prestação de serviços utilizados para disfarçar relações de trabalho subordinado, o intuito é mesmo o de permitir o livre despedimento dos trabalhadores, e simultaneamente elidir as obrigações do empregador perante a segurança social. Já no caso das novas formas de contrato de trabalho, como os contratos a termo, temporários, intermitentes, ou em comissão de serviço, todos têm em comum uma menor

---

[2] Cfr. BERNARDO LOBO XAVIER, "A crise e alguns institutos de Direito do Trabalho", em *RDES* 28 (1986), pp. 517-569, e MARIA DO ROSÁRIO RAMALHO, "Ainda a crise do Direito Laboral: a erosão da relação de trabalho "típica" e o futuro do Direito do Trabalho", em ID, *Estudos de Direito do Trabalho*, I, Coimbra, Almedina, 2003, pp. 107-121

[3] Cfr. HARALD SCHLIEMANN, "Flucht aus dem Arbeitsverhältnis – Falsche oder echte Selbständigkeit?", em *RdA* 1997, pp. 322-326.

protecção contra o despedimento, ainda que mantenham uma protecção social mais reduzida.

3. A globalização da economia e os seus efeitos na legislação laboral

A globalização da economia tem igualmente um grande impacto nas relações laborais, uma vez que a mesma assenta esssencialmente no desenvolvimento tecnológico, que tem conduzido ao aumento da produção, mas diminui a necessidade de mão-de-obra, o que tem aumentado o nível de desemprego à escala mundial e acentuado a precarização do trabalho, uma vez que os investidores exigem um mercado de trabalho desregulado para proceder a investimentos[4].

Efectivamente a globalização leva a que a legislação laboral de cada país adquira um peso importante nas decisões de investimento realizadas pelos agentes económicos, os quais actuam a nível global, podendo consequentemente ultrapassar as legislações de âmbito nacional ou regional, optando por investir noutro território[5]. Assim, os países com legislação laboral mais rígida têm mais dificuldade em atrair investimento estrangeiro, ocorrendo mesmo muitas vezes a transferência de empresas já instaladas para

---

[4] Cfr. JOSECLETO COSTA DE ALMEIDA PEREIRA, *Globalização do trabalho: Desafios e perspectivas*, Curitiba, Jurua, 2004, pp. 23 e ss.

[5] MANUEL CARLOS PALOMEQUE, "Las transformaciones del Derecho del Trabajo", em *Minerva*, ano 1 (2002), n.º 1, pp. 147-162 (151), qualifica este fenómeno como um "efeito assimétrico" da globalização económica.

países cuja legislação laboral é considerada mais favorável aos investidores, fenómeno esse normalmente designado como "deslocalização de empresas" e que tem consequências dramáticas para os trabalhadores envolvidos e para o nível de emprego local.

Este fenómeno tem conduzido, por outro lado, a uma mudança de comportamento e atitude dos trabalhadores, já que a redução da importância do proletariado industrial provocou um enfraquecimento muito grande da tradicional solidariedade laboral, surgindo cada vez mais fenómenos de individualismo e corporativismo no seio dos trabalhadores. Efectivamente, actualmente os trabalhadores preocupam-se cada vez mais com a tutela da sua própria situação laboral, e em segundo lugar, com a do seu grupo profissional, sendo cada vez menor a importância que dão às condições gerais de trabalho. Tal conduz a que as lutas laborais raramente extravasem dos seus próprios grupos, o que traz como consequência a existência de grupos de trabalhadores em condições de maior fragilidade e precarização (normalmente os jovens), ao lado com trabalhadores que beneficiam de melhores condições de trabalho. Por outro lado, as organizações sindicais têm também alterado o seu comportamento, na medida em que o objectivo do emprego passa a estar no centro das suas preocupações, passando a privilegiar o diálogo e a concertação com os empregadores e o Estado, mesmo com moderação salarial, em contraponto ao antagonismo e reivindicação, que tradicionalmente os caracterizava[6].

---

[6] Cfr. MANUEL CARLOS PALOMEQUE, *Minerva*, ano 1 (2002), n.º 1, p. 152.

A globalização económica pode assim conduzir a uma perversão no desenvolvimento do Direito do Trabalho, uma vez que, depois de este ter vindo a representar um progresso contínuo nas condições dos trabalhadores, assiste-se no início do séc. XXI a algum retrocesso nesta área, que é estimulado pela concorrência entre os países na atracção do investimento estrangeiro, que adaptam a sua legislação laboral em ordem a torná-la mais atractiva para os investidores. Ora, se essa adaptação nalguns casos pode constituir uma resposta adequada à evolução da situação económica, levada ao extremo acabaria por pôr em causa a própria disciplina laboral, fazendo regredir consideravelmente as condições de trabalho. Existe assim o risco de cada vez mais as sociedades ocidentais começa-rem a adoptar modelos sul-americanos, caracterizados pela diversidade, obscuridade e insegurança no trabalho e na vida das pessoas, num movimento que Ulrich Beck denominou de "brasileirização do Ocidente"[7].

4. As transformações no Direito do Trabalho

4.1. *Generalidades*

Desde os trabalhos do Grupo de Madrid, coordenados pelo Prof. ALAIN SUPIOT[8], tem sido consensual apontar as transformações sofridas no paradigma laboral em relação a cinco vertentes essenciais:

---

[7] Cfr. ULRICH BECK, *The Brave New World of Work* (trad.), Cambridge, Polity Press, 2000, p. 1.

[8] Cfr. ALAIN SUPIOT (org.), *Transformações*, pp. 11 e ss.

1) Os poderes do empregador;
2) O estatuto do trabalhador;
3) O tempo de trabalho;
4) As organizações colectivas;
5) A intervenção dos poderes públicos.

4.2. *Os poderes do empregador*

Conforme se sabe, a existência de poderes do empregador sobre o trabalhador (a subordinação jurídica) constituiu desde sempre o traço distintivo da relação de trabalho). Os novos métodos de gestão e as novas tecnologias introduziram, porém, diversos cambiantes reforçando a capacidade fáctica de contrôle sobre os trabalhadores. Surgiu, por isso, a necessidade de estabelecer regulações nalgumas áreas delicadas de intervenção, como a protecção dos dados pessoais dos trabalhadores, os meios de vigilância à distância, etc. Por outro lado, a evolução da sociedade e a maior concorrência entre as empresas levou ao surgimento das flexibilidades funcional, temporal, geográfica e salarial, as quais reforçaram consideravelmente os poderes do empregador na definição unilateral das condições de trabalho. Esse reforço dos poderes do empregador levou mesmo a que cada vez se tenha posto mais em causa a configuração tradicional da prestação de trabalho como uma prestação de actividade ou de meios, uma vez que a avaliação dos resultados do trabalho passa a ser constante na empresa moderna. Ora, esta situação, se por um lado libera a iniciativa do trabalhador, que deixa de estar mecanicamente vinculado às instruções do empregador, por outro lado, estabelece um maior constrangimento interno da sua prestação, sujeita a uma avaliação constante, com inevitáveis repercussões na sua situação laboral[9].

O reforço dos poderes do empregador tem sido ainda acentuado, não apenas pelo volume de desemprego existente e pela possibilidade de deslocalização das empresas, que leva os trabalhadores a aceitarem piores condições de trabalho, mas também pela cada vez menor dimensão das empresas em resultado do recurso ao *outsourcing* e da criação de redes de empresas, o que leva a que o empregador passe a beneficiar do tratamento jurislaboral mais favorável dado às micro e pequenas empresas, bem como reforce os poderes fácticos de contrôle sobre os seus trabalhadores[10].

Toda esta situação contribui para um enorme acentuar da precariedade na situação laboral. Efectivamente, actualmente o exercício dos poderes do empregador permite conformar a própria situação laboral, redefinindo-a a todo o momento, quer através do maior poder de controle do desempenho laboral, com consequências na carreira, quer através das flexibilidades geográfica, temporal, funcional e salarial. Por esse motivo, o trabalhador deixa de poder confiar na estabilidade da sua situação laboral, que pode a todo o momento ser alterada.

---

[9] Cfr. ALAIN SUPIOT (org.), *Transformações*, p. 30.
[10] Cfr. ALAIN SUPIOT (org.), *Transformações*, p. 32.

4.3. *O estatuto profissional do trabalhador.*

O antigo modelo clássico do emprego para a vida representava um estatuto profissional comum, em termos de garantias e protecção social, e que constituía a forma genérica de integração na sociedade. O desemprego levou, porém, ao surgimento de novas formas de trabalho precário ou de tempo parcial, que atenuou fortemente as garantias dos trabalhadores, produzindo uma diversificação do seu estatuto em termos de protecção social, a qual passou a depender da negociação individual ou colectiva, ou mesmo de esquemas particulares de previdência. A própria legislação veio a contribuir para esse fenómeno, ao oferecer modelos especiais de contratos de trabalho e diversificar o estatuto dos trabalhadores, consoante a dimensão da empresa e as funções que nela são exercidas.

Por outro lado, a crescente diversificação e complexidade dos vários modelos de prestação de trabalho, e a própria variação dos vários tipos de trabalho autónomo levou a um esbatimento das fronteiras entre o contrato de trabalho e o contrato de prestação de serviços, colocando assim em causa um dos pilares fundamentais do tradicional Direito do Trabalho.

A contraposição tradicional entre estes dois contratos é especialmente posta em causa pelo facto de a moderna empresa recorrer cada vez mais a prestadores de serviços externos (*out-sourcing*), em lugar de contratar trabalhadores subordinados. Assim, por exemplo, as empresas, em vez de contratarem empregadas de limpeza, podem recorrer a empresas de limpeza, que realizam precisamente a mesma tarefa. Nestes casos, o trabalho autónomo pode apresentar-se como fungível em relação ao trabalho subordinado, levando a que naturalmente este último seja preterido, devido aos maiores custos que acarreta[11].

Esta fungibilidade do trabalho autónomo não deixa, porém, de suscitar novos problemas causados pela relação de dependência que certos trabalhadores autónomos adquirem em relação à outra parte contratual, e que por vezes até podem ultrapassar o que sucede no âmbito do trabalho subordinado. Assim, por exemplo, a distribuição comercial é normalmente realizada por trabalhadores independentes, como os agentes e os franquiados. Sucede, porém, que estes, em virtude da dependência económica que adquirem em relação ao distribuidor, que dificilmente podem quebrar, encontram-se por vezes numa situação de maior inferioridade do que a que ocorre na relação de trabalho subordinado.

Qualquer destes fenómenos acentua enormemente a precariedade no âmbito da relação laboral. Conforme acima se salientou, as novas formas de contrato de trabalho caracterizam-se por fornecerem sempre um modelo mais precário de relação laboral. Por sua vez, a fungibilidade entre o trabalho autónomo e o trabalho subordinado leva a que o trabalho autónomo seja normalmente preferido,

---

[11] Na Alemanha, o BAG no caso *Weight Watchers*, de 9/5/1996, publicado no *BAGE* 83 (1996), pp. 127-149, entendeu que o empregador era livre de reorganizar a sua empresa, recorrendo mais ao trabalho independente do que ao trabalho subordinado, e que por isso poderia transformar a sua rede de estabelecimentos numa rede de lojas franquiadas, despedindo o seu pessoal e propondo aos trabalhadores despedidos que adquirissem o estatuto de colaboradores livres (*freie Mitarbeiter*).

acabando por destronar o trabalho subordinado como paradigma laboral, o que reforça a precariedade. A aprovação de normas como o art. 12.º, n.ºs 2, 3 e 4 do Código do Trabalho não tem conseguido impedir as enormes cifras negras nesta matéria.

Para estas cifras negras também tem contribuído a forma como os trabalhadores, pressionados pelo elevado desemprego, aceitam pacificamente celebrar contratos de trabalho precário, o que atribui um grande défice de efectividade à legislação laboral.

4.4. *O tempo de trabalho*

O tempo de trabalho ocupou desde sempre um lugar cimeiro na esfera laboral, tendo sido com a sua limitação e a organização de horários de trabalho uniformes que surge o Direito do Trabalho. A tendência actual tem sido, porém, para a flexibilização do tempo de trabalho, com o surgimento de horários flexíveis ou calculados com base em longos períodos de referência, trabalho a tempo parcial, intermitente ou à chamada (*on call*), o que produziu não apenas uma diversificação de regimes de tempo de trabalho, mas também a criação de zonas intermédias entre o trabalho e os tempos livres, o que contraria o modelo tradicional.

Actualmente em Portugal encontra-se mesmo em discussão uma proposta de elevação do horário de trabalho, destinada a aumentar a competitividade das empresas, com a salvaguarda de a mesma não poder servir para diminuir o nível de emprego. Essa proposta representa pela primeira vez uma inversão da tendência de redução do horário de trabalho que tinha caracterizado a evolução do Direito do Trabalho durante o séc. XX. É por isso possível que a crise económica conduza a um sucessivo incremento do tempo de trabalho, ainda que mantendo o mesmo salário, o que pode conduzir a uma cada vez maior precarização do trabalhador, obrigado sucessivamente a trabalhar mais pelo mesmo salário.

4.5. *A organização colectiva*

A dimensão colectiva do Direito do Trabalho constituiu desde sempre um dos factores que o afastou do Direito Civil. Mas esta dimensão colectiva veio a ser posta em causa pelo crescimento do desemprego, pelo recuo do sector industrial a favor do terciário, e pela grande individualização das formas de trabalho, as quais conduziram a um declínio das formas tradicionais de organização sindical e ao surgimento de formas alternativas de representação laboral. Esse declínio foi muitas vezes estimulado pelos próprios empregadores, mas não deixa de ter efeitos perversos para os próprios, como seja a possibilidade de desestabilização do coelctivo de trabalhadores e a ausência de um interlocutor válido para a negociação.

Um aspecto que parece hoje em dia constituir um dado adquirido é a cada vez maior dificuldade de conseguir uma efectividade da representação dos trabalhadores a nível geral, ou mesmo ao nível da sua categoria profissional, atendendo ao crescente individualismo dos trabalhadores, mais preocupados com a situação da sua empresa, do que com a situação geral dos trabalhadores, ou mesmo da sua categoria profissional. É por isso cada vez mais de esperar fenómenos de assunção da representação laboral exclusivamente ao nível da empresa. O caso da Autoeuropa, pelo peso que tem no sector produtivo nacional, constituiu um excelente exemplo desta tendência[12], tendo inclusivamente levado ao reconhecimento legal da possibilidade de delegação dos poderes de negociação colectiva por parte dos sindicatos nas estrturas representativas a nível da empresa, actualmente prevista no art. 491.º, n.º 3, do Código do Trabalho.

Simultaneamente com este fenómeno de a representação se exercer essencialmente a nível da empresa, surge um enorme contingente de trabalhadores precários que não são representados pelos sindicatos, tradicionalmente mais vocacionados a proteger os direitos adquiridos dos trabalhadores estáveis, até pelo facto de a sua maior arma laboral, a greve, ser dificilmente acessível aos trabalhadores precários. Por esse motivo, cria-se um grande distanciamento entre os trabalhadores precários e as estruturas de representação colectiva, não tendo os trabalhadores precários uma prática reivindicativa nem tendo por hábito participar em lutas colectivas laborais contra os seus empregadores. Para tal também muito contribui a sua situação precária, uma vez que estes trabalhadores sabem que a sua participação nas lutas laborais é susceptível de levar à extinção do seu contrato.

---

[12] Sobre este exemplo, veja-se MARIA DO ROSÁRIO RAMALHO, *Negociação colectiva atípica*, Coimbra, Almedina, 2009.

4.6. *A intervenção dos poderes públicos*

Relativamente à intervenção dos poderes públicos nas relações laborais, esta constituiu a matriz do Direito do Trabalho desde o seu início. Actualmente, assiste-se, porém, a um apagamento dessa intervenção, com uma crescente desregulamentação do sector, a benefício de uma particularização das condições de trabalho, que contraditoriamente vem associada a um abandono do estatuto especial do emprego público. O Estado tem passado a assumir apenas a vertente de realização de políticas de emprego, designadamente através de incentivos fiscais, bem como de uma protecção social mínima, através de subsídios de desemprego ou rendimento social de inserção.

Em consequência, o peso relativo das fontes do Direito do Trabalho altera-se, vindo a própria lei a permitir a sua derrogação *in pejus* por instrumentos de regulamentação colectiva de trabalho, como sucede no art. 4.º do Código. Por outro lado, essa mesma lei deixa de ser vista como um instrumento do Estado de disciplina e melhoria das condições de trabalho, aparecendo cada vez mais como resultante da contratualização das condições de trabalho na concertação social, ou pelo menos da participação das estruturas representativas dos trabalhadores e empregadores na sua formação, o que leva a que o seu peso específico de limitador da autonomia colectiva se venha cada vez mais a esbater.

A nível do sector público, é cada vez mais evidente que a segurança no emprego público se encontra cada vez menos defendida. Pelo contrário, tem-se assistido inclusivamente ao decretar por lei de reduções de salários aos trabalhadores que exercem funções públicas, permitindo-se o Estado em relação aos seus funcionários proceder a reduções salariais que não são permitidas aos empregadores do sector privado. Temos assim que o Estado abandona o seu tradicional papel de garante das condições de emprego, sendo pelo contrário o primeiro a dar o exemplo ao reduzir sistematicamente como empregador essas garantias. Curiosamente as reduções salariais têm sido determinadas apenas pelo facto de o empregador ser uma entidade pública, tendo sido irrelevante se a relação laboral corresponde a uma nomeação para um cargo, a um contrato de trabalho em funções públicas ou a um contrato de trabalho comum.

5. A nova realidade do trabalho precário

5.1. A diferenciação do trabalho precário em relação ao trabalho comum

As transformações na esfera laboral convergem na multiplicação de situações de trabalho precário. Estas caracterizam-se por corresponderem a formas de trabalho sem segurança no emprego, com baixos salários, ausência de benefícios sociais, fraca protecção social, e elevados riscos em caso de doença[13]. No entanto, o Direito do Trabalho

---

[13] Cfr. LEAH F. VOSKO, "Precarious Employment: Towards an Improved Understanding of Labour Market Insecurity", em ID (org.), *Precarious employment: understanding labour market insecurity in Canada*, pp. 3-39 (3 e 11).

permanece ligado a uma diferenciação entre o modelo laboral típico e as formas atípicas de prestação de trabalho que contribui para negligenciar as dimensões do trabalho precário, e elidir a deterioração da relação de emprego permanente e a tempo integral[14].

As formas de trabalho precário diferenciam-se habitualmente do contrato de trabalho típico através de quatro factores. O primeiro consiste naturalmente numa muito menor segurança no emprego. O segundo é um muito menor controlo regulatório sobre as condições de trabalho, nível salarial e duração do trabalho. O terceiro é a desigualdade no acesso à representação colectiva. O quarto é o nível de rendimento dos trabalhadores[15].

Em relação à segurança no emprego, esta permanece totalmente ligada à relação de trabalho típica, o que tem como consequência que a protecção laboral e social do contrato de trabalho vai ficando acessível a um cada vez menor número de trabalhadores. Torna-se assim cada vez mais evidente um divórcio entre a legislação laboral e a realidade do mercado de trabalho, em virtude de a protecção laboral e social se aplicar primordialmente às relações laborais estáveis e a tempo completo[16].

---

[14] Cfr. LEAH F. VOSKO, *op. cit.*, p. 11. A pp. 13 ete autor afirma que o uso da expressão "atípico" (*non-standard*) constitui uma tentativa de neutralizar os problemas sociais.

[15] Estes factores são referidos em GERRY RODGERS/JANINE RODGERS, *Precarious Jobs in Labour Market Regulation : The Growth of Atypical Employment in Western Europe*, Brussels, International Institute for Labour Studies, Free University of Brussels, 1989, pp. 3 e ss.

[16] Cfr. LEAH F. VOSKO, *op. cit.*, p. 30.

Em relação ao controlo regulatório sobre as condições de trabalho, torna-se claro que esta é uma caracterísitica comum no trabalho precário. Efectivamente, mesmo que este esteja teoricamente ao abrigo da protecção legal, há factores que evitam o controlo dos reguladores, como seja a enquadramento legal, as políticas relativas à sua aplicação efectiva, a fuga por parte dos empregadores e as disparidades de poder por parte dos trabalhadores[17]. Os trabalhadores precários são assim confrontados com uma resposta muito pouco eficaz da autoridade reguladora em relação ao controlo das condições em que prestam trabalho.

Em relação à desigualdade no acesso à representação colectiva, é evidente que as associações sindicais têm desempenhado historicamente um papel decisivo na defesa das condições de trabalho. O divórcio acima referido entre os sindicatos e os trabalhadores precários contribui para enfraquecer a posição destes, retirando-lhes a possibilidade de se envolver em lutas colectivas, o que tende a estimular a precariedade.

Finalmente, *em relação ao nível de rendimento*, verifica-se que muitos trabalhadores, mesmo tendo um emprego teoricamente estável, recebem um valor insuficiente para o sustento próprio e dos seus dependentes. Efectivamente, o trabalhador precário, até pela menor capacidade reivindicativa, é habitualmente menos remunerado que o trabalhador permanente, quer em termos de salário, quer em termos de benefícios sociais. Se por um lado tal contribui para lhes facilitar o acesso ao mercado de trabalho, levando a que os empregadores prefiram a sua contrata-

---

[17] Cfr. LEAH F. VOSKO, *op. cit.*, p. 31.

ção, ao mesmo tempo permite que as empresas possam aumentar a sua competividade apenas pela redução dos custos laborais, situação que sempre a legislação laboral procurou evitar.

5.2. *A incidência desigual do trabalho precário na população*

Outra característica importante em relação ao trabalho precário baseia-se na facto de o mesmo não atingir uniformemente toda a população activa, variando a sua amplitude de acordo com o género, a classe social, o estatuto de imigrante e especialmente a idade. Neste âmbito, a nova geração de trabalhadores sofre o paradoxo de, tendo qualificações superiores à geração antecedente, apenas conseguir ingressar no mercado de trabalho através de vínculos precários[18]. Nalguns casos, curiosamente, esta situação até é bem aceite, na medida em que, devido às suas maiores qualificações, os jovens encaram a sua situação profissional como transitória, possuindo elevadas expectativas de subida na carreira, o que leva a que não dêem à segurança no emprego a mesma importância que esta tradicionalmente possuía. É manifesto, no entanto, que a prazo tomarão consciência dessa situação e da desigualdade que ela implica.

Por esse motivo, também é fácil ao Estado diminuir a protecção dos trabalhadores em caso de despedimento se essa diminuição for limitada a novos contratos, como suce-

---

[18] Sobre os dramas desta geração, veja-se o livro de ANA FILIPA PINTO, *A rasca. – O retrato de uma geração*, Lisboa, Planeta, 2011.

deu com a Lei 53/2011, de 14 de Outubro. Nesse caso, verifica-se a situação de os sindicatos não sentirem necessidade de reagir, uma vez que os seus actuais membros não são afectados, e os futuramente abrangidos não se sentirem prejudicados pois ainda têm que obter um emprego. A nível da sociedade este tipo de iniciativas provoca, porém, um Direito do Trabalho a duas velocidades em que os novos contratos são deixados para trás. Com sucessivas reformas legais, que só se apliquem a novos contratos, correremos o risco de a prazo existirem múltiplos regimes para os contratos de trabalho em que a estabilidade vai diminuindo, consoante a data em que os contratos foram celebrados.

6. Conclusão

Todas as transformações na esfera laboral convergem num único sentido: uma precarização cada vez maior da situação do trabalhador, onde a segurança no emprego desapareceu. É cedo para saber se estamos perante um fenómeno transitório, devido à crise financeira, ou se vai ser este o paradigma laboral do séc. XXI. Mas é evidente que hoje é a precariedade que ganha cada vez mais terreno na esfera laboral. Neste "novo mundo do Direito do Trabalho" normas como o art. 53.º da Constituição a garantir a segurança no emprego correm o risco de se transformarem apenas numa memória de um tempo que passou.

UK DISMISSAL LAW IN THE TIME OF THE CRISIS

CATHERINE BARNARD
Professor at the Trinity College, University of Cambridge

Introduction

British governments have long had something of a vexed relationship with the law on unfair dismissal: there is a broad consensus that the existence of such a law is necessary but governments of both persuasion have sought to strike the elusive balance between fairness to employees and not overburdening business. The rules have therefore been amended a number of times over the years, particularly in respect of the service requirement (see below). The present coalition (Conservative dominated with the Lib-Dems in the minority) is proud of the fact that[1]:

> The UK is internationally recognised as a 'successful employment performers' achieving a steady rise in employment, despite cyclical peaks and troughs, since the significant reforms introduced in the 1980s (2006 OECD Jobs Study Review). A key driver of the strong performance of the UK labour market is our light-touch system of employment regulation. The labour market, like other markets, needs a framework of rules but the UK framework is less onerous than

---

[1] http://www.bis.gov.uk/assets/biscore/employment-matters/docs/e/12-1037-ending-the-employment-relationship-consultation.pdf, 12-13.

most. The OECD set out in its Indicators of Employment Protection 2008, that the UK labour market is one of the most lightly regulated amongst developed countries, with only the US and Canada having lighter overall regulation. Our system of employment regulation is an important element of the UK's comparative advantage.

However, the government is also concerned about being 'complacent'. It continues: 'We must be aware of steps being taken in other countries to increase flexibility of the labour market, and we also have to be conscious of concerns of employers that the potential cost of termination of employment puts them off taking on new employees'[2]. The government is also worried about the number of unfair dismissal cases going to employment tribunals — about 50,000 a year[3], albeit that this represents only about 6.5% of all dismissals[4]. It has therefore embarked on a comprehensive review of employment law[5] as part of the 'red tape challenge'[6]. This has led to proposals for some of the most profound changes to unfair dismissal law for many years. Despite the absence of any empirical evidence to show that the current rules on dismissal deter employers

---

[2] Ibid.

[3] http://www.justice.gov.uk/downloads/statistics/mojstats/employment-trib-stats-april-march-2010-11.pdf, 7.

[4] http://www.bis.gov.uk/assets/biscore/employment-matters/docs/d/12-626-dismissal-for-micro-businesses-call, 25.

[5] http://www.bis.gov.uk/assets/biscore/employment-matters/docs/F/11-1308-flexible-effective-fair-labour-market.

[6] http://www.redtapechallenge.cabinetoffice.gov.uk/themehome/employment-related-law/.

from employing staff – BIS's own research shows that only 1% of employers say that dismissal/disciplinary regulation puts them off employing staff[7] – the government has moved ahead, seemingly driven by the ideological reason of reducing 'burdens on business', using the crisis as something of a cover for its reform agenda. This chapter will therefore provide an overview of these changes. However, it first will provide a brief description of the current rules on unfair dismissal so that the changes can be understood in their proper context.

Outline of UK dismissal law

Since 1971 protection against unfair dismissal has been regulated by statute in the UK[8]. In summary, the rules are as follows (see fig 1): employees (a more narrowly drawn group than workers) can bring a claim for unfair dismissal[9] provided they have satisfied the relevant service criteria[10] and they have been dismissed (this covers actual dismissal, constructive dismissal and the expiry of a limited term contract)[11]. The reasons for that dismissal can be automatically fair (eg national security), automatically unfair (eg dismissal

---

[7] http://www.bis.gov.uk/assets/biscore/employment-matters/docs/d/12-626-dismissal-for-micro-businesses-call, 29.

[8] The provisions can now be found mainly in Part X of the Employment Rights Act 1996.

[9] S.94(1) ERA 1996

[10] S.108 ERA 1996.

[11] S.95(1) ERA 1996

on the grounds of pregnancy) or potentially fair (eg misconduct, redundancy or some other substantial reason[12]). If the employer invokes one of the potentially fair reasons then the tribunal must also consider whether the employer acted reasonably in the circumstances (both substantively and procedurally)[13].

If the employer loses, the employee can be reinistated or reengaged[14] but this happens very rarely in fact. More usual is the order of compensation comprised of (1) a basic award (the same rate as a redundancy payment)[15] which is subject to a statutory cap (currently £12,900) and (2) a compensatory award reflecting future losses which is also subject to a statutory cap (currently £72,300). While this appears to indicate that employees might walk away with over £85,000, in fact the average awards are far less: for 2010/11 it was £8924, with the median award being £4591[16].

---

[12] S.98(1)-(3) era 1996

[13] S.98(4) era 1996.

[14] SS.114-5 era 1996.

[15] This is calculated as:

– One and a half weeks' pay for each year of employment after age 41.

– One week's pay for each year of employment between ages 22 and 40.

Half a week's pay for each year of employment under the age of 22.

A cap of 20 years is placed on the period of continuous service (section 119(3), ERA 1996).

[16] http://www.justice.gov.uk/downloads/statistics/mojstats/employment-trib-stats-april-march-2010-11.pdf/, table 5 with only 51 cases (2%) receiving more than £50,000. The remedies of reinstatement and reengagement are also available but are rarely awarded.

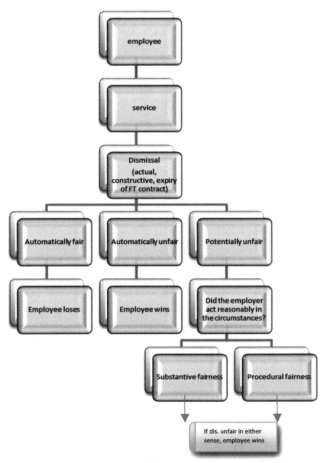

Fig. 1 – Summary of UK rules on unfair dismissal

The Reforms

The Service Requirement

As we have seen, in some quarters the *perception* is that unfair dismissal law creates a burden on business and discourages hiring. Governments have therefore repeatedly fiddled with the service requirement to make it more — or less — difficult to invoke the right to claim unfair dismissal (see fig. 2).

Donovan commission	• No service requirement
1971	• Conservatives • 2 yrs
1974	• Labour • 6 mths
1979/80	• Conservatives • 1 yr, then 2 yrs for business with <20, then for all businesses
1999	• Labour • 1 year
2012	• Conservative coalition • 2 years

Fig. 2 – The changing service requirement[17]

Figure 2 clearly shows that the Conservatives have favoured the longer service period — on the grounds of

---

[17] This is taken from the helpful summary in E. McGaughey, 'Unfair dismissal reform: political ping-pong with equality' http://papers.ssrn.com/sol3/papers.cfm?abstract_id=2014699 (last accessed 8 August 2012). See also Lord Wedderburn, *The Worker and the Law*, (Harmondsworth, Penguin, 1986), 235.

encouraging employment – and Labour has also favoured a shorter period, also on the grounds of encouraging employment. For example, the *Fairness at Work White Paper,* launched by New Labour in 1998, said[18]:

> As the economy becomes more dynamic, leading to more frequent job changes, the Government is concerned that this [two year] period [introduced by the Conservatives] is too long and a better balance between competitiveness and fairness would be achieved if it were reduced:
>
> - employees would be less inhibited about changing jobs and thereby losing their protection, which should help to promote a more flexible labour market;
> - more employers would see the case for introducing good employment practices, which should encourage a more committed and productive workforce.
>
> Some employers claim that a long qualification period is needed to allow mistakes made in recruitment to be rectified without heavy costs. The Government accepts such mistakes happen but believes that the present period is longer than is needed to allow them to come to light and be dealt with. For all these reasons, and to increase protection against arbitrary dismissal, **the Government therefore proposes to reduce the qualifying period to one year**

The recent increase of the service requirement to two years by the Coalition government has also been justified on the basis of providing 'employers with greater confi-

---

[18] Fairness at Work White Paper 1998 http://webarchive.nationalarchives.gov.uk/+/http://www.berr.gov.uk/files/file24436.pdf (last accessed 7 May 2012).

dence to recruit new employees'[19]. The government argues[20]:

> Flexible labour markets are an essential component of a successful economy. Flexibility gives employers the confidence to recruit staff and create new jobs. A growing and prosperous private sector is an essential part of the government's strategy for a balanced economic recovery. It enables firms to recruit the staff they need and can create a market that works more efficiently with staff better able to move freely between employers as their circumstances change.

The absence of any empirical evidence behind the assertions made both by Labour and the Coalition is striking and leaves the UK open to challenges under EU equality legislation. In *Seymour Smith*[21] the Court of Justice suggested that the two year service requirement was indirectly discriminatory on grounds of sex, contrary to Article 157 TFEU, a view confirmed by the British House of Lords which thought the rule could nevertheless be justified[22]. However, on the question of justification, the Court of Justice did say:

> Mere generalisations concerning the capacity of a specific measure to encourage recruitment are not enough to show

---

[19] http://www.bis.gov.uk/assets/biscore/employment-matters/docs/d/12-626-dismissal-for-micro-businesses-call, 4

[20] http://www.bis.gov.uk/assets/biscore/employment-matters/docs/d/12-626-dismissal-for-micro-businesses-call, 3.

[21] Case C-167/97 *R (Seymour Smith) v Secretary of State for Employment* [1999] ECR I-623.

[22] [2000] UKHL 12.

that the aim of the disputed rule is unrelated to any discrimination based on sex nor to provide evidence on the basis of which it could reasonably be considered that the means chosen were suitable for achieving that aim[23].

The same will apply to any case brought on the basis of age discrimination[24]. It is not clear that the evidence justifying the introduction of the new two year rule is anything more than 'mere generalisations'.

No fault dismissal

The next stage in the process of reviewing UK dismissal law was the call for evidence (a stage before consultation) on a further, more dramatic change to UK dismissal, a change without precedent under UK law: compensated no-fault dismissal for firms with fewer than 10 employees. The Prime Minister commissioned a report from a Tory donor and venture capitalist, Adrian Beecroft, who said that 'Britain's "terrible" employment laws are undermining economic growth and should be overhauled'[25]. He said that 'British workers should be banned from claiming unfair dismissal so that firms and public sector bodies can

---

[23] Para. 76. This has been repeated more recently in Joined Cases C-250/09 and C-268/09 *Georgiev* [2011] ECR I-000, para. 48 on age discrimination.

[24] Joined Cases C-250/09 and C-268/09 *Georgiev* [2011] ECR I-000.

[25] http://www.telegraph.co.uk/finance/jobs/8849420/Give-firms-freedom-to-sack-unproductive-workers-leaked-Downing-Street-report-advises.html (last accessed 5 May 2012).

find more capable replacements'. Crucially, the report adds that there is nothing in European law that would prevent the Government from abandoning unfair dismissal laws – although regulations preventing dismissal on the basis of a person's gender, race or sexuality would remain.

However, Mr Beecroft recognised that simply scrapping the law would be "politically unacceptable". He therefore recommended a replacement regulation, called Compensated No Fault Dismissal, which would allow employers to sack unproductive staff with basic redundancy pay and notice. Mr Beecroft recognised that a "downside" under his new scheme is that employers could fire staff because they "did not like them". Most important for our purposes is the express link made between the proposed changes and the crisis:

> While Downing Street is aware that the proposal will be controversial, it is equally concerned that the scale of the economic crisis is such that dramatic measures are required to promote growth[26].

---

[26] Ibid. See also the *Daily Mail's* report on 12 Sept 2011: 'But alongside this monetary adrenaline shot, the Government is preparing a series of other measures to try to create more jobs. Osborne is now, in the words of one Coalition insider, 'gung-ho' about any initiative designed to boost growth. There is a recognition, Downing Street advisers say, that 'deficit reduction is necessary but not sufficient to get the economy moving again'. The first thing that Cameron and Osborne are planning is a real assault on the burdens holding back business. No 10 is so determined to finally get somewhere on dealing with employment law that it has asked an outsider – Adrian Beecroft, the chairman of Dawn Capital – to draw up a set of private recommendations for Cameron on what changes can be made to it within EU law. Beecroft, a hugely successful

The LibDems, the junior partner in the Coalition, were unhappy with the proposals but it was the LibDem minister, Vince Cable, who announced the call for evidence[27]. The proposal was not well supported and was subsequently dropped[28]. It has now largely been overtaken by the government's Enterprise Regulatory Reform Bill (ERRB).

'Settlement agreements'

The ERRB will, inter alia, change the name of compromise agreement to 'settlement agreement. The government thinks this term 'more accurately reflects the content of such agreements and will help avoid any party refusing to sign an agreement on the grounds that they do not want to be seen 'compromising'[29]. More significantly, the ERRB will introduce the idea of 'protected conversations' where an offer made, or discussion held, with an employee with

---

venture capitalist, will come up with a far more radical set of options than Government lawyers or bureaucrats would.': http://www.dailymail.co.uk/debate/article-2035969/Financial-crisis-World-economy-bad-David-Camerons-finest-hour.html#ixzz1u26mwzVj.

[27] http://www.bis.gov.uk/news/speeches/vince-cable-reforming-employment-relations (last accessed on 5 May 2012).

[28] This was hinted at in the press: http://www.guardian.co.uk/business/2012/jun/19/small-business-hire-fire-drop and has now been confirmed: http://www.bis.gov.uk/assets/BISCore/employment-matters/docs/D/12-1143-dismissal-for-micro-businesses-response.pdf.

[29] http://www.bis.gov.uk/assets/biscore/employment-matters/docs/e/12-1037-ending-the-employment-relationship-consultation.pdf, para. 32.

a view to terminating employment cannot be taken into account in unfair dismissal proceedings[30]. At first sight this change looks rather minor and seems a victory for the LibDems. In fact, it represents a significant change in the law. As the government explains[31], employers feel unable to start discussions with a member of staff about ending

---

[30] Clause 12 provides:

111A Confidentiality of negotiations before termination of employment

(1) In determining any matter arising on a complaint under section 111, an employment tribunal may not take account of any offer made or discussions held, before the termination of the employment in question, with a view to it being terminated on terms agreed between the employer and the employee.

This is subject to the following provisions of this section.

(2) Subsection (1) does not apply where, according to the complainant's case, the circumstances are such that a provision (whenever made) contained in, or made under, this or any other Act requires the complainant to be regarded for the purposes of this Part as unfairly dismissed.

(3) In relation to anything said or done which in the tribunal's opinion was improper, or was connected with improper behaviour, subsection (1) applies only to the extent that the tribunal considers just.

(4) The reference in subsection (1) to a matter arising on a complaint under section 111 includes any question as to costs, except in relation to an offer made on the basis that the right to refer to it on any such question is reserved.

(5) Subsection (1) does not prevent the tribunal from taking account of a determination made in any other proceedings between the employer and the employee in which account was taken of an offer or discussions of the kind mentioned in that subsection."

[31] http://www.bis.gov.uk/assets/biscore/employment-matters/docs/e/12-1037-ending-the-employment-relationship-consultation.pdf, paras. 35 and 41.

their employment by means of a compromise agreement in the absence of a formal dispute because the *without prejudice* principle (a common law principle which prevents statements (written or oral) made in a genuine attempt to settle an existing dispute from being put before a court as evidence against the interest of the party which made them) does not apply at this point. Therefore, if a compromise/settlement agreement cannot be agreed and the employer goes on to dismiss the employee the employee may argue that the settlement offer itself was unfair because, for example, the employee may argue that the employer had already made up its mind without first following the correct procedure. The ERRB will mean that offers of settlement are no longer admissible in unfair dismissal cases. An example of the letter that could be sent to an employee offering a voluntary severance package on the grounds of unsatisfactory attendance is contained in the consultation paper. Although a reason must be given, the letter does not look so different from what might have been caught by the compensatory no fault dismissal (CNFD) procedure and the compensation for a CNFD might have been higher, not least because the government is now also considering whether a guideline tariff for settlement agreements would be helpful in deciding on the level of offer.

Compensatory awards

The government is also looking into the question of the appropriate compensatory award in unfair dismissal cases decided by tribunals[32] because it thinks the current level creates unrealistic expectations on the part of employees. The government notes the point made above that the real awards are many times lower than the statutory cap: 'The (median) average unfair dismissal award is less than £5,000 – less than 10% of the value of the upper cap on compensation and less than 20% of the annual median wage of £25,882.' It therefore proposes that 'introducing a cap on individual awards of 12 months' pay (where this was less than the overall cap) could lead to more realistic perceptions of the likely level of awards and thereby encourage employers and employees to make better informed choices when resolving employment disputes. We believe that this may also have a positive impact on encouraging the earlier resolution of disputes, whether through settlement agreements or mediation and conciliation. ... there are very few awards for unfair dismissal that exceed the average annual wage – so few individuals would be affected by the introduction of a cap of 12 months' pay[33].

The government is also considering limiting the overall cap:

> Clearly, the cap on compensation is significantly higher than it was prior to the one-off increase in 1999. During the period 1999-2011, the RPI has increased by 42% and average (median) earnings have increased by 47%. In contrast, the cap

---

[32] http://www.bis.gov.uk/assets/biscore/employment-matters/docs/e/12-1037-ending-the-employment-relationship-consultation.pdf

[33] http://www.bis.gov.uk/assets/biscore/employment-matters/docs/e/12-1037-ending-the-employment-relationship-consultation.pdf, paras. 81-2.

on unfair dismissal compensation has increased by 503%; however this includes the increase from £12,000 in 1999 to £50,000 in 2000. From 2000 to 2011 the cap has increased by 45% (median earnings and RPI both increased by around 38% over this period). We therefore want to consider whether the current cap is set at an appropriate level to provide reasonable, but not excessive, compensation for unfair dismissal or whether the level of the cap should be decreased. A power in the Enterprise and Regulatory Reform Bill would allow the cap to be varied within a range of full-time annual median earnings (currently £25,882) and three times full-time annual median earnings (currently £77,646).

Reforms to the Tribunal System

The consultation paper on ending the employment relationship has been accompanied by proposals to streamline employment tribunals to make it easier for judges to dismiss weak cases[34]. These changes are part of a broader reform agenda which includes making conciliation obligatory and imposing fees on those wishing to take cases to an employment tribunal. These fees may prove a significant deterrent. From the summer of 2013 unfair dismissal claims will cost £230 to issue and £950 for a hearing. In the Employment Appeal Tribunal there will be a fee of £400 to issue an appeal and £1200 to proceed to a full hearing. The civil courts fee remission scheme will, howe-

---

[34] http://www.bis.gov.uk/assets/biscore/employment-matters/docs/e/12-1039-employment-tribunal-rules-underhill-review.pdf

ver, be extended to tribunals for claimants who cannot afford the fees.

Employee share ownership

The most recent reform proposal came from the Chancellor of the Exchequer, George Obsorne, who announced to the Tory party conference in October 2012 that employees in SMEs would be able to give up their rights to claim unfair dismissal, redundancy and the right to request flexible working in return for shares up to £50,000 in the company which, when they sell them, would be exempt from capital gains tax[35]. In private limited companies there is a limited market for the sale of shares and so this proposal may be less attractive than first appears. This might help to explain the TUC's muted response to the proposal[36]:

> We deplore any attack on maternity provision or protection against unfair dismissal, but these complex proposals do not look as if they will have very much impact as few small businesses will want to tie themselves up in the tangle of red tape necessary to trigger these exemptions.
>
> 'This looks more to be said for effect, than because it will make much difference, but we will be vigilant to ensure that they do not represent the thin end of a future anti-employee wedge driven by the Beecroft report.'

---

[35] http://www.hm-treasury.gov.uk/press_91_12.htm.

[36] http://www.tuc.org.uk/workplace/tuc-21504-f0.cfm

Conclusions

For students of comparative labour law, the Anglo-Saxon system is held up as a model of laissez-faire. The government still thinks that state abstentionism is the right way forward: 'Wherever possible, Government should keep out of individual employment relationships which are developed and managed by the two parties directly involved.[37]' But in reality the UK system is increasingly characterised by broad state intervention in the employment relationship, increasingly to the detriment of the individual. The government says that its 'role should be about setting minimum protections and providing the information and tools to help parties reach agreement themselves. It is important to ensure that employees are protected from arbitrary, unfair behaviour by the employer. And it is also important to give employers the confidence to hire new staff, knowing they will be able to deal effectively with those who under-perform or who commit serious acts of misconduct'[38]. In fact, it has long been recognised that the very structure of Part X ERA 1996, as interpreted by the courts, favours employers. These reforms further strengthen their hands. And with the economic crisis showing no signs of abating, the trade unions hands are tied in their ability to protest.

---

[37] http://www.bis.gov.uk/assets/biscore/employment-matters/docs/e/12-1037-ending-the-employment-relationship-consultation.pdf, 5.

[38] http://www.bis.gov.uk/assets/biscore/employment-matters/docs/e/12-1037-ending-the-employment-relationship-consultation.pdf, 5.

THE ITALIAN REFORM OF THE LABOUR MARKET IN A GROWTH PERSPECTIVE

EDOARDO ALES
*Professor of Labour Law –
Università di Cassino e del Lazio Meridionale*[1]

At the beginning of April 2012, the Monti Government presented to the Italian Parliament a draft act concerning the "Reform of the labour market in a growth perspective" (hereafter the Reform). This is part of a comprehensive strategy, launched already in 2011 when the Government took office, to adapt Italian labour and social security law system to the challenges of the economic and debt crisis. The Reform has been approved by Act 28 June 2012, n. 92 as amended by art. 46-bis of Act 7th August 2012, n. 134.

Aim of the Reform is to create an inclusive, dynamic and efficient labour market, in the view of stimulating employment and economic growth, substantially reducing the unemployment rate.

Such an ambitious aim, in line with the European Employment Strategy, should be achieved by:

a) favouring the instauration of stable work relationships, above all of a subordinate nature and of an open-ended duration (the so called "dominant contract");

---

[1] I would like to warmly thank Ornella La Tegola and Antonio Riefoli (Università di Cassino e del Lazio Meridionale) for their precious help.

b) looking at apprenticeship as the most important way of access to the labour market;
c) redistributing in a more equitable way protection on the job by fighting the improper use of flexible contracts and by adapting dismissal law to the new legal and economic environment;
d) focusing Active Labour Market Policies on the strengthening of occupability;
e) fighting the abuse of (self-employed) contractual instruments aimed at avoiding social security and fiscal burden to be borne by the employer;
f) promoting active participation of women to the labour market and supporting elderly workers who have lost their job;
g) enhancing workers involvement with a view of increasing companies' competitiveness.

Concrete measures have been therefore adopted with reference to:

i) Typologies of contracts
ii) Dismissal law
iii) Unemployment benefits
iv) Protection on the job
v) Measures in favour of disadvantaged workers
vi) Active labour market policies and employment services
vii) Lifelong learning
viii) Workers involvement

In the following, we will have a close look on them.

i) Typologies of Contracts

The open-ended contract has to be regarded as the preferable form of employment while apprenticeship is strengthen as the most important way of access to the labour market. Therefore, the use of flexible contracts is discouraged by imposing to the employer an additional contribution to be paid for the financing of (new) unemployment benefits. Some typologies of contract have been modified and the placement contract (*contratto di inserimento*) has been withdrawn.

Fixed-term contract

The Reform amends Legislative Decree 6 September 2001, n. 368 transposing Directive 1999/70/EC on the implementation of the framework agreement on fixed-term work concluded by UNICE, CEEP and the ETUC.

Paragraph 01 of Article 1 of Legislative Decree 368//2001 states now that: "The employment contract of indefinite duration is the common form of employment relationship". This means that the open-ended employment contract should be the typical and dominant one, so that other typologies of contracts should be reduced in number and/or better regulated.

In such a perspective, the Reform provides some ambivalent measures.

On the one hand, the first fixed-term contract – meaning the fist fixed-term contract between a worker and a certain company for any kind of job or the first mission in case of agency work – shall no longer be justified by specifying the reasons as provided for in art. 1 of Legislative Decree 368/01. However, such a contract, concluded without specifying the reasons, cannot last more than 12 months. Moreover, the conclusion of fixed-term (agency work) contracts not justified by the reasons usually required by the law, can be allowed by collective agreements signed by the comparatively most representative social partners at inter-sectoral level in case of: a) start up of new activities, products or services; b) substantive technological changes; c) extension of high valuable research projects; d) renewal or extension of huge job orders. One may say that these are reasons added by collective agreement to those one already provided by the law.

On the other hand, the waiting period between a fixed-term contract and a new one is extended to 60 days in case of a contracts lasting less than 6 months and to 90 days in case of contracts lasting more than that (currently, the terms in question are established respectively in 10 and 20 days). On the other again, the period during which the fixed-term contract may continue beyond its original deadline in order to meet organizational needs, is extended from 20 to 30 days for contracts lasting less than 6 months and 30 to 50 days for those exceeding that length. Yet, in case the fixed-term contract has been stipulated according to the added reasons specified in the above, waiting periods can be reduced again to 20 or to 30 days by virtue of collective agreements signed by the comparatively most representative social partners at sectoral level. In case of lack of agreement the Ministry of Labour and Social Affairs shall intervene in order to fix the conditions that allow such a reduction. Last but not least, in order to determine the maximum period of 36 months (including extensions and renewals) of temporary contracts concluded between the same employer and the same employee, after which the employment relationship will be transformed into an open ended one, any other temporary work relationship between the employee and the employer (also as a user) shall be taken into account.

In case a fixed-term contract has been declared unlawful because of lack of formal or substantial requirements, the employment relationship will be considered as an open-ended one and the employee will get a comprehensive compensation from 2,5 up to 12 months of the previous wage.

Placement contract

The Reform provides for the abrogation of the placement contract (*contratto di inserimento*) ruled by Articles 54 to 59 of Legislative Decree 10 September 2003, n. 276. The placement contract was aimed at busting the employment of disadvantaged workers by providing employers with wage and social security relieves. In such a perspective, the Reform substitutes the placement contract with a new and organic system of incentives for elderly people and women living in disadvantaged areas of the country (see below).

Apprenticeship

Apprenticeship is regarded as the most important way of access to the labour market.

Therefore, a minimum period of duration of the contract of apprenticeship (six months) has been provided, which can be reduced only in case of seasonal activities and other exceptional circumstances specified by the law. At the same time, a mechanism by which the recruitment of new apprentices by employers with more than 10 employees is conditioned to the percentage of stabilised apprentices during the previous three years (50% – for the first three years of implementation of the Reform, 30%) has been introduced.

Nevertheless, employers are allowed to hire one apprentice more also in case they did not respect the mentioned percentage or even in case no apprentice has been stabilised within the prescribed period. The ratio of apprentices/skilled workers is raised from the current 1/1 to 3/2. In case of employers employing less than 10 workers the ratio cannot exceed 100% of the workforce. Employers who do not employ skilled workers at all or who employ less that 3 of them are allowed to hire no more than 3 apprentices. Apprentices cannot be hired by agency work contracts.

Part-time work

In order to provide a stronger protection of part-timers, the Reform adds two provisions to Legislative Decree no.

61/2000. Fist, if national collective agreements provide the possibility to agree in the individual contract clauses by which the distribution of work or working time is made flexible at employers' will, they shall also provide terms and conditions which allow part-timers to ask their employers to remove or to modify those clauses. Second, part-timers affected by oncologic diseases and students working part-time shall have the possibility to withdraw their assent to include flexible clauses into their employment contract.

Job on call

Employers are allowed to use job on call only if specific conditions provided by collective agreements occur or, without restraints, if the employee is younger than 24 or older than 55.

The employer shall communicate in advance to the Local Labor Authority (*Direzione Provinciale del Lavoro*) the length of each working period.

Project work (Coordinated self-employment)

In order to fight the abuse of project work, the Reform provides that: 1) the project shall be specified and clearly oriented to the final result; 2) the project cannot coincide with the employer's core business; 3) project worker's activity cannot consist in a repetitive and very low skilled job; 4) when project workers (technically speaking coordinated self-employed) cover a position which is *de facto* equivalent to that of an employee, the self-employment contract has to be reclassified into an employment contract as from the beginning of the relationship; 5) the lack of a specific project will lead to the transformation of the project work relationship into an open-ended employment contract; 6) remuneration to be paid to project workers cannot be lower than wages paid to subordinate comparable workers employed in the same sector, as fixed by collective agreements signed by comparatively most representative social partners at inter-sectoral, sectoral and even local level, if so decided by inter-sectoral or sectoral agreement.

Other typologies of self-employed activities

The Reform aims at fighting the abuse of the so called *partite IVA* (self-employed with a VAT number) often used by Italian companies to mask an ordinary employment contract. It states that self-employed with a VAT number are considered, unless proven otherwise, as being in a continuous and coordinated self-employed relationship (project work), if at least two out of the following conditions occur: 1) the relationship lasts for at least eight months per year; 2) the worker get more than 80% of his or her income from this job relationship; 3) the position includes a permanent workplace into the company premises.

Such a presumption does not operate in case the job: a) is characterized by theoretical knowledge acquired by specific training or by practical skills acquired on the job; b) is carried out by someone whose yearly income from self-employed work is no lower than 1,25 times the minimum income level taken into account in order decide whether someone is subjected to social security contribution; c) is carried out within the exercise of professional activities which requires the enrollment into public registries (barristers, accountants, etc.).

The transformation of self-employed into a coordinated and continuous self-employed relationship implies the application of all the rules provided for project work (articles 61-69 of Legislative Decree no. 276/2003), including the transformation into an open-ended employment contract in case of lack of a specific project. Moreover, in case of violation of legal requirements, companies shall pay the social security contribution provided by law for project workers, which is higher than that one due for self-employed.

Joint ventures with working partners

The Reform aims at fighting the abuse of Joint ventures with working partners (*associazione in partecipazione*), a commercial contract often used by Italian companies to mask an ordinary employment contract. According to this commercial contract, one or more partners (called *associati*) deliver goods or services or their own work to an entrepreneur in order to support a specific business venture. The entrepreneur is the one responsible before third parties and the one who manages the business. Associated partners have the right to participate in the profits of the joint venture in relation to their specific support and to check periodically the accounts.

When associated partners support the venture with their own work, the Reform provides that: a) the workers associated to the business must not be more than 3 unless they are manager's relatives. In case of the violation of this rule, all the working partners' contracts are transformed into an open-ended employment contract; b) if working partners actually do not participate in the profits of the venture or if they do not have the right to periodically check the accounts, their contract are presumed to be open-ended employment contract, unless proven otherwise by the manager. The same happens if the job performed in order to support the business is neither characterized by theoretical knowledge acquired by specific training nor by practical skills acquired on the same job.

Accessory work

The Reform provides a definition of accessory work as an occasional employment contract, meaning that accessory workers must not earn more than 5.000 Euro per year and in case of accessory work performed in favour of firms or professional service providers the single contract cannot exceed 2.000 euro of remuneration.

Moreover, in order to discourage the abuse of this contract, social security contribution from the employers side has been increased.

Internship

The Government is deleted by the Parliament to adopt one or more legislative decrees aimed to specify internships fundamental rules and requirement according to the following criteria and principles: a) general revision of internship regulation; b) measures to prevent the abuse of internship also by means of an accurate description both of the intern's activity and of internship's qualifying elements; c) internships should provide for some form of remuneration (e.g. reimbursement) related to intern's specific performance.

ii) Dismissal law

The most remarkable and highly-debated rules contained in the Reform concern the revision of art. 18 of the Act no. 300/1970 (Workers' Statute). The most significant change refers to dismissals due to economic or other objective reasons: if the judge finds this type of dismissal to be unlawful, the sanction is no more reinstatement but only the payment of an indemnity. However the judge can still decide for reinstatement when the economic reasons were found "patently non existent" (*manifestamente insussistenti*).

Rules on individual dismissals

Employer's written notification of individual dismissal must specify the reasons of the dismissal (at present, the employer has to communicate the reasons of dismissal only if so requested by the employee).

Dismissed workers will have to bring the case to Court within a shorter period of time: fired employees must contest the dismissal sending to the employer a written communication within 60 days from when they have received the notice of dismissal. Such a communication has to be followed, within 180 days, by the start of a court procedure against the employer (at present employees must bring the case to Court within 270 days).

If employers (employing more than 15 workers in a single working unit or more than 15 employees in the same district or more than 60 employees nationwide) intend to fire an employee because of economic or other objective reasons, they must follow a new fast, compulsory, out ofcourt settlement procedure at local level (*Commissione Provinciale di Conciliazione*). If conciliation fails, the employer is allowed to communicate the dismissal and the employee can bring the case to court. The dismissal will produce its effects from the day of the notice that the above described procedure has been activated by the employer. Effects are suspended in case of workers on maternity, parental or work accident leave but not in case of sickness leave. This is to prevent workers abuse.

The Reform contains a notable revision of the highly-debated article 18 of Act no. 300/1970, which at present requires employers employing more than 15 workers in a single working unit (or more than 15 workers in the same district or more than 60 employees at national level) to reinstate, and not simply compensate, workers found to have been unlawfully dismissed.

The new article 18 will provide three different regimes, according to the nature of the unlawfulness, as for: a) discriminatory dismissal; b) disciplinary dismissal (just cause or subjective reasons; c) economic dismissal (objective reasons or economic reasons).

a) As for discriminatory dismissals nothing changes, since the employer must reinstate and compensate the employee – the indemnity amounting to the wages the worker would have received from the date of the dismissal on the date of the effective reinstatement. These rules will be applied regardless of employer's size. The same rules will apply also when the judge declares the dismissal to be unlawful because of the lack of a written notification (oral dismissal).

b) As for disciplinary dismissals: 1) if the judge ascertains the lack of such reasons, the dismissal is invalid and the employee shall be reinstated and compensated with an indemnity that amounts to the wages the worker would have received from the day of the dismissal on the day of the effective reinstatement but in any case this indemnity cannot exceed 12 months of wage (at the present time there is no cap and the indemnity amounts to all the wages the worker would have received from the day of the dismissal on the day of the effective reinstatement); 2) if the judge declares the dismissal to be unlawful, but circumstances are less severe, the sanction is not reinstatement but the payment of an indemnity amounting from 12 to 24 months of wage (mainly depending upon worker's seniority and the size of the employer); 3) if the judge ascertains the dismissal to be unlawful because of a violation of procedural rules, the sanction is not reinstatement but the payment of an indemnity amounting from 6 to 12 months of wage (at present the sanction for violation of procedural rules is reinstatement and compensation).

c) As for economic dismissals: 1) in extreme cases, where the economic or other objective reasons were found to be "patently non existent", the judge may decide for reinstatement and for the payment of an indemnity that amounts to the wages the worker would have received from the day of the dismissal on the day of the effective reinstatement but in any case the indemnity cannot exceed 12 months of wage (at present there is no cap and the indemnity amounts to all the wages the worker would have received from the day of the dismissal on the day of the effective reinstatement); 2) in all other cases where the judge ascertains that the economic dismissal is simply not justified, the sanction is not reinstatement but only the payment of an indemnity amounting from 12 to 24 months of wage.

As for disciplinary and economic dismissal the judge decides between reinstatement and compensation taking into account the relevance of the facts that lead to the termination of the employment contract.

Collective redundancies

The Reform provides notable changes in order to clarify the rules judges have to apply when they ascertain the unlawfulness of collective dismissal.

Amending Act no 223/1991, three different hypotheses are provided: a) the judge declares the dismissal to be unlawful because of the lack of written notification (oral dismissal): the employer must reinstate and compensate the employee (the indemnity amounts to the wages the worker would have received from the day of the dismissal on the day of the effective reinstatement); b) the judge declares the dismissal to be unlawful because of a violation of the procedural rules (as prior information and consultation with trade unions): the same rules provided by the new version of art. 18 of Act no. 300/1970 on individual dismissals caused by economic or objective reasons have to be applied so the sanction is not reinstatement but only the payment of an indemnity amounting from 12 to 24 months of wage (at present the employer must reinstate and compensate the employee – the indemnity amounts to the wages the worker would have received from the day of the dismissal on the day of the effective reinstatement); c) the judge ascertains the dismissal to be unlawful because of a violation of the criteria to select the redundant employees provided by the law or by collective agreement: the employee is reinstated and compensated with an indemnity that amounts to the wages the worker would have received from the day of the dismissal on the day of the effective reinstatement but in any case this indemnity cannot exceed 12 months of wage (at present there is no cap and the indemnity amounts to all the wages the worker would have received from the day of the dismissal on the day of the effective reinstatement).

It is worth underlining that the violation of substantive or formal requirements of the communication to workers representatives of the intention to dismiss can be overcame if the parties involved so agreed.

Special Judicial Procedure for Disputes Related to Dismissal

A special and fast(er) judicial procedure is introduced for disputes related to dismissals falling within the scope of application of article 18 of Act no. 300/1970. It has a simple structure: an essential and quick inquiry by the judge is provided. The urgent stage ends with a court order that produces immediate effects.

The employer or the employee may, within 30 days starting from the notification of the court order, present an opposition to the same Court. This second eventual stage is characterized by a more detailed exam of the case but at the same time it is conceived to be faster than an ordinary procedure.

A fast(er) procedure is provided also when, after the ruling that concludes the trial (opposition), the case is brought to the Court of Appeal and, finally, to the Supreme Court.

Disputes related to dismissals falling under the scope of the fast procedure shall have priority over disputes relating to other employment issues.

iii) Unemployment benefits

The Reform provides for the revision of the unemployment benefits system as a whole, first of all by repealing the so called mobility allowance (*indennità di mobilità*), i.e. a benefit that was paid only to workers made redundant and therefore collectively dismissed by employers employing more than 15 workers. The elimination of the mobility allowance and, more generally, the reform of unemployment benefits are controversial issues. In fact, in some cases the economic incentives accompanying pre-retirement schemes are closely related to the entitlement to mobility. For this reason the Government has acceded to the request of Social Partners to create Bilateral Solidarity Funds in sectors not covered by CIGS and CIG (see below).

The new system will be fully operational in 2017, when the mobility allowance will be repealed, but the new unemployment benefit will enter into force from 2013.

Social Insurance for the Employment (ASpI and mini-ASpI)

As from 2013, the *Assicurazione Sociale per l'Impiego* (Social Insurance for the Employment, hereafter ASpI) will be introduced, managed by the *Istituto Nazionale per la Previdenza Sociale* (National Social Insurance Body, hereafter INPS), providing workers, in case of involuntary unemployment, with a Monthly Unemployment Allowance (hereafter MUA) in relation to new events of unemployment occurring after that date.

The personal scope of MUA includes, apart from employees, apprentices and people working in cooperative who have established, by reason of membership, an employment relationship with the cooperative.

ASpI does not cover civil servants employed on an open-ended basis and agricultural workers in temporary or open-ended employment relationship.

MUA will replace all the current unemployment benefits. It can be paid for 12 months (18 for those over 55) and shall amount to 75% of gross earnings (i.e. social security taxable wage for the last two years, including elements of continuous, ongoing and additional monthly payments) up to 1,180 euro, and 25% for the portion exceeding that amount, up to a maximum of 1,119 euro. Therefore MUA will be more favourable than the current ordinary unemployment benefit (*Indennità di disoccupazione*) which amounts to 60% of gross pay (and lasts 8 months, 12 for those over 50). The amount of MUA will be reduced by 15% after the first six months and by another 15% percent after the twelfth month.

In order to be entitled to MUA, the worker shall be in a state of involuntary unemployment as defined in Article 1, paragraph 2, letter. c) Legislative Decree n. 181/2000 and have at least two years of insurance and at least one year of contribution in two years prior to the beginning of the period of unemployment.

By way of experiment, for 2013, 2014 and 2015, the beneficiary of MUA can ask for the payment of the benefit in an annual lump-sum in order to undertake a self-employed or an entrepreneurial or cooperative activity.

Workers who have terminated their employment relationship by resignation or by consensual resolution of the contract (voluntarily unemployed) cannot benefit from MUA.

MUA is due from the eighth day following the date of termination of the last employment or from the day following that on which the application has been submitted to INPS, i.e., under penalty of decadence, within sixty days from the date on which the entitlement occurs.

The payment of MUA is subject to the permanence of the state of unemployment. In case of new employment, MUA is automatically suspended until a maximum of six months. In case of self-employment, from which derives an income below the limit fixed for the conservation of the state of unemployment, INPS shall reduce MUA to an amount equal to 80% of the income that the worker expects to receive from the self-employed activity.

ASpI may also provide short-term treatments. Indeed, to workers who do not fulfil the ordinary requirements, an allowance called mini-ASpI may be granted. Mini-ASpI is made dependent upon the presence of at least 13 weeks of work over the last twelve months and it is calculated in a way similar to that one used for MUA. In case of new employment, mini-ASpI is automatically suspended until a maximum of five days.

The beneficiary will loose the benefits in case of: a) loss of unemployment status; b) starting of a self-employed activity without the necessary communication to INPS in relation to the expected income; c) reaching of the requirements for retirement or early retirement; d) entitlement to retirement or ordinary disability benefits, provided that the employee does not opt for the MUA. The beneficiary is obliged to refund MUA perceived in the absence of legal requirements.

If the termination of the employment contract is not due to employee's resignation, the relevant employer is obliged to pay a contribution to ASpI amounting to the 50% of the initial amount of the MUA for each 12 months of activity performed by the dismissed worker within the company. Until 2015 such a contribution is not due in case of: a) dismissal due to a change of contractor in public or private procurement followed by the hiring of the dismissed workers by the new contractor according to existing social clauses; b) termination of open-ended employment contracts in the building sector in case of termination of the activity or of closure of the construction site.

Unemployment benefits for coordinated self employed

The Reform provides unemployment benefits in favour of coordinated self-employed workers excluded from the scope of ASpI.

In order to get the benefits the following conditions shall be jointly met: a) work in the previous year in a single employer regime; b) overall income in the previous year for tax purposes shall not exceed € 20,000; c) a contributive record of at least one month in the previous year; d) unemployment for at least two continuous months within the previous year.

Withdrawal of unemployment and social security benefits as accessory penalty in case of some criminal offence

In case someone is found guilty of terrorism, mafia or manslaughter, the judge shall apply the accessory penalty of the withdrawal of unemployment and social security benefits if their entitlement is due to activities fictiously performed in order to cover activities linked to the commitment of the above mentioned crimes.

Generally speaking, the public prosecutor shall communicate to the relevant social security body all the information in his or her hand referring to the abuse of unemployment or social security benefits.

iv) Protection on the job

Protection on the job can be regarded as one of the traditional feature of Italian Labour Law. It dates back to the Forties and it is aimed at minimize the risk of dismissal in case of companies undergoing restructuring processes or in productive or economic crisis.

Extension of the Extraordinary wage integration fund

The provisions of the *Cassa integrazione guadagni straordinaria* (Extraordinary wage integration found – hereafter CIGS), aimed at avoiding the dismissal of workers in case of reduction of the working time due restructuring, which already cover undertakings in the industrial sector employing more than 15 workers, are now extended to: a) undertakings carrying out retail activities employing more than 50 workers; b) travel agencies, including tour operators, employing more than 50 workers; c) private security companies employing more than 15 workers; d) undertakings operating in the air transport regardless of the number of workers employed; e) enterprises in the air transport sector regardless of the number of workers employed.

Bilateral Solidarity Funds

In order to secure wage integration and income support for workers in sectors not covered by the CIGS or by the *Cassa integrazione guadagni ordinaria* (Ordinary wage integration found – hereafter CIG), collective agreements shall establish insurance based Bilateral Solidarity Funds (hereafter Funds).

The functioning and the tasks of each Fund will be regulated by decree of the Minister of Labour and Social Affairs adopted in consultation with the Minister of Economy and Finance.

Funds shall be compulsorily established in all sectors not covered by CIG and CIGS with reference to companies employing more than 15 workers. The Funds shall provide an ordinary benefit of the same amount of that paid by CIG.

The Funds may also provide: a) economic support to workers in the event of termination of the employment relationship; b) extraordinary benefits in favour of dismissed workers who are going to reach the requirements for retirement or early retirement within five years; c) training programs.

If by 31 March 2013 collective agreements do not provide the activation of Funds, in alternative, by a ministerial decree, a Solidarity Residual Fund will established, financed by employers (2/3) and by employees (1/3).

Funds shall meet the break-even point, shall not provide services in case of lack of financial means and shall adopt an 8 years forecast budget.

Funds have no legal personality and are administrated by INPS. Each Fund is managed by a Committee which consists of experts appointed by the employers association and the trade unions who have signed the collective agreement establishing the Found, and one representative each of the Ministry of Labour and Social Policy and of the Economy and Finance.

v) Measures in favour of disadvantaged workers

Elderly workers

In companies employing more than 15 workers, collective agreements concluded between the employer and representative trade unions may provide the payment of a benefit (amounting to the public pension that the worker should get at the time of retirement) in favour of workers who are close to the retirement age in order to encourage the their early-retirement.

In case of hiring by agency work contract of workers over 50, with 12 months unemployment record, and of women living in disadvantaged areas, a reduction of 50% of the social security contribution for a period of 12 months is granted to the employer/user.

Workers with parental commitments

In a male dominated labour market, the Reform aims at encouraging the inclusion of women by supporting the conciliation of working and family life and, above all, the sharing of parental commitments.

In such a perspective, the following measures have been proposed.

In order to address the problem of the so called "blank resignations" by female workers, the termination of the employment relationship following to resignations or consensual resolution of the contract is conditioned to the approval of the Labour Inspectorate. For the rest of the workers, resignations and consensual resolution have to be validated by the District Labour Office.

In order to support the sharing of parental commitments, a mandatory parental leave of three days for the father to be enjoyed within the fifth month of life of the child has been introduced, on an experimental basis, for the years 2013-2015, as well as the service of baby-sitting for the working mother, paid by the employer through vouchers to be used within the eleven months after the compulsory maternity leave has expired as an alternative to parental leave.

Disable

The Reform intends to facilitate the inclusion and integration of disable in the labour market.

To this end, it is provided the modification of the scope of application of Act n. 68/1999 on placement services for disable (*collocamento mirato*) and of the system of (partial or total) exemption from the duty to hire disable workers granted to specific group of employers.

Non EU nationals

Non EU nationals are allowed to extend their stay in Italy up to one year after being dismissed or, if they perceive an income support benefit, for the duration of the same, if it exceeds the duration of the stay permit. Permanence is also allowed in case they have a minimum annual income derived from legitimate sources other than employment.

vi) Active Labour Market Policies and Employment Services

The Reform provides specific measures in order to make employment services more focused and efficient. A system of incentives is established in order to push the Regions to improve their employment services. For this purpose, a larger amount out of the resources made available by the European Social Fund shall be assigned to Regions which promote at the best job creation through

Active Labor Market Policies (hereafter ALMP) and efficient employment services.

In such a perspective, an informative system related to ASpI is introduced. On the one hand, INPS shall create a database where personal details of all MUA and mini-ASpI beneficiaries will be entered. On the other, job centers shall insert in the same informative system ALMP they offer in favor of the unemployed. INPS itself may provide for ALMP.

Workers who benefit from CIGS will loose their entitlement if they refuse, without any justifiable reason, to take part in ALMP.

Moreover the unemployed who benefit from MUA or mini-ASpI, will loose their entitlement if they: a) refuse an adequate job offer, meaning that the wage of the offered job is at least 20% higher than of the amount of the allowance; 2) refuse, without any justifiable reason, to take part in training or retraining activity.

The unemployed loose the allowance only if the offered (adequate) job or the training activity take place not further than 50 km from his or her place.

vii) Lifelong learning

The Reform aims at ensuring the fundamental and universal right to lifelong learning.

In line with EU strategies, lifelong learning is defined as any learning activity undertaken by people in formal, non formal and informal way in various stages of their life in order to improve knowledge, skills and competences.

In particular: a) formal learning is that one provided by the national education and training system, universities and institutions of higher education, culminating with the attainment of a diploma, a vocational qualification or a skills certification; b) non-formal learning is any learning activity undertaken through training channels offered by the private sector; c) informal learning is that which occurs in daily life, through personal and professional relationships, not deriving from a deliberate choice of the person.

Lifelong learning policies are decided at national level following to an institutionalised consultation among the Regions, the State, the Local Governments and the Social Partners. Policies are implemented by Locally Integrated Systems, coordinating public and private stakeholders operating in the field. In such a perspective, the adoption of three-year action plans is provided in relation to: a) the establishment of programmes of formal, non formal and informal lifelong learning, with particular emphasis on the acquisition of language and computer skills; b) the recognition of credits and certification of knowledge, however acquired; c) the use of Orientation Services throughout citizens' and workers' lives.

Non-formal and informal learning shall be certified and validated by public authorities, according to nationwide homogeneous standards that the Government is delegated to fix, after having consulted all the relevant stakeholders.

viii) **Workers involvement**

In order to stimulate and rationalise workers involvement in company management, the Government is delegated to adopt, within nine months, one or more legislative decrees providing that company level collective agreement can: a) impose to the employer information, consultation and (even) negotiation duties in favour of trade unions or workers representative bodies established by the same company agreement, respecting the minimum requirements laid down by directive 2002/14/EC as implemented in Italy by Legislative Decree n. 25 of 2007; b) establish joint monitoring procedures or bodies in order to verify the fulfilment of company's commitments; c) establish joint participation and monitoring bodies dealing with health and safety, work organisation, professional training, equal opportunities, performance-related pay systems, company social services, company social security schemes and, more in general, Corporate Social Responsibility; d) establish profit – and capital-sharing schemes, participation of workers to special industrial plans and to their profits, information and consultation of workers representatives on such plans; e) establish that in stock-companies or in *Societas Europaea* both employing more than 300 workers and structured according to the dual model of governance, the participation of workers, as full members, within the supervisory body can be provided; f) provide a privileged access for workers to company stocks, capital and stock-options, directly or by the establishment of foundations, investment founds or workers association aimed at participating into the management of the company without any speculative intent.

Concluding remarks

It is patent that the Reform described in the above will shake Italian Labour Law in its foundations. Indeed, it is only the most recent out of three that have been passed in the past decade, the others being that one of 2003 (Act n. 30 and Legislative Decree n. 276, the so called Riforma Biagi from the name of the labour lawyer who inspired it, then murdered by the Red Brigades) and that one of 2010 (Act n. 183). To these, there have to be added the continuous reform of the Italian pension system, which has been one of the major source of the enormous public debt that affects Italy since the Eighties, together with the national health system and employment in the public sector.

The need for these reforms has been strongly advocated by the European Institutions, recently by the European Central Bank, above all. Many people in Italy, but also in Greece, Portugal and Spain talk about a blackmail and a lost of national sovereignty. This is of course a matter for political debate. On the contrary, from the labour lawyer's perspective, the reasons why an act has been passed are not relevant at all. Relevant is to asses whether such an act fits to the goal of improving the efficiency of the labour market while guaranteeing strong and effective labour protection. Technically speaking this is the case of most of the legal provisions introduced in Italy in the last decade. Of course more needs to be done, above all as far as the equal opportunity between men and woman are concerned.

As for the Monti Reform, only time will tell whether the rules on dismissal – the most controversial issue at stake – have stroke a socially and economically sustainable balance between market freedoms and workers rights. Indeed, the shift from reinstatement to compensation, as a consequence of unlawful dismissal, could be looked at in a less negative perspective taking into account that, in practice it has always been very difficult for the worker to obtain effective reinstatement against employer's will. In most cases, after months of judicial struggle in order to get the wages owed by the employer who opposes to the reinstatement, the worker is induced to accept an indemnity of 15 months of wage. By paying this, the employer is freed from the duty of reinstatement.

Therefore, the amount of compensation is now in the spotlight. To be honest, in the Italian case it does not seem to be high enough to deter the employer from unlawfully dismiss the worker.

THE CAPACITY OF TRADE UNIONS TO BARGAIN COLLECTIVELY IN GERMANY

BERND WAAS
Professor at the Goethe University of Frankfurt

I. Introduction

In Germany the right to enter into collective agreements forms part of a fundamental right. Article 9(3) of the Basic Law (*Grundgesetz*) contains the fundamental right of freedom of association (*Koalitionsfreiheit*)[1]. According to this provision, the "right to form associations to safeguard and improve working and economic conditions shall be guaranteed to every individual and to every occupation".

---

[1] Article 9 reads as follows: "(1) All Germans shall have the right to form corporations and other associations. (2) Associations whose (2) Associations whose aims or activities contravene the criminal laws, or that are directed against the constitutional order or the concept of international understanding, shall be prohibited. (3) The right to form associations to safeguard and improve working and economic conditions shall be guaranteed to every individual and to every occupation or profession. Agreements that restrict or seek to impair this right shall be null and void; measures directed to this end shall be unlawful. Measures taken pursuant to Article 12a, to paragraphs (2) and (3) of Article 35, to paragraph (4) of Article 87a, or to Article 91 may not be directed against industrial disputes engaged in by associations within the meaning of the first sentence of this paragraph in order to safeguard and improve working and economic conditions." (Official translation).

Though not explicitly mentioned, freedom of association as laid down in Article 9(3) in principle encompasses the right to bargain collectively as well as the right to take industrial action, the latter being regarded as a necessary tool to make collective bargaining happen in practice[2]. The rules on collective bargaining have been fleshed-out by the legislator in the Act on Collective Bargaining Agreements (*Tarifvertragsgesetz*). According to section 2(1) of this Act "trade unions, employers' associations and single employers enjoy the right to conclude collective bargaining agreements". This paper is only concerned with the collective bargaining capacity of trade unions. It will be shown that there are important requirements to be met in order to qualify as a "trade union" within the meaning of section 2(1) of the Act.

The rationale for the legislator to limit access to collective bargaining lies in the vast regulatory powers granted to the bargaining parties: Not only are they entitled to enter into agreements which are directly binding for those employers and employees who, due to their membership in an employers' association or trade union, are subjected to a collective bargaining agreement[3] (so-called *Tarifgebundenheit*), but collective bargaining agreements also play a

---

[2] Federal Labour Court of 12.03.1985 – 1 AZR 636/82.

[3] See section 3(1): "Bound to a collective agreement are the members of the associations which concluded the collective agreement as well as individual employers who conclude such agreements". Collective agreements in other words do not have *erga omnes* effect. According to section 4(1) sentence 1 the provisions of collective bargaining agreements are directly binding and coercive with regard to these persons.

strong role with regard to employment relationships whose parties are not legally bound to such agreements. The latter is largely due to the fact that employment contracts between parties, which are not subject to collective bargaining agreements, are commonly modelled along the lines of the relevant collective bargaining agreements by way of referring at least to some extent[4] to such collective agreements[5]. Against this background it becomes plausible why collective bargaining capacity is conditional on compliance with a number of pre-conditions of an objective nature, the meeting of which ensures that the freedom to conclude collective bargaining agreements is transferred into "safe hands"[6]. There is a downside, however, which lies in the

---

[4] Reference to collective agreements may come in different forms. For instance, only part of a collective agreement may be referred to or reference may be made to a specific collective agreement in its present form (so-called static reference) or to all future collective agreements between two parties (so-called dynamic reference).

[5] A so-called *Inbezugnahme* of the collective bargaining agreement leads, as far as it goes, to the provisions of the agreement becoming implied terms of the individual employment contract which the parties to the contract may later dispose of, however. Why is it that employers regularly are prepared to apply collective bargaining agreements to non-union members? First, for many reasons, they prefer to have uniform working conditions for their staff. Second, they mostly do not want to provide their workforce with reasons for becoming union members.

[6] It should also be noted that the state often relies on the outcomes of collective bargaining. This is the case, for instance, if a collective agreement is declared generally applicable by the state (so-called *Allgemeinverbindlicherklärung*). In addition to that it should be noted that statutory law can be disposed of by the "social partners" to a certain extent. The right to set aside statutory law may only be granted if the parties to

fact that the system of collective bargaining is at peril of monopolisation. If the power of concluding collective bargaining agreements is exclusive to certain trade unions, this, in turn, excludes other trade unions from the process and thus deprives them of the opportunity to commend themselves to potential members by negotiating specific collective bargaining regulations.

When looking at the requirements of collective bargaining capacity of trade unions two sets of requirements must be examined: Firstly, the requirements of an "association" within the meaning of Article 9(3) of the Basic Law and, secondly, the specific requirements that arise from the needs of collective bargaining law.

II. "Associations" within the meaning of Article 9(3) of the Basic Law

Only "associations" within the meaning of Article 9(3) of the Basic Law may qualify as trade unions enjoying collective bargaining capacity. What are these requirements?

---

collective agreements "can be trusted". An illustrative example of the latter is the so-called "equal pay principle" in the area of temporary agency work which can be disposed of on the basis of collective agreement; see in this regard Federal Labour Court of 14.12.2010 – 1 ABR 19/10 according to which an umbrella organisation of Christian trade unions which had entered into such agreements lacked the capacity to bargain collectively. See also *Waas*, Quid pro Quo in Temporary Agency Work – Abolishing Restrictions and Establishing Equal Treatment – Lessons to be Learned from European and German Labour Law, in: COMP. LABOR LAW & POL'Y JOURNAL 2012, p. 47.

1. Organisational requirements

According to the predominant view the freedom of association as guaranteed by Article 9(3) is nothing else than a special manifestation of the general freedom of organisation (*Vereinigungsfreiheit*), as protected by Article 9(1). As a consequence, a confraternity of employees must first of all qualify as an association under Article 9(1). Essentially, the following is required in this regard: First, the organisation must be entered into deliberately[7] and be governed by the rules of civil law[8]; second, the organisation must be intended to be of an enduring nature in the sense that there must be at least some stability[9]; third, the organisation must have a corporate nature (in the sense that its existence is not dependent on particular persons becoming members or leaving) with the ability, in particular, of forming a joint will (so-called "organised decision-making", *organisierte Willensbildung*).

---

[7] As a consequence of that public-law organisations with obligatory membership do not qualify as "associations" see Federal Constitutional Court of 10.03.1992 – 1 BvR 454/91.

[8] A requirement that must be seen in the light of making sure that there is no undue state influence.

[9] This requirement must be understood against the background of the associations' far reaching-entitlement to industrial action in order to pursue their aims.

2. Specific purpose of associations and other requirements

In order to qualify as a "trade union" within the meaning of Article 9(3) additional requirements must be met.

To begin with, a certain purpose is required which lets "coalitions" stand out from "ordinary" associations. "Associations" within the meaning of Article 9(3) must aim at trying "to safeguard and improve working and economic conditions". This in turns requires a certain freedom (*Gegnerfreiheit*) and independence with regard to the relevant "social counterpart" (*Gegnerunabhängigkeit*)[10].

"Freedom" in that sense means that an association consisting of both employees and employers[11] – would not qualify as an "association" within the meaning of Article 9(3)[12]. "Independence" in that sense means that a trade union must, for instance, not rely on financial contributions of employers[13]. As a rule of thumb it can be said that a

---

[10] Federal Constitutional Court of 18.11.1954 – 1 BvR 629/52.

[11] In German terms often referred to as a so-called *Harmonieverband*.

[12] It should be noted that personal interdependences through participation of workers' representatives in company supervisory boards are regarded as not carrying such weight as to endanger trade union freedom; see Federal Constitutional Court, BVerfGE 50, 290, 371 et seqq.

[13] In legal literature it is argued by many that collective bargaining capacity calls for a trade union to exceed the borders of a single undertaking or enterprise (*Überbetrieblichkeit*). Others argue that *Überbetrieblichkeit* as such is legally irrelevant but that a lack of it may indicate a lack

union is more likely to de dependent if regular income from membership fees is low[14]. Supply of staff or provision of material resources by the employer may also lead to a trade union becoming dependent[15]. It is not required, however, that an organisation is predominantly or even exclusively supported by persons who are own employees. Rather it must be secured that the staff of an organisation are not subjected to third party influence[16].

The rationale of the requirement of trade union freedom and independence lies in the assessment that only independent trade unions can be true representatives of employees' interests. Trade unions being dependant on employers may be rare given the fact that most unions in Germany are relatively strong and powerful both in terms of membership and financial means. However, the more recent past has seen new trade unions emerging some of which ostensibly are in danger of employers' interference. According to a decision of the State Labour Court Cologne[17], one of those "young" trade unions[18] lacked collective bargaining capacity. The court based its judgment on the fact that according to its findings partly the

---

of independence; see in this regard the recent judgment of the State Labour Court Berlin-Brandenburg of 16.02.2010 – 19 SaGa 2480/09.

[14] See Federal Labour Court of 05.10.2010 – 1 ABR 88/09; see also State Labour Court Hamm of 23.09.2011 – 10 TaBV 14/11.

[15] See also Labour Court Gera of 17.10.2002 – 2 BV 3/00.

[16] See Federal Labour Court of 05.10.2010 – 1 ABR 88/09.

[17] State Labour Court Cologne of 20.05.2009 – 9 TaBV 105/08.

[18] Gewerkschaft der Neuen Brief- und Zustelldienste.

same persons worked for the trade union and the employers. In addition to that the trade union seemed to be dependant on "organisational assistance" offered by the employers[19].

In addition to independence from employers, trade unions must be independent of third parties (churches, political parties and, in particular[20], the state). The rationale is again that trade unions should represent the interests of employees and employees only. Independence in this sense does only require trade unions being clearly separated from third party interests. It does not require strict neutrality. Adherence to a certain belief, for instance, is of no relevance. In practice the requirement of third party independence does not play a major role because the majority of the powerful trade unions, almost all of which belong to the German Federation of Trade Unions (*Deutscher Gewerkschaftsbund*), represent interests of employees in a given branch independent of, for instance, certain religious beliefs. In German terms: These trade unions are

---

[19] It may also not have gone unnoticed by the court that employers in this specific case had a particular interest in the existence of a trade union willing to conclude a collective bargaining agreement because, on the basis of the so-called principle of speciality (*Spezialitätsgrundsatz*), such agreement could "put aside" an already existing collective agreement that was declared generally binding by the state and contained less attractive conditions from the perspective of employers; see *Hohenstatt/Schramm*: Tarifliche Mindestlöhne: Ihre Wirkungsweise und ihre Vermeidung am Beispiel des Tarifvertrags zum Post-Mindestlohn, in: Neue Zeitschrift für Arbeitsrecht 2008, p. 433 (437).

[20] Federal Constitutional Court of 01.03.1979 – 1 BvR 532/77.

Einheitsgewerkschaften ("unitary trade unions"), not *Richtungsgewerkschaften* ("tendency trade unions")[21].

III. Additional requirements of collective bargaining capacity

A confraternity of employees must qualify as an association within the meaning of Article 9(3) GG. In order to enjoy the capacity to bargain collectively further conditions must be met, however.

1. Willingness to conclude collective agreements

According to the courts, collective bargaining capacity depends on a willingness to conclude collective agreements (*Tarifwilligkeit*). This means that the statutes of an association claiming collective bargaining capacity need to demonstrate the will to enter into such agreements. The rationale behind the requirement of collective bargaining willingness, again, is to be found in considerations concerning democratic legitimisation. The members of an association must be able to foresee in the moment of joining, whether or not they will be subject to the association's quasi-legislative power[22]. In addition to that the require-

---

[21] See *Däubler*, in: Däubler (ed.), Arbeitskampfrecht, 3rd ed. 2011, § 6 notes 14 et seqq.

[22] Federal Labour Court of 10.11.1993 – 4 AZR 375/92.

ment ensures that an association is free to decide whether or not it wants to conclude collective agreements (and expose itself to possible industrial action in the process)[23].

It is still subject to some doubts whether collective bargaining capacity in addition requires a trade union to be ready in principle to take industrial action. The Federal Constitutional Court in a decision dating from the year 1964 held that associations enjoy freedom with regard to their choice of means, and that, consequently, they are not under a "duty to be prepared to fight"[24]. Nevertheless, it is argued by many that the capacity to conclude collective bargaining agreements must be attached to a general preparedness to engage in industrial action. The content of a collective bargaining agreement, the argument goes, is, by the very nature of it, not purely limited to the parties' ability to negotiate but just as much depends on their potential to exert pressure on the opposite side at least as a means of last resort. Consequently, many scholars call for the criterion of preparedness to enter into industrial action[25]. On the other hand it has been observed by some scholars that the requirement of a general preparedness to take industrial action in any event must not prevent parties from trying to resolve conflicts "peacefully"[26].

---

[23] See Löwisch/Rieble, *Tarifvertragsgesetz*, 3rd ed. 2012, § 2 note 148.

[24] Federal Constitutional Court of 06.05.1964 – 1 BvR 79/62.

[25] Löwisch/Rieble, in: *Münchener Arbeitsrechtshandbuch*, 3rd ed. 2009, § 164 note 23 with further references.

[26] Löwisch/Rieble, *Tarifvertragsgesetz*, 3rd ed. 2012, § 2 note 132.

2. Acknowledgement of collective bargaining and industrial action system

According to the Federal Constitutional Court, an association claiming collective bargaining capacity must acknowledge the existing collective bargaining and industrial action system[27]. The rationale of this requirement is that the right to participate in the collective bargaining process can only be granted on the condition that the "rules of the game" are being recognized. If associations had no willingness to obey the law new conflicts would be created, rather than existing ones solved. Acknowledgement of the collective bargaining and industrial action system does not require abstaining from any infringement of the law. Singular violations, even deliberate ones, do no harm as long no pattern exists which cast doubts on the "seriousness" of a trade union[28].

3. Adherence to democratic principles

In addition trade unions must subscribe to at least the basic democratic principles. It would be unacceptable if associations were granted permission to exercise quasi-legislative power over their members, without being sufficiently democratically legitimized. It should be noted, however, that the courts apply the requirement of democratic organisation reluctantly in order to ensure that they

---

[27] Federal Constitutional Court of 20.10.1981 – 1 BvR 404/78.
[28] Löwisch/Rieble, *Tarifvertragsgesetz*, 3rd ed. 2012, § 2 note 157.

do not interfere with the autonomy of trade unions and employers' associations as laid down in Article 9(3). If, according to the by-laws of a trade union all members are treated as equals and if, in particular, all members can equally influence decision-making[29], the courts regularly do not entertain doubts with regard to collective bargaining capacity on the ground of a possible lack of democratic organisation[30].

4. Social power and effectiveness

It is generally accepted that trade unions must have a capacity to perform and to enforce their objectives. This is commonly referred to as the trade unions' social power (*Mächtigkeit*) or effectiveness (*Leistungsfähigkeit*)[31]. This means that trade unions must be capable of exerting pressure and re-pressure on the opposite side in order to encourage it to conclude a collective bargaining agreement. Or, in the words of the Federal Labour Court: "The right to bargain collectively is constitutionally due to only those coalitions that are in a position to make sensible use of the area left

---

[29] With regard to employers' associations the situation is different. Formal voting equality is not required. Instead, employers who perhaps employ more than 10.000 people may enjoy more voting power than employers with a staff of 100 employees only.

[30] Federal Labour Court of 28.03.2006 – 1 ABR 58/04 (Christian Metal Workers Union).

[31] See, for instance, Federal Labour Court of 10.09.1985 – 1 ABR 32/83 – and 25.11.1986 – 1 ABR 22/85; see also, more recently, Labour Court Duisburg of 22.08.2012 – 4 BV 29/12.

open by the state by entering into collective agreements. This demands from a trade union to be able to exert at least so much pressure on the other side that the counterpart sees fit to set to embark on negotiations for a collective agreement"[32]. If no such power were needed the courts would have to ensure that collective agreements are fair. Such judicial control, however, could not easily be reconciled with the idea of employers and trade unions regulating their affairs essentially themselves[33].

Whether a certain union is regarded to possess such social power can only be determined on a case-by-case basis. Possible factors can be, e.g., the number of members, the existence of a satisfactory permanent structure of organisation, and sufficient financial funds[34]. Another important factor regularly is, whether in the past an association has succeeded in enticing the other side to enter into collective bargaining agreements. Problems arise, however, if the relevant collective agreement is nothing more than a so-called "follow-up agreement" (*Anschlusstarifvertrag*), which merely repeats the content of an existing collective bargaining agreement, concluded by another association. It could be argued that in such case, the according trade union did

---

[32] Federal Labour Court of 05.10.2010 – 1 ABR 88/09.

[33] *See* Wank/Schmidt: Neues zur sozialen Mächtigkeit und organisatorischen Leistungsfähigkeit einer Arbeitnehmervereinigung – Die Entwicklungslinien der BAG-Rechtsprechung und konkrete Folgerungen, in: Recht der Arbeit (RdA) 2008, p. 257 (264).

[34] Löwisch/Rieble, in: *Münchener Arbeitsrechtshandbuch*, 3rd ed. 2009, § 164 note 14 with further references.

not made an effort of developing an independent position over the course of the collective bargaining process. It could even be argued that the conclusion of a mere "follow-up agreement" may indicate an intention on the part of the employer to deliberately generate a collective bargaining partner according to his liking.

The Federal Labour Court some time ago seemed to be prepared to fully acknowledge a "follow-up agreement" as indicating collective bargaining capacity without feeling the need of further looking into the circumstances surrounding the conclusion of such agreement. Only in case that in the past a collective agreement was either concluded by way of obliging (*Gefälligkeitstarifvertrag*), or was a mere sham (*Scheintarifvertrag*) or was in reality be "dictated" by the employer, the court rejected the idea of "collective bargaining history" indicating collective bargaining capacity[35]. More recently, the Federal Labour Court may have changed its view with regard to "follow up-agreements", however. In a judgment delivered in 2010 the court held in any event that collective agreements may prove the existence of collective bargaining capacity (only) if they were "originally negotiated" and formed "independent" collective agreements. It may seem that mere "follow up-agreements" do not qualify as such agreements[36].

---

[35] According to the Federal Labour Court the latter is an exception to the rule, however, which means that specific circumstances must exist indicating that no "real" collective agreements were concluded between the parties; see Federal Labour Court of 28.03.2006 – 1 ABR 58/04.

[36] Federal Labour Court of 05.10.2010 – 1 ABR 88/09.

To take into account past collective agreements when determining the capacity to bargain collectively is not without problems. In any event collective bargaining must not be walled off by preventing "newcomers" from entering the system. But what if there is no collective bargaining "history" whatsoever? In that case the Federal Labour Court determines collective bargaining capacity on the basis of a prognosis decision. To successfully arrive at such prognosis, facts must be shown that make it likely that the "social counterpart" will not be able to ignore the trade union in the future. In this context the courts examine the "organisational strength" of the trade union as well as its ability to exert pressure on the other side[37]. If, however, a "young" trade union is involved in the conclusion of collective agreements in the context of its coming into existence the mere number of collective agreements being concluded is no indicator of its collective bargaining capacity without further information provided by the trade union on both members and organisational resources[38].

According to the Federal Labour Court in order to assess social power and effectiveness the membership base of a trade union is of paramount importance[39]. However,

---

[37] Federal Labour Court of 28.03.2006 – 1 ABR 58/04.
[38] Federal Labour Court of 05.10.2010 – 1 ABR 88/09.
[39] Federal Labour Court of 05.10.2010 – 1 ABR 88/09; see also *Greiner*, Der GKH-Beschluss – Evolution oder (erneute) Revolution der Rechtsprechung zur Tariffähigkeit?, in: Neue Zeitschrift für Arbeitsrecht (NZA) 2011, p. 8: *Ulber*, Neues zur Tariffähigkeit, in: Recht der Arbeit (RdA) 2011, p. 353.

the organisational strength of a trade union must be evaluated by taking into account the area of competence (so-called *Tarifzuständigkeit*[40]) which, in the case of trade unions representing certain professions only, may be fairly limited. Even if the number of members is small, there may be sufficient social power and effectiveness if these members are specialists in key positions, which in the event of industrial action cannot (easily) be replaced by the employer. According to the Federal Labour Court it is equally dependant on the area of competence chosen by a trade union whether its organisational structure is sufficient to fulfil the tasks of a trade union. As a consequence, a relatively small, centralised apparatus may easily be sufficient in this sense if a trade union only represents members of a certain profession instead of employees in a certain branch[41]. The upshot of this reasoning is that one cannot (easily) deny the collective bargaining capacity of (often smallish) "specialist trade unions" – like the German train drivers' union (*Gewerkschaft Deutscher Lokomotivführer*). On the contrary: The requirements that apply to such unions are (rightly[42]) less rigid than the requirements applying to (large) industry unions.

---

[40] This competence is autonomously defined by a trade union in its by-laws. Its limits must be clear for the acting bodies of the association itself as well as the "social opponent" and third parties; see, most recently, Federal Labour Court of 17.04.2012 – 1 ABR 5/11.

[41] Federal Labour Court of 14.12.2004 – 1 ABR 51/03. The case involved a trade union representing flight attendants.

[42] See Preis/Greiner, *Die staatliche Geltungserstreckung nach dem alten und neu gefassten AEntG, insbesondere bei Vorliegen konkurrierender Tarifverträge*, in: Zeitschrift für Arbeitsrecht (ZfA) 2009, p. 825.

As a matter of fact, trade unions representing members of a certain profession (*Berufsverbandsprinzip*) instead of employees working in a certain industry (*Industrieverbandsprincip*) have been clearly on the rise in Germany in the more recent past[43]. This trend may continue because, due to the fact that Federal Labour Court has given up the so-called "principle of unity of collective bargaining agreements" (*Grundsatz der Tarifeinheit*) recently[44], it will, in general, become easier for trade unions consisting of members of a certain profession to arrive at collective bargaining agreements being effectively applied in a given undertaking.

IV. Conclusion

The capacity of trade unions to bargain collectively is dependant on a set of requirements to be met. There are several reasons for the fact that these requirements have been "in flux" recently. One of them is the rise of "specialist trade unions", which poses specific problems of "measuring" their collective bargaining capacity.

---

[43] Waas, *Die Tariflandschaft im Umbruch – eine Betrachtung aus der Perspektive des Arbeitsrechts*, in: Sozialer Fortschritt – German Review of Social Policy 2008, p. 16.

[44] Federal Labour Court of 07.07.2010 – 4 AZR 549/08.

DESPEDIMENTO POR RAZÕES ECONÓMICAS – UM OLHAR COMPARATIVO SOBRE A EUROPA[1]

Robert Rebhahn
Professor at the University of Vienna

Introdução

Numa economia de mercado, os empregadores querem, por vezes, despedir trabalhadores. No entanto, a maior parte, se não todos os Estados Membros da UE não permitem ao empregador o despedimento "livre" ("at will"), restringindo tal poder qualificando determinados despedimentos como ilegais, especialmente se não for dada uma razão justificativa. A este respeito, os diferentes ordenamentos jurídicos distinguem, no essencial, o despedimento por motivos pessoais e por motivos económicos. No primeiro caso, o empregador expressa que o trabalhador não cumpriu diligentemente os seus deveres ou que não está já apto a cumpri-los. No segundo, o empregador pretende a extinção por não necessitar mais da actividade daquele trabalhador por razões estritamente económicas, técnicas ou organizacionais ou ainda por considerar que os custos laborais se tornaram demasiado elevados.

A União Europeia não legislou sobre os pressupostos materiais do despedimento nem sobre as consequências de

---

[1] O texto original de Robert Rebhahn foi redigido pelo autor em inglês e traduzido para português por Sérgio Henriques.

um despedimento injustificado, tendo apenas parcialmente regulado aspectos procedimentais, por via de Directiva aplicável a despedimentos colectivos. Assim, são, no essencial, aplicáveis regras nacionais, que podem variar de forma considerável. As diferenças respeitam à protecção *em caso* de despedimento e *contra* o despedimento. A primeira abrange requisitos formais, prazo de aviso prévio e montantes devidos em caso de cessação lícita. A protecção *contra* o despedimento autoriza o trabalhador a intentar uma acção, que lhe permita assegurar a subsistência do contrato de trabalho. Uma forma secundária de protecção contra o despedimento é o direito de o trabalhador requerer o pagamento de indemnização em caso de despedimento ilícito.

Procurar-se-á, seguidamente, esboçar alguns traços da regulação dos despedimentos por motivos económicos em alguns Estados Membros, especialmente nos designados "antigos" Estados Membros[2].

Um estudo comparativo, elaborado pela *European Labour Law Network* , a respeito de todos os membros desta Rede evidencia uma impressionante estabilidade normativa, ao longo dos últimos anos. Tal aparenta, porém, estar em

---

[2] Para uma apresentação detalhada das regras nacionais na UE, cf. . *European Labour Law Network (ELLN) – Seminar Report 2011, Protection against Dismissal in Europe – Basic Features and Current Trends*. No que respeita aos Estados Membros que aderiram à UE desde 2004 cf. também Kresal, *Termination of Employment Relationships*, Relatório publicado pela Comissão Europeia em 2007; quanto aos "mais antigos" Estados Membros cf. também Robert Rebhahn, *Zeitschrift für Arbeitsrecht*, 2002, p. 163-235. Para uma perspectiva mais abrangente, incluindo outros países, cf., por exemplo, *OECD Employment Outlook*, 2004, *Chapter 2, Employment Protection Regulation and Labour Market Performance*.

mudança, considerado o intento de Espanha e Itália, naimplementação de reformas relevantes.

Todos os estudos comparatísticos sobre o despedimento devem começar com duas ressalvas. A primeira respeita ao seu campo de aplicação. Por regra, o Direito do Trabalho não inclui o trabalho não declarado. Além disso, as regras de despedimento são aplicáveis essencialmente a contratos de trabalho, mas não aos que prestam actividade sob outras formas. Na maioria dos países, apenas aqueles que trabalham sob uma subordinação organizacional são qualificados como trabalhadores; a mera dependência económica não é suficiente. Por fim, na maioria dos países, as regras que enquadram o despedimento são aplicáveis apenas a contratos celebrados por tempo indeterminado. Para um estudo comparativo, importa ter ainda presente que a percentagem de trabalho não declarado, prestado por sujeitos economicamente dependentes que não são considerados trabalhadores, bem como de trabalhadores com contratos de trabalho a termo certo variam consideravelmente entre os Estados-Membros. A percentagem de trabalho não declarado é muito mais elevada no Sul do que a Norte, ascendendo, por exemplo, na Grécia a 24%, enquanto a Áustria regista 8%. A contratação a termo certo é frequentemente utilizada, por exemplo, em Espanha. Nesta medida, um regime de controlo do despedimento muito rígido pode, num determinado país, ser aplicável apenas a um pequeno número de pessoas que prestam uma actividade laboral, enquanto noutros países um regime mais flexível pode ser aplicável a praticamente todos esses sujeitos.

Qualquer estudo comparatístico exige outra ressalva. Uma regra apenas deve ser avaliada no contexto do regime nacional a que pertence. Assim, um período de aviso prévio que seja comparativamente muito longo, pode procurar compensar a inexistência de indemnizações por cessação ou um nível baixo de benefícios para os desempregados – e vice-versa. Além do mais, o impacto das regras sobre o despedimento varia em função das regras relativas à flexibilidade interna.

Estas ressalvas tornam difícil avaliar, numa perspectiva comparativa, qual o regime nacional mais rígido – Será o regime que pouco protege todos os que prestam trabalho (em sentido amplo) ou o regime que protege, de forma particularmente exigente, apenas alguns trabalhadores, excluindo de tal protecção uma percentagem considerável? De qualquer forma, uma divisão clara entre os abrangidos e os excluídos, obriga a questionar se tal legislação é estruturada e justa.

Aviso prévio

Mesmo um sistema que permita o emprego "livre" ("at will") obriga, regra geral, o empregador à observância de um período de aviso prévio. As regras nacionais relativas à duração deste período variam consideravelmente. Os períodos mais longos vigoram na Bélgica, sendo aplicáveis a "white-collar workers", podendo atingir os dois anos, enquanto o período de aviso prévio respeitante a "blue colar workers" tende a ser muito curto. No entanto, o Tribunal Constitucional considerou recentemente esta distinção inconstitucional. Também a Grécia exigia longos períodos de aviso prévio, mas reduziu-os em 2010, nomeadamente, de cinco para três meses no caso de "white-collar workers" com cinco anos de antiguidade. Em contraste, Espanha sempre observou períodos de aviso prévio bastante curtos, mas reduziu-os ainda mais em 2010, de trinta dias para quinze dias. A generalidade dos países europeus regista, nesta matéria, períodos curtos. Alguns países permanecem distantes dessa média, especialmente por via da combinação de períodos de aviso prévio longos e de elevadas indemnizações por cessação. As diferenças existentes justificam que, uma mesma medida, tal qual uma norma que introduza um período de aviso prévio de – por exemplo – quatro meses, seja perspectivada pelos trabalhadores de um país como um retrocesso social, enquanto os trabalhadores de outro país a considerem como um avanço.

Indemnização por cessação ("Severance payment")

Em muitos países, qualquer despedimento – ainda que legal e justificado – obriga o empregador a dado pagamento. Designamos este montante de "indemnização por cessação" *("severance payment")*. Estas indemnizações têm fonte legal em vários dos mais "antigos" Estados Membros, como França, Reino Unido, Espanha e Portugal. Por regra, o empregador tem, em caso de despedimento, de pagar ao trabalhador uma determinada quantia global fixa, pela cessação da relação laboral. No entanto, também em alguns dos "antigos", bem como em muitos dos "novos" Estados Membros, a indemnização por cessação não tem fonte legal; tal o caso da Alemanha, da Suécia, da Finlândia, da Holanda e da Bélgica. A Áustria eliminou a indemnização por cessação em 2002, substituído-a por um fundo especial. Desde então, o empregador deve contribuir regularmente para este fundo, que apenas pode ser accionado pelo trabalhador. A Comissão Europeia e a OCDE elogiaram as novas regras, enquanto relevante contributo para a "flexigurança". Contudo, os resultados financeiros dos fundos não são impressionantes. Em Espanha, foi tentada, em 2010, a introdução de um regime similar, mas o Parlamento viria a adiar a sua implementação.

O montante da indemnização varia de forma considerável. Por norma, depende do tempo ao serviço do último empregador. Em Itália e Portugal corresponde a um mês de remuneração por cada ano de serviço, em Espanha a vinte dias de remuneração por ano, no Reino Unido e Irlanda equivale apenas a uma semana de remuneração por ano com limites máximos, enquanto em França o pagamento é de um décimo da remuneração mensal. Uma indemnização por cessação elevada pode compensar benefícios por desemprego reduzidos. Além da obrigação legal de atribuir uma indemnização por cessação, outros pagamentos, de natureza similar, podem resultar de um plano social. Apenas em alguns países a lei obriga o empregador à sua negociação, em caso de despedimento colectivo. Infelizmente, não dispomos de informação fidedigna sobre os montantes médios previstos nestes planos, nem a respeito dos valores atribuídos, nestes casos, por via de arbitragem obrigatória.

Nos últimos anos, alguns países reduziram as indemnizações por cessação. Na Estónia, foram reduzidas de quatro meses de remuneração para um. Não entanto, a crise financeira impulsionou, na Bélgica e na Dinamarca, à introdução de indemnizações por cessação para "blue-collar workers", embora de valor pouco expressivo.

Regras Processuais

No que respeita ao processo, podemos distinguir dois conceitos, que regem uma cessação: *ex-ante* or *ex-post*. Actualmente, apenas alguns países prevêem um controlo geral *ex-ante*, qualificando o despedimento como nulo caso uma autoridade estatal não o aprove antecipadamente. Na Holanda, qualquer despedimento requer uma tal autorização. Na Grécia, esta aprovação é exigida em caso de despedimento colectivo que não tenha sido aprovado pela estrutura de representação dos trabalhadores; recentemente, Espanha parece ter abolido tal necessidade de autorização.

Mesmo no caso de um controlo *ex-post*, diversas regras processuais têm aplicação. Existe uma Directiva que regula o processo em caso de despedimento colectivo. Uma vez que concede margem decisória aos Estados, a implementação difere. As regras nacionais aplicáveis são ainda mais distintas. Enquanto alguns países acolhem regras bastante exigentes, outros preferem normas mais simples. A maior parte dos países impõe que o empregador formalize o despedimento por escrito. Outros exigem que o empregador informe antecipadamente a comissão de trabalhadores ou o trabalhador pessoalmente. Na Alemanha, este dever é bastante rigoroso; o empregador tem de informar a comissão de trabalhadores antecipadamente, indicando exaustivamente as razões para o despedimento. Na Áustria, a lei é similar à alemã, mas a jurisprudência considera suficiente que o empregador divulgue quem pretende despedir.

Por outro lado, as consequências legais diferem em caso de inobservância, pelo empregador, de uma regra processual. A Alemanha tem regras muito rígidas, também nestes casos; uma mera falta de informação à comissão de trabalhadores torna o despedimento nulo. Ao invés, em França, uma falha processual não invalida o despedimento, atribuindo apenas direito a indemnização. Espanha alterou a sua posição em 2010; desde então, falhas processuais não tornam já o despedimento nulo, dando, todavia, lugar ao direito do trabalhador a ressarcimento.

Protecção em caso de despedimento injustificado

Tratemos agora das normas materiais. Estas indicam o padrão a seguir para decidir se um despedimento por motivos económicos é justificado e determinam as consequências de um despedimento injustificado. Muitos países aplicam ao despedimento colectivo e ao despedimento de um único trabalhador as mesmas normas. Tal, por exemplo, o caso da Alemanha e da França. Todavia, alguns países prevêem regimes materiais distintos para os despedimentos individuais e colectivos e alguns sustentam mesmo que as duas hipóteses são completamente diferentes. Refiro, a título introdutório, algumas notas gerais.

Observações gerais

Em primeiro lugar, devemos questionar se o regime de controlo do despedimento tem por objectivo a continuação ou a indemnização. No primeiro caso, a lei permite que o trabalhador requeira a continuação da relação de trabalho; no segundo, o trabalhador injustamente despedido tem apenas direito a uma indemnização. Um controlo *ex-ante* tem sempre por fim a continuação do vínculo laboral; um controlo *ex-post* pode prosseguir um dos dois objectivos. O montante da indemnização depende normalmente do salário mensal ou semanal e dos anos ao serviço do último empregador. À continuação da relação de trabalho *versus* indemnização parecem corresponder diferentes concepções políticas: A continuação reconhece um direito ao posto de trabalho, enquanto a indemnização reconhece um mero interesse económico, a compensar monetariamente. Contudo, os efeitos e o impacto desta distinção dependem de outros elementos.

Numa análise mais atenta, concluímos que apenas alguns países limitam, há muito, o direito do trabalhador a uma indemnização; tal o caso do Reino Unido e da França, pelo menos na prática. Outros países admitem a continuação da relação de trabalho apenas num primeiro momento, atribuindo, em seguida, ao empregador o poder unilateral de oferta de indemnização, impedindo o trabalhador de requerer a continuação; assim em Espanha. Um terceiro modelo confere apenas ao tribunal o poder de conceder uma indemnização em lugar da continuação, ainda que o trabalhador tivesse preferência por esta última. Tal o caso da Alemanha, onde a maioria dos despedimentos injustificados geram apenas indemnizações. Por conseguinte, apenas uma parte dos Estados Membros reconhecem ao trabalhador um verdadeiro direito de exigir a continuação da relação laboral, caso o empregador prefira a indemnização; assim sucede na Holanda, em Portugal, na Grécia, na Áustria e na Itália (em grandes estabelecimentos). Em todos os outros países, ao trabalhador pode ser unicamente atribuída uma indemnização. No entanto, em muitos dos países em que ao trabalhador é reconhecido o direito à continuação da relação de trabalho, aquele não dispõe de meios que lhe permitam impor a reintegração no local de trabalho. Apenas em alguns países, como a Itália, tal é possível.

Outra questão material respeita aos critérios legais que permitem determinar se o despedimento é justificado. A maior parte dos países não alterou muito as suas normas entre 2005 e 2011. Contudo, a Espanha flexibilizou as suas regras por duas vezes, primeiro em 2010 e, depois, em Fevereiro de 2012. Em Itália, o Governo aprovou uma profunda reforma em Março. Tinha por objectivo que, em caso de despedimento por motivos económicos, os trabalhadores tivessem direito apenas a indemnização. Em Itália, a posição dos trabalhadores em defesa da continuação da relação de trabalho é muito forte. A tentativa de mudança de paradigma da continuação para a indemnização despoletou contestação massiva, e o Parlamento não viria a aprová-la.

Perspectiva comparada

No que respeita às normas nacionais, não é possível aqui referir todas as especificidades, até porque diferem substancialmente. Por outro lado, é muito difícil reduzir toda a diversidade a algumas "famílias" do Direito.

Em alguns países, a protecção em caso de despedimento por motivos económicos é muito reduzida. O Reino Unido é um exemplo típico deste grupo. Neste caso, um despedimento pode ser justificado por *redundância* ("redundancy") ou por *outra razão substancial* –, por redundância se entendendo ausência de trabalho, aqui se incluindo o caso de o empregador pretender simplesmente encerrar as instalações. A decisão empresarial é, em si mesma, pouco controlada. Os tribunais controlam, sobretudo, a justiça do processo, aferindo se o empregador actuou de forma razoável e não tanto as razões económicas para o despedimento; confiam na auto-avaliação do interesse, pelo empregador. Acresce que, na prática, um despedimento injustificado apenas legitima o direito a indemnização. Esta indemnização é significativamente baixa, correspondendo a uma semana de remuneração por ano de serviço, com observância de um limite máximo.

Também na Escandinávia, os tribunais não interferem com decisões económicas do empregador. Por exemplo, na Suécia é bastante que o despedimento seja justificado de forma objectiva, o que é, por sua vez, interpretado extensivamente. Qualquer decisão baseada em ausência de trabalho ou numa decisão de encerrar o negócio é aceite. Contudo, o empregador tem o dever de transferir o trabalhador para outra posição disponível na empresa. Acresce que, na Escandinávia, o envolvimento das associações sindicais é muito maior que no Reino Unido. Na Suécia, o empregador apenas pode despedir após uma reunião com a associação sindical, o que pode atrasar significativamente um despedimento justificado. Em caso de despedimento injustificado, o empregador apenas deve uma indemnização ao trabalhador. Todavia, o montante em causa é bastante elevado: na Suécia, equivale a trinta e dois meses de remuneração após dez anos de serviço. Além disso, o empregador tem a obrigação de recontratação do trabalhador despedido, caso volte a recrutar para o mesmo trabalho.

É difícil agrupar os outros países de acordo com o nível de rigidez de tutela, já que a um padrão estrito de controlo podem ser associadas consequências graves ou leves, em caso de despedimento injustificado e a um nível de rigidez baixo podem ser inerentes sanções elevadas.

Na Alemanha, o padrão de protecção não parece ser demasiado elevado. A lei exige apenas que o despedimento seja causado por motivos económicos urgentes, que impeçam a ocupação. Além do mais, os tribunais não aferem se a decisão empresarial que motivou a redução laboral é economicamente necessária; o empregador pode decidir encerrar uma unidade lucrativa. Ao invés, os tribunais verificam minuciosamente se a decisão empresarial despoleta, de facto, a supressão do posto de trabalho, sendo assim pressuposta uma razão empresarial, que motiva o empregador a impor o despedimento. Acresce que os tribunais controlam detalhadamente se o empregador pode continuar a empregar o trabalhador, ainda que em instalações distantes. Além disso, o empregador deve, previamente ao despedimento, reduzir o trabalho suplementar e promover vários meses de formação profissional, se assim se revelar razoável. Todas estas regras decorrem do princípio de que o despedimento opera em *ultima ratio*. No que diz respeito às consequências em caso de infração, a lei prevê a continuação da relação de trabalho. Todavia, a maioria das acções judiciais conferem apenas o direito a indemnizações. Estas equivalem, em regra, a meio mês de remuneração por cada ano de antiguidade, ou seja, a cinco meses de salário após dez anos de trabalho.

Em Itália, o padrão de protecção parece menos exigente do que na Alemanha. A lei requer que o despedimento ocorra por razões inerentes à *attivita produttiva*. O princípio de que o despedimento deve operar como último meio é apenas parcialmente acolhido; e os requisitos relacionados com a sustentação empresarial da decisão e o dever de formação profissional parecem menos exigentes do que na Alemanha. Ainda assim, os gestores consideram que a tutela italiana contra o despedimento é muito mais rígida do que a alemã em estabelecimentos com mais de quinze trabalhadores. Contribui para um tal entendimento, a vitalidade do direito à continuação da relação laboral e o facto de os processos judiciais serem muito morosos, conferindo ao trabalhador expedientes processuais vários, que favorecem as suas pretensões. Estas circunstâncias motivaram o Governo a propor uma reforma, focada em acelerar o contencioso judicial e a alterar o paradigma, passando de um modelo de continuação da relação laboral, para outro, de indemnizações elevadas; o tribunal deveria atribuir entre quinze e vinte e sete salários mensais. No entanto, tudo indica que esta alteração não será implementada. Por conseguinte, também no futuro e, pelo menos em certas circunstâncias, o trabalhador tem direito à reintegração em caso de despedimento injustificado, por motivos económicos,. Em estabelecimentos com menos de dezasseis trabalhadores, já no passado apenas o direito a indemnização era previsto; os valores variam entre duas e seis remunerações mensais.

Em França, as regras legais são frequentemente alteradas, embora a jurisprudência se mantenha estável. O nível de protecção parece ser comparativamente elevado, pelo menos parcialmente, já que a reestruturação de uma empresa apenas justifica um despedimento caso tal se afigure necessário para manter a competitividade da mesma. É controverso que este critério seja aplicável também a despedimentos por motivos meramente económicos, especialmente se o empregador apenas pretender encerrar as instalações. Se um despedimento é injustificado, os tribunais nunca decidem pela reintegração. A lei prevê uma indemnização equivalente a seis remunerações mensais, independentemente do tempo de serviço. No entanto, a lei atribui também o direito à indemnização da totalidade dos danos e obriga o empregador à elaboração de um plano social; ambos podem resultar em consideráveis pagamentos adicionais. Por conseguinte, os empregadores consideram a protecção francesa superior à alemã.

No passado, a Espanha tinha − presumidamente − a mais rígida protecção contra os despedimentos por motivos económicos, entre os maiores Estados Membros. Um despedimento por razões puramente económicas era justificado apenas se necessário para superar dificuldades económicas e, por conseguinte, uma crise da empresa. Um padrão ainda mais exigente tinha aplicação em caso de despedimentos colectivos; estes apenas seriam justificados se necessários para garantir a viabilidade da empresa. Os pressupostos eram também bastante rígidos no caso de um despedimento por motivos técnicos ou organizacionais. O Parlamento alterou estas regras em 2010. Desde então, o padrão de protecção é o mesmo para despedimentos individuais e colectivos; e a justificação dos despedimentos por motivos económicos é mais flexível. Ainda assim, os pressupostos materiais para um despedimento justificado são muito exigentes. Acresce que a lei previa e prevê a possibilidade de continuação da relação de trabalho. No entanto, desde 2003, ao empregador é sempre possível obviar à continuação da relação de trabalho, oferecendo ao trabalhador indemnização de valor equivalente à devida em caso de despedimento injustificado. Os empregadores espanhóis recorreram a esta expediente em cerca de 70% do total de despedimentos. Aquele valor correspondia a quarenta e cinco dias de remuneração por cada ano de antiguidade, ou seja, a quinze remunerações mensais em caso de dez anos de serviço. Em Fevereiro, o novo Governo reviu novamente estas as normas, reduzindo a indemnização por despedimento injustificado para trinta e três dias de remuneração por cada ano de antiguidade. Por conseguinte, o valor total é agora de cerca de onze meses de remuneração após dez anos de serviço; uma indemnização que é, ainda, uma das mais elevadas da Europa.

O país com o padrão de protecção mais elevado parece ser a Grécia, onde qualquer despedimento colectivo que não tenha sido aprovado pelos representantes dos trabalhadores requer a autorização da entidade competente, a qual não é, usualmente, concedida. Esta regra parece ter ainda aplicação.

Modelo comum e bitolas Europeias?

Perspectiva comparada

É do maior interesse ponderar se existe um modelo comum europeu de protecção contra os despedimentos por motivos económicos. Podemos, desde logo, questionar se existe uma abordagem comum. Serão os despedimentos por motivos económicos considerados uma forma "normal" de cessar a relação laboral, não correspondendo a uma ofensiva, nem tendo de resultar restringidos a casos especialmente dramáticos? Ou são estes despedimentos, diferentemente, vistos como algo que não deveria existir, já que todo o emprego deveria perdurar até à reforma, se o trabalhador assim o desejasse? A maioria dos Estados Membros optam pela primeira abordagem, autorizando um despedimento por razões económicas ainda que as vendas e os lucros do negócio sejam satisfatórios, bastando que o empregador pretenda dar um uso distinto ao seu capital. A este grupo pertence, por exemplo, o Reino Unido, os países Escandinavos, a Bélgica, a Áustria e, na prática, a Alemanha e a Holanda, onde o pragmatismo prevalece. No entanto, num grupo mais pequeno de países, é defendida a segunda abordagem, embora comportando diferentes intensidades. Especialmente na Grécia, Espanha e Portugal e, a um grau mais reduzido, em França e Itália, a possibilidade de despedir por motivos económicos parece ser largamente entendida como uma mera condescendência a um espírito indesejável da época actual. Embora, na prática, quase todos os países deste segundo grupo permitam que um despedimento seja justificado pela ausência de trabalho, os pressupostos são mais exigentes e um despedimento tem, frequentemente, um custo muito superior ao suportado, em média, por um empregador de um dos países do primeiro grupo. Por conseguinte, podemos questionar se existe um núcleo de regras comuns ao despedimento por motivos económicos na Europa, já que as atitudes face ao despedimento, assim como as suas especificidades, parecem bastante distintas.

Bitolas Europeias

Além disso, podemos perguntar se as regras nacionais se enquadram num conceito europeu. Embora a União ainda não tenha regulado questões materiais do despedimento de forma expressa, existem dois conceitos que podem permitir avaliar as regras nacionais, numa perspectiva europeia.

A primeira bitola poderia ser o artigo 30 da Carta dos Direitos Fundamentais, que estabelece "o direito à protecção contra o despedimento injustificado". Poderemos questionar o que requer o artigo 30 para a sua aplicação. Parece pressupor que um tribunal disponha dos poderes necessários para avaliar qualquer despedimento, não pressupondo, todavia, um padrão de revisão específico. Assim, os níveis reduzidos de protecção da Suécia e do Reino Unido e a mera tutela por via de indemnização respeitariam o artigo 30. No entanto, será duvidoso que esta disposição seja para já, aplicável a todos os Estados Membros. Conforme o artigo 51, a Carta apenas é vinculativa para os Estados Membros que "implementem o Direito da União".

A segunda bitola é o conceito de "flexigurança". O esboço aqui traçado deverá ter posto em evidência que os diferentes regimes legais de despedimento podem despoletar efeitos diferentes quanto à flexibilidade da força de trabalho. Além do mais, o nível de protecção face ao despedimento parece influenciar a segmentação do mercado de trabalho. No respeita a ambos os aspectos, dir-se-á que a flexibilidade é compreendida de formas muito diferentes na Europa. O mesmo se aplicando ao conceito de segurança.

Em suma, duvido que exista um núcleo ou modelo comum do regime dos despedimentos na Europa; os padrões de revisão e as consequências legais do despedimento injustificado parecem ser demasiado diferentes.

O DESPEDIMENTO COLECTIVO*

BERNARDO DA GAMA LOBO XAVIER
Professor Catedrático de Direito do Trabalho
Faculdade de Direito da Universidade Católica – Lisboa

1. Os mais desprevenidos, que ouviram as exposições sobre o despedimento colectivo no estrangeiro, certamente hão-de dizer admirados: Como é diferente o regime do despedimento colectivo em Portugal! Internacionalmente o despedimento colectivo está pensado para fenómenos de destruição de emprego em que há que restringir os numerosos despedimentos de reorganização empresarial de índole tecnológica, que têm de ser controlados e acompanhados com especial protecção para os trabalhadores atingidos. Entre nós – muito diversamente – o regime do despedimento colectivo pode aplicar-se a casos quantitativamente muito pouco expressivos, sendo estranhamente a forma mais simples e expedita e porventura até mais barata de despedir.

2. Como fontes normativas do despedimento colectivo interessa contar essencialmente[1] com:

---

* Conferência na Faculdade de Direito da Universidade Nova de Lisboa, no âmbito de Congresso Internacional de Direito do Trabalho, mantendo-se o estilo em que foi pronunciada, fazendo-se, contudo, actualizações e alterações, indispensáveis pela circunstância de na altura ainda não ter sido publicado o diploma da revisão (L n.º 23/2012, de 23 de Junho). A actualização está feita até ao final de 2012.

[1] Também, no plano prático, com a legislação fiscal na medida em que tribute ou não as compensações e indemnizações e a legislação de

a) a Const. no art. 53.º, que proíbe os despedimentos sem justa causa;
b) o CT, que se ocupa largamente do despedimento colectivo no plano substantivo (arts. 359.º a 366.º);
c) o CPT, que estabelece a disciplina adjectiva, fundamentalmente nos arts.156.º a 161.º.

3. Quanto à Constituição! Mesmo para aqueles que têm uma percepção mais rígida do art. 53.º da Constituição e da "densificação" do conceito de justa causa, o despedimento colectivo merece uma "consideração à parte"[2] já que – para esses e outros autores – foi pensada a proibição do despedimento sem justa causa como limite ao despedimento individual[3]. Supomos que o despedimento colectivo

---

segurança social no plano contributivo e no plano prestacional (acesso ao subsídio de desemprego).

[2] CANOTILHO/VITAL MOREIRA, *Constituição anotada*, 3.ª ed. p. 288.

[3] CANOTILHO/J. LEITE, "A inconstitucionalidade da lei dos despedimentos", em *Bol. Fac. Dir. U. Cb ª.*, Separata de Estudos em homenagem ao Prof. Ferrer Correia, principalmente, p. 34 e 36, tanto mais que esses autores consideram inerente à justa causa "um comportamento culposo, censurável do próprio trabalhador". Para nós, a proibição dos despedimentos sem justa causa tem a ver com o carácter ilícito dos despedimentos arbitrários e sem um quadro motivacional justificativo. Aliás, a opinião comum tem-se desprendido de uma concepção de justa causa ligada à culpa do trabalhador, o que parece corresponder a uma concepção de justa causa abrangente suposta pelo TC. É esta a solução legal, que, a par do despedimento colectivo e do despedimento culposo, aceita em geral despedimentos por inadaptação do trabalhador ou por extinção singular do posto de trabalho, para além de outras situações particulares (denúncia no período experimental ou no quadro de comissão de serviço). Aliás, há que dizer que "justa causa" de si não tem, ao contrário do que supõe os autores supra-referidos, qualquer conteúdo a densificar,

está também compreendido no art. 53.º da Const. como despedimento com justa causa[4] e, seja como for, não sofrerá certamente contestação que desta decorre uma necessidade de tutela que assegure a segurança no emprego, objectivo fundamental da referida norma.

4. Quanto à lei, diria de entrada que a disciplina da lei tem de ser vista dentro de um quadro que leve em conta a globalização e a eficiência que postula a competitividade e economicidade inerente a essa globalização. De qualquer modo, desde há mais de vinte anos que se perdeu um paradigma de:

i. mercado seguro num quadro tecnológico constante;
ii. empresa organizada estavelmente;
iii. regras ditadas no espaço nacional;
iiii. opção soberana quanto ao emprego/competitividade.

E assim seguramente se deve ter em conta a situação internacional, *maxime* a europeia e as necessidades de algum alinhamento.

5. O que é despedimento colectivo? Está, antes de mais em causa uma decisão patronal no dimensionamento da

---

que não seja ligado à consequência jurídica (*i.e.*, justa causa para dissolução do contrato de mandato não é o mesmo que justa causa para despedimento no contrato de trabalho, como justa causa para despedimento colectivo com indemnizações não é o mesmo que justa causa para despedimento imediato com compensações, etc.).

[4] Ainda que com um entendimento totalmente diferente desses autores (v. nota anterior).

empresa e isto tem especial impacte social pelo desequilíbrio no mercado de emprego.

6. Em Portugal, o despedimento colectivo supõe um conjunto de despedimentos, com certa dimensão, aliás pequeníssima em termos internacionais (5 ou mesmo 2 trabalhadores), que obedece a um intuito de racionalidade económico-organizativa no dimensionamento da empresa. O número de despedimentos é contado dentro de um arco temporal ("operada simultaneamente ou sucessivamente" 3 meses, tal como intencionado, ainda que nem tudo se tem de passar num arco de 90 dias). A verdade é que só pode ter diminuta importância a menção a um arco temporal quando afinal tudo se reporta a um procedimento dotado de unidade.

7. Trata-se de cessação operada pelo empregador, ainda que alguns pretendam incluir formas de extinção, tais como um distrate provocado e despedimento induzido aos trabalhadores. Apesar de certas posições do TJ da UE que poderiam confortar essas posições, a verdade é que – como veremos – estamos a falar de limiares tão baixos para despedimentos colectivos tão facilitados que não se pode figurar sequer uma manipulação elusiva da figura[5].

8. O ponto essencial para caracterizar o despedimento colectivo é o da motivação unitária, basicamente uma reorganização que pode atingir vários postos de trabalho[6] e

---

[5] V. *infra* n.º 10 a 12.

[6] Pretendemos aqui dizer que um mesmo despedimento colectivo para reorganização da empresa pode abranger vários aspectos ou motivações de segundo grau: o mesmo despedimento colectivo pode ser ocasionado num processo de eliminação de postos de trabalho por várias

que conduz à queda desses postos de trabalho e queda normalmente num estrato (*i.e.*, categoria) visado, atingido. Motivação unitária enquanto redimensionamento colectivo, mas depois individualizável relativamente a postos de trabalho e ainda mais quanto à selecção dos trabalhadores atingidos pela cessação. Mas motivação unitária em dois estádios (inicial, sujeito a debate, e final, refinada depois de concluído esse mesmo debate).

9. No sistema português não se trata de um despedimento expediente (*i.e.*, como expediente de crise), ou, nem sequer, como limite de sacrifício de empresa arruinada ou em insolvência[7]. Trata-se de um despedimento eficiente destinado a dimensionar a empresa em termos de eficácia de gestão, para – conduzindo-a à prosperidade – evitar exactamente o despedimento em crise.

10. O regime português de despedimento colectivo percebe-se mal se não aludirmos ao pano de fundo, no plano jurídico, que é o de um sistema de bloqueamento estrutural dos despedimentos. É por isso que poderemos considerar que as normas do Código do Trabalho, bem como das legislações anteriores sobre o despedimento colectivo, correspondem a um modelo habilitante, porque este repre-

---

causas: uns eliminados por introdução de máquinas mais eficientes, outros pelo *outsourcing* de alguns serviços, outros para redução de produção que se manifestava excessiva quanto a uma gama de produtos, etc.

[7] Para além do nosso livro, *O despedimento colectivo*, cit., 267s, 280s, 405s, 414ss, v. – sinteticamente – nosso, "A crise na empresa e o despedimento colectivo", in *Scientiæ Ivridica*, cit., e "Regime do despedimento colectivo e as alterações da Lei n.º 32/99"cit.. No domínio processual, v. nosso, "O processo especial de impugnação do despedimento colectivo", em *RDES*, 2011, n.ºs 3-4.

senta certamente a fórmula mais fácil no plano jurídico para pôr fim através do despedimento às relações contratuais. De facto, escasseiam entre nós práticas musculadas e efectivas de controlo pelas estruturas dos trabalhadores e também planos sociais que tornam em todo a parte do Mundo mais difíceis e questionáveis os despedimentos colectivos. Como disse de entrada, ao contrário dos outros sistemas europeus, em Portugal é mais fácil despedir um grupo de trabalhadores de que apenas um! Aliás, esse carácter habilitante denota-se ainda no controlo judicial, muito mais difícil aqui que na impugnação dos outros casos do despedimento, dito individual, a qual se passou a desencadear por um simples formulário impresso e em que a posição do empregador, obrigado a tomar a iniciativa de se justificar, fica necessariamente enfraquecida[8].

11. É (talvez por isso mesmo) também um despedimento <u>abrangente</u> porque todos os despedimentos que atingem uma quantificação minimamente expressiva são conside-

---

[8] Durante muito tempo, apesar deste carácter habilitante do despedimento colectivo, este foi muito pouco aplicado, por motivos vários, entre os quais os de "imagem", o que levou à generalização de esquemas de revogação (por vontade de ambas as partes) dos arts. 349.º e s do CT (e, portanto, à busca de consenso nas situações de crise ou de simples excesso de pessoal para encontrar uma solução de distrate individual com os vários trabalhadores excedentários, dentro ou fora de um procedimento com vista ao despedimento colectivo). A situação está a mudar, para além de um avolumar da crise e de uma modificação de mentalidades, tendo especial impacto o quadro do sistema fiscal e para-fiscal, que também se tem vindo a alterar no que se refere à revogação (cessação acordada), hoje mais penalizada (consideração em certos limites das indemnizações para efeitos do IRS ou de descontos para a segurança social) e ao próprio esquema de acesso ao subsídio de desemprego.

rados como despedimentos colectivos (dois despedimentos nas micro e pequenas empresas e cinco nas médias e grandes – art. 359.º, 1[9]). Se confrontarmos esses números com os do art. 1.º da Directiva comunitária[10], ficaremos surpreendidos: na Directiva fala-se de 10 despedimentos em PME e 10 por cento dos efectivos ou 30 trabalhadores, em empresas maiores! As micro-empresas e empresas com menos de 20 trabalhadores nem contam para efeitos das garantias comunitárias! A propósito da quantificação, um outro aspecto: o número de despedimentos relevante corresponde àquele que foi intencionado e não ao número de despedimentos a final decididos, que – mesmo menor – não descaracterizará o procedimento.

12. Por ironia das coisas, o TJ (Ac. de 12.10.2004) condenou Portugal por não cumprimento da Directiva a pretexto de esta assumir um conceito próprio e comunitário de "despedimento", ao qual Portugal não obedeceria por desconsiderarmos para efeitos de despedimento colectivo a caducidade por morte do empregador e outras circunstâncias[11]. Quanto a nós, o TJ procede mal no plano meto-

---

[9] Todos os artigos citados neste estudo sem outra indicação referem-se ao CT de 2009.

[10] Directiva n.º 98/59/CE do Conselho, de 20 de Julho de 1998, que revoga e consolida em correspondência anteriores Directivas sobre o tema.

[11] Entre a variada bibliografia nacional que refere o ponto, v. ultimamente e com minuciosas descrições CATARINA CARVALHO, *Da Dimensão da Empresa no Direito do trabalho* (Coimbra, 2011), 412 ss; e JÚLIO GOMES, "Da inobservância dos procedimentos na caducidade por encerramento total e definitivo da empresa", em *Direito do trabalho + crise* cit., 423 ss.

dológico: promove condenações formais a um Estado sem a mínima consideração da substância das coisas, sem observação completa do Ordem jurídica do país "vítima" e também sem ter em conta o próprio Tratado, que se refere às Directivas como obrigação de resultado.... É correcto condenar um país pela fuga conceitual que defraude as obrigações do Direito comunitário, mas as Directivas não segregam (ao contrário dos regulamentos) conceitos comunitários precisos. Na verdade, o TJ parte de um condenável metodologia, que é o de definir o quadro conceitual da hipótese sem ter em conta a estatuição (e essa só é precisa e determinada no caso da legislação nacional, não sendo viável à luz do Tratado configurar numa Directiva "obrigações precisas e incondicionadas", seja qual for a abusiva formulação do TJ). Mas no sistema português, não há qualquer fuga ao despedimento colectivo: se pudermos ser censurados há de ser pela razão contrária. Em termos práticos noto que o despedimento colectivo é tudo e mais alguma coisa na nossa legislação (os limiares de 2 e 5 despedimentos são consabidamente baixíssimos[12]), o que (ao

---

[12] Assim, não se pode deixar de estranhar a sentença do TJ, *v.g*, no sentido da inclusão no âmbito da Directiva dos despedimentos colectivos das cessações emergentes do falecimento do empregador (que só pode ter detido micro-empresa ou pequenas empresa que a Directiva ignora para efeitos de despedimento colectivo e cuja extinção afecta na prática meia dúzia de trabalhadores, quando muito): de facto, nos termos da própria Directiva, os números eventualmente resultantes não correspondem na prática aos limiares comunitários de despedimento colectivo! Note-se que, quanto ao falecimento do empregador, o TJ mudou ultimamente de posição, considerando que não viola a Directiva a legislação nacional que não entenda tal situação, da qual decorra a cessação de

contrário do pressuposto ingénuo do TJ) não é seguramente vantajoso para os trabalhadores[13]. Se vejo bem as coisas, nem o legislador nacional tem de adoptar um conceito de despedimento colectivo, muito tosco comunitariamente, desde que cumpra os objectivos da UE, nem lhe é necessário adoptar as mesmas consequências jurídicas para a caducidade nestes casos daquelas que resultam para o despedimento colectivo[14-15].

---

vários contratos, como despedimento colectivo. Hoje o problema tem quanto a Portugal menos relevância em face do CT, que manda sujeitar ao procedimento de despedimento colectivo as situações de caducidade, "tant bien que mal" (art. 346.º, 3 e 4).

[13] *V.g*, quando se refere o "incêndio da empresa": pois as empresas ardem? ou apenas arde um substrato material limitado quando se incendeiam as instalações? Como disse, ao contrário do que por alguns parece pressuposto, não há especial protecção em Portugal nos casos de despedimento colectivo – e assim não vejo por que razão, a pretexto da defesa dos trabalhadores, há tantos esforços da nossa doutrina em contabilizar para o efeito outras cessações. O mesmo também quanto ao que exemplifica de revogação ou de caducidade.

[14] Diferentemente JÚLIO GOMES, ob. cit., 437 ss ao criticar posição diversa de ROSÁRIO RAMALHO, *Direito do trabalho*, II, 874.

[15] Uma coisa é o cumprimento das Directivas e a execução leal das suas medidas no Direito interno, o que merece sem dúvida controlo judicial, e outra uma execução mecânica destas e do seu quadro conceitual, o que contraria as disposições do Tratado na matéria. O estranho desenvolvimento da jurisprudência da UE, que altera o Tratado quanto ao entendimento e eficácia das Directivas (o que tem passado com a cumplicidade dos Estados Membros e boa parte da doutrina) e o acatamento servil da doutrina internacional quanto aos próprios conteúdos dessa jurisprudência, tão criticáveis e inconstantes, merecerão um dia da nossa parte uma referência mais desenvolvida, se o tempo o permitir.

13. Trata-se também de um sistema de despedimentos substantivamente[16] paradigmático, porque a tutela conferida ao trabalhador individualizado, principalmente no que se exprime em compensações, avisos prévios e tempo de dispensa para encontrar novo emprego, serve de modelo para as outras formas de despedimento não provocado pelo trabalhador. Temos pois um sistema diferente da maior parte dos países, em que o despedimento colectivo, sendo mais protegido na óptica dos trabalhadores, tem uma tutela superior e não a comum ou paradigmática.

14. Esta forma de despedimento está ligada – até por exigências do direito comunitário – a uma forma rica de procedimento (ainda que num formalismo menos controlado que nas outras formas lícitas de despedimento). Antes de efectuar os despedimentos colectivos, o empregador deve utilizar um método formalizado de diálogo ("fase de informações e negociações"[17]) com os trabalhadores atingidos, *i.e.*, suas estruturas representativas[18] e em que também intervêm as entidades oficiais, no sentido de encontrar condições mais brandas e consensuais nos seus projectos de redimen-

---

[16] Como veremos, no plano adjectivo as coisas são muito diferentes: os trabalhadores terão menos facilidade em impugnar o despedimento do que nas situações ditas individuais.

[17] Art. 361.º.

[18] Quando essas estruturas não existem, a lei prevê a eleição de uma comissão *ad hoc*, havendo especiais dificuldades quando tal comissão não é eleita. Para estes casos, v. estudo cit. de SÁ ESTEVES, p. 206-7. Temos defendido que a inércia dos trabalhadores não envolve a paralisação do procedimento (nossa ob. cit., 462), mas a jurisprudência trilha diverso caminho, com perigosa justificação, sobretudo para quem preze o princípio *pas de nulité sans lo*i.

sionamento. Como diz expressivamente um autor transalpino, o empregador deve actuar "à luz do sol", transparentemente, com informação, de modo a evidenciar a racionalidade económico-organizativa dos seus fundamentos e propósitos, com audição e consideração dos pontos de vista dos trabalhadores. Os procedimentos (boas práticas) postulam motivação suficiente, ainda que evolutiva e forma procedimental (trâmites e prazos) que possibilite o controlo.

15. No CT, como na legislação anterior há um objectivo de se chegar a um acordo. Parece-nos um fracasso na prática ao longo dos tempos o desenho legal desse acordo e da sua vinculatividade. Há pouca notícia de acordos formais celebrados nos termos dessas normas (basicamente nos arts. 361.º-363.º). O que se sabe é que, havendo por vezes um acordo quadro negociado para aumentar as compensações, afinal a cessação acaba por tomar a forma de revogações individualizadas.

16. Para além do referido procedimento, com transparência e possibilidades de deduzir os interesses dos trabalhadores e soluções alternativas (essas, aliás, com uma formulação muito pouco ousada) a protecção dos trabalhadores despedidos realiza-se em 4 pontos:

a) pelo aumento da capacidade de empregabilidade;
b) pelo aviso prévio;
c) pela compensação, como ressarcimento monetário, essencialmente pela perda do posto de trabalho por acto lícito do empregador[19];

---

[19] Também funciona para tutela do trabalhador a garantia de liquidação de créditos vencidos e exigíveis (esses basicamente os correspondentes a férias e duodécimos de subsídio de Natal).

d) pela garantia de pagamento dos créditos vencidos ou emergentes da cessação, cuja não satisfação pode envolver a invalidação do despedimento.

17. Quanto ao aumento de empregabilidade, tal é dado ao trabalhador pela facilidade na desvinculação (possibilidade de denúncia operada pelo trabalhador com aviso prévio mínimo de 3 dias – art. 365.º –, sem perda da compensação) e pelo crédito de horas durante o aviso prévio (correspondente a 2 dias por semana – art. 364.º).

18. Quanto ao aviso prévio em benefício do trabalhador, varia entre 15 dias e 75 dias de acordo com a antiguidade (com acréscimos se forem abrangidos ambos os cônjuges ou equiparados), contado a partir da comunicação da decisão de despedimento, em que a lei estabelece uma espécie de eficácia real, determinando que o contrato cessa apenas depois de tal aviso prévio decorrido (art. 363.º, 4). Até ao temo do aviso prévio deve ser efectuado o pagamento da compensação, para o efeito disponibilizada.

19. A compensação, nos casos de despedimento, destina-se a ressarcir o dano presente e futuro que se calcula, em termos fixação prévia – liquidação antecipada do dano – em moldes de ordem pública. A função é essencialmente compensatória, procurando-se ressarcir o trabalhador pela perda, ainda que diferida pelo aviso prévio, do emprego e concretamente daquele emprego (com a perda de antiguidade na empresa). A compensação, quando recebida, impede a impugnação pelo trabalhador, no que constitui ema apreciável vantagem para o empregador[20].

---

[20] Relativamente a este e subsequentes problemas, v. o nosso estudo

20. A compensação era até há pouco de 1 mês de retribuição em função de antiguidade, com o mínimo de 3 meses. Na linha de anterior legislação, aplicável aos novos contratos de trabalho[21], propôs-se e conseguiu-se que passe de 30 dias para 20 dias, <u>sem</u> mínimo. Continua a ser obviamente um sistema "a forfait", em que não se exige prova para o dano efectivo e se pretende resolver rapidamente a situação. Havia um montante mínimo, independente da antiguidade (3 meses) que compensava directamente a perda de emprego, o que se fez cessar. O significado do abaixamento do montante parece ser o aumento da competitividade e estímulo ao emprego. Aparentemente há contradição nos termos entre a facilitação do despedimento e o estímulo ao emprego, mas a verdade é que se torna necessário evitar reacções de defesa e opções de não contratação pelo receio de excessivos compromissos quanto à segurança no emprego. Não há segurança no emprego sem emprego e só se podem estabelecer bases de segurança se houver também uma legislação amiga da empregabilidade. Ora verificou-se que os montantes eram em Portugal muito consideráveis, muito embora haja grandes dificuldades de comparação em termos europeus, em que na maior parte dos países as muito pequenas empresas têm uma grande facilidade de desvinculação[22]. Nós só

---

sobre "A compensação por despedimento", no n.º especial da *RDES* de 2012, dedicado à revisão do CT, operada pela L n.º 23/2012, de 25 de Junho.

[21] Refere-se a L n.º 53/2011, de 14 de Setembro.

[22] Neste contexto, o Governo comprometeu-se a apresentar, até ao final do primeiro trimestre de 2012, um estudo exaustivo que tenha pre-

podemos considerar que há um estímulo ao emprego se a diminuição das compensações como encargos possa ser objecto de um compromisso de Estado para durar. Não se pode pensar em empresários tão ingénuos que acreditem em sistemas montados por maiorias fugazes.

21. Estabeleceram-se inovadoramente limites <u>máximos</u> de 12 meses da retribuição mensal e mesmo limites para cálculo da retribuição para esse fim [a retribuição de referência não pode ser superior a 20 rmm (9 700 €)], com o resultado de um limite máximo de 240x rmm (116 400l €).

22. Como consequência, na revisão do CT há um abaixamento de pelo menos um terço[23] das compensações actuais, tendo-se, contudo, consignado a respeito pelos "<u>adquiridos</u>" até 31 de Outubro de 2012. Assim, em termos de direito transitório, para os contratos anteriores a Novembro de 2011[24], mantém-se, como congelado, o sistema de parâmetros anterior: 3 meses de mínimo, e da antiguidade "vencida" a compensação anterior de 30

---

sente os valores praticados nos restantes países europeus e após consulta aos parceiros sociais, bem como a introduzir as eventuais alterações que dele decorram no âmbito da discussão na especialidade da proposta de lei entretanto apresentada na Assembleia da República. O estudo teve infelizmente pouca publicidade.

[23] O factor de cálculo passa de um mês de retribuição para 20 dias por ano de antiguidade. Isto é um mínimo, porque agora introduzem-se limites para a retribuição e mesmo para o cômputo da antiguidade, já que a compensação não pode exceder 12 meses, do que resulta que a antiguidade não releva para além de 18 anos.

[24] Tal é a data da entrada em vigor de lei que estabelecia o novo regime para os novos contratos de trabalho (L n.º 53/2011, de 14 de Outubro).

dias/ano. Os novos anos, a contar de Outubro de 2012, é que passam a dar direito à compensação de 20 dias. Contudo, este novo escalão só é computável se não ultrapassar os limites agora estabelecidos.

23. O sistema é negocial, mas apenas na hora e não pode ser objecto de disposição contratual! Problema interessante poderá ser colocado quanto ao art. 339.º, que permite aos IRCT alterar critérios de definição de indemnizações e valores "dentro dos limites do Código" e do art. 360.º, 2, f). A questão está muito pouco clara mas é destituída de interesse, porque não é frequente que esses limites sejam alterados[25].

24. Esta compensação não tem as características da retribuição, *maxime*, e parece nada impedir que seja compensável ou penhorável ou possa ser cedida. Beneficia, contudo, do Fundo de Garantia (art. 366.º) e tem privilégios creditórios (art. 333.º). No plano prático, parece-nos que o mais importante para assegurar o seu percebimento é constituir um requisito para a licitude (e eficácia) do despedimento ordinário[26] [no caso do despedimento colectivo, art. 383.º, c)]. Contudo, essa garantia já não existirá nas situações de insolvência.

25. Vejo com apreensão o mecanismo que se prepara para um outro Fundo (de compensação) agora previsto,

---

[25] O previsto anteriormente em CCT é irrelevante, porque a L da revisão se encarregou de tornar esses preceitos ineficazes.

[26] Contrapomos o despedimento ordinário (colectivo, extinção de posto de trabalho e inadaptação) ao despedimento extraordinário, *i.e.*, o despedimento imediato com justa causa (v.g., de carácter disciplinar), que, como é evidente, não envolve qualquer compensação.

que à primeira vista vai funcionar sem s garantias de solvabilidade de um Fundo público. As receitas são asseguradas em termos que funcionam como imposto, para já sem acreditação parlamentar. Por outro lado, a duplicação de instâncias devedoras da compensação (Fundo e empregador) deixa o trabalhador em dificuldades, sem garantias e com as perplexidades inerentes a um sistema de disponibilização pouco coerente [arts. 366.º, 3 e 4, e 383.º, c)].

26. <u>O pagamento da compensação na sua disponibilização e na sua percepção tem enorme importância.</u> O empregador tem obrigação de disponibilizar a compensação até fim do aviso prévio (art. 363.º, 1 e 5), o que coloca problemas de alguma complexidade, interessando especialmente o <u>recebimento</u> (voluntário) do trabalhador como presunção de aceitação do despedimento pelo trabalhador (art. 366.º, 5). Com efeito, presume-se que o trabalhador aceita o despedimento quando recebe a compensação, coagindo-o o n.º 6, para elidir tal presunção, a entregar ou pôr à disposição do empregador a totalidade da compensação pecuniária recebida. Parecendo-nos pouco justa esta disposição (já que o trabalhador, mesmo que não obtenha ganho de causa e seja considerado lícito o despedimento patronal, sempre terá direito a tal compensação), diremos apenas aqui que o dispositivo torna muito pouco praticável a impugnação do despedimento colectivo[27].

27. De facto, seja qual for o funcionamento da presunção, o problema prático fundamental é o de consti-

---

[27] Até porque envolve o risco para o trabalhador de não vir a receber nada, se se agravar a situação financeira do empregador ou mesmo se este vier a ficar insolvente ou pura e simplesmente desaparecer.

tuir requisito da impugnação a devolução dessa compensação[28].

28. O sistema de impugnação jurisdicional, pode envolver um controlo procedimental e material (procedência da motivação para o despedimento colectivo)[29].

29. Para efeitos do controlo judicial, o despedimento dito colectivo ganha um carácter eminentemente <u>individualizado</u>, sendo as acções – se for caso disso – interpostas por cada um dos trabalhadores que se sinta ilicitamente atingido[30]. É que, na verdade, terá de haver um controlo individualizado. Em primeiro lugar, porque, numa qualquer colectividade atingida pelo despedimento, há trabalhadores relativamente aos quais a motivação apresentada pode ser quanto a eles, individualizadamente, incongruente[31]; em segundo lugar, porque pode haver nulidades

---

[28] São abordados mais pormenorizadamente os assuntos ligados à compensação na sua ligação com a impugnação no estudo "A compensação por despedimento, em *RDES*, 2012, n.ºs 3-4.

[29] V., para o ponto, nosso "O processo especial de impugnação do despedimento colectivo", *RDES*, 2011, n.ºs 3-4.

[30] O carácter colectivo ou de grupo desta forma de despedimento não permite ocultar que a quantidade terá de corresponder a situações individualizadas, isto é, os números dos trabalhadores a despedir terão de ser convertidos em nomes e sem isso não há despedimento!

[31] Com isto queremos dizer o seguinte: por exemplo, se uma empresa preparou uma redução de pessoal na área da comercialização, não pode apenas a esse pretexto despedir um trabalhador da área fabril. Terá de apresentar especificamente um quadro de motivações das quais decorra que essa área fabril deve ser também afectada. Isto tem sido muitas vezes considerado pela jurisprudência (ac. RLxª de 20.5.09, em ABÍLIO NETO, anotação 40 ao art. 34.º, in *Código* cit.). V., também, a nossa referência ao ac. STJ de 1.3.00 ("Despedimento colectivo – ónus da prova", in

de carácter formal apenas relativamente a algum ou alguns trabalhadores[32]; em terceiro lugar, porque há trabalhadores que aceitaram o despedimento, e portanto carecem de possibilidade de o atacar em juízo com êxito[33].

30. Por isto, num despedimento colectivo temos necessariamente várias relações materiais que podem ser controvertidas: virtualmente uma por cada despedimento, ou por cada relação de trabalho extinta. Contudo o Código do Processo de Trabalho (CPT) faz variadas concessões, aliás muito justificadas, ao carácter colectivo, *i.e.*, global[34]

RDES, 2001, n.ºs 1-2, p. 52, nota 6). V., também, a este propósito, nosso *O despedimento colectivo*, 402).

[32] Figure-se a hipótese de não ter havido despedimento escrito ou com indicação dos motivos apenas relativamente a alguns trabalhadores. O mesmo quanto à disponibilidade da compensação, que pode ter ocorrido relativamente a uns e não a outros. É certo que ocorrerá normalmente que muitas das causas de pedir sejam comuns a todo o despedimento colectivo (*v.g*, no plano formal, não ter havido reuniões; no plano substantivo, ter sido falsa a invocação de problemas de falta de procura da produção, que motivaria o conjunto dos despedimentos). Mas também, como foi dito, tal poderá ocorrer apenas em alguns dos despedimentos incluídos no procedimento de despedimento colectivo (e não em todos). De qualquer modo, mesmo havendo vários trabalhadores, o pedido é sempre plural, ou melhor, há sempre vários pedidos, como os relativos à reintegração/indemnização correspondente a cada um dos despedimentos impugnados que foram computados como despedimento colectivo. Teremos pois situações de eventual coligação e não situações de carácter consorcial.

[33] Por força do criticável sistema do art. 366.º, 4, já descrito no texto.

[34] Não há aqui um carácter apenas plúrimo, atendendo à pluralidade de despedimentos na empresa dentro de um certo arco temporal, mas conjunto globalizado e assim colectivo em face de um motivo de redução que unifica esses mesmos despedimentos.

do despedimento, sobretudo pretendendo assegurar a presença na mesma acção de todos os trabalhadores interessados (competência territorial, que tem em vista o número de despedimentos, e, sobretudo, o chamamento à acção dos trabalhadores despedidos e a apensação obrigatória). Por outro lado, das várias causas de pedir que suportam a impugnação do despedimento muitas podem ser conjuntas a todos os trabalhadores (basicamente as formais, mas também uma improcedência das motivações genéricas de carácter técnico-económico)[35]. O sistema processual de individualização parece ter-se dado conta que há situações grupais ou globais e há situações personalizadas, ainda que não nos permita divisar com facilidade a tramitação processual adequada (art. 161.º do CPT).

31. Ainda um outro ponto que se reporta à <u>selecção</u> dos trabalhadores a despedir, isto é, à tal transformação dos números em nomes. Pode ocorrer o desrespeito pelo empregador dos critérios de selecção que ele próprio estabeleceu, acto que, sendo ilícito, nem por isso terá de determina necessariamente a impugnabilidade do despedimento. No nosso entender, as consequências serão meramente indemnizatórias[36], devendo o dano sofrido pelo trabalhador seguir o processo comum, pelo que não farei mais referência a este ponto. A jurisprudência dominante,

---

[35] Por exemplo, foi invocada pelo empregador como motivação genérica do despedimento colectivo uma diminuição da facturação ou uma quebra de vendas que se revelou não existirem.

[36] Nosso, *O despedimento colectivo* cit., 515. O desrespeito dos critérios de selecção poderá constituir causa de impugnação de despedimento se integrar um motivo discriminatório nos termos do art. 381.º, a).

apoiada recentemente em doutrina relevante[37], tem outro ponto de vista. Nós entendemos que a invalidação de um despedimento colectivo por motivos de desrespeito (intencional ou não) aos critérios de selecção, quando não discriminatórios, não deve ser punido com a invalidação do mesmo e consequente reintegração do trabalhador despedido. Esta doutrina parecia-me indiscutível antes do CT que, mesmo em face da grave violação de um critério de selecção que privilegiava o dirigente de ERT, se estabelecia uma sanção legal de mera indemnização (art. 23.º, 3 e 4 da L. Desp.). Não cremos que o CT, desde 2003, tenha pretendido aumentar a tutela à selecção quando acabou com o relativo privilégio sindical.

32. Essa consequência estava apenas legalmente estabelecida antes da revisão de 2012 nos casos de ilícita selecção com desrespeito a critérios legais nos casos de despedimento por extinção do posto de trabalho, e tal não devia ter a mesma consequência jurídica, na ausência de texto legal, em face de um procedimento em que era menos provável uma cessação "com pretexto", relativamente a um critério construído pelo próprio empregador, não estando excluído que ele o possa mudar, até por motivos imperiosos de gestão[38-39].

---

[37] Referimo-nos ao texto de FRAÚSTO DA SILVA, "Observações acerca da selecção social no procedimento de despedimento colectivo", em *Estudos em homenagem ao Prof. CARVALHO FERNANDES*, 1 vol. [541-558].

[38] Note-se que os critérios de selecção nos casos de extinção do posto de trabalho antes da revisão de 2012 eram objectivos e de imediato controlo e não obrigavam o tribunal a imiscuir-se em critérios gestionários. Note-se, ainda, que as consequências reintegrativas do despedimento

33. De qualquer modo, antes da revisão de 2012, poderia sustentar-se uma analogia. Ainda assim, porque os problemas eram diferentes quanto ao controlo da selecção em caso de despedimento colectivo, entendíamos que só poderiam existir consequências ressarcitórias quanto à violação dos respectivos critérios:

a) A consequência da invalidação por desrespeito dos critérios nunca esteve prevista no despedimento colectivo (*pas de nulité sans loi*);
b) Os tribunais não estão apetrechados para controlar critérios empresariais;
c) Não é convincente invocar a justa causa constitucional e a congruência do motivo. Tal congruência terá de existir para a extinção, não para a selecção. Podem existir sempre consequências ressarcitórias,

---

considerado ilícito colocam problemas difíceis (manter-se-á artificialmente um o posto de trabalho inútil) que no caso seriam inultrapassáveis se se tivesse verificado efectivamente a extinção do posto de trabalho (seleccionar-se-á outro trabalhador para ser despedido?)

[39] Parece-nos excessiva e infundamentada a concepção corrente de que a Constituição obriga em regra a considerar não apenas ilícitos mas inválidos os despedimentos sem justa causa. Na verdade, as consequências da violação do princípio constitucional da proibição do despedimento sem justa causa estão abertas a diversas saídas do legislador comum, desde que adequadas à efectivação do princípio. Poderão ser indemnizatórias ou anulatórias, ou até penais. Por outro lado, a análise da "justa causa" que pertence ao tribunal tem a ver com a congruência da motivação para a extinção do posto de trabalho efectivamente desaparecido (outro problema é saber se quem perde por esse motivo o emprego é o trabalhador A ou B).

pelo que os valores jurídicos estão suficientemente acautelados.

d) No caso do despedimento por extinção estavam em causa critérios de selecção legais e objectivos e, no caso do despedimento colectivo, os critérios eram simplesmente empresariais. De facto, as situações são diferentes, já que a obediência a critérios legais prevenia o disfarce no despedimento individual de actos persecutórios, não sendo fácil o encapotamento no despedimento colectivo;

e) A selecção contrária aos critérios que tenha por consequência a nulidade envolve outro despedimento, o que é indesejável e deve exigir uma tomada de posição expressa do legislador

34. O argumento da analogia tem de ser reavaliado em face da revisão de 2012 do CT, em que a mudança, não atingindo os despedimentos colectivos, pretendeu expressamente reduzir os antigos problemas da selecção do despedimento por extinção do posto de trabalho, em que existiam critérios vinculativos e em que facilmente podia operar a eficácia invalidante. Actualmente, os critérios de selecção no despedimento por extinção do posto de trabalho são também de concepção empresarial, como no caso do despedimento colectivo, e a lei só reage abertamente a critérios que não sejam relevantes ou discriminatórios, o que altera bastante o quadro anterior[40]. Não vemos pois

---

[40] Não pretendemos referir-nos ao que se passa a partir da revisão de 2012 quanto ao desrespeito do critério de selecção nos casos de despedimento por extinção do posto de trabalho, sendo defensável que

qualquer razão, antes pelo contrário, para alterar o que defendíamos anteriormente.

35. Em apreciação final diremos o seguinte: O despedimento colectivo devia ser mais protegido que o despedimento individual. Não o é em Portugal, quer no plano substantivo quer no adjectivo. O sistema nacional prende-se de mais com o despedimento individual e de menos com as situações colectivas. Há muito a melhorar.

Dezembro de 2012

---

a consequência seja a ilicitude. Anotaremos, contudo, que o legislador não é claro e, muito embora a sua formulação seja explicável pela necessidade de se cingir a parâmetros em tempos definidos pelo TC. Já não diz abertamente que o despedimento é ilícito se "não respeitar os critérios de concretização do posto de trabalho a extinguir" [antiga redacção do art. 384.º, al. b)] e abre espaço a uma personalização com critérios não objectivos.

ALGUMAS REFLEXÕES SOBRE A RELEVÂNCIA DA DIMENSÃO DA EMPRESA NO DIREITO DO TRABALHO*

CATARINA DE OLIVEIRA CARVALHO
*Professora auxiliar da Escola do Porto da Faculdade de Direito
da Universidade Católica Portuguesa*

1. O direito do trabalho português, à semelhança dos seus congéneres europeus, centra-se na empresa em detri-

---

* No âmbito do presente trabalho serão utilizadas as seguintes abreviaturas: acórdão (ac.); Autoridade para as Condições de Trabalho (ACT); *Boletim da Faculdade de Direito de Coimbra* (BFD); citada/o (cit.); Código do Trabalho (CT); Consejo Económico y Social (CES); Constituição da República Portuguesa (CRP); coordenação (coord.); convenção coletiva de trabalho (CCT); direção (dir.); Direção-Geral do Emprego e Formação Profissional (DGEFP); *Diritto delle Relazioni Industriali (DRI)*; *Droit Social (DS)*; Empresas de trabalho temporário (ETT); *Estatuto de los Trabajadores* (ET); Inspeção-Geral do Trabalho (IGT); instrumentos de regulamentação coletiva do trabalho (IRCT); *La Semaine Juridique – Juris-Classeur Périodique (JCP)*; Ministerio de Trabajo y Seguridad Social (MTSS); obra (*op.*); organização (org.); Organização Internacional do Trabalho OIT); Pequenas e Médias Empresas (PME); *Prontuário de Direito do Trabalho (PDT)*; *Recht der Arbeit (RdA)*; Regime Jurídico do Contrato Individual de Trabalho, aprovado pelo Decreto-Lei nº 49408, de 24/11/1969 (LCT); *Revista da Ordem dos Advogados (ROA)*; *Revista de Direito de Direito e Estudos Sociais (RDES)*; *Revista del Ministerio de Trabajo y Asuntos Sociales (RMTAS)*; *Rivista Giuridica del Lavoro e della Previdenza Sociale (RGL)*; seguintes (ss.); Tratado sobre o Funcionamento da União Europeia (TFUE); Tribunal Constitucional (TC); Tribunal de Justiça (TJ); UE (União Europeia); última obra citada (*ult. op. cit.*).

mento da figura do empregador[1]; pese embora a ausência
de uma definição legal específica para fins laborais, o perfil

---

[1] A importância da empresa do domínio jurídico-laboral é salientada
por quase todos os autores, muito antes do início de vigência do Código
do Trabalho de 2003, aprovado pela Lei n.º 99/2003, de 27 de Agosto
(CT2003), legislação que não alterou este estado de coisas, apesar de
atribuir mais relevo aos fenómenos das coligações societárias. Nesse sentido, António Menezes Cordeiro, "Da situação jurídica laboral: perspectivas dogmáticas do direito do trabalho", *ROA*, 1982, p. 132, proclamava
que a "situação jurídica laboral concretiza-se, actualmente, no quadro
da empresa". Também, Jorge Coutinho de Abreu, "A empresa e o
empregador em direito do trabalho", *BFD* (Coimbra), *Estudos em homenagem ao Prof. Doutor J. J. Teixeira Ribeiro*, 1983, p. 257, afirmava que "a
empresa é fenómeno central no direito do trabalho", e, ulteriormente,
na sua obra *Da empresarialidade – As empresas no direito*, Almedina, Coimbra,
1996, pp. 1 ss., apresenta múltiplas referências legais demonstrativas da
presença da empresa na legislação laboral. Bernardo Lobo Xavier, s.v.
"ENTIDADE PATRONAL", in *Polis – Enciclopédia Verbo da Sociedade e do Estado*,
vol. II, Verbo, Lisboa/S. Paulo, 1984, p. 980, afirmava que a legislação
do trabalho foi concebida em função das "entidades patronais que exercem uma empresa em sentido laboral (...)", ideia reforçada em obras
ulteriores como em *O despedimento colectivo no dimensionamento da empresa*,
Verbo, Lisboa, 2000, p. 18 e *passim*. O mesmo entendimento era partilhado por António Monteiro Fernandes s.v., "EMPRESA", in *Polis – Enciclopédia Verbo da Sociedade e do Estado*, vol. II, Verbo, Lisboa/S. Paulo, 1984,
p. 929, quando defendia que o "modelo de relações laborais (...) supõe
o enquadramento empresarial", e por Orlando de Carvalho ("Empresa
e direito do trabalho", in *Temas de direito do trabalho – Direito do trabalho na
crise. Poder empresarial. Greves atípicas. IV Jornadas Luso-hispano-brasileiras de
direito do trabalho*, Coimbra Editora, 1990, p. 15) patente na afirmação "a
empresa é o fulcro do direito do trabalho". Mário Pinto/ Pedro Furtado
Martins/ António Nunes de Carvalho (*Comentário às leis do trabalho*, vol. I,
Lex, Lisboa, 1994, p. 24) asseveravam que "o paradigma do contrato de
trabalho pressuposto na LCT é o do trabalho prestado na empresa". De
igual modo, Mário Pinto (*Direito do trabalho*, Universidade Católica Edi-

da "empresa" implícito na legislação do trabalho corresponde, tradicionalmente, à grande empresa industrial, fisionomia que nunca foi completamente abandonada[2]. Nas palavras de Javillier, a "geografia "clássica" do direito do trabalho" assenta na grande empresa industrial, podendo, no entanto, este ramo do direito assumir uma "geometria variável"[3]. Esta feição do direito do trabalho resulta do modelo socioeconómico dominante até à década

---

tora, Lisboa, 1996, pp. 115-116) realçava que o legislador português "tem legislado quase sempre para o direito do trabalho na empresa sem ter o cuidado de o explicitar conceptual e sistematicamente (...)". Abel Ferreira, *Grupos de empresas e direito do trabalho*, Dissertação de Mestrado em Ciências Jurídicas, apresentada na Faculdade de Direito da Universidade de Lisboa, 1998, pp. 84 ss., configura a empresa como "o quadro essencial de aplicação das regras juslaborais". António Nunes de Carvalho, "O pluralismo do direito do trabalho", in *III Congresso nacional de direito do trabalho – Memórias*, coord. António Moreira, Almedina, Coimbra, 2000, pp. 272, 283, 291 e *passim*, afirmava que a legislação laboral tem "por hipótese aplicativa nuclear o trabalho prestado na empresa". João Zenha Martins, *Cedência de trabalhadores e grupos de empresas*, Almedina, Coimbra, 2002, p. 41, confirmava que "o desenho das relações laborais assenta no pressuposto de que a relação jurídico-laboral tem como um dos pólos a empresa". Rui Assis, *O poder de direcção do empregador – Configuração geral e problemas actuais*, Coimbra Editora, 2005, p. 29, referia que a realidade da empresa "é a regra pressuposta na realidade da própria legislação laboral".

[2] Assim, Pedro Ortins Bettencourt, "As novas ameaças ao direito do trabalho", in *V Congresso nacional de direito do trabalho – Memórias*, coord. António Moreira, Almedina, Coimbra, 2003, pp. 94 ss.; Giovanni Orlandini, "Diritto del lavoro e regolazione delle reti", in *Reti di impresa tra regolazione e norme sociali, nuove sfide per diritto ed economia*, coord. Fabrizio Cafaggi, Il Mulino, Bolonha, 2004, pp. 281, 282 e *passim*.

[3] Jean-Claude Javillier, *Droit du travail*, 6.ª ed., LGDJ, Paris, 1998, p. 177.

de setenta do século XX, genericamente estruturado em torno da grande empresa de tipo fordista[4]. Todavia, a confluência de fatores de vária ordem – que vão desde a crise económica à evolução tecnológica e descentralização produtiva, passando pelo desenvolvimento de processos de terciarização, liberalização e globalização dos movimentos de pessoas, bens, serviços e capitais – trouxe para a ribalta as PME[5], dando corpo a uma nova era apelidada de "economia das empresas flexíveis"[6]. A valorização das empresas de menor dimensão tem lugar simultaneamente, e de modo transversal, nas economias dos diferentes países ocidentais[7], numa relação de influên-

---

[4] Para mais desenvolvimentos, Catarina de Oliveira Carvalho, *Da dimensão da empresa no direito do trabalho*, Coimbra Editora, 2011, pp. 29 ss.

[5] Para uma síntese desta evolução, *vd.* Catarina de Oliveira Carvalho, *ult. op. cit.*, pp. 32 ss.

[6] John Stanworth/ Colin Gray, *Bolton 20 years on: the small firm in the 1990's*, Paul Chapman Publishing, Londres, 1991, p. 200; Wolfram Wassermann/ Wolfgang Rhode, *Konfliktfeld Kleinbetrieb – Mittelstand zwischen Alleinherrschaft und Mitbestimmung*, Bund-Verlag, Frankfurt, 2004, pp. 21 ss.

[7] Cf. OIT, *Actas da 72.ª reunião da Conferência Internacional do Trabalho*, Genebra, 1986, pp. 30/2 ss.; Luciano Rouvery, "L'organizzazione del lavoro nella piccola media impresa", in *Piccola impresa e politica industriale*, coord. Alessandro Arrighetti, Franco Angeli, Milão, 1982, p. 107; W. Wassermann, "Industrial relations in small and medium-sized enterprises in Germany", in *Industrial relations in small and medium-sized enterprises. Final report to the Commission of the European Communities*, Berlim, 1988, p. 145; Enric Sanchis, "Pequeña empresa y desarrollo económico", *Revista de Treball*, n.º 13, 1990, p. 90; Salvador Del Rey Guanter, *La dimensión de la empresa en la reforma de la legislación laboral de 1994*, Tirant lo Blanch, Valência, 1995, p. 13; Fernando Fita Ortega, *La pequeña y mediana empresa en el ordenamiento jurídico laboral*, Tirant lo Blanch, Valência, 1997, pp. 14 ss.

cia recíproca com a investigação levada a cabo pelas ciências sociais e económicas[8].

O tecido empresarial europeu, em particular, transformou-se: as PME passaram a assumir uma posição predominante, não só em termos do seu número, mas também em matéria de criação de emprego[9].

---

[8] Nestes termos, Antonio Álvarez del Cuvillo, *Vicisitudes y extinción de la relación de trabajo en las pequeñas empresas*, CES, Madrid, 2007, p. 24.

[9] Richard Scase, "Employment relations in small firms" in *Industrial relations: theory and practice*, 2.ª ed., dir. Paul Edwards, Blackwell, Oxford, 2003, p. 473. A presença das PME, antes do alargamento europeu, era particularmente significativa nos países do sul da Europa, *maxime* Portugal, Itália e Espanha, onde assumem também um papel fundamental em termos de emprego, segundo os dados referidos por Solomon Karmel/ Justin Bryon, *A comparison of small and medium sized enterprises in Europe and in the USA*, Routledge, Londres, 2002, p. 47 e *passim*; Stefano Palmieri, "The European system of small-and medium-sized enterprises", *Transfer – European Review of Labour and Research*, vol. 13, 2007, n.º 1, pp. 31-33; Stephen Bouquin/Salvo Leonardi/Sian Moore, "Introduction: employee representation and voice in small and medium-sized enterprises – the SMALL project", *Transfer – European Review of Labour and Research*, vol. 13, 2007, n.º 1, p. 14. Várias razões são apontadas por J. Cruz Villalón, "Las relaciones laborales en la pequeña empresa: una aproximación a sus especialidades normativas", in *Las relaciones laborales en la pequeña empresa*, coord. Cruz Villalón e Francisca Fuentes Rodríguez, Servicio de Publicaciones Universidad de Cádiz, 2003, p. 10, para justificar este facto, designadamente a "lenta e tardia revolução industrial", da qual decorre a existência de um tecido industrial mais débil e uma economia artesanal. De acordo com o Parecer do Comité Económico e Social Europeu sobre "O papel das pequenas e microempresas na vida económica e no tecido produtivo europeu", 18/06/2003, 2/3 dos empregos são absorvidos pelas PME e apenas 1/3 pelas grandes empresas. Para uma avaliação dos dados nacionais referentes ao número crescente de PME a partir da década de oitenta, *vd.* Ana M.ª Resende, *As PME no*

Entre as múltiplas vantagens que são atribuídas a este tipo empresarial torna-se comum destacar, precisamente, a sua maior capacidade para criar emprego, bem como para estimular o crescimento económico de regiões menos desenvolvidas[10].

---

espaço comunitário, Direcção Geral da Concorrência e Preços, Série Cadernos, n.º 23, 1994, pp. 14 ss.; Francisco Sá, *A criação de PME e a formação*, DGEFP/CIME, Lisboa, 1995, pp. 7 ss.; João Martins Pereira, *As PME industriais em números*, IAPMEI, s.l., 1996, pp. 9 ss.; M.ª Emília Castanheira, *O emprego e a formação profissional nas PME*, DGEFP/CIME, Lisboa, 1995, pp. 27 ss. Refere esta última autora que "no conjunto de todas as actividades, a dimensão média das empresas (número de pessoal ao serviço por empresa) apresenta uma grande redução de 21,5, em 1982, para 14,6 em 1992" (p. 34). Dados de 2005 mostram que as micro e pequenas empresas constituem 99,35% do total das empresas portuguesas e ocupam 66,79% do volume de emprego. A tendência presente na análise estatística aponta no sentido quer de um incremento sucessivo das PME significativamente superior ao das empresas de grande dimensão, quer de um crescimento do respetivo número de trabalhadores (Pedro Ortins Bettencourt, "Governo das empresas e democracia industrial", in *IX e X Congressos nacionais de direito do trabalho – Memórias*, coord. António Moreira, Almedina, Coimbra, 2007, pp. 376-377), embora admitamos que esta situação possa ser alterada pela atual crise económica e financeira que, ao dificultar o acesso ao crédito, poderá prejudicar, de forma grave, a renovação do tecido empresarial.

[10] Cf., entre outros, a Recomendação da OIT n.º 169, de 1984, sobre política de emprego; a Recomendação n.º 189, *Job creation in small and medium-sized enterprises*, 86.ª Reunião, Genebra, 1998; Adrian Campbell, "Industrial relations in small and medium-sized enterprises in the United Kingdom", in *Industrial relations in small and medium-sized enterprises. Final report to the Commission of the European Communities*, Berlim, 1988, pp. 258 ss.; M. Kumps/ R. Witterwulghe, "La problematica de las pequeñas y medianas empresas en Belgica. Evolución y perspectivas regionales", in *Crean empleo las PYMES?*, MTSS, Madrid, 1988, pp. 194-195; Fausto

Esta perceção motiva os poderes públicos a adotar um vasto conjunto de medidas tuitivas, assentes na presumível

---

Miguelez, "Industrial relations in small and medium-sized enterprises in Spain", in *Industrial relations in small and medium-sized enterprises. Final report to the Commission of the European Communities*, Berlim, 1988, pp. 218 ss.; Santiago González Ortega, "Piccola impresa e diritto del lavoro in Spagna", *Quaderni di Diritto del Lavoro e delle Relazioni Industriali (Piccola impresa e Diritto del lavoro)*, n.º 8, 1990, pp. 70-71; Ana M.ª Resende, *op. cit.*, pp. 10 ss.; Maurice Beaudin, "La PME et économie: mythes et réalités", in *L'environnement juridique de la petite et moyenne entreprise: perspectives comparatives*, Bruylant, Bruxelas, 1996, p. 35; M.ª José Lopera Castillejo, "Incidencia de la dimensión de la empresa en el régimen de las modificaciones sustanciales de las condiciones de trabajo", in *La dimensión de la empresa y la reforma de la legislación laboral*, cood. J. García Blasco, MTAS, Madrid, 1996, p. 473; Ulrich Mückenberger, "Towards a new definition of the employment relationship", *International Labour Review*, vol. 135, 1996, n.º 6, p. 690; Carlos Tenreiro, "SMEs in Europe: there's no business like small business", *Notas Económicas*, 1996, pp. 108 ss.; M.ª del Carmen Pérez González, "Las PYMES españolas en la Unión Europea", in *La pequeña y mediana empresa desde una perspectiva jurídica, económica y laboral*, Servicio de Publicaciones da Universidad de Cádiz, 1997, pp. 119 ss.; Fita Ortega, *La pequeña y mediana empresa…, cit.*, p. 14; Lourens Broersma/ Pieter Gautier, "Job creation and job destruction by small firms: an empirical investigation to the Dutch manufacturing sector", *Small Business Economics*, n.º 9, 1997, pp. 211 ss.; Francesco Ianniello, *O papel da pequena empresa na UE*, GEPE, Lisboa, 1999, p. 11; Bernd Rüthers, "Der geltende Kündigungsschutz – Beschäftigungsbremse oder Scheinproblem?", *NJW*, 2006, p. 1640; Álvarez del Cuvillo, *Vicisitudes y extinción de la relación de trabajo…, cit.*, pp. 54-55. Também a Comissão Europeia partilha este entendimento, tendo afirmado que "[c]ada vez mais, são as empresas novas e pequenas, e não as grandes, as maiores criadoras de novos postos de trabalho" – COM/2003/27 final, de 21/01. Os nossos constitucionalistas referem-se igualmente a esta visão das PME. Assim, Jorge Miranda/ Rui Medeiros, *Constituição Portuguesa anotada*, tomo II, Coimbra Editora, 2006, p. 202, referem que "as PME cumprem um papel social fundamental na fragilidade económica das PME, dirigidas especificamente a organizações empresariais de menor dimensão, através das quais se procura criar condições mais favoráveis para a respetiva constituição e desenvolvimento, como meio de alcançar os benefícios atribuídos à sua atuação.

As PME são, pois, concebidas como uma realidade autónoma que carece de uma regulação jurídica própria, em diversos domínios, em virtude de as regras aplicáveis às empresas de maior dimensão se afigurarem inadequadas.

Um dos domínios em que esta intervenção específica tem lugar é o do direito do trabalho. Argumenta-se que os custos inerentes à aplicação das regras próprias deste ramo do direito aumentam à medida que decresce a dimensão empresarial[11], potenciando a desigualdade de concorrência

---

política de emprego e de desenvolvimento social integrado", e J. J. Gomes Canotilho/ Vital Moreira, *Constituição da República Portuguesa anotada*, vol. I, 4.ª ed., Coimbra Editora, 2007, p. 1013, salientam a "sua capacidade de gerar emprego e também eventualmente (...) menores riscos de deslocalização geradora de desemprego".

[11] Assim, Caroline Caussade, "Le Code du Travail est-il adapté aux très petites entreprises (TPE)?", *Cahiers Sociaux Barreau de Paris*, 2004, n.º especial de Julho/Agosto, p. 32, referindo-se especificamente às micro-empresas; Achim Seifert, "Arbeitsrecht für Klein- und Mittelbetriebe", in *Arbeitsrecht für Klein- und Mittelbetriebe*, Otto Brenner Stiftung e Michael Blank (eds.), Bund-Verlag, Frankfurt am Main, 2005, pp. 15 ss.[12] Cf. Von Potobsky, "Pequeñas y medianas empresas y derecho del trabajo", *Revista Internacional del Trabajo*, vol. 112, 1993, n.º 1, p. 75; Cruz Villalón, "Las relaciones laborales en la pequeña empresa...", cit., p. 22; Achim Seifert, "Arbeitsrechtliche Sonderregeln für kleine und mittlere Unternehmen", *RdA*, n.º 4, 2004, p. 201; Abbo Junker, "Arbeitrecht zwichen Markt und Gesellschafspolitichen Herausforderungen – Differenzierung nach

entre empresas dimensionalmente distintas e impedindo o crescimento do emprego[12]. A mudança de paradigma empresarial, resultante do abandono progressivo do sistema "clássico" de relações industriais, apoiado no modo de produção *taylorista-fordista*, a par com a "economização" das relações laborais, aumenta a pressão sobre o legislador no sentido de diversificar o direito do trabalho em função da realidade empresarial a que o mesmo se aplica[13].

2. Neste contexto, a dimensão da empresa torna-se um fator de importância crescente na diversificação dos institutos laborais e opera, fundamentalmente, no sentido de dotar as pequenas empresas de maior maleabilidade neste domínio. A sua importância atravessa todo o regime laboral português, desde o domínio das situações individuais de trabalho até ao âmbito das relações coletivas, embora com grau e intensidade diversos.

A propósito, cumpre enfatizar que a discussão sobre o dimensionamento do direito do trabalho não deve ser separada do debate sobre a flexibilidade, pela ampla margem de convergência que ambos os temas apresentam. Facto particularmente visível na evolução das leis laborais portuguesas: a relevância do fator dimensional acentuou-se significativamente a partir da reforma que deu origem ao primeiro Código do Trabalho (CT2003), processo que se manteve com as sucessivas revisões do diploma.

Unternehmensgröβe? – Familiengerechte Strukturen", in *Verhandlungen des Fünfundsechzigsten Deutschen Juristentages*, Band I: Gutachten/Teil B, C.H. Beck, Munique, 2004, pp. B 41-42; Júlio Gomes, *Direito do trabalho – Relações individuais de trabalho,* vol. I, Coimbra Editora, 2007, pp. 221-222.

[13] Cfr. Del Rey Guanter, *La dimensión de la empresa…, cit.*, p. 15.

A escala tradicional aplicada à dimensão das empresas conduz à respetiva classificação em pequenas, médias e grandes. Contudo, nota-se uma evolução sensível no sentido de introduzir um novo nível de distinção no seio das pequenas empresas: a microempresa. Esta diferenciação fundamenta-se na necessidade de introduzir novos níveis à medida que as diferenças se vão acentuando, por força do "princípio da graduação progressiva", ou seja, quanto menor a dimensão empresarial mais significativas se apresentam as diferenças ligadas ao fator dimensional[14].

A separação apresenta-se muito mais evidente entre pequenas e microempresas, por um lado, e entre médias e grandes empresas, por outro, do que propriamente entre PME e grandes empresas. Na verdade, o maior número de especificidades do regime laboral português surge a propósito das microempresas, prosseguindo um escopo de favorecimento das mesmas e traduzindo, em geral, uma diminuição do nível de proteção jurídica dos respetivos trabalhadores.

3. No direito do trabalho, a preferência por critérios de natureza quantitativa — *maxime* o número de trabalhadores — é notória e corresponde, em grande medida, à visão "clássica" que o ordenamento jurídico ainda tem da empresa, seguindo o modelo *fordista* que identifica a empresa de

---

[14] Este princípio é referido por Salvador Del Rey Guanter, "La dimensión de la empresa y la reforma de la legislación laboral", in *La dimensión de la empresa y la reforma de la legislación laboral – V Congreso nacional de derecho del trabajo y de la seguridad social*, coord. J. García Blasco, MTAS, Madrid, 1996, pp. 33-34, e secundado por Álvarez del Cuvillo, *Vicisitudes y extinción de la relación de trabajo...*, *cit.*, pp. 36-37.

grande dimensão com aquela que tem muitos trabalhadores, embora esta opção, de cariz quantitativo, também assente em razões de eficácia e aplicabilidade prática[15].

Com exceção da matéria das contraordenações[16], o legislador laboral português adota o critério ocupacional em termos quase exclusivos (completado, pontualmente, pelo número de trabalhadores afetados pela medida em causa[17]), sendo o volume de emprego quase sempre computado no perímetro da empresa. Ainda que, no domínio das relações coletivas de trabalho, a avaliação da dimensão da empresa sofra algumas variantes no que respeita à representação sindical, ao atender ao número de trabalhadores sindicalizados (*v.g*, arts. 463.º e 468.º do Código do Trabalho[18]), e, por outro lado, ao acolher, ao lado do perímetro da empresa, a dimensão do estabelecimento (*v.g*, art. 464.º).

Ao contrário da maioria dos países europeus, o ordenamento jurídico nacional contém uma autêntica definição legal quantitativa, para efeitos especificamente laborais (art. 100.º), o que permite operacionalizar o aspeto dimensional da empresa, logrando alguma uniformidade de tratamento, embora se revele igualmente fonte de desvantagens[19].

---

[15] Esta motivação é desenvolvida por Catarina de Oliveira Carvalho, *ult. op. cit.*, pp. 82 ss.

[16] *Idem, ibidem*, pp. 731 ss.

[17] É o que sucede no caso do despedimento coletivo (art. 359.º do CT).

[18] Doravante CT. Sempre que, neste trabalho, for referido um preceito legal sem indicação do respetivo diploma, o mesmo pertence ao Código do Trabalho na versão atual, após as alterações levadas a cabo pelas Leis n.º 7/2009, de 12/02, e n.º 23/2012, de 25/06.

[19] Cfr. Catarina de Oliveira Carvalho, *ult. op. cit.*, pp. 100 ss.

Em simultâneo, deve referir-se que a coerência do sistema juslaboral pode justificar que outros institutos sejam analisados tendo em consideração o elemento dimensional, mesmo quando o legislador não lhes atribua relevância dimensional expressa, sob pena de contradição e quebra da unidade deste ramo do direito.

Essa eventual incoerência assume maior importância a partir do momento em que a dimensão deixa de ser marginal e passa a assumir um papel de destaque merecedor de um preceito classificativo próprio, inexistente no direito europeu comparado em geral.

Com efeito, há que ter em conta que, além das situações em que a relevância da dimensão empresarial é expressa (em virtude de a norma referir diretamente este fator de diferenciação), existem muitas outras em relação às quais o elemento dimensional assume relevância meramente implícita – quando, inexistindo tal alusão direta, se verifica que, na prática, o instituto jurídico tem um impacto diferente consoante o tipo de empresa, quer por implicar uma aplicação prevalente nas empresas de menor dimensão, quer por conduzir à sua desaplicação nestas organizações[20].

---

[20] Tal circunstância é visível, designadamente, em matéria de tempo de trabalho, poder diretivo, mobilidade funcional e geográfica, licenças e em diversas modalidades de cessação do contrato de trabalho. No âmbito das relações coletivas de trabalho, é facilmente identificável na subrepresentação coletiva dos trabalhadores, no défice de contratação coletiva e no recurso à greve. Uma análise da relevância implícita da dimensão empresarial nos diversos institutos juslaborais pode ser encontrada em Catarina de Oliveira Carvalho, *ult. op. cit.*

4. No âmbito das relações individuais de trabalho, o quadro legislativo relativo à dimensão da empresa consubstancia a ideia de que o aumento da flexibilidade laboral atribuída ao empregador deve ser inversamente proporcional à dimensão da empresa, circunstância que pode ser verificada em matéria de contratação e condições de trabalho, de vicissitudes contratuais e, particularmente, a propósito da extinção do contrato[21].

Isto significa que o volume de emprego vai ser tido em consideração para condicionar os poderes do empregador, à medida que aumenta a dimensão da empresa, através do maior número de exigências substanciais, procedimentais e de controlo. A função inerente ao dimensionamento laboral da empresa que aqui mais se destaca tem, portanto, cariz económico-financeiro em articulação com a agilização da vertente de gestão, sem prejuízo da confluência de outras finalidades em alguns institutos específicos (*v.g.*, quotas de emprego reservado a trabalhadores portadores de deficiência[22]).

Para este efeito de flexibilização das relações individuais de trabalho contribuem também fatores não expressamente dimensionais, mas que carecem da especial atenção pois variam consideravelmente com a dimensão da empresa: a liberdade empresarial aumenta nas empresas de micro e pequena dimensão, não só por força do menor intervencionismo do legislador, mas também pelo facto de não existirem estruturas de representação coletiva dos trabalhadores, cuja informação e consulta seria necessária em

---

[21] *Idem, ibidem*, pp. 195 ss.
[22] Cf. *Idem, ibidem*, pp. 199 ss.

variadas hipóteses de modificação ou extinção das relações laborais, ao que acresce o acentuado recurso, por parte das PME, ao designado trabalho "atípico"[23].

5. É, contudo, no âmbito do direito coletivo do trabalho que a dimensão da empresa ou do estabelecimento assume maior relevância jurídica expressa, em particular no que se reporta ao regime aplicável às estruturas de representação coletiva dos trabalhadores, sendo certo que as finalidades legislativas predominantemente subjacentes também variam[24].

Ao invés do que sucede no contexto das relações individuais de trabalho, trata-se aqui, em primeiro lugar, de adequar os mecanismos de representação coletiva ao número de trabalhadores representados, com base numa função jurídica de adaptação representativa.

O problema "clássico" nesta matéria, comum aos diversos países europeus, reconduz-se à estrutural subrepresentação coletiva dos trabalhadores nas PME – circunstância que não se deve, entre nós, à imposição de limiares ocupacionais mínimos para a respetiva constituição, mas antes a outros fatores de carácter sobretudo sociológico (*v.g.*, as baixas taxas de sindicalização, a estrutura da mão-de-obra característica das PME, a "ideologia familiar" do empregador, o enfraquecimento da própria perceção dos interesses comuns e das relações de solidariedade, a elevada taxa de *turnover* do pessoal, a atitude tradicional das organizações sindicais europeias orienta-

---

[23] *Idem, ibidem*, pp. 222 ss.
[24] *Idem, ibidem*, pp. 453 ss.

das para as médias/grandes empresas, a existência de mecanismos de extensão da contratação coletiva) – realidade suscetível de corroer a eficácia do direito laboral[25]. Principalmente se associarmos este facto ao papel desempenhado pelos órgãos representativos no controlo e no cumprimento do direito laboral (de origem legal ou convencional) no seio das empresas e à estreita ligação existente entre eles e a intervenção da Autoridade para as Condições de Trabalho (ACT), pouco atuante nas empresas menores[26]. A dimensão empresarial surge, então,

---

[25] *Idem, ibidem*, pp. 602 ss.

[26] O papel desempenhado pelos sindicatos na vigilância do cumprimento da legislação laboral e convencional e, designadamente, como mecanismo de pressão para uma atuação mais atenta por parte da Inspeção Geral do Trabalho (IGT) é salientado em alguns estudos, pelo que o menor acesso dos sindicatos às PME agrava a ausência de fiscalização eficaz. Cf. OIT, *Fomento de las pequeñas y medianas empresas*, Relatório VI, 72.ª Reunião da Conferência Internacional do Trabalho, Genebra, 1986, pp. 61 ss.; Biagi, "Labour law in small and medium-sized enterprises: flexibility or adjustment?", *Comparative Labour Law & Policy Journal*, 1995, vol. 16, p. 454; González Ortega (coord.) *et alli*, *La prevención en la pequeña empresa*, La Ley-Actualidad, Madrid, 1999, p. 11; Teresa Lawlor/ Mike Rugby/ Sonia Pérez Hernando, "La prevención de riesgos laborales en la pequeña y mediana empresa: el papel de los agentes de intervención externos", *RMTAS*, 2000, n.º 26, pp. 99-103; Sofía Guzmán Padrón, "Una aproximación sociológica a las relaciones laborales en la pequeña empresa", in *Las relaciones laborales en la pequeña empresa*, coord. Cruz Villalón e Francisca Fuentes Rodríguez, Servicio de Publicaciones Universidad de Cádiz, 2003, pp. 68-69; Lozano Lares, "La prevención de riesgos laborales en la pequeña empresa", in *Las relaciones laborales en la pequeña empresa*, coord. Cruz Villalón e Francisca Fuentes Rodríguez, Servicio de Publicaciones Universidad de Cádiz, 2003, p. 186; David Walters, "Worker representation and health and safety in small enter-

como critério decisivo na aplicação eficaz do direito do trabalho.

Simultaneamente, são as empresas de menor dimensão que mais necessitam de adaptar os regimes legais ou convencionais (sectoriais) à sua realidade específica, circunstância que exige o desenvolvimento de processos negociais coletivos que são obstaculizados pela ausência de interlocutores para o efeito. Este aspeto revela-se particularmente prejudicial, na medida em que muitos dos assuntos determinantes para as PME (*v.g.*, modulação anual dos horários de trabalho, alargamento do período normal de trabalho, montantes retributivos devidos pela prestação de trabalho suplementar) são passíveis de variação, em qualquer sentido, através de CCT, ou porque a lei o refere expressamente, ou por força da regra geral do art. 3.º, n.º 1.

Já a negociação individual poderia levar a uma imposição abusiva das condições de trabalho por parte do empregador, cuja proximidade em relação aos prestadores de trabalho aumenta, em regra, com a redução da dimensão da empresa, motivo pelo qual não é um meio idóneo à adaptação do regime laboral à realidade específica das PME.

Cumpre, deste modo, impulsionar a contratação coletiva nestas empresas, através da configuração de mecanismos

---

prises in Europe", *Industrial Relations Journal*, 2004, vol. 35, n.º 2, pp. 171 e 179. Também Jean-Maurice Verdier, "La présence syndicale dans l'entreprise et la loi du 28 octobre 1982 relative au développement des institutions représentatives du personnel", *DS*, 1983, n.º 1, p. 40, explica que a ausência sindical nas pequenas empresas é uma das causas do frequente desrespeito pelas leis laborais.

mais adaptados à respetiva realidade e constrangimentos[27], os quais passam, igualmente, pelo desenvolvimento de meios destinados a impulsionar a representação coletiva no seu seio[28].

Por fim, o aumento da dificuldade, não só prática, mas também dogmática, de exercício do direito à greve justifica o debate sobre todas as vertentes deste instituto passíveis de serem afetadas pelo fator dimensional[29].

6. Da análise dos diversos institutos laborais em que a dimensão assume um papel direto, verifica-se que a intervenção legislativa laboral assenta num estereótipo de PME, visão que se encontra, muitas vezes, desfasada da realidade, em virtude da significativa heterogeneidade destas organizações[30], agravada pelo sector de atividade a que pertencem e pela respetiva localização territorial[31]. A título de

---

[27] Catarina de Oliveira Carvalho, *ult. op. cit.*, pp. 628 ss.
[28] *Idem, ibidem*, pp. 602 ss.
[29] Cfr. Catarina de Oliveira Carvalho, "Titularidade do direito à greve, dever de paz social e exercício do direito à greve nas microempresas", in *Estudos em memória do Professor Doutor J. L. Saldanha Sanches*, vol. II, coord. Fernando Araújo, Paulo Otero, João Taborda da Gama, Coimbra Editora, 2011, pp. 173 ss.
[30] *Vd.* Catarina de Oliveira Carvalho, *Da dimensão da empresa…, cit.*, pp. 53 ss.
[31] Al Rainnie, *Industrial relations in small firms. Small isn't beautiful*, Routledge, Londres, 1989, pp. 83-84; Edoardo Ghera, "Riflessioni su licenziamento e piccola impresa", in *La piccola impresa. Società e Lavoro. Simposi interdisciplinari 4,* Jovene, Nápoles, 1991, p. 83; Ioannis Koukiadis, "Labour relations in medium and small enterprises in Greece", *Bulletin of Comparative Labour Relations*, n.º 26, 1993, p. 101; Ana M.ª Resende, *op. cit.*, p. 112; Carlo Trigilia, "Tre equivoci sulla piccola impresa", in *La*

exemplo, basta pensarmos que se uma empresa industrial com 50 trabalhadores pode ser considerada pequena, uma empresa com 50 cabeleireiros poderá ser reconhecida como muito grande[32].

O perfil homogéneo que o legislador atribui às PME encontra-se, desde logo, expresso nos respetivos critérios classificatórios que não refletem a sua heterogeneidade, ignorando a sua capacidade económica ou mesmo o seu surgimento a partir de fenómenos de descentralização produtiva.

A opção pelo recurso exclusivo ao critério do número de trabalhadores afigura-se assim de bondade discutível,

---

piccola impresa. Società e Lavoro. Simposi interdisciplinari 4, Jovene, Nápoles, 1991, pp. 46 ss.; Lourens Broersma/ Pieter Gautier, *op. cit.*, p. 212; Fita Ortega, *La pequeña y mediana empresa...*, *cit.*, p. 112; Colin Wren, "Subsidies for job creation: is small best?", *Small Business Economics*, n.º 10, 1998, p. 273; Rowena Barret/ Al Rainnie, "What's so special about small firms? Developing an integrated approach to analysing small firm industrial relations", *Work, Employment and Society*, 2002, vol. 16, n.º 3, pp. 418 ss.; Carmen Ferradans Caramés, "Aproximación a las relaciones laborales de las pequeñas empresas en el Reino Unido", in *Las relaciones laborales en las pequeñas empresas en Europa*, coord. Cruz Villalón, Mergablum, Sevilha, 2006, pp. 126-127; Thais Guerrero Padrón, "Las relaciones laborales en las pequeñas y medianas empresa en Alemania", in *Las relaciones laborales en las pequeñas empresas en Europa*, coord. Cruz Villalón, Mergablum, Sevilha, 2006, p. 52.

[32] O exemplo é dado por Peter Auer/ Helga Fehr-Duda, "Industrial relations in small and medium-sized enterprises. Evidence from six countries", in *Industrial relations in small and medium-sized enterprises. Final report to the Commission of the European Communities*, Berlim, 1988, p. 13, e Helga Fehr-Duda/ Georg Inderst, "Industrial relations in small and medium-sized enterprises in Austria", in *Industrial relations in small and medium-sized enterprises. Final report to the Commission of the European Communities*, Berlim, 1988, p. 65.

por não permitir uma adequação cabal dos regimes jurídicos às diversas finalidades legislativas que subjazem à diversificação dimensional, nomeadamente aos objetivos de carácter económico. Com efeito, um só critério não é suficiente para explicar e fundamentar todas as finalidades atribuídas às normas laborais que atendem à dimensão da empresa, razão pela qual a abordagem legislativa deveria ser *multicritério* e *multifuncional*[33].

Por outro lado, se é certo que esta preferência legislativa pode ser justificada pelas inequívocas vantagens de certeza e segurança jurídica, este objetivo também não foi alcançado de forma plena. As vantagens decorrentes da previsão legal de uma definição quantitativa, para efeitos especificamente laborais, são postas em causa pelo imperfeito labor legislativo que permitiu não só a manutenção de classificações diferentes em legislação laboral avulsa (*v.g.*, con-

---

[33] A expressão é de Del Rey Guanter, *La dimensión de la empresa…, cit.*, p. 20. Secundamos, assim, a afirmação proferida pelo autor no sentido de que "nem um critério pode servir para explicar e fundamentar todas as funções, nem toda a função pode ser explicada com base num único critério". A mesma ideia é sublinhada por Giuliana Scognamiglio, "Impresa minore e grande impresa nelle leggi sulle agevolazioni all'industria", *Rivista di Diritto Civile*, ano XXVI, 1980, n.º 5, II, pp. 375 ss.; Fita Ortega, "La diversificación de la normativa laboral en función de la dimensión de la empresa: algunas consideraciones en torno al criterio del número de trabajadores", in *La dimensión de la empresa y la reforma de la legislación laboral – V Congreso Nacional de derecho del trabajo y de la seguridad social*, coord. J. García Blasco, MTAS, Madrid, 1996, p. 156. A importância da combinação de critérios para uma apreensão das diversas vertentes de uma empresa é salientada pela Comissão Europeia, embora não especificamente para fins laborais (cf. Relatório da Comissão ao Conselho, SEC/92/351 final, pp. 5, 11, 13 e *passim*).

traordenações aplicáveis à aviação civil), como também no próprio seio do CT (*v.g*, art. 491.º, n.º 3) e respetiva legislação complementar (*v.g*, art. 21.º da Lei n.º 102/2009).

7. O quadro de referência para o cálculo do número de trabalhadores é, em regra, a empresa. Todavia, o legislador parece ter-se esquecido de que alguns preceitos da legislação anterior ao CT2003, que se mantiveram inalterados após as sucessivas revisões deste diploma, atendem ao âmbito do estabelecimento, sem que exista, na legislação laboral, qualquer avaliação do mesmo em termos numéricos (*v.g*, art. 464.º).

Para mais, a utilização indistinta e confusa dos conceitos de empresa e de estabelecimento, ainda que pontual, gera problemas interpretativos desnecessários e, por vezes, difíceis de ultrapassar, pelo que se afigura essencial uma correção legislativa neste domínio.

A concreta determinação do âmbito espacial de referência para a contagem do número de trabalhadores é agravada pela dificuldade de definição do próprio conceito de "empresa" e de "estabelecimento" para fins laborais, apesar do contributo do direito comunitário na dissipação de algumas das dúvidas que dividiam a doutrina nacional[34]. De qualquer modo, admite-se que a ausência de definições legais dos conceitos de "empresa" e "estabelecimento", apesar de constituir uma fonte de insegurança jurídica, apresenta vantagens manifestas, ao permitir que o intérprete adapte as noções à realidade económica em

---

[34] Cfr. Catarina de Oliveira Carvalho, *ult. op. cit.*, pp. 107 ss.

permanente evolução, assim como ao escopo legislativo subjacente ao instituto jurídico que as utiliza.

Em princípio, a opção pelo perímetro mais amplo da empresa, em detrimento do estabelecimento, parece de aplaudir por não estimular o recurso amplo a mecanismos de descentralização geográfica. Apesar disso, o elemento referencial do cômputo do número de trabalhadores deve também adequar-se à finalidade do instituto que realiza a diversificação dimensional, o que nem sempre sucede quando se atende ao âmbito da empresa (*v.g.*, oposição à reintegração prevista no art. 392.º), podendo justificar uma interpretação teleológica ou corretiva. A análise de direito comparado reforça o acerto da opção legislativa nacional, pois uma solução que atenda ao perímetro do estabelecimento pode suscitar um conjunto de problemas quase insolúveis, razão pela qual deverá, em princípio, ser afastada, ainda que, por vezes, pudesse conduzir a um resultado mais equitativo[35]. Resta a interpretação teológica, quando a mesma se afigure essencial para não desvirtuar o fim legislativo.

8. Por outro lado, a importância crescente dos fenómenos de coligação e redes de empresas, parcialmente considerada pelo legislador laboral, não se refletiu no perímetro do cálculo do número de trabalhadores, para efeitos do art. 100.º, o qual parece identificar a empresa com a sociedade individualmente considerada.

Ora, a manutenção, sem adaptações, do quadro tradicional de cômputo do número de trabalhadores pode

---

[35] *Idem, ibidem*, pp. 873 ss.

implicar o recurso a estruturas superadas ou pouco adequadas à realidade económica e social, mesmo que não exista qualquer atuação fraudulenta por parte do empregador com o intuito de se libertar dos encargos laborais.

É certo que, nos casos em que se verifica fraude à lei, deverá proceder-se ao cálculo do número de trabalhadores num perímetro mais amplo do que o da empresa identificada com a sociedade em causa. Mas afigura-se essencial ir mais longe e atender a estes fenómenos, para certos efeitos ligados aos limiares ocupacionais, em hipóteses de *fisiologia*, e não apenas de *patologia*, empresarial. Para esse efeito, é importante, por um lado, alterar os critérios de identificação das PME, incluindo critérios qualitativos como a dependência empresarial e recorrendo a conceitos próximos ao de *associated employers*, adotado no Reino Unido (arts. 231 do *Employment Rights Act*, de 1996, e 297 do *Trade Union and Labour Relations (Consolidation) Act*, de 1992)[36]; por outro, há que redefinir o quadro das relações coletivas e das questões relativas à segurança e saúde no trabalho, em função das novas formas de organização empresarial[37].

Este percurso pode ser iniciado por via interpretativa e integrativa do direito vigente, mediante a utilização de

---

[36] Para mais desenvolvimentos, *vd.* I. T. Smith, "Employment laws and the small firm", *The Industrial Law Journal*, vol. 14, 1985, pp. 25 ss.; Simon Deakin/ Gillian Morris, *Labour Law*, 4.ª ed., Hart Publishing, Oxford, 2005, pp. 213 ss.

[37] Sobre a questão, Catarina de Oliveira Carvalho, *ult. op. cit.*, pp. 928 ss.; Maria do Rosário Palma Ramalho, *Grupos empresariais societários. Incidências laborais*, Almedina, Coimbra, 2008, pp. 659 ss.

construções como a da "unidade económica e social" do direito francês[38], sendo certo que foi já dado um passo decisivo, em matéria de alargamento das responsabilidades patronais no seio das coligações societárias (*v.g*, art. 334.º)[39] ou do trabalho temporário (*v.g*, art. 174.º)[40]. Apesar disso,

---

[38] Sobre o papel deste conceito na redefinição da empresa para fins laborais, Georges Picca, "Entreprise et unité économique et sociale", *Droit du travail et de la sécurité sociale – Sur l'entreprise et le droit social. Études offertes à Jaques Barthélémy*, Editions techniques, Paris, 1994, p. 9; Isabelle Desbarats, "La notion d'unité économique et sociale en droit du travail", in *Mélanges dédiés au Président Michel Despax*, Presses de l'Université de Sciences Sociales de Toulouse, 2002, p. 76 e *passim;* Jean Savatier, "Le dynamisme de l'unité économique et sociale pour l'organisation des rapports collectifs de travail", *DS*, 2004, p. 948 ; Guillaume Blanc-Jouvan, "L'unité économique et sociale et la notion d'entreprise", *DS,* 2005, n.º 1, p. 69, e "Unité économique et sociale. Portée de la reconnaissance d'une UES – Cass. soc., 10 juillet 2007, n.º 04-40.332 et n.º 04.40.334 (Note)", *JCP – Édition Sociale,* n.º 38, 2007, p. 29.

[39] Cfr. Pedro Romano Martinez, "Garantia dos créditos laborais. A responsabilidade solidária instituída pelo Código do Trabalho, nos artigos 378.º e 379.º"", *RDES*, 2005, pp. 195 ss.; Catarina de Oliveira Carvalho, "Algumas notas sobre os *novos* artigos 378.º e 379.º do Código do Trabalho", *PDT,* n.º 72, Setembro-Dezembro 2006, pp. 85 ss.; *idem,* "A responsabilidade de dirigentes, sócios e ex-sócios pelos créditos laborais", in *Atualidades do Direito do Trabalho – Anais da Academia Nacional de Direito do Trabalho 2011,* coord. Nelson Mannrich, Gustavo Vogel, Valdir Florindo e Yone Frediani, LTr, São Paulo, 2012, pp. 177 ss.; Maria do Rosário Palma Ramalho, *Grupos empresariais societários…, cit.,* pp. 621 ss.

[40] Entre nós, foi adotado o regime de responsabilidade solidária do utilizador pelo pagamento da remuneração e outras prestações suplementares, no caso de celebração de um contrato de utilização com uma empresa de trabalho temporário (ETT) não autorizada (art. 174.º, n.º 1); embora, nesta situação, sempre se possa sustentar a presença de uma situação de cedência ilegal de mão-de-obra, o que exigiria uma

consideramos desejável um alargamento desta responsabilidade, a título subsidiário, a outras entidades não empregadoras, mas beneficiárias da prestação laboral, em virtude do recurso à subcontratação, a contratos de prestação de serviços ou a outras modalidades de *outsourcing*.

9. A classificação da tipologia empresarial, de acordo com o número de trabalhadores, carece de ser complementada com critérios sobre a respetiva determinação, uma vez que destes depende o efeito jurídico resultante da fixação de tais limiares ocupacionais.

---

resposta com esta substância. Porém, a alteração operada pela Lei n.º 19/2007 e mantida no n.º 2 do art. 174.º do CT levou, ainda, à consagração de uma responsabilidade subsidiária do utilizador "pelos créditos do trabalhador relativos aos primeiros 12 meses de trabalho e pelos encargos sociais correspondentes". Outros ordenamentos juslaborais, como o francês, o espanhol e o italiano, foram mais longe nesta matéria. Assim, em Espanha, o legislador mostrou-se sensível ao risco de incumprimento e abuso empresarial, conferindo alguma proteção aos trabalhadores afetados por estes instrumentos contratuais. O art. 42 do *Estatuto de los Trabajadores* (ET) estabelece, unicamente para o âmbito de relações entre empresas, um regime de responsabilidade solidária do empresário principal e do subcontratado para realizar obras ou serviços. Uma solução próxima pode ser encontrada na legislação transalpina, onde o art. 29, n.º 2, do Decreto Legislativo n.º 276/2003 consagra a responsabilidade solidária. Também a lei francesa oferece alguma tutela laboral a este tipo de situações. Com efeito, mesmo tratando-se de uma verdadeira subcontratação ou prestação de serviços, em caso de insolvência do subcontratado ou do prestador de serviços, os trabalhadores podem acionar diretamente o beneficiário da atividade, para pagamento das retribuições devidas e outras obrigações relativas à segurança social, salvo se o seu empregador for proprietário de um *fonds de commerce* ou de um *fonds artisanal* (art. L. 8232-2 do *Code du Travail*).

No entanto, o legislador nacional abdicou de responder a algumas das questões fundamentais neste domínio, pelo que cabe ao intérprete a clarificação de alguns elementos indissociáveis do critério ocupacional, a começar pela determinação do coletivo de trabalhadores abrangido no cômputo. Com efeito, uma empresa pode ser considerada pequena se tivermos em conta somente o número de trabalhadores contratados por tempo indeterminado a tempo completo, mas pode converter-se numa empresa com uma dimensão significativamente maior se a referência a ter em conta for o número total de trabalhadores titulares de outras modalidades de relações laborais "atípicas".

A circunstância de o legislador nacional não ter procedido a qualquer adjetivação do termo "trabalhadores" obriga, em regra, a defender, *de iure condito*, a inclusão na respetiva contagem de todos os titulares de contrato de trabalho subordinado, unitariamente considerados, independentemente da natureza do vínculo contratual que os liga ao empregador, salvo disposição legal com conteúdo diverso. Assim, o cômputo do volume de emprego deve abranger trabalhadores subordinados com uma relação de trabalho comum ou especial, em qualquer modalidade, a tempo completo ou a tempo parcial, e independentemente da sua duração, por tempo indeterminado ou a termo, incluindo ainda os trabalhadores em período experimental, em comissão de serviço, aqueles cujo contrato se encontra suspenso, os que foram despedidos ilicitamente e que impugnaram tal despedimento, e os teletrabalhadores.

Se é certo que, ao não diferenciar categorias de trabalhadores, o legislador evita a complexificação do cálculo dos efetivos, tal simplificação pode ser feita à custa de soluções mais justas e equilibradas. Destarte, *de iure condendo*, é defensável a contabilização dos trabalhadores a tempo parcial *pro rata temporis*, quando a finalidade normativa assume um cariz económico e não jurídico, uma vez que o seu cômputo unitário para efeitos de avaliação dimensional pode prejudicar as empresas que recorrem com maior frequência a esta modalidade de contratação por motivos relacionados com a respetiva atividade. Pode mesmo suceder que uma empresa, cujos trabalhadores no seu conjunto prestam menos horas do que os de outra organização, possa ter um número superior de prestadores de trabalho. Devem, contudo, ser excecionados os casos em que predomina o escopo jurídico do critério ocupacional[41], situação na qual os trabalhadores a tempo parcial devem continuar a ser contabilizados por unidade (*v.g.*, segurança e saúde no trabalho, estruturas representativas dos trabalhadores).

Nos casos em que um trabalhador é contratado, temporariamente, para substituir um outro que se encontra ausente ou cujo contrato se encontra suspenso, é possível, por via interpretativa, excluir o trabalhador substituto do cômputo, pois, de outra forma, sobredimensiona-se a pequena empresa, por motivos relativamente aos quais o empregador é alheio, e que podem prolongar-se por dilatados períodos de tempo. Além de que a irracionalidade da solução poderá mesmo pôr em causa o princípio, constitucionalmente tutelado, da igualdade. Contudo, seria

---

[41] Sobres as finalidades do critério ocupacional, *vd.* Catarina de Oliveira Carvalho, *Da dimensão da empresa...*, *cit.*, pp. 131 ss.

desejável uma resposta legislativa expressa que obviasse às dúvidas que dividem a doutrina nacional.

Uma das questões que mais dificuldades suscitava, antes da entrada em vigor da Lei n.º 19/2007, reportava-se à possibilidade de inclusão dos trabalhadores temporários no cálculo do volume de emprego do utilizador, para efeitos de aplicação das normas laborais que atendem à dimensão ocupacional, dado que este não assume formalmente a posição de empregador. No entanto, o legislador veio resolver a dúvida de forma louvável, ao abranger os trabalhadores temporários no cômputo para efeitos de qualificação de acordo com o tipo de empresa (art. 189.º, n.º 2). De facto, não se vislumbram motivos que impeçam uma dupla contabilização destes trabalhadores na ETT e no utilizador, atenta a concreta configuração dos negócios jurídicos envolvidos, embora possa agora questionar-se a ausência de previsão legal similar para as hipóteses de cedência ocasional de trabalhadores.

Em alguns casos, a opção por incluir ou não no cômputo certas categorias de trabalhadores pode ser afetada pela *ratio* do normativo em causa (*v.g*, para efeitos de oposição à reintegração pode justificar-se a adoção de critérios específicos de identificação dos trabalhadores que excluam os teletrabalhadores)[42].

10. No que respeita ao momento relevante para a determinação do volume de emprego, o legislador português

---

[42] Para mais desenvolvimentos relativamente ao problema da determinação dos trabalhadores a incluir no cômputo, *vd. idem, ibidem*, pp. 741 ss.

adotou um critério dinâmico de avaliamento da dimensão empresarial em função do número de trabalhadores, visto que no cálculo se atende à média do ano civil antecedente (art. 100.º, n.º 2)[43].

Esta solução afigura-se sensata, pois apenas a consideração do volume de emprego durante um período relativamente amplo de tempo pode traduzir a verdadeira dimensão da empresa em termos ocupacionais, atendendo às flutuações conjunturais do volume de contratação; com o que se evita, também, que o empregador possa escolher habilmente o melhor momento para beneficiar de determinado regime, atenuando-se o "perfil discriminatório conatural ao critério numérico-ocupacional"[44], embora a formulação legal não esclareça todas as dúvidas[45].

---

[43] Em matéria de unidade do sistema jurídico, também seria adequada a alteração do momento relevante para a contagem do volume de emprego para efeitos de constituição de um conselho de empresa europeu ou de um procedimento de informação e consulta dos trabalhadores nas empresas ou grupos de empresas de dimensão comunitária (art. 24.º da Lei n.º 96/2009). *Vd.* Catarina de Oliveira Carvalho "A Directiva 2009/38/CE sobre os conselhos de empresa europeus e a sua transposição para o Direito português: algumas questões", in *Estudos em homenagem ao Professor Doutor Heinrich Ewald Hörster*, Almedina, Coimbra, 2012, pp. 552 ss.

[44] Nestes termos, Michel Despax, "L'application de la législation du travail en fonction des effectifs", in *Mélanges offerts à Paul Couzinet*, Toulouse, 1974, p. 232; Biagi, *La dimensione dell' impresa nel diritto del lavoro*, Franco Angeli, Milão, 1978, p. 143; Giuseppe Pera, *La cessazione del rapporto di lavoro*, Cedam, Pádua, 1980, pp. 29-30; Jean Savatier, "Le sort des institutions représentatives du personnel après une restructuration de l'entreprise", *DS*, 1989, pp. 40-41; Fita Ortega, *La pequeña y mediana empresa...*, *cit.*, p. 95.

Mais questionável é a bondade da solução legislativa perfilhada quanto ao momento do cálculo no ano de início de atividade (art. 100.º, n.º 3). Nesta hipótese, o número de trabalhadores relevante será aferido atendendo "ao dia da ocorrência do facto que determina o respectivo regime", formulação que levanta inúmeras dúvidas, além de ser sensível a manipulações patronais. Seria desejável a alteração desta regra, no sentido de adotar um regime que tivesse em conta a média do volume de emprego no período do ano já decorrido[46].

Por fim, o legislador deveria regular as consequências derivadas da modificação do número de trabalhadores sobre o âmbito de aplicação de normas laborais cujos efeitos respeitam a um período mais ou menos duradouro e que atendem àquele fator (*v.g.*, número de membros dos órgãos de representação coletiva). Tanto o aumento como a diminuição do número de trabalhadores suscitam interrogações não resolvidas pelo direito positivo nacional, pelo que estas lacunas deveriam ser integradas por via legislativa[47].

11. No contexto das relações individuais de trabalho, o legislador deveria ter atendido ao fator dimensão empresarial em alguns institutos onde o mesmo não aparece.

Assim, no domínio dos contratos mistos de aprendizagem/trabalho, a legislação nacional deveria voltar a atri-

---

[45] Cf. Catarina de Oliveira Carvalho, *Da dimensão da empresa…, cit.*, pp. 821 ss.

[46] *Idem, ibidem*, pp. 830 ss.

[47] Para mais desenvolvimentos sobre esta questão, *idem, ibidem*, pp. 842 ss.

buir importância, como já fez no passado, ao fator dimensional, para assegurar a efetiva realização dos objetivos subjacentes a estes contratos e evitar a sua utilização abusiva para contornar a aplicação da legislação laboral e reduzir os custos do trabalho[48].

Por outro lado, a mera utilização de cláusulas gerais e conceitos indeterminados no âmbito das licenças que correspondem a direitos potestativos dos trabalhadores (arts. 51.º ss. do CT) pode ser insuficiente para assegurar necessidades prementes das pequenas e microempresas. Pode mesmo afirmar-se que existe aqui alguma falta de coerência legislativa, uma vez que se atribuiu prioridade manifesta à tutela da vida familiar do trabalhador na regulação das licenças, enquanto no que respeita, por exemplo, ao gozo do direito a férias (art. 241.º, n.º 3) a precedência foi a inversa[49].

Em matéria de segurança e saúde no trabalho, o legislador nacional, apesar de se encontrar fortemente condicionado pelo direito e jurisprudência comunitários, não aproveitou as possibilidades de modulação do regime legal permitidas pela Directiva 89/391/CEE quanto às obrigações administrativas e procedimentais, sendo certo que este é um dos domínios onde elas mais se justificam e onde menos oneram os trabalhadores das PME[50].

No que respeita à formação contínua dos trabalhadores, afigurar-se-ia desejável a procura de soluções inovadoras

---

[48] *Idem, ibidem*, pp. 210 ss.
[49] Vejam-se as considerações tecidas em *ult. op. cit.*, pp. 262 ss. e 357 ss.
[50] Cf. Catarina de Oliveira Carvalho, *ult. op. cit.*, pp. 317 ss.

que permitissem a implementação de sistemas de formação profissional ao nível do sector, mediante, por exemplo, a constituição de *joint ventures*, para as quais contribuiriam financeiramente os diversos empregadores, como meio de superar o elevado défice de formação verificado, em geral, nas PME, agravado pelo intenso recurso a modalidades temporárias de contratação[51].

Um problema que carece de resposta legislativa adequada, e que estabelece a ligação entre as situações jurídicas individuais e as coletivas, é aquele que se focaliza na congénita ausência de estruturas de representação coletiva dos trabalhadores nas PME[52], com a consequente elisão de muitas fases procedimentais de informação e consulta prévias à tomada de decisões que afetam os trabalhadores, designadamente quando se procede a um despedimento coletivo[53].

12. No domínio das relações coletivas, o legislador deveria realizar um conjunto de correções legislativas, designadamente em ordem a respeitar as imposições comunitárias, assim como integrar várias lacunas jurídicas[54].

---

[51] *Idem, ibidem*, pp. 323 ss.

[52] Para uma análise das razões justificativas da subrepresentação coletiva nas PME e das soluções ensaiadas no direito comparado para ultrapassar tal problema, *idem, ibidem*, pp. 602 ss.

[53] *Idem, ibidem*, pp. 382 ss.

[54] Assim, por exemplo, a corrente doutrinal dominante, seguindo a interpretação que mais se aproxima do teor literal dos preceitos, considera que o número de membros das estruturas de representação coletiva não pode ser aumentado por instrumento de regulamentação coletiva do trabalho (IRCT), atento o carácter absolutamente imperativo das normas que preveem tal regime, solução que deveria ser alterada, pois

Começando pela opção legislativa em matéria de comissões de trabalhadores, deve ser rejeitada a posição da doutrina portuguesa que defende, *de iure condendo*, a imposição de limiares mínimos para a constituição destas estruturas de representação coletiva na empresa e advoga a criação da figura do *delegado de pessoal* para as empresas menores[55], exceto se esta alteração vier acompanhada da obrigatorie-

---

não se vislumbra qualquer motivo que justifique esta limitação à autonomia coletiva, sendo aliás uma solução sem paralelo no direito comparado. No que se reporta ao processo eleitoral, as distinções introduzidas pelo nosso ordenamento jurídico em função de elementos dimensionais são reduzidas e deviam ser em maior número, facilitando a sua realização nas empresas menores, à semelhança do que fez o legislador germânico. O regime dos direitos, garantias e competências atribuídos aos representantes dos trabalhadores levanta vários problemas que necessitam de resposta e inclui normas legais que devem ser modificadas. Os diplomas que implementaram no ordenamento português o regime de envolvimento dos trabalhadores numa Sociedade Europeia (SE) ou numa Sociedade Cooperativa Europeia (SCE) suscitam algumas dúvidas interpretativas, cujo esclarecimento é fundamental para avaliar a correta transposição das Diretivas comunitárias. O fator dimensional assume relevância indireta em relação aos créditos de horas dos dirigentes sindicais. No entanto, o critério adotado (o número de trabalhadores sindicalizados existente na empresa) não parece ser o mais idóneo, atendendo a que a atividade do dirigente sindical não se orienta ou esgota no seio da empresa, razão pela qual este preceito carece de ser modificado. Sobre estas e outras questões, *vd. idem, ibidem*, pp. 482 ss.

[55] Bernardo Lobo Xavier, "A matriz constitucional do direito do trabalho", in *III Congresso nacional de direito do trabalho – Memórias*, org. António Moreira, Almedina, Coimbra, 2001, p. 103; Albino Mendes Baptista, "Que futuro para as comissões de trabalhadores?", in *VI Congresso nacional de direito do trabalho – Memórias*, coord. António Moreira, Almedina, 2004, p. 223.

dade da respetiva constituição, à semelhança do que sucede no ordenamento jurídico francês[56] ou espanhol, entre outros. De facto, além da escassa relevância que a questão assume na realidade nacional, perante o reduzido número de instâncias representativas existentes (mesmo em empresas de média dimensão), esta alteração seria mais formal do que material, uma vez que a comissão de trabalhadores, aparentemente, pode ser constituída por um único membro[57].

Por outro lado, não se verificando oposição constitucional à figura do "delegado dos trabalhadores", o mesmo já não parece poder afirmar-se, perentoriamente, para a limi-

---

[56] Em França, se após a iniciativa eleitoral do empregador não existirem candidaturas, ele é obrigado a documentar a situação através de um *procès-verbaux de carence* que deve ser afixado na empresa e enviado à IGT, a qual, por sua vez, o encaminhará para as organizações sindicais do departamento respectivo (arts. L. 2314-5 e L. 2324-8 do *Code du Travail*).

[57] Em Portugal, a composição da comissão de trabalhadores pode variar entre um e 11 membros, atendendo à dimensão empresarial medida unicamente em termos ocupacionais. Apesar de o art. 417.º, n.º 1, al. a), mencionar dois membros, está a referir-se a números máximos e não nos parece obstar a que a comissão tenha somente um membro (neste sentido, ao abrigo da Lei n.º 46/79, de 12/09, Brito Correia, *Direito do trabalho – Participação nas decisões*, vol. 3, Lisboa, 1984, p. 268), embora esta solução possa suscitar problemas de eficácia prática. A subcomissão de trabalhadores pode igualmente ser constituída por um único membro (art. 465.º, n.º 2). Também no direito germânico, mais próximo do nosso neste domínio, o *Betriebsrat* pode ter um membro, nos estabelecimentos com 20 ou menos trabalhadores. A prática demonstrou, contudo, a ineficiência deste "comité singular" e a falta de condições para negociar com o empregador – cf. Manfred Weiss, "Industrial relations in medium and small-sized companies in the FRG", *Bulletin of Comparative Labour Relations*, n.º 26, 1993, p. 116.

tação das respetivas competências funcionais[58]. Além do mais, há que ter em conta as consequências indiretas que daqui podem advir em matéria de emprego (apesar da ausência de estudos estatísticos suficientemente convincentes), em virtude do "efeito limiar numérico" (*threshold effect*)[59] e do próprio potencial discriminatório da medida[60].

Não obstante, admite-se a necessidade de adaptação dos mecanismos de representação coletiva às pequenas empresas, mas sem excluir os trabalhadores das mesmas da possibilidade de atuação coletiva. Parece essencial dotar as PME de estruturas de representação coletiva adequadas à

---

[58] Para mais desenvolvimentos sobre a compatibilidade constitucional de um regime representativo deste teor, cf. Catarina de Oliveira Carvalho, *Da dimensão da empresa…, cit.*, pp. 485 ss.

[59] Este "efeito limiar numérico" (*threshold effect*) traduz-se na procura, por parte dos empregadores, da manutenção do nível ocupacional inferior aos limiares fixados por lei para evitar, neste caso, a constituição de estruturas representativas dos trabalhadores. Cfr. Sylvie Alter, Les seuils d'effectifs en droit du travail", *Revue Pratique de Droit Social*, 1980, n.º 422, p. 173; AAVV., *Labour law and industrial relations in small and medium-sized enterprises in the EEC countries*, dir. Mario Grandi, Publicações Comunidade Europeia, Luxemburgo, 1988, pp. 6-7; Gilles Bélier, "Diritto del lavoro e piccola impresa: il dibattito in Francia", *Quaderni di Diritto del Lavoro e delle Relazioni Industriali (Piccola impresa e Diritto del lavoro)*, n.º 8, 1990, p. 345; Marco Biagi, "La representación de los empleados en las pequeñas y medianas empresas. Un análisis comparado", in *Sindicalismo y cambios sociales*, coord. Valdés Dal-Ré, CES, Madrid, 1994, p. 26.

[60] A invocação do carácter discriminatório da medida impositiva de limiares ocupacionais mínimos pode ocorrer no caso de não se estabelecer qualquer outro mecanismo representativo, já que a mesma assenta, fundamentalmente, numa motivação de carácter económico. Nesse sentido, Corinne Sachs, "Les seuils d'effectifs. Une problématique en évolution?", *DS*, n.ºs 7/8, 1983, p. 478.

sua dimensão, sem onerar excessivamente estas empresas com os encargos económicos inerentes, atendendo igualmente a eventuais relações de dependência ou de mera cooperação interempresarial.

Um dos meios a privilegiar deverá ser a consideração do mercado de trabalho num determinado âmbito territorial, procurando "reagrupar", para efeitos de representação coletiva, pequenas empresas, de forma a permitir, por exemplo, a designação de um representante sindical dos trabalhadores das várias empresas situadas numa área definida, enquadradas, em princípio, num sector homogéneo (delegados sindicais sectoriais e territoriais).

Este processo poderia ser iniciado paulatinamente através da previsão legal de um instituto próximo da figura francesa do *conseiller du salarié*[61], como forma de assegurar que os trabalhadores possam ser assistidos por uma pessoa da sua escolha, exterior à empresa, selecionada a partir de uma lista especial. Trata-se de garantir apoio ao trabalhador, numa empresa destituída de estruturas de representação coletiva, em determinados momentos especialmente difíceis, como em situações de despedimento, colocando-o numa posição de maior paridade em relação à entidade empregadora.

Outro mecanismo passível de estimular quer a implementação de estruturas de representação coletiva, quer a própria contratação coletiva, consiste na atribuição de incentivos estatais às PME que promoverem a constituição

---

[61] A figura francesa do *conseiller du salarié*, criada em 1991, é aplicável às empresas em que não existem mecanismos de representação coletiva, normalmente de menor dimensão (art. L. 1232-7 do *Code du Travail*).

de órgãos de representação coletiva no seu seio[62]. Solução que pode também aplicar-se para estimular a contratação coletiva[63]. Estes estímulos podem consistir em benefícios de natureza fiscal ou em preferências em concursos públicos[64]. Note-se, aliás, que as virtualidades inerentes às políticas de contratos públicos na prossecução dos objetivos nacionais, designadamente em matéria de igualdade, têm sido salientadas pela OIT em diversos instrumentos jurídicos[65].

Uma possibilidade que pode ser explorada para efeitos de desenvolvimento da negociação coletiva nas PME passa pela criação de estruturas como as comissões paritárias, cuja especificidade não reside só na instituição de uma nova entidade negocial mas, sobretudo, na redefinição de

---

[62] Manfred Weiss, "Modernizing the German works council system: a recent amendment", *The International Journal of Comparative Labour Law and Industrial Relations*, 2002, vol. 18, n.º 3, p. 264, e "La cogestione in Germania: una recente modifica", *DRI*, 2002, n.º 4, p. 654. A referência a elementos de caracter fiscal e parafiscal também pode ser encontrada em Gilles Bélier, *op. cit.*, p. 96.

[63] Neste sentido, Giovanni Garofalo, "Per una politica dei diritti dei lavoratori nella piccola impresa", *RGL*, 1988, I, n.º 5, p. 401.

[64] Alguns governos regionais alemães utilizaram este mecanismo nos contratos públicos, para assegurar a adesão e o cumprimento das convenções colectivas. Cf. Patrick Remy, "El sistema de negociación colectiva en Alemania", in *Experiencias de negociación colectiva en Europa y sus puntos críticos – XVIII Jornadas de estudios sobre negociación colectiva*, MTAS, Madrid, 2006, p. 35, nt. 32.

[65] Vejam-se os relatórios da OIT, "Igualdade no trabalho: enfrentar os desafios", *Relatório global de acompanhamento da Declaração da OIT relativa aos Direitos e Princípios Fundamentais no Trabalho*, 96.ª sessão da Conferência Internacional do Trabalho, Genebra, 2007, pp. 69-70 e 73.

uma área geográfica conducente a uma negociação territorial destinada a organizar as relações coletivas ao nível local[66].

Como o contrato coletivo e o acordo de empresa desempenham papéis nem sempre coincidentes e apresentam os seus limites específicos[67], a adoção de acordos coletivos (art. 2.º, n.º 3, al. b)) constitui um mecanismo intermédio passível de ser utilizado para uma contratação coletiva interempresarial de base territorial, a qual poderia ser sensivelmente estimulada com o arrimo das comissões paritárias. A própria negociação coletiva articulada pode ser feita através de acordos coletivos que abarquem uma pluralidade de PME, localizadas num determinado âmbito territorial, combatendo a inércia dos pequenos empregadores.

13. Numa perspetiva global, pode afirmar-se que o direito do trabalho, ao introduzir regimes jurídicos diferenciados em função da dimensão da empresa, corre o risco de consagrar distinções, seja entre empregadores, seja entre trabalhadores, atentatórias do princípio da igualdade constitucionalmente tutelado. Interrogação que

---

[66] Cfr. Corinne Sachs-Durand, *Les seuils d'effectifs en droit du travail*, LGDJ, Paris, 1985, pp. 112. Marie-Laure Morin, "Espaces et enjeux de la négociation collective territoriale", *DS*, 1999, n.ºs 7/8, p. 683, distingue "a negociação territorializada" e a "negociação territorial": no primeiro caso, o território constitui um fator secundário na determinação do espaço negocial, enquanto na segunda hipótese este elemento assume o papel principal.

[67] *Vd.* Marie-Laure Morin, *op. cit.*, p. 682.

não pode ser desligada das finalidades inerentes ao fator dimensional.

Com efeito, podem ser salientadas três finalidades basilares desempenhadas pela dimensão da empresa no seio do ordenamento juslaboral: jurídicas, económicas e de teor "psicológico"[68]. Ora, se o parâmetro ocupacional permite uma adequada realização dos objetivos jurídicos, o mesmo já não pode ser afirmado em relação aos restantes.

14. Em primeiro lugar, é inequívoca a necessidade de algum dimensionamento do direito laboral. Com efeito, o dimensionamento é imposto pela necessária função jurídica de adaptação de certos institutos laborais à "dimensão da coletividade de trabalho" a que se vão aplicar[69].

Neste domínio, a preservação do alcance do princípio da igualdade exige o respeito pela equivalência de direitos entre trabalhadores integrados em coletividades de diversa dimensão (adaptação quantitativa), podendo ainda justificar-se o dimensionamento das normas laborais através da disposição de modalidades diferentes para o exercício do direito em função do volume de emprego (adaptação qualitativa)[70].

A realização rigorosa deste escopo jurídico justifica a preferência por correlações fixas e, sempre que a utilização das mesmas não seja adequada, o recurso a correlações

---

[68] A explicação destas finalidades pode ser encontrada em Catarina de Oliveira Carvalho, *Da dimensão da empresa...*, *cit.*, pp. 131 ss.

[69] Assim, Corinne Sachs, *ult. op. cit.*, pp. 36 ss. e 45-46, e "Les seuils d'effectifs...", cit., pp. 475-476.

[70] Cf. Corinne Sachs, "Les seuils d'effectifs...", cit., pp. 476 ss.

variáveis acompanhado da eliminação dos limiares máximos, que impedem uma proporcionalidade entre o aumento do número de trabalhadores e a evolução dos respetivos direitos a partir de um determinado número, assim como se considera desejável que as transições entre escalas diferentes sejam suavizadas[71].

Admite-se, contudo, a parca relevância prática, na ordem jurídica nacional, da maior parte dos problemas gerados pela opção por correlações variáveis ou mistas[72], tendo em conta a típica dimensão ocupacional das empresas portuguesas.

15. Em segundo lugar, verifica-se que a proliferação de limiares ocupacionais encontra a sua motivação em fins predominantemente económicos, o que se compreende dada a ligação umbilical do direito do trabalho aos constrangimentos económicos. Porém, nestes casos, o perigo de violação do princípio da igualdade aumenta, sendo por isso menos evidente a bondade da opção legislativa e a respetiva compatibilidade constitucional.

A argumentação recorrentemente utilizada para compatibilizar tal diversificação regimental com o princípio da igualdade centra-se numa análise comparativa das empresas e passa, por um lado, pela invocação da desigualdade económica de facto existente entre as empresas, e, por

---

[71] Nestes termos, Corinne Sachs-Durand, *Les seuils d'effectifs…*, cit., p. 109; Álvarez del Cuvillo, *Vicisitudes y extinción de la relación de trabajo…*, cit., pp. 77 ss.

[72] Sobre os três tipos de correlações (fixas, variáveis e mistas), cf. Corinne Sachs-durand, *Les seuils d'effectifs…*, cit., pp. 42 ss.

outro, pela necessidade de garantir a existência e o desenvolvimento das PME.

A primeira questão a resolver prende-se com a consideração da tutela das PME como uma finalidade legítima para diferenciar regimes juslaborais, o que pressupõe o respetivo amparo constitucional[73]. Constata-se que a previsão de um quadro legislativo específico, favorável a uma discriminação positiva das PME[74], encontra eco em vários preceitos da CRP (*v.g*, arts. 86.º, n.º 1, 100.º, al. d), 97.º), opção do legislador constituinte que se encontra em consonância com as preocupações comunitárias (*v.g*, art. 153.º, n.º 2, al. b), do TFUE)[75], decorrente da visão destas entidades como fator de desenvolvimento económico e de criação de emprego.

Assim, a proteção específica das empresas de menor dimensão deve traduzir-se num tratamento distinto daquele que é aplicável às grandes empresas, no que respeita a vários domínios de relevância económica (*v.g*,

---

[73] No sentido de que as diferenciações de regimes laborais devem ser examinadas "à luz dos próprios princípios constitucionais e dos interesses que a própria Constituição tutela", Miguel Rodríguez-Piñero, "El principio de igualdad y las relaciones laborales", *Revista de Política Social*, 1979, n.º 121, p. 393. Achim Seifert, "Arbeitsrecht für Klein- und Mittelbetriebe", in *Arbeitsrecht für Klein- und Mittelbetriebe*, Otto Brenner Stiftung e Michael Blank (eds.), Bund-Verlag, Frankfurt am Main, 2005, p. 202, pronuncia-se no mesmo sentido, referindo-se, expressamente, à tutela das PME.

[74] Cfr. Jorge Miranda/ Rui Medeiros, *op. cit.*, I, p. 124, e II, pp. 103 e 201; Gomes Canotilho/ Vital Moreira, *op. cit.*, p. 1014.

[75] *Vd.* Catarina de Oliveira Carvalho, *Da dimensão da empresa...*, *cit.*, pp. 151 ss.

acesso ao crédito, incentivos fiscais, apoio técnico e financeiro), incluindo a área laboral.

Todavia, esta promoção das PME depara com limites evidentes: os incentivos legislativos não podem ter natureza discriminatória, assim como não podem violar as normas europeias relativas à proibição de ajudas estatais distorcivas da concorrência[76].

16. De facto, a principal ideia que subjaz à consideração da dimensão empresarial nos regimes laborais é a do tratamento igualitário, de teor substantivo, entre as empresas, no que respeita aos encargos sociais. Trata-se de tentar assegurar alguma igualdade de oportunidades entre estas, aliviando os encargos das mais débeis, como forma de promover o equilíbrio e o dinamismo económicos.

Mas, mesmo considerando a procura de igualdade material entre empresas como um objetivo legítimo, o critério utilizado para esse efeito tem de ser razoável e tem de respeitar os princípios da necessidade, adequação e proporcionalidade[77]. Ora, a igualdade material entre empresas

---

[76] Gomes Canotilho/ Vital Moreira, *op. cit.*, p. 1013.
[77] A importância da proporcionalidade é salientada por Achim Seifert, "Arbeitsrechtliche Sonderregeln…", cit., pp. 202-203. A articulação entre o princípio da igualdade e o da proporcionalidade é objeto de diferentes construções doutrinais, cujo desenvolvimento não cabe no contexto deste estudo. Inequívoco parece ser o entendimento de que a igualdade entendida como conceito relacional e material não pode prescindir do princípio da proporcionalidade, uma vez que a ausência da mesma elimina a justificação da desigualdade. Quanto ao conteúdo do princípio da proporcionalidade, este pode ser entendido em termos amplos – abarcando a ideia de necessidade e adequação ao fim visado

não será facilmente obtida através da consagração de meros parâmetros ocupacionais[78]: um regime diferenciado aplicável às pequenas empresas pode ser perfeitamente justificado por comparação com empresas que ocupam 200 trabalhadores, mas a legitimidade da discriminação será discutível se cotejarmos a pequena empresa que emprega 49 prestadores de trabalho com uma de média dimensão que ocupa 51 trabalhadores. O tratamento equivalente de empresas com o mesmo volume de emprego poderá ser injusto, quanto estão em causa finalidades de teor económico, uma vez que este critério não se identifica com a potencialidade económico-financeira da empresa.

17. A exigência do respeito pelos princípios da necessidade, adequação e proporcionalidade na consagração de regimes legais desigualitários leva-nos a rejeitar uma solução – advogada *de iure condendo* por alguma doutrina nacional[79] – que exclua as microempresas no âmbito de tutela

---

– ou em sentido estrito – como ponderação entre o fim e os meios utilizados. Sobre a questão, *vd.* Edurne Terradillos Ormaetxea, *Principio de proporcionalidad, constitución y derecho del trabajo*, Tirant lo Blanch, València, 2004, pp. 21 ss. e 40 ss.

[78] Cf. Álvarez del Cuvillo, *Vicisitudes y extinción de la relación...*, cit., p. 62; Achim Seifert, "Arbeitsrecht für Klein- und Mittelbetriebe", cit., pp. 28 ss.; Cruz Villalón, "Las relaciones laborales en la pequeña empresa...", cit., p. 27.

[79] Neste sentido, António Moreira, "Código do Trabalho – Anteprojecto. Breve apreciação crítica", *Minerva – Revista de Estudos Sociais*, 2002, n.º 1, p. 20, considera que o direito do trabalho deverá aplicar-se somente a partir das pequenas empresas, embora admita que tal regime poderá sofrer "laivos de inconstitucionalidade".

juslaboral. Uma opção legislativa deste teor não seria compatível com a CRP, por se afigurar, no mínimo, desproporcional[80]. Da mesma forma, desaprova-se a admissibilidade de um direito do trabalho autónomo e independente para as PME[81].

Com efeito, o princípio da igualdade envolve a consagração de um estatuto juslaboral idêntico para todos os trabalhadores, pelo menos quanto ao seu "conteúdo essencial", sem prejuízo de algumas especificidades objetivamente fundadas. Haverá uma discriminação ilícita se a adoção de umbrais numéricos conduzir à total eliminação de certos direitos laborais nas empresas de uma determinada dimensão, privando os respetivos trabalhadores de direitos da mesma natureza daqueles que são reconhecidos a outros prestadores de trabalho. Particularmente, no caso

---

[80] Em termos similares quanto à inconstitucionalidade desse regime legal, Cruz Villalón, "Las relaciones laborales en la pequeña empresa…", cit., p. 25; Leal Amado, "Microempresa e direito do trabalho: o dilema dimensional", in *Temas laborais 2*, Coimbra Editora, 2007, p. 38, nt. 26.

[81] Assim, Barros Moura, "A Constituição portuguesa e os trabalhadores – Da revolução à integração na CEE", in *Portugal e o sistema político e constitucional, 1974-1987,* coord. Mário Baptista Coelho, Instituto de Ciências Sociais da Universidade de Lisboa, 1989, pp. 837 e 854. Em termos próximos, Álvarez del Cuvillo, *Vicisitudes y extinción de la relación…*, cit., p. 99. A pluralidade de regimes de tutela da posição jurídica do trabalhador despedido levantou na doutrina dúvidas acerca da sua constitucionalidade, por atentar contra o princípio da igualdade, como desenvolve Giovanni Amoroso, "Estinzione del rapporto", in *Diritto del lavoro e della previdenza sociale,* org. G. Santoro Passarelli, IPSOA, s.l., 1996, p. 373. Gilles Bélier, *op. cit.*, pp. 91-92 e 97-99, considera também que a consagração de "um direito do trabalho a duas velocidades" viola o princípio da igualdade.

de o critério ocupacional ser utilizado para o prosseguimento de uma função de carácter económico.

Afasta-se, portanto, a constitucionalidade de soluções legislativas que excluam do âmbito da tutela juslaboral os trabalhadores das micro e pequenas empresas.

18. Apesar disso, admite-se que a contextos empresariais diferentes correspondam regimes laborais específicos para determinados institutos. No entanto, a análise da constitucionalidade do tratamento juslaboral diferenciado não pode ser encarada somente da perspetiva do empregador, havendo também que atender à posição dos trabalhadores[82]. A controvérsia centra-se nas medidas legislativas que, em nome da proteção das PME, consagram um tratamento menos favorável para os trabalhadores das mesmas.

Na verdade, o argumento da maior debilidade económica diz respeito à relação entre empresas e o sistema económico em geral, mas não afeta a natureza do vínculo que se estabelece entre o empregador e os trabalhadores, o qual assume teor similar nas PME e nas grandes empresas[83]. Muito pelo contrário, comparando as diferentes coletividades laborais e a situação específica dos trabalhadores discriminados, dificilmente encontraremos uma justificação

---

[82] Assim, Del Rey Guanter, *La dimensión de la empresa...*, *cit.*, p. 31; Davide Pollastro, "Legislazione e politica del lavoro nella PMI", in *Piccola impresa e politica industriale*, dir. Alessandro Arrighetti, Franco Angeli, Milão, 1982, pp. 133-134. Como explica Rodríguez-Piñero, *op. cit.*, pp. 392-393, o princípio da igualdade limita o poder discricionário do legislador laboral na seleção de critérios de diferenciação legal entre trabalhadores.

[83] Assim, Davide Pollastro, *op. cit.*, pp. 133-134.

objetiva para o tratamento desigual, uma vez que este conduz a uma redução dos direitos e garantias de trabalhadores que, em regra, já se encontram particularmente fragilizados. Assim sendo, a cedência realizada pelo princípio da igualdade em desfavor dos trabalhadores das PME só poderá ser justificada pelo interesse geral, questão que se coloca, sobretudo, em relação às medidas fundadas em motivações de natureza económica[84].

Simplesmente, afigura-se discutível que, neste contexto, a justificação objetiva apontada respeite as exigências de adequação, necessidade e proporcionalidade em relação ao fim proposto, apesar da indiscutível legitimidade e tutela constitucional de tal escopo.

De facto, é possível proteger as PME e alcançar alguma igualdade material entre empresas, através de medidas que não têm qualquer incidência sobre a situação jurídica dos trabalhadores, designadamente no âmbito do direito fiscal e do direito económico[85]. É o que acontece com a assunção

---

[84] Nestes termos, Biagi, *La dimensione dell' impresa..., cit.*, pp. 87 ss.; Corinne Sachs-Durand, *Les seuils d'effectifs…, cit.*, pp. 80-81.

[85] Cfr. Davide Pollastro, *op. cit.*, p. 134; Corinne Sachs-Durand, *ult. op. cit.*, pp. 47 ss., 82-83, que distingue, para este efeito, o que designa por *seuils "sociaux"* dos *seuils "fiscaux"*; Del Rey Guanter, *La dimensión de la empresa…, cit.*, p. 31; Fita Ortega, "La diversificación de la normativa laboral…", cit., p. 362; Cruz Villalón, "Las relaciones laborales en la pequeña empresa…", cit., pp. 23; Achim Seifert, "Arbeitsrechtliche Sonderregeln…", cit., p. 203, e "Arbeitsrecht für Klein- und Mittelbetriebe", cit., pp. 24 ss. Mais difícil será, como aponta Cruz Villalón, introduzir diferenças legislativas dimensionais entre os trabalhadores sem afetar de forma diferenciada a empresa em que os mesmos prestam a respetiva atividade.

de certos custos por parte dos poderes públicos, operantes através da isenção de contribuições para a segurança social e de certas obrigações administrativas ligadas ao controlo do emprego, de incentivos fiscais, ou da atribuição de subsídios para certos fins, nomeadamente, no âmbito de programas comunitários de apoio às PME[86].

Por outro lado, um segundo grupo de medidas, que não suscita dúvidas de maior quanto à respetiva harmonização com o princípio da igualdade, apesar de afetar diretamente os trabalhadores das PME, reconduz-se ao tratamento mais favorável destes últimos, como sucede, por exemplo, com as ajudas à formação profissional contínua[87].

19. Fora destas hipóteses, o que se procura é funcionalizar o direito do trabalho à realização de uma igualdade material entre empresas de capacidade económica diversa, ou seja, utilizar este ramo do direito como instrumento de intervenção económica.

Deparamos então com duas ordens de conflitos: em primeiro lugar, verifica-se uma colisão entre duas aplicações do

---

[86] *Vd.* Corinne Sachs, "Les seuils d'effectifs...", cit., p. 478. A este propósito, Fita Ortega, "La diversificación de la normativa laboral...", cit., p. 362, menciona, no contexto do ordenamento jurídico espanhol, o regime fiscal aplicável à transmissão de pequenas empresas familiares por morte do empregador, os incentivos à profissionalização dos dirigentes das PME, o imposto sobre as atividades económicas ou o regime do arrendamento de estabelecimentos comerciais, as consequência negativas do "crédito interempresarial" derivado da desatenção prestada aos pagamentos pendentes entre as empresas, que geram frequentemente incumprimentos em cadeia.

[87] O exemplo é referido por Del Rey Guanter, *La dimensión de la empresa..., cit.*, p. 31.

princípio da igualdade, uma vez que a procura de uma igualdade entre empresas impede a realização da igualdade entre trabalhadores[88]; em segundo lugar, deparamos com a contenda entre o fim do direito do trabalho (proteger os trabalhadores, em especial aqueles que se encontram numa acentuada situação de inferioridade relativamente ao empregador) e o fim visado pela diversificação dimensional do mesmo identificado em objetivos de teor económico.

Ora, estas preocupações situam-se em planos diferentes. A igualdade entre trabalhadores corresponde a um princípio juslaboral, uma vez que este ramo do direito é concebido prioritariamente como um "direito dos trabalhadores", enquanto a igualdade entre empresas não constitui um objetivo da legislação laboral[89]. Esta argumentação é reforçada com o apelo a outros valores constitucionais hierarquicamente superiores ao da proteção da pequena empresa: a tutela do trabalhador como valor integrante da própria ideia de Estado de Direito Social, o dever dos poderes públicos na promoção de uma liberdade e igualdade reais e efetivas, e o próprio direito constitucional ao trabalho[90]. Acentua-se,

---

[88] Corinne Sachs-Durand, *Les seuils d'effectifs…*, pp. 81 ss.

[89] Assim, Corinne Sachs-Durand, *ult op. cit.*, p. 82; Achim Seifert, "Arbeitsrechtliche Sonderregeln…", cit., p. 203. No mesmo sentido, afirma Gilles Bélier, *op. cit.*, pp. 91-92 e 97-99, que este dimensionamento do direito do trabalho ignora os princípios gerais que fundaram este ramo do direito, cujo escopo se identifica com a proteção do trabalhador, pelo que implica uma inversão essencial daqueles em direção a "um direito da empresa e da sua capacidade", avaliada de acordo com a respetiva dimensão.

[90] Estes argumentos foram invocados a propósito do acórdão do TC espanhol n.º 6/1984, de 24/01.

então, o risco de incompatibilidade constitucional dos preceitos legais *dimensionados* por violação do princípio da proporcionalidade, ao fazerem recair sobre certos trabalhadores as consequências de uma política económica geral[91]. Nas palavras de Leal Amado, a promoção das micro e pequenas empresas não pode "traduzir-se na concessão de vantagens competitivas assentes na sistemática degradação do estatuto jurídico-laboral dos respectivos trabalhadores", funcionando como "uma espécie de "salvo-conduto juslaboral", que permita todo e qualquer tratamento diferenciado *in pejus* para os respectivos trabalhadores"[92].

20. Por outro lado, questiona-se a necessidade, a adequação e a eficácia do direito do trabalho para atuar como instrumento de cariz económico, sendo duvidosa a sua utilização como instrumento idóneo para fomentar o desenvolvimento de umas empresas em detrimento de outras. De facto, a dimensão não é uma virtude em si mesma e o pressuposto de que a outorga de determinados benefícios ou facilidades às PME aumentará a sua com-

---

[91] Este entendimento tem sido aplaudido por alguma doutrina. Cfr. voto de vencido do magistrado Francisco Tomás y Valiente no ac. do TC espanhol n.º 6/1984; Cruz Villalón, "Las relaciones laborales en la pequeña empresa…", cit., p. 26; Achim Seifert, "Arbeitsrechtliche Sonderregeln…", cit., pp. 202-203; Álvarez del Cuvillo, "Derecho laboral italiano y pequeñas empresas: una comparación con el ordenamiento español", in *Las relaciones laborales en las pequeñas empresas en Europa*, coord. Cruz Villalón, Mergablum, Sevilha, 2006, p. 174, e *Vicisitudes y extinción de la relación de trabajo…, cit.*, p. 96.

[92] Leal Amado, *op. cit.*, pp. 36 e 37.

petitividade e fomentará a criação de emprego está longe de ser pacífico[93].

Na criação do emprego, assumem elevada importância outros fatores endógenos como a adoção de novas tecnologias, a organização dos processos produtivos, o sector de atividade a que empresa pertence e a sua posição de mercado. Além destes, relevam fatores exógenos como a política económica, educativa e da investigação, o grau de desenvolvimento e eficácia dos serviços públicos, assim como as infraestruturas[94]. Não podem ser ainda esquecidos outros elementos intrinsecamente associados como a diminuição do emprego ocorrida nas grandes empresas, a tendência estrutural de desenvolvimento do sector terciário, os fenómenos de descentralização produtiva. Além do mais, as PME, ao mesmo tempo que geram emprego, também o destroem de forma proporcionalmente mais elevada do que as grandes empresas. Acresce a contradição basilar existente entre o objetivo de promover a criação de emprego nas PME e a concessão simultânea de benefícios que as incentivam a manter o respetivo limiar ocupacional aquém de um certo número de trabalhadores.

Estas circunstâncias deverão justificar uma cautelosa intervenção legislativa no domínio laboral, em benefício

---

[93] Cfr. Catarina de Oliveira Carvalho, *Da dimensão da empresa...*, *cit.*, pp. 45 ss.

[94] Assim, Vicente Martínez Abascal, "La relación ley-negociación colectiva en la reforma de la normativa laboral: una adaptación del derecho del trabajo a la dimensión de la empresa?", in *La dimensión de la empresa y la reforma de la legislación laboral*, coord. J. García Blasco, MTAS, Madrid, 1996, pp. 496-497.

de outras áreas do direito mais adequadas à obtenção dos fins protecionistas das PME, sem os inconvenientes apontados. A proteção das PME e a tutela da respetiva competitividade deve, prioritariamente, realizar-se através de instrumentos de direito económico e fiscal, e não laboral. O fator jurídico constitui apenas um de muitos elementos que influenciam o mercado de trabalho. Esta constatação se, por um lado, confere maior humildade ao trabalho do juslaboralista, por outro, também impede que se possa atribuir à legislação do trabalho a responsabilidade pelas disfunções de tal mercado.

21. Apesar das considerações tecidas, admite-se, com alguma doutrina laboralista, que o direito do trabalho visa também objetivos ligados à organização económica, os quais devem, todavia, assumir um papel secundário[95]. Deste modo, acolhe-se a possibilidade de consagração de regimes laborais que se traduzem num tratamento *in pejus* dos trabalhadores das PME, desde que estas medidas se mostrem, em concreto, adequadas ao fim visado e seja observado o requisito da proporcionalidade.

Simplesmente, nestas hipóteses, a determinação dos fundamentos do tratamento diferenciado deverá ser mais exigente. Há que procurar um nexo de causalidade direto e inequívoco entre a finalidade que se procura alcançar (promoção do emprego e/ou desenvolvimento económico) e o instrumento utilizado (consagração de regimes laborais

---

[95] Achim Seifert, "Arbeitsrechtliche Sonderregeln...", cit., p. 202, também defende que os objetivos ligados à política de emprego devem ser utilizados somente de forma complementar.

distintos em função da dimensão da empresa), sob pena de se cair num tratamento discriminatório ilegítimo, gerador de "trabalhadores de primeira" e "trabalhadores de segunda"[96].

Acresce ao exposto que, admitindo-se o recurso ao dimensionamento das normas laborais por motivos de carácter económico, impõe-se repensar a utilização exclusiva do critério ocupacional pela sua manifesta inadequação para traduzir a situação económica empresarial, gerando, portanto, discriminações dificilmente justificáveis. Recorde-se que, no domínio da responsabilidade contraordenacional, o TC admitiu que pudesse ocorrer uma violação do princípio da proporcionalidade se o legislador tivesse optado por avaliar a dimensão empresarial exclusivamente em função do volume de emprego[97]. Logo, exige-se do legislador laboral um esforço maior de especificação e modulação no que respeita aos critérios de avaliamento da dimensão empresarial, quer em matéria de capacidade económica, quer quanto à existência de ligações interempresariais (coligações ou redes de empresas)[98].

---

[96] Assim, Del Rey Guanter, *La dimensión de la empresa…, cit.,* pp. 32-33, e "La dimensión de la empresa y la reforma de la legislación laboral", cit., pp. 52 ss.

[97] Acórdão do TC n.º 403/2004, de 2/06. Para mais desenvolvimentos sobre o mesmo, Catarina de Oliveira Carvalho, *Da dimensão da empresa…, cit.,* pp. 735 ss.

[98] Neste sentido, além de muitos outros autores, *vd.* Corinne Sachs-Durand, *Les seuils d'effectifs…, cit.,* p. 110; González-Posada Martínez, "Labour law and industrial relations in small and medium enterprises in Spain", *Bulletin of Comparative Labour Relations,* n.º 26, 1993, p. 62.; Del Rey Guanter, *La dimensión de la empresa…, cit.,* p. 33.

22. Acresce que o intérprete e aplicador do direito quando confrontado com normas que consagram regimes diferenciados em função de fins económicos deverá, no processo hermenêutico, prestar especial atenção à teleologia das mesmas, com o intuito de reduzir potenciais efeitos discriminatórios.

Assinale-se que a adaptação normativa às empresas de diferente dimensão não tem necessária ou preferencialmente de ser realizada mediante a diversificação expressa de regimes legais, *maxime* com recurso a parâmetros numérico-quantitativos. Em muitos casos, este processo poderá ter lugar por via interpretativa, desde que a norma utilize conceitos indeterminados ou cláusulas gerais que permitam ter em conta certas características que se encontram comummente presentes nas PME.

Desta forma, evitam-se os efeitos adversos decorrentes do "efeito limiar numérico" (*threshold effect*), até porque pode acontecer que da mera utilização de escalões dimensionais resulte mesmo um aumento dos encargos de certas empresas que ocupam um determinado número de trabalhadores que se situa na fronteira dos escalões classificatórios, em sentido oposto ao fim legislativo visado[99].

Atente-se, contudo, que, mesmo em normas aparentemente *adimensionais*, o fator "dimensão empresarial" pode ser fonte de discriminações indiretas. Tal circunstância obriga, antes de tudo, a descortinar o objetivo legislativo e, num segundo momento, a verificar se a aplicação da norma conduz à sua modificação por força da dimensão da empresa. Neste caso, há que excluir a hipótese de o

---

[99] *Vd.* Corinne Sachs-Durand, *Les seuils d'effectifs...*, cit., p. 83.

legislador ter pretendido a produção de consequências desvantajosas, no sentido de promover empresas de determinada dimensão, situação em que o intérprete deve apenas analisar a respetiva compatibilidade constitucional quanto à razoabilidade, adequação e proporcionalidade[100].

23. Por fim, cumpre valorar globalmente o ordenamento juslaboral português perante a dimensão empresarial.

O elemento quantitativo constitui uma das fontes de diversificação laboral, sendo certo que a respetiva relevância global depende, em grande medida, do número de vezes que se diversifica com base na dimensão, na quantidade de escalões dimensionais utilizados, na importância e centralidade dos institutos juslaborais afetados e no número de empresas subsumíveis a tais regimes diferenciais[101].

Entre nós, as diferenças de regime juslaboral expressamente determinadas pela dimensão da empresa eram pontuais até à entrada em vigor do CT2003 e respetiva

---

[100] Raciocínio explicado por Del Rey Guanter, *La dimensión de la empresa…, cit.*, p. 35. Um exemplo de "impacto diferenciado" das normas *adimensionais* é desenvolvido pelo autor a propósito da versão do art. 53, al. c), do ET, anterior à reforma de 1994. A duração do aviso prévio, nas hipóteses de despedimento coletivo, dependia da antiguidade do trabalhador, podendo ir até três meses. Não se realizava qualquer distinção formal em função da dimensão da empresa. Contudo, era evidente que, para uma pequena empresa, seria muito difícil planear os recursos humanos com tanta antecedência, assumindo as gravosas consequências económicas do seu incumprimento.

[101] Nestes termos, Del Rey Guanter, *La dimensión de la empresa…, cit.*, p. 28.

regulamentação, tendo sido, então, significativamente alargadas a institutos antes não afetados por tal fator, processo que continuou nas reformas sucessivas.

Ainda assim, discorda-se da avaliação feita por alguma doutrina comparada[102], no sentido de que o direito do trabalho português consagra um estatuto jurídico-laboral específico, de amplo impacto, para as pequenas e microempresas. Mais ainda, não se pode afirmar convictamente que a dimensão da empresa tenha sido um dos fatores determinantes da reforma das leis laborais portuguesas, apesar de ela assumir uma importância indiscutível no CT e legislação complementar.

Ao invés, considera-se que o ordenamento jurídico nacional continua a não se encontrar intensamente *dimensionado*, em virtude de as particularidades de regime visarem, na maioria dos casos, apenas as microempresas, com as importantes exceções decorrentes dos regimes que implementam diplomas comunitários e que, portanto, impõem um dimensionamento similar aos vários países da UE[103].

Conquanto se admita que algumas das diversificações dimensionais possam assumir acentuada relevância prática, em virtude de o nosso sistema produtivo ser composto maioritariamente por microempresas, razão pela qual este passará a ser o regime regra e não o regime especial. Por

---

[102] Eva Saldaña Valderas, "El estatuto jurídico-laboral de las empresas de pequeña y micro dimensión en Portugal", in *Las relaciones laborales en las pequeñas empresas en Europa*, coord. Cruz Villalón, Mergablum, Sevilha, 2006, pp. 195, 203 e 204.

[103] Sobre estes, Catarina de Oliveira Carvalho, *Da dimensão da empresa...*, *cit.*, pp. 158 ss.

outro lado, a relevância dimensional veio afetar institutos de elevado valor simbólico, no contexto laboral português, como sucedeu com o direito de reintegração, subsequente à declaração de ilicitude do despedimento, não obstante a reduzida aplicabilidade prática da figura.

Simplesmente, o elemento dimensional não foi, em regra, utilizado pelo legislador com a finalidade de ajustar o regime jurídico às idiossincrasias das empresas, avaliadas segundo a respetiva dimensão. Pelo contrário, o dimensionamento do nosso direito laboral serviu, sobretudo, como pretexto legislativo para uma maior flexibilização do direito do trabalho, em geral dissimulada sob a aparência de adaptação à diversidade empresarial, e, portanto, menos contestada. Resultado que se encontra enormemente facilitado na sua aplicação prática pela circunstância referida de a realidade empresarial portuguesa ser caracterizada por um elevadíssimo número de microempresas.

De facto, contrariamente ao que sucede noutros ordenamentos jurídicos, o legislador nacional não atendeu à dimensão empresarial para favorecer o desenvolvimento e a aplicação adaptada às PME de certos institutos laborais concebidos segundo o paradigma da grande empresa. Esta atuação é particularmente visível no domínio das relações coletivas, onde existe uma diminuta implementação sindical e associativa empresarial, com consequências visíveis, nomeadamente, ao nível da contratação coletiva, da "democracia empresarial" ou das condições de trabalho. Mas não deixa de ser notória igualmente no contexto das relações individuais de trabalho. Recordamos que o CT2003 veio regular expressamente uma modalidade contratual suscetível de apresentar vantagens significativas para as PME

– o contrato de trabalho celebrado com uma pluralidade de empregadores, mecanismo que poderia creditar o slogan da *flexigurança*: mais flexibilidade para os empregadores e mais segurança para os trabalhadores, não fosse o desventurado regime legal. Com efeito, uma adequada regulação da figura, mais próxima da congénere francesa do *groupement d'employeurs*, permitiria favorecer o reagrupamento de PME no sentido de promover o emprego, adaptando-o às respetivas necessidades de mão-de-obra, sem a "exteriorização" das responsabilidades empresariais. Todavia, as contradições, restrições e incompletudes do regime legal lusitano impedem-no de cumprir esse desiderato[104].

Aqui chegados, resta sublinhar que o controlo e o cumprimento da legislação laboral diminuem significativamente à medida que se reduz o tamanho da empresa. Ora, a diversificação das leis laborais ou dos regimes convencionais no sentido de facilitar a respetiva aplicação por parte das empresas de menor dimensão não se compagina com esta ineficácia prática da lei, sob pena de ficarem postos em causa os requisitos mínimos de proteção e de se potenciar práticas de *dumping* social.

Por esse motivo, o dimensionamento do direito do trabalho em benefício das PME, que advogamos, não deve ser concretizado sem um acréscimo de fiscalização, interna ou externa, do respetivo cumprimento, a alcançar por via da constituição de estruturas de representação coletiva de

---

[104] Sobre este regime e respetivas insuficiências, Catarina de Oliveira Carvalho, "As perplexidades suscitadas pela regulamentação positiva de uma figura não inovadora: o contrato de trabalho celebrado com pluralidade de empregadores", *PDT,* 2011, pp. 45 ss.

âmbito supra-empresarial ou territorial, ou mediante uma atuação da ACT mais especificamente direcionada para a realidade desta tipologia empresarial, pretensão que não encontra eco na atual produção legislativa.

O direito do trabalho português estará então em condições de poder sustentar o enquadramento adequado e justo da diversidade da dimensão da empresa, aceitando o repto que a criatividade dos sujeitos empresariais e a evolução da intervenção económica dele exigem.

O NOVO PARADIGMA DO DIREITO DO TRABALHO
– QUE FUTURO PARA O DIREITO DO TRABALHO?
HÁ DIREITO DO TRABALHO NO FUTURO?
OS DESAFIOS QUE ENFRENTA O DIREITO DO TRABALHO
NO SÉC. XXI, NUM MUNDO EM MUDANÇA ACELERADA

Maria da Glória Leitão
Sócia, Cuatrecasas Gonçalves Pereira R.L.
Sociedade de Advogados

1. As questões que vou tentar enunciar são as de quem se interroga sobre o futuro e o lugar do direito do trabalho, face aos desafios que a evolução cultural, tecnológica e económica nos coloca.

Estas questões não são fruto da pura imaginação. Resultam de situações concretas, de problemas reais.

E reflectem a necessidade de entender qual é, qual deve ser, o paradigma actual do direito do trabalho, quais os valores, os princípios que norteiam, não apenas a elaboração das leis, mas a sua interpretação e aplicação ao caso concreto.

A abordagem que fiz partiu da constatação de quais os temas recorrentes em encontros, nacionais ou internacionais, de advogados laboralistas.

2. Em 2011, Eric Illsley, membro do Parlamento inglês, admitiu perante um tribunal que tinha reclamado fraudulentamente mais de 14 mil libras por gastos alegadamente incorridos no exercício do seu cargo parlamentar, que na realidade não se tinham verificado, ou não tinham sido

incorridos nesse exercício. O caso deste deputado não foi único.

Como se detectou a fraude?

Através de uma petição lançada pelo The Guardian, que convidou os seus leitores a analisarem 458.832 páginas de documentos relativos aos gastos e despesas dos deputados da House of Commons.

Claro que esta análise apenas foi possível, porque feita *online*, com a participação de milhares de leitores, que, cada um por si, se encarregou de realizar uma pequena parte do trabalho de investigação.

Entre todos os leitores que aderiram a esta proposta conseguiram um resultado que teria custado muito tempo e dinheiro se tivesse sido realizado por trabalhadores do próprio jornal.

Neste caso, o trabalho foi feito de forma graciosa, mas... vejamos o que se passa com o recurso ao *crowdsourcing*.

3. O *crowdsourcing* é um modelo de produção em que se entrega um trabalho tradicionalmente atribuído a um agente – que pode ser um trabalhador por conta de outrem, a um grupo grande e normalmente indefinido, num sistema aberto de contratação.

O maior exemplo desse conceito é a própria Wikipedia, considerada tão ou mais precisa nas suas definições como uma enciclopédia tradicional, e consideravelmente mais cómoda de usar. Enfim, é o que dizem os seus defensores... (*aparentemente a revista NATURE terá detectado 162 erros na Wikipédia, contra 123 na Enciclopedia Britannica – na Wikipedia são corrigidos em 24 horas...*)

Wiki refere-se em termos genéricos ao que pode ser livremente editado pelo público – WikiAnswers, Wikipedia,…

Como já saberão, a origem do termo wiki provém do nome havaiano dado ao autocarro que no aeroporto internacional de Honolulu, transporta os passageiros entre o avião e o terminal aéreo: Wikiwiki Bus.

Em havaiano, wiki significa rápido, e wikiwiki, muito rápido.

Em 2006, Don Tapscott e Anthony D.Williams, que inventaram o neologismo Wikinomics, publicaram um livro que analisa como a colaboração em massa reinventa o modo como as empresas comunicam, criam valor e competem no novo mercado global.

Um exemplo está numa viatura – a primeira criada e desenvolvida por uma comunidade aberta, e que resulta de 35.000 desenhos apresentados por 2.900 membros da comunidade provenientes de mais de 100 países.

4. O que tem a ver o que acabo de referir com o tema que me traz aqui ?

Não se tratam certamente de relações laborais, quando muito de prestações de serviços…

É certo, mas tenhamos presente que esta é a nossa realidade e que não é alheia nem estranha ao âmbito e objecto do direito do trabalho.

A evolução tecnológica, e a celeridade que a caracteriza, associadas ao acesso maciço às novas tecnologias são geradoras de incontornáveis mudanças económicas, culturais e sociais, com impacto na vida da empresa, e, em consequência na relação laboral.

As grandes tendências nesta evolução tecnológica, para além da celeridade com que ocorre, podem reconduzir-se a três grandes grupos:

(i) Aquilo a que em dialecto web – ou economês, se chama a "consumerização" dos meios de tecnologia de informação e comunicação – o acesso maciço dos utilizadores aos meios sofisticados desta tecnologia
(ii) A utilização maciça de meios de comunicação móvel
(iii) A importância das redes sociais

Ainda há poucos anos, a tecnologia a que as empresas tinham acesso era mais sofisticada e de muito maior qualidade do que a tecnologia de consumo.

Frequentemente se utilizavam os meios ao dispor na empresa porque mais rápidos, mais seguros, mais potentes.

O que significava, também, que a empresa controlava esta tecnologia.

Hoje, isso já não é verdade. E, muitas vezes, o trabalhador prefere utilizar os seus próprios equipamentos em lugar dos que lhe são facultados pelo empregador.

A utilização das redes sociais é uma realidade incontornável, a que as empresas já não podem ser, nem são, alheias.

A afirmação de que a vida privada não fica à porta do escritório ou no portão da fábrica resulta por demais clara, e ganha novos contornos com estas novas realidades. Mas elas criam questões que vão além da simples delimitação entre vida profissional e privada e protecção de direitos de personalidade.

5. O modelo clássico do Direito do Trabalho repousa sobre uma relação laboral que se assume como: (i) estável (nas funções, no local, no tempo), permanente e a tempo inteiro, (ii) regulada por um ramo de direito autónomo, com base num contrato de trabalho, (iii) e que se estabelece com uma única entidade responsável pelas obrigações do empregador.

E, sujeita a uma única ordem jurídica.

Mas será que esta realidade se manteve e mantém estável e permanente e unívoca?

As nossas atenções têm-se ultimamente focado na situação económica decorrente da crise financeira de 2008, e do vendaval económico que se lhe seguiu, cujo impacto se verifica na redução da protecção conferida ao trabalhador, nomeadamente no que respeita à estabilidade da relação de trabalho.

Não há dúvida que neste momento, e em Portugal, é esse o motor das decisões que têm vindo a ser tomadas em sede de legislação laboral e, também, no sistema de protecção social.

Mas a questão da modernização do direito do trabalho é anterior à crise. E esta não deverá ser o pretexto que transforma um estado de excepção ou um regime de excepção num novo modelo de regulação que passe a ser a regra.

Bastará referir, apenas a nível comunitário,

- o Livro Verde para a modernização do direito do trabalho para enfrentar os desafios do século XXI, lançado pela Comissão das Comunidades Europeias em 22 de Novembro de 2006,

e, subsequentemente, a

- Comunicação da Comissão ao Conselho, ao Parlamento Europeu, ao Comité Económico e Social Europeu e ao Comité das Regiões — Resultado da consulta pública sobre o Livro Verde da Comissão (24.10.2007)

que analisam os principais reptos que se colocam para adaptar o direito do trabalho às realidades evolutivas do mundo laboral, e que são anteriores a 2008.

6. A revolução tecnológica, sobretudo na área das tecnologias de comunicação, é um dos elementos determinantes na caracterização da sociedade actual.

Conforme sublinha o Livro Verde, e cito, "A celeridade do progresso tecnológico, a intensificação da concorrência como resultado da globalização, a evolução da procura dos consumidores e o significativo crescimento do sector dos serviços, sublinham a necessidade de aumentar a flexibilidade.

A emergência da gestão Just-in-time, a diminuição do horizonte de investimento para as empresas, a difusão de tecnologias de informação e de comunicação, assim como a mudança cada vez mais célere da procura, conduziram as empresas a organizarem-se de forma mais flexível."

A globalização com a deslocalização das empresas em resultado da competição crescente entre os chamados *high-*

wages e *low wages countries* colocou certamente pressão no modelo clássico de relação laboral. Mas a competição não se faz, sobretudo ou principalmente, ao nível dos custos directos do trabalho.

A necessidade de flexibilidade determinou a proliferação de contratos atípicos, que se afastam do modelo clássico do contrato de trabalho estável e permanente:

– o contrato a termo, contrato de trabalho sazonal, a tempo parcial, o trabalho temporário.

As empresas recorrem cada vez com maior frequência a formas de contratação que comportam menos encargos sociais, ou que apresentam maior facilidade na cessação do vínculo (laboral ou de outra natureza).

Verifica-se a externalização de áreas que não são centrais na sua actividade, não constituem o seu *core business* (por ex., departamento de tecnologias de informação, departamento financeiro, etc), contratando a prestação desse serviço por outra empresa que poderá ou não ser, ela própria, uma entidade empregadora.

Frequentemente, o prestador do serviço é um empresário em nome individual, um *free lance*, não "protegido" por qualquer relação de trabalho.

Podemos mesmo configurar que determinadas funções externalizadas, como a gestão e processamento das facturas, assistência na área de tecnologias de informação sejam executadas por um prestador de serviços … que se encontra

- A milhares de km de distância

- Ou, não se sabe onde, nem quem seja, por que contratado através de *crowdsourcing*

Uma das questões recorrentes com que nos defrontamos é a da delimitação da fronteira entre o contrato de trabalho subordinado e o contrato de prestação de serviços.

Sendo que dessa qualificação resultará a aplicação ou não de um regime de forte protecção a uma das partes na relação.

E a questão fundamental é a de saber se as formas atípicas de trabalho continuam a ser atípicas ou passarão (já passaram??) a ser a regra?

7. Na Comunicação sobre as conclusões sobre a consulta pública lançada pelo Livro Verde, os sindicatos e especialistas académicos alertaram para o perigo de encarar os contratos de trabalho normais, de duração indeterminada, como obsoletos ou um obstáculo à criação de empregos.

No seu entender o Livro Verde poderia ser interpretado como exprimindo uma preferência por uma maior pluralidade de formas contratuais e pela introdução de legislações laborais enfraquecidas.

No entanto, no binómio *insiders/outsiders*, os empregadores consideraram que os verdadeiros *outsiders* são os desempregados.

Enquanto que os sindicatos manifestaram a opinião de que o fosso entre os *"insiders"* e os *"outsiders"* só pode ser eliminado através da melhoria da protecção facultada aos trabalhadores precários.

A este respeito é interessante verificar que o conceito de flexigurança tão na moda até há bem pouco tempo, se encontra estruturado numa relação entre o Direito do Trabalho e o sistema de previdência social.

Isto é, o que a flexigurança afinal preconizou foi o enfraquecimento da relação laboral – nos seus segmentos inicial e final, com a contrapartida de uma protecção concedida não à relação em si, mas à sua falta, ou na sua falta, e que é proporcionada pelo sistema previdencial instalado.

Mas num contexto tecnológico e económico em que cada vez há mais prestadores de serviços, precários ou não, clássicos ou "virtuais", por escolha ou por necessidade, centrar a discussão em torno do modelo clássico da relação laboral não poderá reduzir o direito do trabalho à protecção de um grupo de *happy few*, de privilegiados, deixando de fora a multidão dos "*outsiders*" que não conseguiram um lugar dentro da fortaleza? não poderá reduzir o seu âmbito de actuação à protecção de uma espécie em via de extinção – o trabalhador por conta de outrem?

8. Questão menos dramática, mas com um impacto que não tem menor importância na definição do paradigma da relação de trabalho, é a que resulta da massificação do acesso às tecnologias de comunicação que permite o desenvolvimento de formas de prestação de trabalho inovadoras, ou simplesmente diferentes, em que o local e o horário de trabalho ou a própria característica da subordinação já não são definidores da própria qualificação da relação.

Ou em que carecem ou exigem uma regulamentação diferente, porque essas mesmas tecnologias permitem uma disponibilidade distinta da que é própria da relação laboral clássica.

Surge, assim, o que nalguns círculos se chama genericamente de *the new style employee*, ou *new style employment relationship*, que, em nalguns sistemas jurídicos como é o caso do nosso, é já, em parte, o que se encontra consagrado e regulamentado, sob o nome de teletrabalho.

As questões que suscita relevam da área da protecção da privacidade – em relação com o exercício do poder de direcção e de supervisão, da gestão do tempo de trabalho, da definição da titularidade dos meios necessários à prestação e dos gastos inerentes.

Mas também típica do *new style employee*, podem ser fórmulas em que o trabalhador se encontra em situação de disponibilidade para quando é necessário, em *stand-by* ou *on call*, para mesmo à distância, prestar a assistência, o trabalho, que lhe é solicitado, com liberdade quanto ao modo, tempo e local onde ele é prestado.

Mais uma vez, a questão que se coloca é se se deverá proteger, regulamentar, esta relação tendo como paradigma a clássica relação laboral, aproximando-a desse velho modelo, ou atender a novas e distintas necessidades.

9. A globalização tem outra consequência com impacto significativo no direito do trabalho: a mobilidade geográfica para além das fronteiras de uma única jurisdição.

Apesar de não se tratar do clássico modelo de emigração a que assistimos em Portugal nos anos 60 e 70, ao contrário do que possa parecer a uma primeira análise, esta mobilidade não é apenas para os postos de trabalho mais qualificados ou de chefia ou direcção.

Assiste-se cada vez mais a situações de expatriação ou destacamento ao nível do trabalhador de nível médio, mas com especialização que falta nos mercados ganhos pelas empresas fora das suas fronteiras originais ou iniciais.

Mas, as fronteiras e as distâncias também contam e têm impacto em termos económicos.

As questões que esta mobilidade transfronteiriça colocam são diversas:

(i) Da determinação da entidade empregadora/ do ou dos vínculos jurídicos quando o trabalhador é destacado a partir de uma relação laboral pré-existente
(ii) Da definição das regras aplicáveis no final do destacamento, se não cessou o vínculo de origem
(iii) Da definição da lei aplicável à relação jurídica, e jurisdição competente em caso de litígio
(iv) Da conciliação entre regras aplicáveis na jurisdição de origem, e na jurisdição de destino – por exemplo, as regras de segurança e saúde, dos dias feriados que devem ser respeitados.

10. Finalmente, não queria deixar de referir uma questão que curiosamente tem vindo a ver suscitada cada vez com mais frequência e que se refere às diferenças entre as distintas gerações de trabalhadores.

Estas diferenças determinam distintos modelos de comportamentos e de expectativas, e não podem deixar de ser tidas em conta na definição do tipo de relação laboral, e das regras que se lhe aplicam, do seu enquadramento.

Simplificando quadros extremamente elaborados, e que incluem diversas gerações desde os *baby-boomers* à chamada *y-generation* (a geração que faz perguntas e quer saber porque e como é), irei apenas enumerar algumas diferenças entre o que convencionei chamar de **Anterior e Nova Geração.**

O trabalhador da Anterior Geração:

- Trabalhou numa única empresa/único departamento
- Privilegia a segurança e estabilidade
- Está habituado e prefere o trabalho individual
- Prefere ser dirigido
- Está habituado a uma direcção autoritária
- É atento aos objectivos do grupo/ da empresa
- É fiel à empresa

O trabalhador da Nova Geração:

- Tem uma experiência interdepartamental
- Prefere o trabalho de equipa e a liderança partilhada
- Aprecia a independência, quer liberdade no modo como executa as tarefas, desde que prossiga os objectivos definidos
- Mas contraditoriamente, sente muita necessidade de ser dirigido
- Tem elevado individualismo
- Privilegia objectivos pessoais – quer ver reconhecida a sua individualidade, por exemplo, na forma como é remunerado, quer ver reconhecido o seu direito de propriedade sobre o resultado do seu trabalho

- Não é fiel à empresa – privilegia a mudança, também de entidade empregadora
- Mistura mais facilmente vida privada e vida profissional – facilitado pelos meios de comunicação
- Privilegia o equilíbrio entre a vida pessoal e a vida profissional

É claro que a instabilidade económica fará rever estas novas tendências, mas será apenas de forma circunstancial?

Esta mudança de paradigma por parte do trabalhador não deve ser esquecida e deve ser tido em consideração pela ordem jurídica, por razões várias ligadas, nomeadamente, à necessidade de protecção de know-how, de segredos industriais e comerciais, dos custos de formação investidos naquele trabalhador (custos elevados e muitas vezes não contabilizáveis em termos que permitam as fórmulas consagradas do direito a exigir o reembolso, caso o trabalhador não cumpra períodos de permanência), determinando que o empregador se pretenda proteger, ele também, na relação contratual, face a uma força de trabalho mais volátil, criando mecanismo ou planos de retenção que não são apenas remuneratórios.

11. O que se encontra subjacente às questões que fui lançando é a necessidade de saber se os princípios que têm norteado o Direito do Trabalho permanecem actuais.

Por outro lado, encontra-se também subjacente a necessidade de pensar *"out of the box"*, porque o impensável ontem ou mesmo hoje, pode estar à nossa porta.

O universo que, pelo menos a Geração Anterior aqui presente viu no clássico de Ridley Scott, Blade Runner, não estará assim tão longe, e, se calhar daqui a alguns anos estaremos a discutir uma realidade e questões completamente diferentes, como por exemplo, a da extensão da protecção conferida ao trabalhador, qualquer que seja o seu conceito e limites, aos robots, andróides ou *replicants*...

Muito obrigada.

DISCRIMINAÇÃO LABORAL EM FUNÇÃO DA IDADE*

RITA CANAS DA SILVA
*Doutoranda da Faculdade de Direito
da Universidade Nova de Lisboa*

"Impossible de vous dire mon âge, il change tout le temps"
(Alphonse Allais, Aphorismes, 1902)

I. Introdução

Após relegado a um plano acessório, a discriminação *etária* em contexto laboral regista, nos últimos anos, atenção crescente da doutrina e jurisprudência europeias[1]. O que

---

* O presente artigo corresponde a versão adaptada, em 31 de Julho de 2012, do tema exposto em 13 de Abril de 2012, no Congresso Europeu de Direito de Trabalho, organizado pela *European Law Students Association* e pela Faculdade de Direito da Universidade Nova de Lisboa ("FDUNL"). Foi tomada em conta doutrina, jurisprudência e documentação disponíveis até 31 de Julho de 2012.

[1] 2012 é o "Ano Europeu do Envelhecimento Ativo e da Solidariedade entre Gerações" (http://europa.eu/ey2012/ey2012main.jsp?langId=pt&catId=970), tendo, neste âmbito, sido recentemente publicado o Relatório "Active ageing and solidarity between generations. A statistical portrait of the European Union 2012", *Eurostat*, de 13 de Julho de 2012, disponível, em http://epp.eurostat.ec.europa.eu/cache/ITY_OFFPUB/KS-EP-11-001/EN/KS-EP-11-001-EN.PDF. *V.* ainda o Relatório "Age and Employment", elaborado pela *European Network of*

resulta, aliás, evidente, considerada a reflexão (jurídica e extra-jurídica) que lhe tem sido dedicada. Tal interesse decorre, porém, de elementos diversos, conforme as prioridades a endereçar, em cada momento e em cada Estado-Membro. O enfoque reservado à idade, em contexto laboral, acolhe, na verdade, motivações distintas: desde logo, a necessária *tutela da dignidade dos trabalhadores afetados*; não sendo, porém, viável descurar, conforme comummente assinalado, *considerações económicas e sociais da maior importância*. Assim se justificando menção ao tendencial prolongamento da vida *ativa* (e não apenas da idade *cronológica*), a acentuada redução da taxa de natalidade e os reflexos associados a tais fatores, com impacto nas políticas delineadas por cada Estado: o desequilíbrio da pirâmide de idades e a (in)sustentabilidade dos sistemas de Segurança Social; preocupação premente com os níveis do desemprego jovem – que convive, lado a lado, com a necessidade de contrariar especiais resistências à inclusão de trabalhadores de maior idade no mercado de trabalho; havendo que considerar ainda os ajustes introduzidos ao escalão etário que deve condicionar o acesso à reforma por velhice (voluntária ou obrigatória) – com modificações que tendem, na

---

Legal Experts in the non-discrimination field (superv. Mark Freedland), *European Commission, Directorate-General for Justice*, 2011, disponível em http://ec.europa.eu/justice/discrimination/files/age_and_employment_en.pdf – todos os sítios da *internet* referidos neste texto estavam acessíveis em 31 de Julho de 2012.

Por fim, para uma perspetiva comparada, *v*. entre as múltiplas obras dedicadas à temática, VIOLA KRISTINA GROSSE, *Age discrimination in employment. A comparative study: the European Union, Germany and the United States of America*, Paris Legal Publishers, 2011.

atualidade, à preferência por idades mais avançadas[2]. Importa contar, por fim, com a reavaliação dos casos em que a idade condiciona (direta ou indiretamente) a execução e a cessação do contrato de trabalho[3].

Admitimos, pois, com ANNE-MARIE COTTE: "population ageing is one of humanity's greatest triumphs, and it

---

[2] *V.*, a este propósito, SÉRVULO CORREIA e BERNARDO XAVIER: "são muitos e complexos os factores a ter em conta na fixação da idade de reforma. Alguns deles – como as condições do mercado de emprego e o grau de envelhecimento da população – *nada têm a ver com as condições físicas e psíquicas do trabalhador*. Mas é natural que o legislador dê particular relevo à consideração de que a partir de uma certa idade o trabalho se torna demasiado penoso, pelo que muitos trabalhadores se veriam obrigados a cessar a sua actividade, perdendo o rendimento salarial" ("Reforma do trabalhador e caducidade do contrato", *Revista de Direito e de Estudos Sociais*, ano XX, n.º 1, 1973, p. 55-82, p. 76, com itálico nosso). Considerando que a reforma e o regime reservado, em tais casos, ao contrato de trabalho, não assenta "numa ideia de «incapacidade presumida»", mas tão-só na circunstância de que a idade avançada acarreta "a eventualidade do cansaço e da diminuição de capacidade" e o reconhecimento "ao trabalhador [d]o direito de ir descansar, com garantia de subsistência", *v.* acórdão do Tribunal Constitucional n.º 581/95, Processos n.ºs 407/88 e 134/89, disponível em http://www.tribunalconstitucional.pt.

[3] A este propósito, WILLEM SWINNEN nota que "anti-discrimination measures are employed for all sorts of reasons". Questiona, no entanto, "whether anti-discrimination measures are the most suitable to achieve these objectives". Noutras palavras: "to put it in the structure of Article 6(1) of the Directive" – referindo-se à Diretiva-Quadro n.º 78/2000/CE, de 27 de Novembro, que veio estabelecer um quadro geral de igualdade de tratamento no emprego e na atividade profissional – "is age discrimination legislation an appropriate and necessary means to achieve the legitimate aim of enhancing the cost-benefit ratio of welfare systems?" ("The economic perspective in the reasoning of the ECJ in age discrimination cases", *European Labour Law Journal*, p. 254-263, p. 263).

is also one of our greatest challenges"[4]. Embora a matéria da discriminação em geral e, sobretudo, em função de certos critérios (tal qual o género[5] ou a raça, para referir apenas duas hipóteses), seja já tema bem enquadrado e debatido, o mesmo não se dirá (pese embora a densa análise avolumada nos últimos anos) a respeito da discriminação etária, que surge, por conseguinte, como temática "jovem"[6]. A este propósito, HELEN MEENAN nota impressivamente: *"(...) age has enjoyed a lower status for a longer time than the other Article 13 anti-discrimination grounds – so much that there is greater acceptance of difficulties faced by employers in managing their workforce"*[7]. Vere-

---

[4] Referindo ainda que "ageing is a privilege and a societal achievement. It is also a challenge, which will impact in all aspects of 21ˢᵗ century society, and cannot be addressed by the public or private sectors in isolation, requiring joint approaches and strategies" (*Just a number. An international legal analysis on age discrimination*, Ashgate, 2008, p. 7).

[5] Conforme MARIA DO ROSÁRIO PALMA RAMALHO, "a matéria da igualdade de género teve uma enorme expansão no direito comunitário dos últimos trinta anos, apesar de assentar numa base primária de conteúdo estreito e de fundamento económico – o princípio da igualdade remuneratória entre trabalhadores e trabalhadoras por trabalho igual ou de valor igual, estabelecido pelo art. 119.º do TCEE" (*Direito Social da União Europeia*, Almedina, 2009, p. 79).

[6] Para FABIO RAVELLI, "age is the *youngest* of the grounds of discrimination taken into account by legislators and judges" ("The ECJ and supplementary pensions discrimination in EU law", *European Journal of Social Law*, n.º 1, 2012, p. 51-68, p. 59).

[7] "Age discrimination in the EU and the framework Directive", *The law on age discrimination in the EU* (ed. Malcolm Sargeant), Kluwer International, 2008, p. 9-27, p. 21. Diferentemente, nos Estados Unidos da América, sobretudo desde o *Age Discrimination in Employment Act* (1967), que o tema da discriminação laboral em função da idade é abundante-

mos, todavia, que fatores vários terão tardado o reconhecimento da idade entre os elementos potencialmente discriminatórios: "the observation that age always has been used as a policy instrument without questions asked, creates the assumption that neither the government nor the people formerly experienced age as a ground for discrimination"[8]. Esta perspetiva tende, porém, a esbater-se, tendo em conta a crescente perceção da idade enquanto fonte de tratamento indesejado, tal qual tem vindo a ser assinalado, nos diversos ordenamentos[9] – e para tanto

---

mente tratado. A este propósito e enquadrando o surgimento desta legislação, DANIEL O'MEARA refere que "in 1967, Congress enacted legislation to prohibit arbitrary age discrimination in employment. Although the Age Discrimination in Employment Act of 1967 (ADEA) prohibited age bias in all personnel decisions, the primary concern of Congress was age discrimination in hiring and long-term unemployment among older workers. Many employers at that time maintained rules excluding all applicants above a certain age, usually between forty-five and fifty-five, from consideration for even non-strenuous positions" (*Protecting the growing number of older workers: the age discrimination in employment act*, Labor Relations and Public Policy Series, n.º 33, 1989, p. 1).

[8] "Wage scales, compulsory retirement ages and extra leave for older workers are examples (…). Other than for race or sex, a significant part of the population cannot see the wrong in a difference in treatment on grounds of age. This pleads against the proposition that the implementation of age in European and national discrimination legislation is human rights-based" (WILLEM SWINNEN, *ob. cit.*, p. 260).

[9] "According to a research from the United Kingdom, almost 25% of people claim they have experienced age discrimination, making ageism the most common form of workplace discrimination, and those who leave their employment as a result are less likely to rejoin the workforce" (JULIA SHAW e HILLARY SHAW, "Recent advancements in European Employment Law: towards a transformative legal formula for

contribuindo, de forma determinante, a jurisprudência firmada pelo Tribunal de Justiça da União Europeia ("TJUE" ou "Tribunal").

Segue, pois, breve exposição da atenção dedicada, nos últimos tempos, pelo Direito europeu à discriminação etária, em contexto laboral, aferindo acórdãos recentes do TJUE. Procurar-se-á traçar nota evolutiva destes comandos e o possível impacto de tais decisões no quadro legal português.

II. Idade e discriminação etária

Importa justificar a *complexidade* usualmente apontada à *idade* entre os elementos (potencialmente) discriminatórios[10]. Desde logo, a idade pode, de facto, influir no rendimento e na produtividade do trabalhador – assim se dissimulando efetiva prática discriminatória: *em certas circunstâncias, poderá ser difícil discernir se o tratamento prejudicial decorre, realmente, da idade ou de o desempenho profissional não corresponder, afinal, ao esperado*[11]. Um segundo elemento, parti-

---

preventing workplace ageism", *International Journal of Comparative Labour Law and Industrial Relations*, p. 273-294, p. 287-288).

[10] JÚLIO GOMES nota que "a discriminação em função da idade levanta problemas muito delicados, ao ponto de um autor ter já afirmado que ela suscita mais questões que qualquer outra" (*Direito do Trabalho*, vol. 1, Coimbra Editora, 2007, p. 405).

[11] Questionando a adequação de tutela fragmentada da discriminação, *v.* JÚLIO GOMES, *ob. cit.*, p. 387-389. Cremos, neste contexto, particularmente sugestivo atender ao possível impacto dos diversos elementos potencialmente discriminatórios no desempenho da atividade profissio-

cularmente intuitivo, dificulta a compreensão da idade enquanto fator discriminatório: *todos temos uma idade, que se assume, pois, como elemento neutro*[12]. Dir-se-á que idêntica consideração é ajustada a outros critérios; sucede que, enquanto nas restantes hipóteses há, em regra, uma clara diferenciação, que permite segmentar categorias típicas, o mesmo não sucede com a idade: *(i)* sendo, por um lado e em certa medida, arbitrária uma delimitação – afinal aquele que hoje tem 20 anos, no futuro terá 30 e 40 e assim

---

nal – tal categorização assume especial utilidade porque antecipa a dificuldade reconhecida à delimitação da discriminação etária. Seguindo de perto a ordenação proposta por JÚLIO GOMES (*ob. cit.*, p. 389-390), seria, neste âmbito, possível agregar: *(i)* elementos que nenhuma ou reduzida influência têm na capacidade de trabalho (tal qual, a orientação sexual); *(ii)* hipóteses em que apenas excecionalmente se concebe que possa influir no desempenho profissional (aqui se incluindo, nomeadamente, o género); *(iii)* casos que podem reclamar tratamento distinto a título transitório (como o exercício de certos direitos ligados à maternidade); *(iv)* por fim, fatores aos quais pode corresponder, até com elevado grau de probabilidade, efetiva redução ou afetação da capacidade para o desempenho de dada função – aqui se enquadrando, precisamente, a idade ou a deficiência – como exemplos mais evidentes. Afinal "a idade, normalmente a idade avançada, *pode* vir associada a limitações físicas ou psíquicas que influenciam a capacidade ou disponibilidade do trabalhador" (JÚLIO GOMES, *ob. cit.*, p. 390, com itálico nosso).

[12] Assim JÚLIO GOMES, *ob. cit.*, p. 400. Nesta linha, também WILLEM SWINNEN nota, a propósito da discriminação etária, que, "at least when compared to the other discrimination grounds, it must be qualified as a discrimination ground sui generis" (*ob. cit.*, p. 260). HELEN MEENAN refere ainda que "(…) age is fast emerging as one of the enigmatic anti-discrimination grounds in Article 13 EC, if not the most enigmatic ground" (*ob. cit.*, p. 10).

em diante; é um elemento transversal e, nessa medida, comum a todos, afetando a todos[13]; *(ii)* acrescendo uma dúvida quanto aos universos a comparar – atenta a diversidade geracional em dada empresa, deverá aferir-se prática discriminatória relativa a trabalhador de determinada idade, comparando a sua situação com universo de trabalhadores de que grupo etário?[14] – *resultando assim evidente maior dificuldade em individualizar, em cada momento e em cada estrutura, uma hipótese de discriminação etária, merecedora de especial tutela*[15].

---

[13] "Who is an inexperienced youngster now will move on to become a member of the age group in high demand, whereas members of that group see themselves threatened by the prospect of getting too old to meet expectations. Unlike race, ethnic origin, gender, sexual orientation or even religious belief, all members of society will (save an early death) live through all emanations of age, i.e., the life cycles. With the prospect of one day becoming a member of another group it is much more difficult to build a strong group identity, even if the very young and the very old members of society might behave differently as the clash of generations sometimes indicates" (MONIKA SCHLACHTER, "General report: the prohibition of age discrimination in labour relations", *The prohibition of age discrimination in labour relations. Reports to the XVIIIth International Congress of Comparative Law Washington D.C., July 25-August 1, 2010* (org. Monika Schlachter), Nomos, 2011, p. 11-58, p. 15).

[14] JÚLIO GOMES assinala esta dificuldade: "quais são, com efeito, os grupos etários a que se deve fazer referência como termo de comparação para demonstrar o efeito desproporcionado da medida ou critério?" (*ob. cit.*, p. 408).

[15] Alertando para estes (e outros) factores, que fragilizam a idade, entre os diversos elementos potencialmente discriminatórios, *v.* NAJ GHOSHEH, *Age discrimination and older workers: theory and legislation in comparative context*, Conditions of work and employment series, n.º 20, International Labour Organization, 2008, p. 4-5.

Para a particular vulnerabilidade apontada à idade há, porém, que considerar (ainda) um terceiro fator, da maior relevância: a *confirmada tendência para, nestas hipóteses, excecionar e justificar casos de efetiva discriminação*[16]. Para compreensão adequada deste elemento, importa atender ao enquadramento previsto, sobretudo, nos artigos 4.º e 6.º da Diretiva-Quadro n.º 78/2000/CE, de 27 de Novembro ("Diretiva"), que veio estabelecer um quadro geral de igualdade de tratamento no emprego e na atividade profissional[17].

III. O artigo 4.º da Diretiva e a jurisprudência do TJUE[18]

Atento o escopo da Diretiva, a *idade* é apenas um entre os demais elementos potencialmente discriminatórios ali considerados. Importa, porém, ter presente que, assumindo a tutela prevista intensidade variável, à discrimina-

---

[16] JOANA ALMEIDA nota, a este propósito, que "sem surpresa, já foi dito que a discricionariedade conferida aos Estados-Membros em matéria de idade *é vasta ao ponto de se tornar inútil*" ("Do artigo 348.º do Código do Trabalho à luz do Direito Comunitário", *Revista de Direito e de Estudos Sociais*, n.ºs 3-4, 2009, p. 117-155, p. 132, com itálico nosso).

[17] A transposição da Diretiva decorre, agora, do regime previsto no Código do Trabalho, aprovado pela Lei n.º 7/2009, de 12 de Fevereiro (em diante "Código do Trabalho") – cf. art. 2.º, j) da Lei n.º 7/2009.

[18] A referência à jurisprudência não segue ordem cronológica, mas a sequência das matérias enunciadas e que a jurisprudência visa ilustrar. Não se assume o propósito de menção a toda a jurisprudência do TJUE, firmada a este propósito, mas tão-só aos casos que se afiguram, neste âmbito, particularmente ilustrativos. A jurisprudência do TJUE incluída neste texto, está disponível em http://curia.europa.eu/.

ção etária é reservada atenção dita "mínima" (ou de segundo grau)[19]. Há, desde logo, que contar com hipóteses em que a diferenciação etária constitui (afinal e tão-só), conforme o artigo 4.º da Diretiva, requisito para o desempenho de uma atividade[20], por esta forma se admitindo *limitações ao exercício de certas profissões em que a idade poderá indiciar menor adequação física/psíquica, em ocupações particularmente exigentes*.

1. *Prigge, Fromm e Lambach c. Deutsche Lufthansa (2011)*

No que respeita especificamente ao caso dos pilotos aéreos, é oportuno referir o acórdão do TJUE, de 13 de Setembro de 2011, *Prigge, Fromm e Lambach c. Deutsche Lufthansa*[21], onde foi questionada a compatibilidade com a Diretiva de convenção coletiva que previa, por motivos relativos à segurança do tráfego aéreo[22], o fim automático

---

[19] *V.*, a este propósito, JÚLIO GOMES, *ob. cit.*, p. 387-388. Também JOANA ALMEIDA considera "consensual que a idade carece de um *ranking* mais elevado entre os fundamentos de discriminação proibidos pelo Direito da Comunidade" (*ob. cit.*, p. 131).

[20] Aí se dispondo que *"sem prejuízo do disposto nos n.ºs 1 e 2 do artigo 2.º, os Estados-Membros podem prever que uma diferença de tratamento baseada numa característica relacionada com qualquer dos motivos de discriminação referidos no artigo 1.º não constituirá discriminação sempre que, em virtude da natureza da atividade profissional em causa ou do contexto da sua execução, essa característica constitua um requisito essencial e determinante para o exercício dessa atividade, na condição de o objetivo ser legítimo e o requisito proporcional"*. Nesta linha, *v.*, entre nós, o disposto no artigo 25.º, n.º 2 do Código do Trabalho.

[21] Processo C-447/09.

[22] Quanto ao objetivo de salvaguarda da segurança aérea, dir-se-á que "as medidas destinadas a evitar acidentes aéreos através do controlo

dos contratos de trabalho dos pilotos, logo que completassem 60 anos – por se entender que deixariam então de reunir as necessárias qualidades físicas[23]. Concluiu, todavia, o TJUE que o artigo 4.º n.º 1 da Diretiva obstava a tal estatuição (por desnecessária), uma vez que, quer a regulamentação nacional, quer a internacional, fixavam aquele limite em idade mais avançada (os 65 anos)[24].

---

da aptidão e das capacidades físicas dos pilotos, de modo a que as falhas humanas não estejam na origem dos referidos acidentes, são, inegavelmente, medidas susceptíveis de garantir a segurança pública, na acepção do artigo 2.°, n. 5, da Directiva 2000/78" (acórdão, §58). E tal propósito afigura-se um objetivo legítimo no contexto do artigo 4.º da Diretiva (acórdão, §69).

[23] Sobre este acórdão, *v.* "Collectively agreed age limit on pilots contrary to EU law", *IDS Employment Law Brief*, n.º 936, 2011, p. 9-10, onde é notado que esta decisão parte de uma premissa duvidosa (por assentar num estereótipo que motiva, frequentemente, práticas discriminatórias): que o avançar da idade implica, de facto, uma limitação das capacidades dos trabalhadores. O acórdão refere que "no que respeita aos pilotos de linha, é essencial que possuam, nomeadamente, capacidades físicas particulares, na medida em que nesta profissão as falhas físicas são susceptíveis de ter consequências importantes" (§67). No citado boletim, é, todavia, questionado se não seria, neste âmbito, mais ajustado (e, por conseguinte, bastante) sujeitar estes trabalhadores a testes de aptidão, obviando à imposta cessação do contrato (*idem*, p. 10).

[24] Esta lógica reforça a dúvida de PEDRO ROMANO MARTINEZ quanto à legalidade "[d]a regra constante de algumas convenções colectivas no sentido de a reforma do trabalhador se atingir necessariamente aos 65 anos, não podendo, a partir dessa idade, continuar ao serviço na empresa" (*Apontamentos sobre a cessação do contrato de trabalho à luz do Código do Trabalho*, AAFDL, 2004, reimpressão 2005, p. 59, n. 100). Entendimento diferente foi, todavia, sustentado pelo Supremo Tribunal de Justiça, em acórdão de 3 de Maio de 1995, Processo, n.º 003985, conforme

2. *Colin Wolf c. Stadt Frankfurt am Main (2010)*

Embora o acórdão anterior afira a conformidade de uma idade máxima de *vinculação*, a jurisprudência do Tribunal trata igualmente de hipóteses em que é ajustada uma idade máxima de *recrutamento*. Neste âmbito e no que respeita à atividade de bombeiro, em *Colin Wolf c. Stadt Frankfurt am Main*[25], o TJUE decidiu que, considerado o tempo de formação e a fixação de uma idade limite para o exercício de funções de maior exigência física no corpo de bombeiros, a Diretiva "não se opõe a uma legislação nacional, (...) que fixa em 30 anos a idade máxima para o recrutamento". O fim prosseguido adequava-se ao disposto no §18 do Preâmbulo, conforme o qual a Diretiva "não poderá ter por efeito, designadamente, que as forças armadas, os serviços de polícia, prisionais ou de socorro sejam obrigados a recrutar ou a manter no seu posto de trabalho pessoas sem as capacidades necessárias para o exercício de todas as funções que possam ter de exercer, no âmbito do

---

o qual a cláusula "do Acordo de Empresa vigente para os T.L.P., hoje integrados na Portugal Telecom, S.A., segundo a qual a reforma dos respectivos trabalhadores operar-se-ia «necessariamente» na data em que atingissem os 65 anos de idade é válido, caducando, naquele momento os respectivos contratos de trabalho" (Sumário), *Colectânea de Jurisprudência*, Supremo Tribunal de Justiça, tomo II, 1995, p. 275-277, p. 275. De notar que a fundamentação desta decisão omite menção ao propósito (*i.e.*, objetivo legítimo) que tal medida prossegue, nem inclui avaliação da proporcionalidade dos meios empregues – dificilmente se descortinando, pois, conformidade com a valoração pressuposta nos artigos 4.º e 6.º da Diretiva.

[25] Acórdão de 12 de Janeiro de 2010, Processo C-229/08.

objectivo legítimo de manter a operacionalidade dos respectivos serviços". E a restrição afigurava-se conforme ao crivo de proporcionalidade, uma vez que "a idade em que o funcionário é recrutado determina o tempo durante o qual será capaz de realizar as tarefas exigentes no plano físico". Foi, na verdade, demonstrado que, no âmbito da atividade em causa, "o funcionário recrutado antes dos 30 anos de idade, tendo em conta que deverá seguir uma formação com a duração de 2 anos, *poderá ser afectado a essas tarefas durante, no mínimo, 15 a 20 anos*. Pelo contrário, se for recrutado aos 40 anos de idade, *essa duração será, no máximo, de 5 a 10 anos*". O Tribunal concluiu, por conseguinte, pela compatibilidade desta restrição com o regime da Diretiva, uma vez que "um recrutamento numa idade avançada", afastaria "um número demasiado elevado de funcionários" de funções fisicamente mais exigentes[26-27].

Neste âmbito, cremos oportuno referir, no contexto da jurisprudência nacional, o acórdão da Relação de Lisboa, de 3 de Junho de 2009[28], onde se considerou constituir prá-

---

[26] Cf. §43, com itálico nosso. Assinalando a importância de avaliação económica na fundamentação desta decisão, WILLEM SWINNEN nota que "the Wolf case implicitly makes it clear that the German government and the ECJ attach great importance to the duration of high physical capability, because of a cost-benefit concern. The longer the fireman can perform demanding tasks, the more efficient the costs to train him or her for these tasks" (*ob. cit.*, p. 262).

[27] Neste caso, "estando a diferença de tratamento em razão da idade justificada à luz do artigo 4.°, n.° 1, da Diretiva, não h[avia] que apurar se o poderia estar à luz do artigo 6.°, n.° 1 (…)" (acórdão, §45).

[28] Processo n.º 94/08.0TBSGS.L1-4, disponível em http://www.dgsi.pt.

tica discriminatória injustificada a indicação, como condição preferencial de recrutamento de "empregado comercial especializado", idade inferior a 27 anos. Enquanto fundamento para tal limite etário foi invocado que, no exercício destas funções, os trabalhadores deveriam "possuir determinados requisitos de apresentação, energia e eficácia, os quais mais facilmente se obt[eriam] em jovens, nomeadamente com menos de 28 anos de idade". No caso, o candidato a emprego preenchia todos os requisitos exigidos para a pré-seleção, salvo a condição preferencial – por ter (já) completado 29 anos. Na ausência de motivação adicional tratava-se, evidentemente, de tratamento discriminatório inadmissível[29].

Certo, porém, que reconduzidos estes casos ao crivo do artigo 4.º da Diretiva – tratamos, afinal, de diferenças impostas em função da natureza da atividade desenvolvida – dir-se-á que estas considerações são ajustadas à idade como a qualquer outro elemento potencialmente discriminatório. Na verdade, a especial fragilidade da idade e da tutela que lhe é reservada (frequentemente catalogada de *"mínima"*), resulta, sobretudo, do disposto no artigo 6.º da Diretiva, dedicado à "Justificação das diferenças de tratamento com base na idade" –, a tratar em seguida.

---

[29] É, neste âmbito, referido pela Relação de Lisboa que as funções a desempenhar, embora pressupondo "determinados requisitos – apresentação, energia e eficácia – não permitem concluir que a idade dos eventuais candidatos constituísse um pressuposto essencial e, muito menos, decisivo para o desempenho das mesmas. Na verdade, qualquer dos apontados requisitos é exigível a qualquer trabalhador, independentemente da sua idade e enquanto se mantiver no activo, no desempenho da profissão para que haja sido ou possa ser contratado".

IV. O artigo 6.º da Diretiva e a jurisprudência do TJUE

O artigo 6.º da Diretiva legitima tratamento diferenciado, conforme duplo crivo de aferição. Aí se dispõe que, *"sem prejuízo do disposto no n.º 2 do artigo 2.º, os Estados-Membros podem prever que as diferenças de tratamento com base na idade não constituam discriminação"*, contanto, de um lado, que se afigurem "objectiva e razoavelmente justificadas, no quadro do direito nacional, por um objectivo legítimo, incluindo objectivos legítimos de política de emprego, do mercado de trabalho e de formação profissional" e "desde que os meios para realizar esses objectivos sejam apropriados e necessários"[30]. Certo, porém, que nem sempre esta avaliação se afigura evidente, reclamando análise atenta da juris-

---

[30] Dispõe ainda o artigo 6.º, n.º 1 da Diretiva que essas diferenças de tratamento podem incluir, designadamente: *a) O estabelecimento de condições especiais de acesso ao emprego e à formação profissional, de emprego e de trabalho, nomeadamente condições de despedimento e remuneração, para os jovens, os trabalhadores mais velhos e os que têm pessoas a cargo, a fim de favorecer a sua inserção profissional ou garantir a sua proteção; b) A fixação de condições mínimas de idade, experiência profissional ou antiguidade no emprego para o acesso ao emprego ou a determinadas regalias associadas ao emprego; c) A fixação de uma idade máxima de contratação, com base na formação exigida para o posto de trabalho em questão ou na necessidade de um período razoável de emprego antes da reforma"*. Por sua vez, conforme o n.º 2, *sem prejuízo do disposto no n.º 2 do artigo 2.º, os Estados-Membros podem prever que não constitua discriminação baseada na idade, a fixação, para os regimes profissionais de segurança social, de idades de adesão ou direito às prestações de reforma ou de invalidez, incluindo a fixação, para esses regimes, de idades diferentes para trabalhadores ou grupos ou categorias de trabalhadores, e a utilização, no mesmo âmbito, de critérios de idade nos cálculos atuariais, desde que tal não se traduza em discriminações baseadas no sexo.*

prudência produzida, a este propósito. Antes de maiores desenvolvimentos, importa assinalar a preferida tutela "abrangente" da idade – não estabelecendo a Diretiva uma faixa etária à qual reserve especial proteção. Embora estudos diversos assinalem que, no que respeita à idade, a discriminação mais preocupante parece incidir sobre os trabalhadores de *maior idade*[31] (com toda a indefinição que

---

[31] Neste âmbito, JULIA SHAW e HILLARY SHAW dão conta que "current research indicates that it is common practice for employers to discriminate against older workers right from the start of the selection process at the point of application, sidestepping any legislative measure, using age as an informal decision-making tool in recruitment. While in many countries it is against the law to specify age requirements in advertisements, employers use various tactics: tacitly indicating their preferred age range by using age-specific descriptors, for example young and lively environment or phrases that imply age restrictions. The prevalence of age-based stereotyping signifies a practice that it is firmly embedded in the culture of the workplace and seems to be a major factor in determining the retention or rejection of older employers" (*ob. cit.*, p. 287-288). A discriminação associada à (maior) idade resulta ainda de uma cultura que tende a sobrevalorizar a juventude e a contrariar qualquer manifestação externa do envelhecimento. A este propósito, o caso *O'Reilly c. British Broadcasting Corporation*, é particularmente ilustrativo. O *Employment Tribunal* concluiu, neste processo (n.º 2200423/10), que *O'Reilly* havia sido vítima de discriminação etária, ao ser excluída do programa *Countryfile*, e substituída por apresentadores mais jovens, quando o programa passou a ser exibido em horário nobre. Embora o propósito invocado pela BBC – cativar maior audiência (incluindo um público mais jovem) – se afigurasse legítimo, não justificava, no entender do Tribunal, a escolha de apresentadores mais jovens e o consequente afastamento dos de maior idade (cf. *IDS – Employment Law Brief*, n.º 940, Janeiro 2012, p. 25-28, p. 26-27). Quanto à persistência de preconceitos diversos nos vários escalões etários, *v.* MALCOLM SARGEANT, *Age discrimination. Ageism in employment and service provision*, Gower, 2011, p. 4-8.

tal categoria acarreta[32-33]) – por oposição à categoria dos trabalhadores *mais jovens*[34] – e a própria Diretiva o indicie, atento o disposto no Considerando 8[35] –, a tutela é indistintamente estendida aos *mais jovens*, aos *jovens* e aos *menos jovens*.

---

[32] A categorização da idade é um exercício pouco rigoroso: "63.9 is the average age at which one starts being regarded as old, but there is a difference of more than 10 years between countries – 70.4 years in the Netherlands and 57.7 years in Slovakia. Perceptions of old age vary according to the age of the respondents; as the age of an individual increases, so does his/her views about when old age begins. Individuals within the age range of 15-24 believe that old age begins at the age of 59.1 whilst individuals aged 55 and over consider that old age begins at the age of 67.1. Women feel that old age begins slightly later than men (65 years versus 62.7 years)" (EC Special Eurobarometer 378, *Active ageing*, 2012, p. 7, disponível em http://ec.europa.eu/public_opinion/archives/ebs/ebs_378_sum_en.pdf).

[33] Quanto às diversas razões que concorrem para justificar preocupação crescente com este grupo etário, *v.* JÚLIO GOMES, *ob. cit.*, p. 401-405. Cfr. ainda MONIKA SCHLACHTER, que, autonomiza, neste âmbito, a perspetiva *económica* e a *humanitária* (*ob. cit.*, p. 12-13).

[34] É, todavia, importante não esquecer preconceitos que ainda hoje prejudicam trabalhadores mais jovens – que seriam menos responsáveis e, por isso, menos confiáveis, menos comprometidos com o trabalho e com maiores solicitações extra-laborais; embora constituindo, porventura, estereótipos menos graves do que os associados a trabalhadores de maior idade, não deixam, ainda assim, de merecer censura (cf. MONIKA SCHLACHTER, *ob. cit.*, p. 13).

[35] Que assinala "a necessidade de prestar especial atenção ao apoio aos trabalhadores mais velhos, para aumentar a sua participação na vida activa".

1. *Seda Kücükdeveci c. Swedex GmbH & Co. KG (2010)*

Neste âmbito, há que referir o caso *Seda Kücükdeveci c. Swedex GmbH & Co. KG* (2010)[36], tendo, então, o TJUE concluído pela desconformidade de disposição da legislação alemã — precisamente, o § 622 do BGB (*Kündigungsfristen bei Arbeitsverhältnissen*) —, ao dispor que, para o cômputo do aviso prévio de cessação da relação laboral, *não deveria ser contabilizado o tempo de trabalho prestado até o trabalhador ter completado 25 anos*. O que, no caso em análise, legitimava que o empregador houvesse calculado o prazo de aviso prévio como se a trabalhadora tivesse uma antiguidade de 3 anos, embora estivesse ao seu serviço há já 10 anos[37]. Conforme o duplo crivo pressuposto no artigo 6.º da Diretiva, o TJUE concluiu que se tratava de diferença de tratamento desconforme ao Direito da União Europeia: *(i)* embora o objetivo de redução do aviso prévio se afigurasse legítimo

---

[36] Acórdão de 19 de Janeiro de 2010, Processo 555/07. Sobre esta decisão, v. comentário de CECIEL W. G. RAYER, *European Labour Law Journal*, vol. 1, n.º 1, Janeiro, 2010, p. 264-268.

[37] Tendo em conta o aumento progressivo do prazo de aviso prévio de despedimento em função da duração da relação laboral, "no caso de dois trabalhadores com 20 anos de antiguidade, aquele que tinha 18 anos de idade no momento da admissão na empresa beneficia de um prazo de aviso prévio de despedimento de cinco meses, ao passo que esse prazo é de sete meses para o trabalhador que tinha 25 anos de idade no momento da sua admissão"(acórdão, §30). Ao que acresce "a desigualdade criada no círculo dos trabalhadores jovens, entre os que ingressam na atividade profissional mais cedo e aqueles que iniciam a vida profissional mais tarde, em regra, com tempo mais alargado dedicado aos estudos (acórdão, §42).

em termos de política de emprego – assumindo que, em regra, sendo os trabalhadores mais novos, reagem mais rapidamente à perda de emprego, podendo ser-lhes exigida maior flexibilidade na cessação, *o que funcionaria, afinal, como um incentivo à sua contratação*[38]; *(ii)* os meios eram, na verdade, desadequados para alcançar aquele propósito, já que, por força da mesma legislação, o trabalho prestado até aos 25 anos seria indistintamente desconsiderado; aquele tempo seria irrelevante ainda que, por hipótese, à data da cessação, o trabalhador tivesse 40 anos de idade (e 20 anos de antiguidade na empresa) – o que não refletia, afinal, o propósito de incentivo à contratação de jovens[39].

---

[38] Acórdão, §35. O advogado-geral Y. Bot rejeita, todavia, a existência, neste caso, de um fim lícito (cf. Conclusões de 7 de Julho de 2009, disponíveis em http://curia.europa.eu/). Afinal, "relativamente à afirmação de que tal medida tem um efeito positivo no recrutamento dos jovens trabalhadores, essa afirmação parece-nos ser, no mínimo, hipotética. Pelo contrário, é certo que prazos de aviso prévio curtos terão necessariamente um impacto negativo na procura de um novo emprego por parte dos jovens trabalhadores". Conclui, por conseguinte, que "a definição de um limiar por meio do qual só a partir dos 25 anos de idade do trabalhador é que o sistema de prolongamento dos prazos de aviso prévio poderá ser aplicado não favorece (…) a inserção profissional dos jovens trabalhadores". Manifesta, por outro lado, séria reserva à premissa de "que os jovens trabalhadores reagem mais facilmente e mais rapidamente à perda do seu emprego do que os outros trabalhadores". Observa, fundamentadamente, que "representando o despedimento dos jovens nas nossas sociedades uma parte importante dos despedimentos, este postulado, válido em 1926, deixou de o ser" (Conclusões, §§45 e 48).

[39] "A referida legislação não é adequada para realizar esse objectivo, porquanto é aplicável a todos os trabalhadores que tenham sido recru-

2. *Sabine Hennigs c. Eisenbahn-Bundesamt e Land Berlin c. Alexander Mai (2011)*

Por sua vez, em acórdão de 8 de Setembro de 2011, casos *Sabine Hennigs c. Eisenbahn-Bundesamt* e *Land Berlin c. Alexander Mai*[40], coube ao TJUE determinar se a Diretiva se opunha a convenção coletiva que dispunha que, em cada nível profissional, o escalão de remuneração fosse determinado em função da idade, no momento do recrutamento[41]. Conforme o regime assim instituído, "a remuneração de base obtida por dois agentes recrutados no mesmo dia no mesmo grau ser[ia] diferente *em função da idade que tinham no momento desse recrutamento*"[42]. Assumida a existência de um tratamento diferenciado, restava verificar se, à luz do artigo 6.º da Diretiva, o mesmo se afigurava justificado[43]. Em especial, dois argumentos foram adiantados para sustentar esta variação: trabalhadores de maior idade assumiriam, em regra, maiores encargos financeiros e teriam, tendencialmente, maior experiência profissional[44]. Se o primeiro objetivo não persuadiu o Tribunal, por não estar demonstrada correlação evidente

---

tados antes dos 25 anos de idade, independentemente da idade que tenham no momento do seu despedimento" (acórdão, §40).

[40] Processos apensos C-297/10 e C-298/10. Sobre esta decisão, *v.* "Age-related pay protection arrangement was justified", *IDS Employment Law Brief*, n.º 937, 2011, p. 5-7.

[41] Acórdão, §52.

[42] Acórdão, §58, com itálico nosso.

[43] Acórdão, §§60 e ss.

[44] Acórdão, §§69 a 72.

entre idade e responsabilidades financeiras[45], o segundo propósito (compensar maior experiência profissional), embora válido, não resultaria, no entender do TJUE, adequadamente prosseguido por esta via: ainda que a antiguidade se ajuste a tal fim, a idade não reflete, necessariamente, experiência profissional[46]. O TJUE decidiu, por conseguinte, que a Diretiva se opunha ao descrito esquema de remuneração[47].

---

[45] Cf. acórdão, §70.

[46] Cf. acórdão, §§73 e ss. Afinal, conforme os critérios expostos, "um agente sem experiência profissional, contratado aos 30 anos de idade num emprego classificado num dos graus III a X auferirá, desde o seu recrutamento, uma remuneração de base equivalente à auferida por um agente que tenha a mesma idade, que ocupe o mesmo emprego, mas que tenha sido contratado aos 21 anos de idade e que comprove uma antiguidade e uma experiência profissional no seu emprego de nove anos" (acórdão, §76). *V.* ainda o disposto no §29 do acórdão de 7 de Junho de 2012, *Tyrolean Airways Tiroler Luftfahrt Gesellschaft mbH c. Betriebsrat Bord der Tyrolean Airways Tiroler Luftfahrt Gesellschaft mbH*, Processo C-132/11.

[47] Convocamos ainda, neste âmbito, o acórdão do TJUE, *David Hütter* contra *Technische Universität Graz*, de 18 de Junho de 2009, Processo C-88/08, no qual foi decidido que a Diretiva (*maxime*, o artigo 6.º) deve ser interpretada no sentido de que se opõe "a uma legislação nacional que, para efeitos de não desfavorecer o ensino geral em relação à formação profissional e de promover a inserção dos jovens aprendizes no mercado de trabalho, *exclui a tomada em consideração de períodos de emprego completados antes dos 18 anos de idade* para efeitos da determinação do escalão em que são colocados os agentes contratuais da função pública de um Estado-Membro" (Sumário, com itálico nosso).

3. *Birgit Bartsch c. Bosch und Siemens Hausgeräte (BSH) Altersfürsorge GmbH (2008)*

Ainda no contexto da discriminação em função da idade, outra questão viria a ser submetida ao crivo do TJUE: no acórdão *Birgit Bartsch c. Bosch und Siemens Hausgeräte (BSH) Altersfürsorge GmbH*, de 23 de Setembro de 2008[48], havia que aferir a conformidade de regime profissional de pensões de reforma, conforme o qual ao cônjuge sobrevivo não seria atribuída pensão de sobrevivência, caso fosse 15 anos mais novo que o trabalhador falecido. Para a advogada-geral E. Sharpston, este constituía um caso de diferenciação etária desconforme à Diretiva – apelando, para tanto, a uma ideia *idade relativa* (não estando em causa a *idade absoluta* do cônjuge sobrevivo, mas a sua comparação face à idade do cônjuge falecido). Mas não só: a discriminação resultaria ainda do confronto desta hipótese com a situação de "casais mais próximos em termos de idade"[49].

Para E. Sharpston, embora o propósito de tal *"age-gap clause"* pudesse, em tese, revelar-se legítimo – caso procurasse, porventura, estabelecer um limite aos custos suportados por um regime de pensões voluntário – os meios não se afiguravam proporcionais, já que idêntico fim poderia ser alcancado por outra forma, menos gravosa (tal qual por via de uma redução do montante da pensão ou de um pagamento diferido[50]). O TJUE viria, no entanto, a dis-

---

[48] Processo C-427/06.

[49] Conclusões, § 98, com itálico nosso (disponíveis em http://curia.europa.eu/).

[50] É, a este propósito, referido, não ser "difícil imaginar formas de limitar os custos suportados pelos regimes de pensão de reforma volun-

tanciar-se das Conclusões, decidindo que esta hipótese não se encontrava, afinal, a coberto da tutela conferida pela Diretiva[51].

4. *Ingeniørforeningen i Danmark (por conta de Ole Andersen) c. Region Syddanmark (2010)*

Importa referir também acórdão de 12 de Outubro de 2010, *Ingeniørforeningen i Danmark (por conta de Ole Andersen) c. Region Syddanmark*[52], onde o TJUE viria, uma vez mais, a clarificar o alcance do estatuído na Diretiva, concluindo pela desconformidade de regime que privava grupo restrito de trabalhadores de compensação, em regra, devida pela cessação do contrato. Tal exclusão encontrava fundamento *apenas* na circunstância de tais trabalhadores poderem beneficiar, à data do despedimento, de pensão de reforma atribuída pelo empregador, conforme regime de pensões ao qual tivessem aderido *antes de completado 50 anos*. Procurava-se, por esta via, evitar a duplicação de valores com finalidades, aparentemente, dissonantes[53]. De um lado, a compensação por cessação tinha em vista acautelar a reinserção profissional dos trabalhadores, após a cessação;

---

tários que sejam menos radicais do que a exclusão total dos cônjuges sobrevivos. Por exemplo, aos cônjuges sobrevivos poderia ser pago um benefício reduzido, eventualmente degressivo; ou o pagamento das prestações poderia começar apenas quando os cônjuges sobrevivos atingissem uma determinada idade" (Conclusões, §121).

[51] Avaliando a adequação da argumentação sustentada, *v.* FABIO RAVELLI, *ob. cit.*, p. 59-62.

[52] Processo C-499/08.

[53] Acórdão, §§29 e 30.

certo, porém, que dos trabalhos preparatórios relativos à introdução desta restrição resultava que aqueles "que têm o direito de beneficiar de uma pensão de reforma decidem, regra geral, sair do mercado de trabalho"[54]. A consistência da argumentação não superava, todavia, a evidência que *tal solução privava da referida compensação trabalhadores, que* – não obstante a cessação do contrato e embora sendo-lhes reconhecida a possibilidade de beneficiarem de tal pensão – *pretendiam permanecer no mercado de trabalho*[55]. Com a agravante de que tal restrição poderia "obrigar esses trabalhadores a aceitar uma pensão de reforma de montante reduzido, se comparado com aquele a que poderiam ter direito caso continuassem activos no mercado de trabalho até uma idade mais avançada"[56]. Tendo em conta estes elementos, o TJUE concluiu que a limitação prevista não se afigurava conforme ao crivo da Diretiva[57].

No contexto da discriminação etária, assumem, porém, particular destaque dois acórdãos do TJUE, sucessiva-

---

[54] Acórdão, §27.
[55] Acórdão, §44.
[56] Acórdão, §46.
[57] Segundo certa perspectiva, era o próprio direito ao trabalho que estava em causa. Na síntese de CLAIRE KILPATRICK, "the Court found that by not permitting payment of the severance allowance to workers who wish to waive their occupational rights temporarily to continue their career, the Danish law unduly prejudiced the legitimate interests of workers in such a situation. In particular, the Danish measure unduly prejudiced Mr. Andersen's exercise of his right to work. For this reason, and to this extent, the measure was unnecessary" ("The Court of Justice and Labour Law in 2010: a new EU discrimination law architecture", *Industrial Law Journal*, vol. 40, n.º 3, 2011, p. 280-301, p. 294).

mente referenciados: o acórdão *Werner Mangold c. Rüdiger Helm*, de 22 de Novembro de 2005[58] e o acórdão *Félix Palacios de la Villa c. Cortefiel Servicios SA*, de 16 de Outubro de 2007[59], ambos refletindo hipóteses em que o tratamento diferenciado afetara trabalhadores de maior idade.

5. *Werner Mangold c. Rüdiger Helm (2005)*

O acórdão *Mangold* é frequentemente citado (também) porque o TJUE declarou, no §75, que o *princípio da não discriminação em razão da idade constituía, afinal, um princípio geral de Direito comunitário*[60]. Certo, no entanto, que, a este res-

---

[58] Processo C-144/04.

[59] Processo C-411/05.

[60] Não havendo agora espaço para enunciar as reservas reiteradamente apontadas à afirmação de um tal princípio, *v.*, neste âmbito, MALCOLM SARGEANT, "Age discrimination", *The law on age discrimination in the EU*, (ed. Malcolm Sargeant), Kluwer International, 2008, p. 1-8, p. 4 e HELEN MEENAN, *ob. cit.*, p. 21-22. As hesitações que acompanham o reconhecimento deste princípio partem, desde logo, das reservas endereçadas à fonte que o sustentaria. Neste âmbito, KARL RIESENHUBER nota que "the Mangold concerns age discrimination – a form of discrimination that has only recently been considered unlawful in many countries (if at all) and does certainly not form part of the constitutional traditions of (even) a majority of the Member States" ("The EC anti-discrimination framework Directive 2000/78", *Age Discrimination Law in Europe*, Paul Bartelings (coord.), Wolters Kluwer, 2009, p. XXVII-XLVI, p. XLI; *v*, ainda p. XLIV, onde, a propósito do acórdão *Palacios*, é sugestivamente incluída referência a "Mangold overruled" e, na p. XLVI, em que, tendo em conta o caso *Birgit Bartsch*, é feita menção a "Mangold civilized"). Também PEDRO CABRAL considera pouco convincente a lógica seguida pelo TJUE para justificar a existência de um princípio geral de não dis-

peito, o próprio TJUE assinala orientações diversas: no acórdão *Birgit Bartsch* (2008), acima referido, o TJUE não subscreve a existência de um tal princípio[61]; porém, em *Seda Kücükdeveci* (2010) – também já enunciado –, a lógica de *Mangold* é retomada[62], surgindo reafirmada em jurisprudência posterior[63]. Com CLAIRE KILPATRICK cremos legí-

---

criminação em função da idade. Afirma, a este propósito que se esta decisão "representa um importante contributo no sentido da consolidação da protecção comunitária da igualdade de tratamento, a utilização pelo Tribunal da técnica dos princípios gerais de direito num domínio em que a Comunidade apenas dispõe de uma competência de coordenação parece discutível" ("Um novo princípio geral de Direito Comunitário: o princípio de não discriminação em razão da idade", *Temas de integração*, n.° 25, 1.° semestre de 2008, p. 235-253, p. 252).

[61] Foi então decidido que *"o direito comunitário não contém uma proibição de toda e qualquer discriminação em razão da idade*, cuja aplicação deve ser garantida pelos órgãos jurisdicionais dos Estados-Membros quando o comportamento eventualmente discriminatório não tenha ligação com o direito comunitário. Tal ligação não é criada pelo artigo 13.° CE nem, em circunstâncias como as do processo principal, pela Directiva 2000/78/CE do Conselho, de 27 de Novembro de 2000, que estabelece um quadro geral de igualdade de tratamento no emprego e na actividade profissional, antes do termo do prazo fixado ao Estado-Membro em causa para a sua transposição" (acórdão *cit.*, Sumário, com itálico nosso).

[62] "Decorre destas considerações que *é com base no princípio geral do direito da União que proíbe as discriminações em razão da idade*, como concretizado pela Directiva 2000/78, que há que analisar se o direito da União se opõe a uma legislação nacional como a que está em causa no processo principal" (Acórdão *Seda Kücükdeveci cit.*, §27, com itálico nosso)

[63] Assim, em acórdão de 8 de Setembro de 2011, caso *Sabine Hennigs c. Eisenbahn-Bundesamt* e *Land Berlin c. Alexander Mai*, acima referido. Confirmando a linha traçada em *Mangold* e em *Seda Kücükdeveci*, CLAIRE KILPATRICK anuncia "the beginning of an exceptionally important chapter in how social rights, especially non-discrimination rights, are

timo afirmar: *"the Court, after a lengthy pause, has turned its back on its many critics, and re-affirmed in Kücükdevici the existence of the new general principle outlawing age discrimination introduced in its first age discrimination decision in 2005, Mangold"*[64].

No que respeita a *Mangold*, importa, porém – à margem da acesa afirmação de um tal princípio – centrar a atenção nos factos que sustentavam a análise: estava em causa aferir se a alteração legislativa que autorizava, *sem restrições*, a celebração de contrato de trabalho a termo, *bastando, para tanto, que o trabalhador tivesse atingido 52 anos de idade* e dispensando, nestes casos, a verificação de fundamento objetivo e de limitações à duração e número de renovações, respeitava a regra da não discriminação em função da idade. Esta alteração materializava, afinal, uma diferença de tratamento diretamente baseada neste factor – já que, em regra,

---

developed in the EU" ("The Court of Justice and Labour Law in 2010: a new EU discrimination law architecture", *Industrial Law Journal*, vol. 40, n. 3, 2011, p. 280-301, p. 287).

[64] *Ob. cit.*, p. 283. Considera esta autora que *"the Directive, though not the source of the obligation, is used in very specific detail in both Mangold and Kücükdeveci to structure the analysis of whether unjustified age discrimination has been established. This suggests that while the new general principle will be used whenever the structure of a directive (transposition date, no horizontal direct effect rule) prevents its application in a case of age discrimination, it will not alter the substantive limits laid down in that Directive. That is to say, the new jurisprudence alters in practice the application of directives but it does not alter their substance"* (p. 287). Também CHIARA FAVILLI promove leitura articulada das duas decisões, no que respeita a afirmação de um tal princípio ("The principle of non-discrimination from *Grant* to *Kücükdeveci*, via *Mangold*", *European Journal of Social Law*, n.º 2, 2011, p. 141-152).

a celebração de contrato a termo exigia algo mais que a mera referência a certa idade[65].

Seguindo o crivo do artigo 6.º da Diretiva, impunha-se identificar, em primeiro lugar, qual o fim que por esta via se procurava atingir — e verificar se o mesmo se afigurava legítimo. *Assumindo a alteração por propósito contrariar as maiores resistências com que trabalhadores de maior idade se deparavam na procura de emprego e assim fomentar a sua inserção profissional*, o TJUE concluiu que o objetivo subjacente à medida era justificado[66]. Restava, todavia, verificar se os meios para prosseguir tal propósito eram proporcionais. Tendo o Tribunal concluído que assim não sucedia: semelhante regime de contratação implicaria, afinal, que aqueles que atingissem 52 anos, *sem distinção adicional* — e, nesta medida, quer estivessem (ou não) em situação de desemprego *e abstraindo de qualquer outra consideração que não a idade* — fossem privados, a partir daquela data, sem mais considerações e durante parte substancial da sua carreira, da estabilidade reconhecida, em regra, à generalidade dos trabalhadores. O TJUE

---

[65] Não se tratando de atividade profissional que, pelas suas especiais características, impusesse esta diferenciação, não se justificava convocar o artigo 4.º da Diretiva. Restava, por isso, verificar se o artigo 6.º daria cobrimento a tal prática. Foi, em concreto, questionado se esta disposição "deve ser interpretad[a] no sentido que se opõe a uma regulamentação nacional, como a que está em causa no processo principal, que, desde que não exista um nexo estreito com um anterior contrato de trabalho por tempo indeterminado celebrado com a mesma entidade patronal, autoriza sem restrições a celebração de contratos de trabalho a termo, quando o trabalhador tenha atingido a idade de 52 anos" (acórdão, §55).

[66] Acórdão, §§59 a 61.

considerou, por isso, que, embora o propósito se afigurasse legítimo, *o meio escolhido para o alcançar excedia o apropriado e o necessário*, consubstanciando um caso de diferenciação não autorizada à luz do artigo 6.º da Diretiva[67-68].

6. *Vasil Ivanov Georgiev c. Tehnicheski universitet – Sofia, filial Plovdiv (2010)*

No seguimento de *Mangold*, importa atender a decisão proferida pelo TJUE em *Vasil Ivanov Georgiev c. Tehnicheski universitet – Sofia, filial Plovdiv*[69]. Em traços gerais, dir-se-á

---

[67] Acórdão, §§64 e 65. Falhava ainda nexo evidente entre o fim da norma (que tornava mais precária a situação deste grupo etário) e o âmbito subjetivo da mesma (alargado a quem não carecia de incentivo à contratação, não se lhe justificando, por conseguinte, um tratamento menos garantístico, baseado apenas na idade).

[68] Apontamos, neste âmbito, algum desajuste às análises que, procurando traçar linha evolutiva da jurisprudência do TJUE (mais restritiva ou flexível), confrontam a jurisprudencia *Mangold* (que pressupõe, no essencial, avaliação do disposto no artigo 6.º da Diretiva) com outras decisões, antes sujeitas ao crivo do artigo 4.º da Diretiva. Diferentemente, WILLEM SWINNEN nota que "compared with Mangold v. Helm, it seems as if the Court adopts, in Wolf v. Stadt Frankfurt am Main, a more flexible attitude towards the appropriateness of the means to obtains the legitimate objective, since it considers an age-limit by itself, without further specification, as an appropriate means. The Court goes even further by labeling age as a genuine and determining occupational requirement" (*ob. cit.*, p. 258). No nosso entender, os artigos 4.º e 6.º tratam de circunstâncias distintas e, nesta medida, qualquer comparação não deve desconsiderar tais diferenças.

[69] Acórdão de 18 de Novembro de 2010, Processos apensos C-250/09 e C-268/09.

que, entre outras questões, estava em causa apreciação de disposição da legislação búlgara que previa que *uma vez atingida a idade legal de reforma (nesta hipótese, os 65 anos), caso o trabalhador se mantivesse ao serviço, o contrato de trabalho de duração indeterminada de que fosse titular converter-se-ia em contrato a termo*. Detetada evidente diferença de tratamento que atingia estes trabalhadores no confronto com os demais (de idade inferior) – não sujeitos a idêntica conversão – havia que verificar a sua conformidade com a Diretiva[70].

Admitida, em tese, a legitimidade dos objetivos fixados – "repartir de forma optimizada os lugares de professores entre as gerações, nomeadamente através da contratação de jovens professores" e "a convivência de diferentes gerações de docentes e de investigadores"[71], havia que aferir a adequação da conversão contratual para a concretização destes fins. E, não obstante o apelo à jurisprudência *Mangold*, o TJUE concluiu, agora, que os traços específicos deste caso justificavam juízo de conformidade com a Diretiva[72]: *no essencial, porque a conversão não dependia apenas de o tra-*

---

[70] Acórdão, §33. Afinal, "as condições de emprego destes professores, por deixarem de beneficiar de um contrato de trabalho por tempo indeterminado", passavam "a ser mais precárias do que as dos professores que t[ivesse]m menos de 65 anos" (§34).

[71] Cf. §§45 e 46. De salientar, todavia, que, a este propósito, o TJUE nota que "cabe ao juiz nacional analisar a situação de facto e verificar se os objectivos alegados pela Universidade e pelo Governo búlgaro correspondem à realidade dos factos" (acórdão, §49).

[72] Cf. §§58 a 60. É especificamente referido que "uma legislação nacional como a que está em causa nos processos principais se distingue claramente da que foi examinada no acórdão Mangold, já referido, e é susceptível de se justificar na acepção da Directiva 2000/78" (acórdão, §60).

balhador ter atingido uma determinada idade, mas, sobretudo, de haver adquirido o direito a uma pensão de reforma[73].

7. *Félix Palacios de la Villa c. Cortefiel Servicios SA (2007)*

Em *Palacios*, o TJUE viria a aferir a conformidade de regra que ditava a caducidade de contrato de trabalho uma vez atingida a idade estabelecida para a reforma obrigatória – 65 anos, tal qual fixada na convenção coletiva aplicável, conforme admitido na legislação espanhola[74]. Tratando-se de um caso de evidente diferenciação

---

[73] É, a este propósito explicado que, ao invés do que sucedia em *Mangold*, a "sujeição a estes contratos não depende *apenas* da condição de o trabalhador ter atingido uma determinada *idade*" (acórdão, §62, com itálico nosso). Na verdade, "*o factor determinante decorre do facto de o professor ter adquirido um direito a uma pensão de reforma*, para além da circunstância de ter atingido uma determinada idade, aliás nitidamente mais avançada do que a idade em causa no processo que deu origem ao acórdão Mangold, já referido, a saber, 65 anos em vez de 52 anos" (acórdão, §63, com itálico nosso). Nesta medida, os "professores aos quais [fosse] proposto um contrato a termo pod[ia]m optar por se reformar, auferindo uma pensão, ou por continuar a trabalhar depois de terem completado 65 anos de idade" (acórdão, §64, com itálico nosso).

[74] Cremos desnecessário melhor justificar – face ao disposto no §14 do Preâmbulo (cf. o qual "*a presente diretiva não afecta as disposições nacionais que fixam as idades da reforma*") – a aplicabilidade da Diretiva ao caso. Esta questão foi analisada pelo TJUE, que, interpretando aquela passagem, concluiu que aquele parágrafo não excluía a aplicação do crivo da Diretiva às hipóteses em que os Estados-Membros imponham dada idade de reforma – já que tal constitui, afinal, hipótese de cessação do contrato, *em função da idade*, plenamente enquadrável ao âmbito da Diretiva (acórdão, §§42 a 47). O disposto no §14 do Preâmbulo não exclui, por conseguinte, avaliação da adequação da imposição de dada

em função da idade, havia que verificar se tal tratamento se afigurava conforme ao crivo da Diretiva. Quanto ao fim prosseguido por esta via, foi sustentado que *a inclusão de cláusulas de reforma obrigatória nas convenções coletivas havia sido adotada por pressão dos parceiros sociais, como parte da política nacional de promoção do emprego inter-geracional – por esta forma se procurando contrariar o desemprego*[75]. Considerado tal propósito justificado, restava verificar se os meios para sua realização se afiguravam, à luz da Diretiva, necessários e adequados. Concluiu o TJUE que, enquanto medida de combate ao desemprego, a caducidade automática do contrato de trabalho, nos termos previstos, não se afigurava desajustada: *(i)* afinal, a cessação do contrato não ocorria *apenas* por os trabalhadores terem atingido determinada idade (no caso, 65 anos), *(ii)* mas tendo ainda em conta que tais trabalhadores beneficiariam, após a caducidade do contrato, de compensação financeira *materializada na concessão de uma pensão de reforma, de montante razoável*[76-77].

---

idade de reforma obrigatória, face ao disposto no art. 6.º da Diretiva – sobre o tema *v.* KARL RIESENHUBER, *ob. cit.*, p. XLII-XLIII.

[75] Acórdão, §§53-66.

[76] Acórdão, §§67 e 72 a 74. Destacamos, em particular, o disposto no §73: "a referida medida não pode ser considerada excessivamente prejudicial para as pretensões legítimas dos trabalhadores obrigados a reformar-se por terem atingido o limite de idade previsto, uma vez que a legislação relevante não se baseia apenas numa determinada idade, *tendo também em consideração a circunstância de os interessados beneficiarem, no fim da sua carreira profissional, de uma compensação financeira através da concessão de uma pensão de reforma, como a prevista no regime nacional em causa no processo principal, cujo nível não se pode considerar desrazoável*" (com itálico nosso).

[77] FELIPE TEMMING, "The Palacios Case: Turning Point in Age Discrimination Law?", *European Law Reporter*, n.º 11, 2007, p. 382-292, p. 383.

A este propósito, cremos, no entanto, oportuno assinalar que qualquer *perspetiva estática* – conforme a qual a saída do mercado de trabalhadores de faixa etária superior, liberta automaticamente postos de trabalho para os mais jovens – suscita-nos as maiores reservas. Uma *análise dinâmica* demonstra, aliás, que uma tal correspondência não é linear: muitas vezes, a cessação daqueles contratos não determina novas contratações (o que é especialmente verdade em tempo de crise); por outro lado, o desemprego jovem não encontra resposta evidente na libertação de postos de trabalhadores de maior idade (salvo, porventura, no quadro de profissões em que o número de lugares disponíveis corresponde, à partida, a vagas limitadas[78]), já que

---

Esta decisão é censurada pelo autor, a vários níveis, sobretudo, quando comparada com o tom arrojado de *Mangold*: "the Palacios case, which was submitted to the chambers of the ECJ on the day of the pronouncement of Mangold, has a completely different spirit than that earth-shattering decision. This is particularly remarkable since of the thirteen judges of the Grand Chamber, eight were involved in both decisions, whereas the Rapporteur was the same in both instances" (*ob. cit.*, p. 384). A ausência de meticuloso escrutínio da razoabilidade da imposição, na contratação coletiva, de uma idade de reforma e a consequente extinção do contrato de trabalho, leva o autor a concluir: "the Palacios decision is dubious with regard to its policy implications and its doctrinal reasoning should be rejected" (*idem*).

[78] Tal qual em *Vasil Ivanov Georgiev*, acima referido, em que o TJUE havia já concretizado esta lógica: "na medida em que os lugares de professores universitários são, regra geral, limitados e reservados às pessoas que atingiram as qualificações mais elevadas no domínio em causa, *e uma vez que tem de haver uma vaga para que se possa proceder à contratação de um professor*, há que ter em conta que um Estado-Membro pode considerar apropriado fixar um limite de idade para atingir objetivos de política de

estes desempenham tendencialmente funções que não são, salvo exceções pontuais, aquelas para as quais os trabalhadores mais jovens se encontram mais habilitados.

8. *Rosenbladt c. Oellerking Gebäudereinigungsges mbH (2010)*

A argumentação subjacente a *Palacios* viria, porém, a ser seguida em *Rosenbladt c. Oellerking Gebäudereinigungsges mbH* (2010)[79]: para além de se reiterar que "a cessação dos con-

---

emprego como os que foram mencionados nos n.ºs 45 e 46 do presente acórdão" (§52, com itálico nosso). A mesma orientação é acolhida em acórdão de 21 de Julho de 2011, *Gerhard Fuchs* (C-159/10) e *Peter Köhler* (C-160/10) *c. Land Hessen*. O TJUE considerou, então, conforme à Diretiva a fixação da idade de reforma dos procuradores aos 65 anos – por esta forma se garantindo uma adequada estrutura de idades, no âmbito do sistema de Justiça, encorajando o recrutamento e a progressão dos mais jovens e evitando discórdias com os de mais idade. A medida afigurava-se proporcional, *tendo em conta os montantes das pensões atribuídas em caso de reforma* e a possibilidade de os trabalhadores reformados poderem continuar a trabalhar ainda por três anos ou desenvolver outra atividade profissional (§§58 a 67). Sobre esta decisão, *v.* "Compulsory retirement age for state prosecutors may be justified", *IDS Employment Law Brief*, n.º 935, 2011, p. 5-8. Referimos, por fim, o acórdão *Domnica Petersen c. Berufungsausschuss für Zahnärzte für den Bezirk Westfalen-Lippe*, de 12 de Janeiro de 2010, Processo C-341/08, onde foi reconhecido que, caso se verifique "uma situação na qual o número de dentistas convencionados é excedentário ou em que exista um risco latente que isso venha a acontecer, um Estado-Membro pode entender ser necessário impor um limite de idade como o que está em causa no processo principal, a fim de facilitar o acesso ao emprego de dentistas jovens" (acórdão, §73).

[79] Acórdão de 12 de Outubro de 2010, Processo C-45/09. Sobre esta decisão, *v.* "ECJ approves compulsory retirement in collective agreement", *IDS Employment Law Brief*, n.º 913, 2010, p. 7-8.

tratos de trabalho dos referidos trabalhadores beneficia diretamente os jovens trabalhadores, porquanto favorece a sua inserção profissional, tornada difícil num contexto de desemprego persistente", foi observado que "não se pode, em princípio, considerar que a autorização das cláusulas de cessação automática dos contratos de trabalho por o trabalhador ter atingido a idade de passagem à reforma afecta de forma excessiva os interesses legítimos dos trabalhadores em causa"[80]. Retomada a jurisprudência anterior é, a este propósito, referido que a legislação em causa "não se baseia apenas numa idade determinada, tomando também em consideração a circunstância de os interessados beneficiarem, no fim da sua carreira profissional, de uma compensação financeira através de um rendimento de substituição que reveste a forma de uma pensão de reforma"[81].

---

[80] Acórdão, §§43 e 47, com itálico nosso. Estava especificamente em causa disposição da legislação alemã que "inclu[ía], entre os exemplos de diferenças de tratamento com base na idade susceptíveis de serem justificadas, os acordos que prev[isse]m a cessação da relação de trabalho, sem despedimento nem demissão, numa data em que o trabalhador p[u]de[sse] requerer que lhe [fosse] atribuída uma pensão de reforma em razão da sua idade". Importa ter em conta que "esta medida não instaura[va], portanto, um regime imperativo de passagem obrigatória à reforma, mas autoriza[va] as entidades patronais e os trabalhadores a acordarem, através de acordos individuais ou colectivos, um modo de extinção das relações de trabalho baseado na idade a partir da qual um trabalhador pode[ria] beneficiar de uma pensão de reforma, independentemente das hipóteses de demissão ou de despedimento" (acórdão, §39).

[81] Acórdão, §48, com itálico nosso.

Entre os elementos convocados para a fundamentação da decisão foi salientado que o mecanismo em causa, "distinto do despedimento e da demissão, repousa num fundamento previsto numa convenção". Por conseguinte, "dá não apenas aos trabalhadores e às entidades patronais, através de acordos individuais, mas também aos parceiros sociais, a possibilidade de, por meio de convenções colectivas – e, *por conseguinte, com uma flexibilidade não negligenciável* –, aplicarem este mecanismo, de modo a poder ter-se devidamente em conta não só a situação global do mercado de trabalho em causa mas também as características próprias dos empregos em questão"[82].

Para sustentar a adequação do tratamento diferenciado, não obstante o facto incontornável de "a cessação automática dos contratos de trabalho causa[r] um prejuízo financeiro importante aos trabalhadores"[83], o TJUE apela a outros elementos, desde logo, ao facto de a legislação em causa não obstar a que o trabalhador "prosseg[uisse] a sua actividade profissional depois de ter atingido a idade de passagem à reforma"[84-85].

---

[82] Acórdão, §49, com itálico nosso.

[83] Acórdão, §71.

[84] Acórdão, §§74 e 75. Não se institui, por conseguinte, um regime imperativo de passagem automática à reforma. Em acórdão anterior, de 5 de Março de 2009, *Incorporated Trustees of the National Council on Ageing (Age Concern England) c. Secretary of State for Business, Enterprise and Regulatory Reform*, Processo C-388/07, o tema havia já sido analisado. Também então não estava em causa "um regime imperativo de passagem automática à reforma": o regime em escrutínio "institu[ía] as condições em que uma entidade patronal pod[ia] (...) despedir um trabalhador pelo facto de este ter atingido a idade da reforma" (acórdão, §27). Neste

9. *Torsten Hörnfeldt c. Posten Meddelande AB (2012)*

Importa fazer, por fim, menção a acórdão recente do TJUE, de 5 de Julho de 2012, *Torsten Hörnfeldt c. Posten Meddelande AB*[86]: T. Hörnfeldt completou 67 anos em 15 de Maio de 2009. No último dia desse mês, o seu contrato de trabalho cessou, atento o disposto na legislação sueca, conforme a qual, *perfazendo o trabalhador aquela idade, ao empregador é conferida a possibilidade de pôr fim ao contrato de trabalho (a designada regra dos 67 anos)*[87].

Convirá, todavia, contextualizar esta disposição: "nos anos 80, a idade de reforma e, consequentemente, do fim do contrato de trabalho" havia sido reduzida de 67 para 65 anos; "em 1991, a idade de reforma foi aumentada para os 67 anos, *mas a lei permitia ainda acordar por convenção ou acordo coletivo o fim do contrato de trabalho antes dessa idade*". Por força de tal "regra dos 67 anos", passou a ser vedado, desde 31 de dezembro de 2002, prever uma idade *obrigatória de reforma* inferior a 67 anos, quer por contrato individual quer por convenção ou acordo coletivo"[88].

âmbito, o TJUE não se pronunciou, todavia, sobre se a medida em causa prosseguia, de facto, um objetivo legítimo e se os meios escolhidos para tanto se afiguravam proporcionais, já que as questões submetidas ao seu crivo eram mais abrangentes – tal qual aferir se o artigo 6.º da Diretiva se opunha à norma que não enumerasse, em termos precisos, os fins que sustentavam a invocada exceção à proibição de discriminação etária.

[85] *V.* ainda o acórdão do TJUE, de 18 de Novembro de 2010, *Pensionsversicherungsanstalt c. Christine Kleist*, Processo C-356/09.

[86] Processo C-141/11.

[87] Acórdão, §§7 e 8.

[88] Acórdão, §9, com itálico nosso. A este respeito, cremos útil enquadramento adicional, quanto ao regime assim instituído: *"an employee in*

Dir-se-á, por conseguinte, que esta regra reflete ainda uma forma de tutela dos trabalhadores (até aos 67 anos) – *precludindo acordos que impusessem reforma obrigatória, até essa idade*. É, aliás, referido que, por esta via, é reforçado, até aos 67 anos, "o direito de manter o (...) emprego"[89]. Certo, porém, que uma vez atingida aquela idade, o empregador passa a dispor de significativa discricionariedade na cessação do contrato – sendo para tanto bastante a observância do aviso prévio legalmente previsto. Verificada a existência de tratamento diferenciado com base na idade, havia que aferir se tal regra se afigurava justificada por um objetivo legítimo e se os meios seriam proporcionais. Acolhidos os propósitos invocados pelo Governo sueco[90], havia que

---

Sweden always has the right, but not the obligation, to remain in his or her employment until the end of the month when he or she reaches the age of 67. The employer is not required to give a written notice of end of employment, only a message one month before to inform the employee that the employment will end. Agreements regarding earlier departure are invalid. An employee who has reached the age of 67 does not have a preferential right to re-employment. He or she does not need to be considered when determining a priority, and time-limited contracts may be freely utilized. In Sweden, these rules are not considered to be affected by the new grounds for age discrimination" (JESSICA STALHAMMAR, "Relatório referente à Suécia", *Age Discrimination Law in Europe*, Paul Bartelings (coord.), Wolters Kluwer, 2009, p. 347-352, p. 351).

[89] Acórdão, §6.

[90] Acórdão, §§26, 27 e 30. Em concreto, "o Governo sueco alega que a regra dos 67 anos visa, em primeiro lugar, evitar cessações de contrato de trabalho em condições humilhantes para os trabalhadores em razão da sua idade avançada, em segundo lugar, permitir uma adaptação dos regimes de pensões de reforma que se baseie no princípio da tomada em consideração dos rendimentos recebidos durante a totalidade da carreira profissional, em terceiro lugar, reduzir os obstáculos para os que querem

determinar se o facto de a disposição em causa "não prev[er] que a pensão de reforma que o interessado receberá possa ser tomada em consideração" poderia obstar a um juízo de conformidade com a Diretiva[91]. Tal constrangimento não viria, todavia, a persuadir o TJUE.

Desde logo, esta *medida não impunha aos trabalhadores abrangidos o seu afastamento definitivo do mercado de trabalho*. Afinal, "uma tal disposição *não institui um regime imperativo de passagem automática à reforma*", prevendo, tão-só, "as condições em que um empregador pode derrogar o princípio da proibição das discriminações com base na idade e resolver o contrato de trabalho de um trabalhador por este ter atingido os 67 anos"[92]. Nada impede, por sua vez, que "em caso de cessação do contrato de trabalho, o empregador po[ssa] propor ao trabalhador em causa um contrato de trabalho a termo". Nesta medida, as partes podem "convencionar livremente a duração desse contrato e podem igualmente, em caso de necessidade, renová-lo"[93]. Acresce que a regra dos 67 anos não se baseia *exclusivamente* no facto de uma determinada idade ser atingida, tomando também em conta, no essencial, *a circunstância de o trabalhador beneficiar,*

---

trabalhar para além do seu sexagésimo quinto aniversário, em quarto lugar, adaptar-se à evolução demográfica e antecipar o risco de escassez de mão de obra, assim como, em quinto lugar, estabelecer um direito e não uma obrigação de trabalhar até aos 67 anos de idade, no sentido de que a relação de emprego pode prosseguir para além dos 65 anos de idade. A fixação de uma idade de partida obrigatória permite igualmente facilitar a entrada de jovens no mercado de trabalho" (§26).

[91] Acórdão, §35.
[92] Acórdão, §40, com itálico nosso.
[93] Acórdão, §41.

no fim da sua carreira profissional, de uma compensação financeira através de um rendimento de substituição que reveste a forma de uma pensão de reforma[94].

Por fim, e no que respeita à invocada exiguidade da reforma auferida por T. Hörnfeldt, foi notado que tendo em conta o regime em vigor, "aqueles que não podem beneficiar de uma pensão de reforma ligada aos rendimentos, ou cujo montante é baixo, podem beneficiar de uma pensão de reforma sob a forma de cobertura de base a partir dos 65 anos", na modalidade de "uma pensão garantida, de um complemento de habitação e/ou de um complemento de velhice"[95].

Atento o exposto e o concurso destes elementos, o TJUE concluiu que esta medida se afigurava adequada à prossecução dos objetivos invocados – não se verificando qualquer desconformidade com a Diretiva.

---

[94] Acórdão, §42.

[95] Acórdão, §44, com itálico nosso. Devendo ser a esta luz compreendido o sumário da decisão – que, sem o devido enquadramendo peca, no nosso entender, por passar uma mensagem inexata e desconforme, quer com a própria fundamentação do acórdão, quer com orientação anterior do TJUE, firmada a este propósito. Referimo-nos, em concreto, à parte final da decisão, conforme a qual, "o artigo 6.º, n.º 1, segundo parágrafo, da Diretiva 2000/78/CE (...) deve ser interpretado no sentido de que não se opõe a uma medida nacional, como a que está em causa no processo principal, que permite a um empregador fazer cessar o contrato de trabalho de um trabalhador apenas com base no facto de este atingir a idade de 67 anos *e que não tem em consideração a pensão de reforma que o interessado receberá*, uma vez que é objectiva e razoavelmente justificada por um objectivo legítimo relativo à política de emprego e do mercado de trabalho e constitui um meio apropriado e necessário para a sua realização" (com itálico nosso).

V. A jurisprudência do TJUE e artigo 348.º do Código do Trabalho

Neste contexto, cremos oportuno apelar ao disposto no artigo 348.º do Código do Trabalho, onde é prevista a *"Conversão em contrato a termo após reforma por velhice ou idade de 70 anos"*. Dispõe o n.º 1 que se considera celebrado *"a termo o contrato de trabalho de trabalhador que permaneça ao serviço decorridos 30 dias sobre o conhecimento, por ambas as partes, da sua reforma por velhice"*. Nesta hipótese, conforme o n.º 2, *"o contrato fica sujeito ao regime definido neste Código para o contrato a termo resolutivo, com as necessárias adaptações e as seguintes especificidades: a) é dispensada a redução do contrato a escrito; b) o contrato vigora pelo prazo de seis meses, renovando-se por períodos iguais e sucessivos, sem sujeição a limites máximos; c) a caducidade do contrato fica sujeita a aviso prévio de 60 ou 15 dias, consoante a iniciativa pertença ao empregador ou ao trabalhador; e d) a caducidade não determina o pagamento de qualquer compensação ao trabalhador.* Por fim, de acordo com o n.º 3, *"o disposto nos números anteriores é aplicável a contrato de trabalho de trabalhador que atinja 70 anos de idade sem ter havido reforma"*.

1. *O artigo 348.º, n.ºs 1 e 2 do Código do Trabalho*

A jurisprudência sumariada indicia a conformidade com a Diretiva do regime de conversão de contrato por tempo indeterminado, titulado por trabalhador que requereu a reforma (o que surge, naturalmente, associado a uma idade específica), em contrato a termo – que, ao invés do regime geral[96], pode, agora, ser celebrado sem máxima duração, sem limite de renovações e sem a atribuição ao trabalhador de qualquer compensação.

A doutrina identifica fins distintos para a disposição em causa: *(i)* ora uma ideia de *solidariedade entre gerações* – propósito que, à revelia de relevante jusriprudência do TJUE[97], temos por desajustado, salvo ressalvas pontuais (tal qual a restrição de vagas disponíveis ou número excessivo de trabalhadores, em dado sector – cf. *Vasil Ivanov Georgiev*, *Domnica Petersen* e *Gerhard Fuchs*); *(ii)* ora a tutela dos próprios trabalhadores afetados (como invocado em *Mangold*)[98-99]. De todo o modo, os meios convocados para a

---

[96] *V.* arts. 139.º a 149.º do Código do Trabalho.

[97] Assim, nomeadamente, em *Palacios* e *Rosenbladt*.

[98] Em referência ao regime equivalente do Código do Trabalho de 2003 (aprovado pela Lei n.º 99/2003, de 27 de Agosto), JÚLIO GOMES constata não ser pacífica a teleologia destas regras (*ob. cit.*, p. 932). A este respeito, ANTÓNIO MONTEIRO FERNANDES nota que a caducidade associada à reforma por velhice, quando introduzida em 1975, assumia "a preocupação de libertar postos de trabalho a partir de certo momento – o da obtenção da reforma – no contexto de uma grave crise de desemprego" (*Direito do trabalho*, Almedina, 15.ª edição, 2010, p. 564). Por sua vez, JOÃO LEAL AMADO aponta uma solução compromissória, uma vez que, de um lado, razões de política de emprego, "ligadas à conveniência de libertar postos de trabalho para os mais jovens", justificariam a cessação do contrato de trabalhador reformado por velhice, mas, por outro lado, "razões sociais e humanas, ligadas à salvaguarda dos interesses do trabalhador reformado, cuja pensão de reforma é amiúde muito escassa e cujo capital de conhecimentos e de experiência profissional pode ser valioso, militam no sentido" da manutenção do vínculo (*Contrato de trabalho. À luz do novo Código do Trabalho*, Coimbra Editora, 3.ª edição, 2011,

prossecução de tais objectivos, afiguram-se proporcionados: "a conversão do contrato por tempo indeterminado em contrato a termo ocorre por razões de política legislativa que têm a ver com a circunstância de *o trabalhador se encontrar numa situação de reforma ou em idade para requerer a*

---

p. 360). Noutra perspetiva, seria possível sustentar que a conversão opera ainda em benefício dos trabalhadores cujo vínculo é modificado, enquanto incentivo à sua permanência ao serviço do empregador – que, de outra forma, poderia ser tentado a deixar operar a caducidade do contrato (cf. JOANA ALMEIDA, *ob. cit.*, p. 142).

[99] É oportuno registar que, conforme a própria jurisprudência do TJUE, os propósitos associados às disposições cuja conformidade com a Diretiva se afere, são (legitimamente) mutáveis. Diz o TJUE, em acórdão de 21 de Julho de 2011, *Gerhard Fuchs* (C-159/10) e *Peter Köhler* (C-160/10) *c. Land Hessen*, que "há a considerar, a esse propósito, que uma mudança do contexto em que se insere uma lei, que conduz a uma alteração do objetivo dessa lei, não pode, em si mesma, impedir que esta prossiga um objetivo legítimo, na acepção do artigo 6.º, n.º 1, da Diretiva 2000/78". Afinal, "as circunstâncias podem mudar e, todavia, a lei pode ser mantida por outras razões" (§§41 e 42). Em *Palacios*, o TJUE clarificara já que dada disposição não tem, necessariamente, que identificar o propósito a prosseguir, competindo a cada Estado-Membro definir e promover – tendo em conta as circunstâncias económicas, orçamentais, sociais e demográficas prevalecentes – as políticas mais adequadas e relevantes: "não se pode, com efeito, inferir do artigo 6.º, n.º 1, da Diretiva 2000/78 que uma imprecisão da legislação nacional em causa, quanto ao objetivo prosseguido, tenha por efeito excluir automaticamente que essa legislação possa ser justificada nos termos desta disposição" (§56). Relevante é tão-só que "outros elementos, extraídos do contexto geral da medida em causa, permitam a identificação do objetivo que lhe está subjacente, para efeitos do exercício da fiscalização jurisdicional quanto à sua legitimidade e ao carácter apropriado e necessário dos meios utilizados para pôr em prática esse objetivo" (§57). *V.* ainda, mais recentemente, o referido em *Torsten Hörnfeldt*, §24.

reforma que lhe confere, desde logo, uma sustentação económica autónoma. Não fazendo, por conseguinte, particular sentido associar, a estas hipóteses a tutela usualmente reconhecida à contratação a termo, uma vez que o trabalhador *terá já beneficiado de um regime de estabilidade contratual*"[100].

Na verdade, tendo em conta a jurisprudência do TJUE — sobretudo, os casos *Mangold* e *Vasil Ivanov Georgiev* — dir-se-á que o disposto nos n.ºs 1 e 2 do artigo 348.º do Código do Trabalho se afigura adequado. O que resulta, no essencial, de o regime de conversão (e de inerente precarização da tutela laboral) *não surgir apenas associado a uma determinada idade* (como os 52 anos, em *Mangold*), convocando outros elementos[101]: *(i) pressupondo a iniciativa do trabalhador, que volun-*

---

[100] Cf. acórdão do Supremo Tribunal de Justiça, de 17 de Janeiro de 2007, Processo n.º 06S2709, com itálico nosso (disponível em http://www.dgsi.pt). Ao invés, em regra, a contratação a termo reflete "uma situação de precariedade de emprego que resulta de o trabalhador se encontrar vinculado por mero contrato de trabalho a termo, o que justifica, do ponto de vista do legislador, a atribuição de uma compensação pecuniária que se destinará a constituir um suporte financeiro para a situação de desemprego em que possa encontrar-se por efeito da caducidade do contrato" (*idem*). Em termos semelhantes, PEDRO ROMANO MARTINEZ relembra que "a compensação devida em caso de exercício lícito de um direito tem carácter excepcional e o legislador só a estabelece quando, no confronto dos interesses em análise, se justifica a sua admissão". Concluindo que "relativamente a um trabalhador reformado (…), a protecção da segurança no emprego e a compensação de instabilidade perdem relevância (*ob. cit.*, p. 61). Cfr, todavia, FRANCISCO LIBERAL FERNANDES, "Sobre a indemnização em caso de caducidade do contrato a termo do trabalhador reformado que continua ao serviço da mesma entidade patronal", *Questões Laborais*, ano IX, 2002, 20, p. 221-231.

[101] Tal qual em *Vasil Ivanov Georgiev*.

tariamente solicita a reforma por velhice, uma vez reunidos os pressupostos necessários para o efeito (que vão muito além do perfazer certa idade) – em *Palacios*, atingidos os 65 anos, a reforma era *obrigatória*, ditando a caducidade do contrato; *(ii) tendo o trabalhador direito a uma pensão de reforma* – contanto que represente montante adequado (tal qual, ressalvado, nomeadamente, em *Palacios, Gerhard Fuchs* e *Peter Köhler*[102]); *(iii)* e porque esta conversão atenua os efeitos, em regra, associados à reforma por velhice (em particular, a extinção por caducidade do contrato de trabalho[103]) – cfr., novamente, *Palacios* e *Rosenbladt*[104-105].

---

[102] A respeito de *Torsten Hörnfeldt*, notámos a leitura que fazemos do desvio (que cremos aparente), ali feito, a este propósito.

[103] Como indica MARIA DO ROSÁRIO PALMA RAMALHO, "esta causa de caducidade do contrato não decorre directamente nem da idade do trabalhador (uma vez que o trabalhador não é obrigado a solicitar a reforma por velhice quando atinja a idade legalmente prevista para tal), nem da verificação da sua incapacidade, dependendo o efeito extintivo sobre o contrato, em última análise, da vontade das partes" *(Direito do Trabalho, Parte II – Situações Laborais Individuais,* 3.ª edição actualizada ao Código do Trabalho de 2009, Almedina, 2010, p. 885).

[104] Em função do anteriormente previsto em preceito equivalente (o artigo 348.º do Código do Trabalho de 2003), referia PEDRO ROMANO MARTINEZ que a "reforma por idade pressupõe uma situação atípica de caducidade, na medida em que não opera automaticamente". Conforme este entendimento, "a reforma do trabalhador determina a subsistência do anterior vínculo, o qual, não caducando por via de declaração de qualquer das partes, passa a conter, automaticamente, um termo certo" *(ob. cit.,* p. 57-58). Pese embora a alteração de redação em 2009, "admitindo que o legislador não quis reacender uma dúvida", PEDRO ROMANO MARTINEZ considera que "pode continuar a entender-se o preceito, na nova versão, no mesmo sentido: o vínculo não cessa, convertendo-se num contrato a termo" (*Código do Trabalho Anotado,*

A argumentação do Tribunal em *Ole Andersen* poderia, porém, sugerir lógica diversa. Importa, no entanto, autonomizar: *(i)* a *exclusão*, prevista na legislação dinamarquesa, de categoria específica de trabalhadores, no que respeita a indemnização especial por despedimento, concedida, por princípio, à generalidade dos trabalhadores – e que foi, nesta decisão, tida por desconforme à Diretiva; *(ii)* e, *noutro ângulo*, o disposto no artigo 348.º, n.ºs 1 e 2 do Código do Trabalho e a redução da estabilidade aí prevista (que inclui o afastamento da compensação usualmente devida pela verificação do termo). São, afinal, soluções sujeitas a lógicas distintas: em *Ole Andersen*, o TJUE considerou, com proprie-

---

AAVV, 8.ª edição, Almedina, 2009, p. 927). Por sua vez, JÚLIO GOMES considera que as disposições legais (referindo-se ao Código do Trabalho de 2003) sugeriam que "o contrato de trabalho caduca efectivamente com a reforma do trabalhador por velhice, embora a continuação da execução do contrato por 30 dias sobre o conhecimento por ambas as partes da reforma por velhice como que faz renascer o contrato, mas agora convertido em contrato sujeito a termo resolutivo" (*ob. cit.*, p. 931).

[105] Sustentando a conformidade do regime da pré-reforma (cf. arts. 318.º a 322.º do Código do Trabalho) com o enquadramento da Diretiva, *v.* JOANA ALMEIDA, "Relatório referente a Portugal", *Age Discrimination Law in Europe*, Paul Bartelings (coord.), Wolters Kluwer, 2009, p. 271-284, p. 277. Explica a autora que *"the labour market objective behind this regime – to free job positions for younger workers – is legitimate, particularly if one considers the high unemployment rate, in the Portuguese market, of workers younger than 25. Likewise, there are reasons to sustain that the regime is proportional (i.e., adequate and necessary) as well: it depends on the worker's consent: it ensures his/her alternative means of subsistence: the reduction option allows for a gradual removal from work; and in both the reduction and the suspension options, workers may take another job"* (*idem*). Posição idêntica é sustentada pela autora em "Do artigo 348.º… " *cit.*, p. 146.

dade, que a indemnização não reconhecida a categoria circunscrita de trabalhadores cumpriria, *mesmo nesses casos (se atribuída), o seu propósito essencial* – promover a reinserção profissional de tais trabalhadores. Diferentemente, no que respeita ao artigo 348.º, n.ºs 1 e 2 do Código do Trabalho, é ajustado concluir pela razoabilidade da solução acolhida – incluindo o não pagamento de compensação pela cessação – no que respeita a trabalhadores que terão já beneficiado de um regime de estabilidade contratual, que se encontram reformados e que beneficiam de uma pensão de reforma.

2. *O artigo 348.º, n.º 3 do Código do Trabalho*

Torna-se, todavia, duvidosa a conformidade com a Diretiva do regime de conversão em contrato a termo de trabalhador que atinja 70 anos e que não requereu a reforma, tal qual previsto no artigo 348.º, n.º 3 do Código do Trabalho. Tais reservas foram, aliás, oportunamente expressas, à luz de jurisprudência anterior do TJUE, na doutrina portuguesa[106]. Afinal, nesta hipótese, a precarização do vínculo laboral decorre *tão-só* de o trabalhador ter atingido aquela idade[107]. Os fins subjacentes ao artigo

---

[106] PEDRO RAMOS DE FARIA, "Velhos são os trapos: discorrendo por analogia sobre o Acórdão Palacios de la Villa", *Questões Laborais*, n.º 34, Julho/Dezembro, 2009, p. 225-236 e JOANA ALMEIDA, "Relatório …" *cit.*, p. 279-280. Por sua vez, embora não se pronunciando quanto à conformidade com a Diretiva, ANTÓNIO MONTEIRO FERNANDES considera tratar-se "de um expediente claramente heterodoxo no contexto do sistema" (*ob. cit.*, p. 567, n. 2).

[107] O regime assim previsto difere do disposto no art. 348.º, n.ºs 1 e 2 do CT, por "a aposição automática do termo não se encontrar na

348.º, n.º 3 do Código do Trabalho – ainda que, mais uma vez, não absolutamente evidentes[108] – são usualmente identificados com o propósito de libertação de postos de trabalho para os mais jovens[109]. E ainda que estes objetivos se afigurem legítimos conforme a jurisprudência europeia[110] (quer à luz de *Mangold*, quer à luz de *Palacios* e desenvolvimentos jurisprudenciais subsequentes), *torna-se difícil sustentar a necessidade e adequação de tal solução*. Senão vejamos:

Se, em *Mangold*, o Tribunal concluiu pela desproporcionalidade de regime mais flexível de contratação a termo porque inerente *apenas* a certa idade (no caso, os 52 anos), no artigo 348.º, n.º 3 do Código do Trabalho, a conversão

---

dependência do pedido de reforma do trabalhador e do conhecimento da situação de reforma por parte do empregador; a aposição automática do termo *depende de um único pressuposto: o trabalhador ter atingido setenta anos de idade*" (PEDRO ROMANO MARTINEZ, *Apontamentos...cit.*, p. 59, com itálico nosso).

[108] Cf. JÚLIO GOMES, *ob. cit.*, p. 932. BERNARDO XAVIER considera que, nestes casos, "a lei pretendeu evitar que os trabalhadores de idade muito avançada que não se querem reformar continuem a beneficiar das garantias de estabilidade geralmente asseguradas, atendendo a que a sua produtividade é normalmente diminuta" (*Iniciação ao Direito do Trabalho*, (colabor. Pedro Furtado Martins e António Nunes de Carvalho), Verbo, 1994, p. 269). *V.* ainda acórdão do Tribunal Constitucional n.º 581/95, Processos n.ºs 407/88 e 134/89 (*supra* referido) e acórdão do Tribunal Constitucional n.º 747/95, Processo n.º 488/93, disponíveis em http://www.tribunalconstitucional.pt.

[109] JOANA ALMEIDA reconduz o propósito desta solução à que subjaz ao regime da pré-reforma: a libertação de postos de trabalho para os mais jovens ("Relatório ..." *cit.*, p. 279).

[110] "Podemos, pois, concluir que a conversão do contrato, após o trabalhador atingir os 70 anos de idade, *visa satisfazer um objectivo legítimo*" (PEDRO RAMOS DE FARIA, *ob. cit.*, p. 231, com itálico nosso).

decorre tão-só de o trabalhador ter completado 70 anos[111]. Importa notar também que, em *Mangold*, o regime de contratação a termo em análise atingia apenas novos contratos, deixando intocados os contratos dos trabalhadores que, atingindo aquela idade, fossem titulares de vínculos de duração indefinida[112].

Por sua vez, em *Palacios*, uma medida específica de desfavor (a caducidade do contrato de trabalho por reforma obrigatória, uma vez atingidos os 65 anos), apenas se afigurava conforme à Diretiva porque o trabalhador tinha, em tais hipóteses, *direito a uma compensação financeira materializada na concessão de uma pensão de reforma, de montante razoável* – o que não concorre no regime em análise. Afinal, dos n.ºs 1 e 2 do artigo 348.º resulta que o disposto no n.º 3 abrange, precisamente, os casos em que o trabalhador não requereu a reforma[113-114].

---

[111] Sugestivamente, JOÃO LEAL AMADO realça que "tenha ou não disso consciência, o trabalhador é como que atingido por um raio quando perfaz 70 anos de idade; atingido mas, note-se, não fulminado, visto que o seu contrato de trabalho não caduca, «apenas» se transforma num contrato a prazo" (*ob. cit.*, p. 361).

[112] Acórdão, §55.

[113] Já que, caso tivesse requerido a reforma, ser-lhe-iam aplicáveis os n.ºs 1 e 2 do art. 348.º do Código do Trabalho, reservados, precisamente, às hipóteses em que o trabalhador requereu a reforma por velhice e, não obstante, permanece ao serviço.

[114] Conforme PEDRO RAMOS DE FARIA, "(…) sacrificar o vínculo laboral dos trabalhadores de uma certa idade aos desígnios da política de emprego é arbitrário e injustificado, se não se garantir, desde logo, que os meios de subsistência que se pretenderiam auferir mediante a prestação do trabalho (ou equivalentes) podem ser obtidos através da pensão de reforma por velhice" (*ob. cit.*, p. 232). Também JOANA ALMEIDA

Por outro lado, se o objetivo a atingir por esta via reflete uma lógica de solidariedade entre gerações, *sempre haverá que verificar se este o meio mais adequado à prossecução de tal fim*. Importa reiterar que em consideração a um tal propósito (i.e., incentivar a contratação dos mais jovens), apenas em casos restritos cremos ajustado sujeitar certa categoria de trabalhadores a um tratamento de desfavor em função (apenas) da idade[115]. É, na verdade, legítima a opção por mecanismos que facilitem, uma vez atingida determinada idade, a transição para um regime mais flexível de contratação e/ou de cessação – enquanto forma de garantir justo equilíbrio entre gerações. Muito diferente é, todavia, a imposição indistinta de tais regimes a todos os sectores[116]. Certo, também, que uma tal diferenciação resulta particularmente acentuada caso se entenda que o regime de conversão previsto no artigo 348.º do Código do Trabalho deve ser estendido a novas contratações[117].

---

expressa reservas quanto ao previsto nesta disposição ("Do artigo 348.º..." *cit.*, p. 147).

[115] Distanciamo-nos, neste âmbito, do entendimento do TJUE. Em *Palacios, Rosenbladt* e *Vasil Ivanov Georgiev*, o tratamento diferenciado que afeta trabalhadores de maior idade (ora impondo a cessação do contrato, ora reduzindo as garantias de estabilidade usualmente reconhecidas à generalidade dos trabalhadores) espelha assumidamente uma lógica de solidariedade entre gerações e a promoção da inserção profissional de trabalhadores mais jovens.

[116] E daí as nossas reservas a *Palacios*.

[117] Tal qual sugerido por PEDRO ROMANO MARTINEZ, *Código... cit*, p. 928 – entendimento acolhido por JOÃO ZENHA MARTINS, "Nótula sobre a reforma por velhice e a caducidade do contrato de trabalho", *Prontuário de Direito do Trabalho*, n.º 68, 2004, p. 91-107, p. 101-102. Também PEDRO RAMOS DE FARIA considera que "se a precarização do

Questionamos, pois, perfeita adequação da solução acolhida no art. 348.º, n.º 3 do Código do Trabalho à prosse-

---

vínculo laboral dos trabalhadores que atingem os 70 anos é necessária (…) à promoção do emprego dos mais jovens – um interesse público –, não se vê como poderá deixar de ser necessária a precarização da posição dos trabalhadores que contratam com idade superior" (*ob. cit.*, p. 233-234).

Diferentemente, JÚLIO GOMES, circunscreve tal conversão aos casos de trabalhadores que *já se encontram* (à data da reforma por velhice ou quando perfazem 70 anos) ao serviço do empregador, excluindo a aposição de termo (por força destas circunstâncias) a novas contratações. O autor justifica esta distinção explicando que pode, na verdade, ser muito diferente, na perspetiva do empregador, pôr fim a um contrato com trabalhador ao seu serviço de idade avançada ou assumir o risco de contratação de novo trabalhador, em tais condições, concluindo que solução diversa – ou seja, "estabelecer um regime segundo o qual qualquer contrato de trabalho celebrado com trabalhador com 70 ou mais anos é forçosamente um contrato a termo" daria, certamente, "o flanco à acusação de discriminação". Acrescenta, de resto, que "mesmo aceitando que tal discriminação não existiria porque a diferenciação visaria um fim de ordem pública – por exemplo a criação de emprego para os mais jovens – tal medida haveria que ser necessária e proporcional, não se podendo pois atingir o mesmo escopo através de uma medida menos drástica" (*ob. cit.*, p. 933). Este o entendimento também subscrito por JOÃO LEAL AMADO (*ob. cit.*, p. 361-362). Na jurisprudência, *v.* sumário do acórdão da Relação de Lisboa, de 27 de Fevereiro de 2002, Processo n.º 00119124; acórdãos da Relação de Lisboa de 1 de Outubro de 2008, Processo n.º 5842/2008-4 e de 9 de Março de 2006, Processo n.º 11649/2005-4; acórdão da Relação do Porto, de 28 de Maio de 2007, Processo n.º 0710341 e acórdão do Supremo Tribunal de Justiça, de 17 de Fevereiro de 2007, Processo n.º 06S3320 – disponíveis em http://www.dgsi.pt. *V.* ainda o acórdão do Supremo Tribunal de Justiça, de 17 de Janeiro de 2007, Processo n.º 06S2709, acima referido.

cução dos fins enunciados[118]. Procurando conformar este regime com o crivo da Diretiva, PEDRO RAMOS DE FARIA sugere interpretação restritiva da norma, condicionando a aplicabilidade da conversão ali prevista aos trabalhadores que, embora tendo atingido 70 anos sem terem solicitado a reforma, *reúnam as condições para a requerer*[119].

VI. Conclusão

O intento desta breve exposição não foi outro que partilhar algumas das dúvidas e inquietações que o tema da discriminação etária nos suscita. Com tal propósito, procurou-se assinalar, ainda que sinteticamente, a evolução recente do tema, alertando para uma matéria que admitimos vir a merecer atenção crescente da doutrina e da jurisprudência, um pouco por toda a parte. Atento o número já relevante de decisões do TJUE parece possível identificar, por ora, uma *orientação mais flexível e permissiva*, quando a medida em escrutínio envolve a cessação do contrato de trabalho, por reforma (tal qual em *Palacios* e *Rosenbladt*) e uma *linha mais rigorosa e exigente*, sempre que em causa estejam opções de distinta natureza (assim, *Mangold, Seda Kücükdeveci*)[120].

---

[118] Quanto à frustração da vertente enunciada, *v. Mangold* e *Seda Kücükdeveci*.

[119] *Ob. cit.*, p. 236. A novidade da matéria não prescinde, porém, de acompanhamento atento dos desenvolvimentos futuros da jurisprudência do TJUE, a este propósito.

[120] CLAIRE KILPATRICK confirma tal orientação, considerando que, partindo do disposto no artigo 6.º da Diretiva, *"the Court has developed two*

Concedemos, todavia, que a jovialidade do tema, a crescente produção jurisprudencial e o impacto de tais decisões em regras há muito inquestionadas possam justificar contornos inesperados, neste âmbito. Por conseguinte, "age, ageing and age discrimination are destined to be fascinating and pressing objects of our attention, in Europe and beyond, for many years to come"[121].

---

proportionality tests: a looser one applicable to retirement and related exit rules and a tight test applicable to all other cases" (*ob. cit.*, p. 291).

[121] HELEN MEENAN, *ob. cit.*, p. 27.

O PODER DISCIPLINAR
A NECESSÁRIA CAMINHADA PARA O DIREITO*

ANTÓNIO JOSÉ MOREIRA
Professor Catedrático das Universidades Lusíada

I. Importância do tema e Legado Histórico do Direito do Trabalho

1. O Direito do Trabalho, o Direito sempre da crise, agora também, e sobretudo, financeira, dos mercados de capitais e das dívidas soberanas, globalizado como nunca, é Direito que está a fugir para o Direito Civil[1], onde o princípio do *favor laboratoris* entrou em sucumbência, com a renovada ideia da liberdade contratual e da autonomia da vontade das partes, assumindo, pois, posições antropologicamente mais amigas do empregador, preconizando a desintervenção ou desadministrativização da Autoridade para as Condições de Trabalho[2] na conformação de situações jurídico-laborais, e assumindo a ideia, concretizada em múltiplas normas do Código do Trabalho de Fevereiro

---

* Texto que serviu de base à Conferência na Universidade Nova de Lisboa, no dia 13 de Abril de 2012, no Congresso Europeu de Direito do Trabalho, organizado pela ELSA, e sob a Coordenação Científica do Prof. Doutor José João Nunes Abrantes.

[1] ANTÓNIO BAYLOS GRAU, *Derecho del Trabajo, Modelo para Armar*, Editorial Trotta, 1991, Madrid.

[2] Inspecção-Geral do Trabalho.

de 2009, de que este instrumento normativo deverá ser aplicado *in totum*, parcialmente, ou não aplicado pura e simplesmente, tendo em consideração a dimensão da empresa aferida pelo número de trabalhadores[3].

2. O choque petrolífero, ou a crise do ouro negro, de inícios da década de setenta do século XX[4], com a crise económica e social que gerou, considerada uma das mais graves de sempre[5] e que avassalou o Direito do Trabalho, colocou o *velho modelo*, de menos de um século de existência, no banco dos réus, pôs a flexibilidade na ordem do dia, tocou o dobre de finados, o *requiem* pelo Direito do Trabalho proteccionista, reclamou uma *nova ordem* mais igualitária, antropologicamente mais amiga do empregador, com a necessária compressão dos direitos do trabalhador, proclamou um Direito menos centralista, com menor intervenção do Estado, mas onde não deveria sucumbir a autonomia colectiva. *Ordem nova* que reivindica a *deificação* da autonomia da vontade das partes – *qui dit*

---

[3] O art. 100.º do CT 2009 procede à classificação das empresas em micro, pequenas, médias e grandes tendo exactamente em conta o número de trabalhadores e não, como no Livro II – art. 554.º – o volume de negócios. Sobre o tema *vide* CATARINA CARVALHO, *A Dimensão da Empresa e o Direito do Trabalho*, Coimbra, Coimbra Editora, 2011 (tese de doutoramento).

[4] E agora revisitada com uma dimensão sem precedentes.

[5] Tratadas nas II Jornadas Luso-Hispano-Brasileiras de Direito do Trabalho no ano de 1982, em Coimbra, com papel de destaque para os Professores Jorge Leite e Monteiro Fernandes, e que dariam uma publicação notável da Coimbra Editora no ano de 1990, justamente intitulada *Temas de Direito do Trabalho*, Coimbra, 1990.

contractuel dit juste –, bandeira que não tem correspondência à sua observância, e que, a seu jeito, *coisifica*, *reifica* a pessoa do trabalhador.

Com a ideia de que o Direito do Trabalho não criava emprego, muito embora, pela sua rigidez, pudesse contribuir para a sua destruição, a *nova ordem* deixou adormecer, ou hibernar, como hoje se gosta de dizer, o *legado histórico* do Direito do Trabalho, o seu *património genético*, o seu *ADN*, a *carga axiológica* determinante da sua emancipação do Direito Civil, o Direito dos iguais.

3. A produtividade e a competitividade das empresas, do único micro-cosmos criador de emprego, essenciais à saúde económica, *rectius*, ao emprego, foram o *leitmotiv* das reformas laborais operadas nos últimos tempos em Portugal, com intensidade particularmente visível, desde logo, no Código do Trabalho de 2009, o Código da crise, epicentro do abalo telúrico a que se têm seguido múltiplas réplicas, por vezes de intensidade acrescida.

E não deixa de ser verdade que a elevação ao primeiro nível da produtividade e da competitividade permitem, de alguma forma, identificar a *ideologia*[6] reinante, num ramo do Direito cada vez mais poroso, mais permeável às mutações políticas, sociais, económicas, profundamente reactivo e em *legal polution* crescente.

4. A profunda crise económica, social, financeira, dos mercados de capitais e das dívidas soberanas, com a crise

---

[6] MANUEL CARLOS PALOMEQUE, *Derecho del Trabajo e Ideologia*, 5ª ed., Tecnos, Madrid, 2001, com tradução portuguesa de ANTÓNIO MOREIRA, Almedina, Coimbra, 2002.

de confiança associada, irrompe, com toda a força destruidora de empresas e de emprego a partir do último trimestre de 2008.

O flagelo da destruição maciça de empregos, o naufrágio de alguns colossos financeiros, o surgimento de novos *out-siders*, nomeadamente quadros qualificados de grandes empresas, a sustentabilidade da segurança social[7], tudo isto levou a um repensar o modelo, a uma ideia de mudança de paradigma, a um *engagement* dos governos desta Aldeia, com uma ideia renovada de centralismo, contrariamente aos ventos neo-liberais que sopravam de feição, certamente por ser associado à via, porventura a única, capaz de salvar a derrocada do sistema, mas onde, decerto, nada ficará como dantes.

Começa a ver-se que o mundo passa por ser um *mundo outro*, com a possível, anunciada e, decerto, desejada queda do neo-liberalismo, e em que o *mau da fita*, o *pecador*, que estava na génese de todos os males, não é mais o trabalhador, e onde os *santos* permanecem muitas vezes no anonimato, também à sombra de *off-shores*[8] laborais, mas onde as múltiplas interrogações e a prolongada ausência de respostas permitem, cada vez mais, equacionar uma *Nova Ordem*...

5. A sustentabilidade das empresas, numa verdade lapaliciana, é essencial para a sustentabilidade dos empregos.

---

[7] A rebentar pelas costuras, com a atribuição dos subsídios de desemprego e sociais, para já não referir as reformas antecipadas.

[8] De par com os paraísos fiscais, cada vez mais postos em causa, por se considerarem corrosivos dos sistemas bancário, financeiro e fiscal, qualquer que seja o nível em que sejam qualificados – 3, 2 ou 1.

O desemprego tem, todos o sabem, inúmeros custos: económicos, sociais, psicológicos… A *exclusão social* a que conduz explica e justifica a afirmação lapidar de VIVIANE FOR-RESTER quando diz que … *para lá da exploração do homem há algo pior: a ausência de qualquer exploração* …[9].

Portugal tem uma população activa que ultrapassa 5,5 milhões de trabalhadores, sendo que os últimos dados estatísticos[10] apontam para uma taxa de desemprego a rondar os 15%, com mais de 700.000 desempregados, sendo a tendência para aumentar, e onde os jovens têm uma taxa de desemprego de 35%[11].

Lembro que o *registo cardiográfico* das empresas, quais pessoas singulares, é semelhante. O registo rectilíneo é o do passamento, do dobre de finados, do decesso. As empresas, como as pessoas, têm registos em alta e em baixa. Essa é mesmo a prova da sua saúde empresarial. E este é elemento a ter em conta na reformatação do Direito do Trabalho.

6. Ora, como já em 1912 dizia ALEXIS MARTINI[12] o contrato de trabalho era e é um dos mais usuais e importantes negócios jurídicos bilaterais existente. Na verdade, a maior parte da população desta *OIKOS* carece de trabalho, se possível com o respectivo contrato, para auferir os rendi-

---

[9] *O Horror Económico*, Oeiras, 2003, trad., p. 18.

[10] De 2 de Abril de 2012.

[11] A taxa só é ultrapassada pela Grécia – 21,4% – e pela Espanha – 24%. A taxa de desemprego dos jovens em Espanha é de 50%.

[12] *La Notion du Contrat de Travail. Étude Jurisprudentielle, Doctrinale et Legislative*, Paris, 1912.

mentos mínimos de que precisa para sobreviver ou, tão só, vegetar[13]. E do facto de nele estar em causa a *dignidade humana*, a sua abordagem postula maiores cautelas. Se acrescentarmos[14] que nele confluem princípios fundamentais da ordem jurídica, como é o caso do princípio da igualdade e do princípio da autonomia privada, então compreender-se-á melhor a dificuldade em abordar os poderes que gravitam na esfera jurídica do empregador, particularmente o poder disciplinar.

7. No contrato de trabalho subsiste um binómio inultrapassável: a subordinação jurídica do trabalhador *versus* poderes do empregador. E, nestes, o poder disciplinar é a manifestação paradigmática da noção jurídica de poder[15], sendo, nas palavras de RICARDO DEL PUNTA... *um dos índices sintomáticos mais vistosos da natureza subordinada do contrato de trabalho*. E porque se trata de poder em que o empregador é titular da iniciativa sancionatória, conduz as investigações e decide, parecendo tratar-se, pois, de sistema fundamentalmente inquisitório, então há que fazer apelo aos direitos fundamentais dos trabalhadores para evitar atropelos e alcançarem-se soluções equilibradas.

---

[13] Em muitos casos a Lei de Bronze de LASSALE é realidade nua e crua.

[14] Como o faz GUILHERME DRAY, *O Princípio da Igualdade no Direito do Trabalho*, Coimbra, Almedina, 1999, p. 18.

[15] GAILLARD, E., *Le Pouvoir en Droit Privé*, Paris, 1985, pp. 56 e 62 e s. RICARDO DEL PUNTA, *Diritto del Lavoro*, 4.º ed., Giuffrè Editore, Milano, 2011, p. 466.

8. Há, pois, no contrato de trabalho, manifesto e acentuado desequilíbrio entre os poderes do empregador e os direitos do trabalhador. E em tempo de crise, como os que se vivem, ou de desemprego maciço, a posição de domínio tende a agravar-se, instalando-se, facilmente, a fobia e o medo de perda do emprego. Fica a nota de que a abordagem de alguns dos princípios estruturantes dos direitos fundamentais dos trabalhadores[16], e das suas principais irradiações, contribuirão para melhor equacionar e balizar o poder disciplinar do empregador.

Pode afirmar-se que os direitos do trabalhador *cidadão* representam um contributo imprescindível ao equilíbrio dos poderes do empregador e, em particular, do poder disciplinar.

Poderia e deveria, no enquadramento referido, abordar-se a *ditadura empresarial* e a *democracia na empresa*. Fica a nota para uma melhor oportunidade… Sempre se dirá, no entanto, e secundando NICOLE CATALA[17], que dirigir não é mais reinar, é, antes … *conciliar os imperativos económicos e as aspirações sociais à satisfação das quais o legislador entende concorrer pela elaboração de uma cerrada rede de obrigações cuja multiplicação restringe sem cessar a liberdade do chefe da empresa.*

---

[16] Considerados … *la pieza angular del sistema normativo laboral…* PALOMEQUE LÓPEZ, *Los Derechos Laborales en la Constitución Española, apud* Cuadernos y Debates, 28, Centro de Estudios Constitucionales, Madrid, 1991, pp. 188 e ss.

[17] *L'entreprise, in Traité de Droit du Travail*, sob a direcção de G.H. CAMERLYNCK, vol. II, Paris, 1980, pp. 188 e ss.

II. Do Poder ao Direito Disciplinar

9. O poder disciplinar inspira-se[18] não na teoria civil do incumprimento contratual mas na construção penal dos delitos e das penas e nas infracções e sanções administrativas. Este é o seu filão ideológico para a construção teorética e praxiológica. E, sendo assim, deve começar por afirmar-se que não vigora no Direito Disciplinar Laboral o princípio *nullum crimen .... sine lege*. De facto, a construção do *Tatbestand*, da *Fattispecie*, do tipo legal de infracção disciplinar decorre dos deveres a que o trabalhador está sujeito enquanto subsiste o contrato de trabalho e constrói-se com base neles. Ora, o art. 128.º do CT, sob a epígrafe *Deveres do Trabalhador*, bem como o art. 351.º-2, que aponta, exemplificativamente, alguns comportamentos do trabalhador capazes de poderem integrar o conceito de justa causa de despedimento, são auxílio precioso. Assim pode começar a construir-se o conceito de infracção disciplinar laboral[19].

Claro que caminho mais fácil e seguro poderia ser trilhado se houvesse uma definição do tipo da que foi consagrada no art. 3.º-1 do Estatuto Disciplinar dos Trabalhadores que exercem Funções Públicas[20] quando diz que se

---

[18] MONTOYA MELGAR, *Derecho del Trabajo*, 30.ª edição, Tecnos, Madrid, 2010. Como diz JÚLIO GOMES, *Direito do Trabalho*, vol I, Coimbra Editora, Coimbra, 2007, p. 879, este é ... *talvez um dos raros pontos onde existe uma relativa convergência doutrinal...*

[19] Sem prejuízo de infracções disciplinares tipificadas no CT. É o caso dos artigos 247.º-2 , 254.º-4, 256.º-2, 304.º-2, 351.º-2 g).

[20] Lei n.º 52/2008, de 9 de Setembro, entrada em vigor no dia 1 de Janeiro de 2009.

considera ... *infracção disciplinar o comportamento do trabalhador, por acção ou omissão, ainda que meramente culposo, que viole deveres gerais ou especiais inerentes à função que exerc*e. E nos artigos 15.º e seguintes clarifica quais os factos a que são aplicáveis as diversas penas, o mesmo é dizer, as sanções disciplinares.

Para rematar, e considerando a fonte ideológica de inspiração e alguma vantagem que advém, a este nível, de uma definição legal, somos de opinião que nesse domínio, mas não só, o referido Estatuto Disciplinar deverá permitir integrar algumas lacunas existentes no Direito Disciplinar Laboral. Porém, de importância fundamental é a *prática disciplinar da empresa*, bem como a existência de *Códigos de Conduta*.

Seria precipitado concluir-se, porém, que as infracções disciplinares significam sempre violação do contrato. Nada seria mais errado[21].

10. Já quanto ao princípio *nulla poenna sine lege* deve dizer-se que a sua vigência é mitigada no Direito Disciplinar Laboral. E mitigada porque as sanções disciplinares indicadas no n.º 1 do art. 328.º do CT, não invalidam, considerando o disposto no n.º 2 do mesmo artigo, que os instrumentos de regulamentação colectiva de trabalho possam prever outras sanções disciplinares desde que não prejudiquem os direitos e garantias do trabalhador. E aqui surge a *vexata quaestio* de saber que sanções podem ser essas. Despromoção, transferência? A última parece que sim...

---

[21] *Vd.* JULIO GOMES, *op cit.*, pp. 882 e 883.

Acrescente-se que os regulamentos internos, podendo verter matéria sobre a disciplina na empresa, de acordo com o art. 99.º-1 CT, não podem criar sanções disciplinares.

11. Sabendo que o poder disciplinar só existe enquanto vigora o contrato de trabalho – art. 98.º *in fine*, do CT–, o que marca a diferença quanto ao Estatuto Disciplinar atrás referido, a recomendar cautelas acrescidas quanto à vertente integradora referida, deve dizer-se que é em meia dúzia de artigos que ele se positiva normativamente – arts. 328.º e seguintes do CT.

Parece que este poder do empregador é direito subjectivo, na modalidade de direito potestativo, sujeito aos parâmetros do abuso do direito[22], encontrando-se o trabalhador, aquando do seu exercício, num estado de sujeição. Não nos parece que seja *poder – dever*[23].

Mas tudo isto leva a que o velho *dominus* todo poderoso, como que titular do *ius utendi, fruendi et abutendi*, e concentrador dos poderes *legislativo, executivo e judicial*, veja cerceado o seu poder pela assumpção pelo Direito, pela sua positivação normativa, repete-se.

---

[22] Pedro Romano Martinez, *Direito do Trabalho*, 5ª ed., Almedina, Coimbra, 2010, p. 677.

[23] Considerando-o um poder – dever – *vide* Motta Veiga, *Lições de Direito do Trabalho*, Lisboa, 2000, p. 341. E muito embora nos afastemos da ideia, não pode deixar de reconhecer-se que a *prática disciplinar da empresa* e a *coerência disciplinar* podem conduzir a uma espécie de dever de impulsionar procedimentos disciplinares para evitar práticas discriminatórias.

A isto acresce, o que não é pouco:

- a procedimentalização necessária para a aplicação de sanções;
- o estabelecimento de prazos de caducidade e de prescrição para o seu exercício;
- a consagração de prazos de caducidade para a não conclusão do procedimento;
- o direito de reclamar da sanção aplicada, e sindicalizá-la judicialmente;
- a existência de sanções abusivas;

E não será demais lembrar a *coerência disciplinar*, a existência ou inexistência de sanções disciplinares aplicadas ao trabalhador, vendo-se o cadastro, *rectius*, o registo disciplinar, e apurando-se se é primário ou não.

De tudo isto deve resultar a ideia de que o despedimento com justa causa, a *pena de morte* laboral, independentemente da querela doutrinal acerca da sua qualificação como sanção disciplinar, representa a *ultima ratio*, só devendo ser aplicada quando outra não se mostre adequada e capaz para a dirimição e sanação do conflito disciplinar que lhe subjaz. Daí a enorme importância do princípio da proporcionalidade.

12. A curta história do Direito do Trabalho comporta, na sua essência, uma constante restrição ou compressão dos poderes do empregador[24] e cujo objectivo único, como

---

[24] DURÁN LÓPEZ, *El futuro del Derecho del Trabajo*, REDT, 78, 1996, pp. 604 e 605.

se sabe, era o de garantir a igualdade real das partes — trabalhador e empregador. Questão importante que o nosso tempo coloca, e a *Nova Ordem* anuncia, *rectius*, perscruta, é a de saber se assim continuará a ser. Apesar de tudo, creio que revestem plena actualidade as palavras de UMBERTO ROMAGNOLI[25] quando diz que ... *quem não trabalha não tem, mas antes de tudo é. Não é um cidadão "pleno iure"*. Adoptar outra visão, e sem pessimismos *démodés*, poderá conduzir a catástrofes cujos efeitos civilizacionais, insondáveis nos resultados, poderiam ser demasiado cáusticos para cogitar sobre eles *hic et nunc*.

Todos confluiremos, no entanto, quanto a necessidades de reformatações, não já conjunturais mas fisiológicas, potenciadoras de outras leituras do velho e anquilosado poder disciplinar. Referem-se, *inter alia*, o reforço da democracia participativa — e caminhar-se-ia para as comissões disciplinares —, a reactivação mais aberta da contratação colectiva e da dinamização dos acordos de empresa — com um ideário de sanções disciplinares mais criativas e, decerto, menos intrusivas ao nível da sustentabilidade do trabalhador —, da admissibilidade de novas modalidades de prestação de trabalho e da sua organização por períodos de referência temporais mais abertos. Estes são investimentos feitos e a fazer para que o Direito do Trabalho, com signo diferente, se possa fortalecer, evitando a sua *balcanização*[26], mas reforçando a ideia, já atrás tão só alinhavada, de que a intervenção excessiva não pode deixar de

---

[25] *Del trabajo declinado en singular a los trabajos en plural*, Relaciones Laborales, 1, 1997, pp. 10 e ss.

[26] De que tanto se falou e fala.

representar uma *visão totalitária* do Estado, mais nefasta ainda quanto o Direito do Trabalho é e não pode deixar de ser pluralmente pactuado, filho de ... *circulação plural de vozes*...

E muito embora ninguém possa dizer certamente em que direcção caminha o Direito do Trabalho, talvez deva ser dito que a um território organizacional e directivo mais amplo do empregador deve corresponder uma maior participação dos organismos representativos dos trabalhadores nas empresas – comissões de trabalhadores e comissões sindicais ou intersindicais –, maior intervenção das associações sindicais, reforçando-se a autonomia contratual colectiva[27] e estimulando-se a consagração de normas sobre o poder disciplinar, como já foi dito, dentro das margens de abertura facultadas pelo Código do Trabalho, nomeadamente tendo em conta o estatuído nos n.os 2 e 4 do art. 328.º.

Equivale tudo isto a dizer que o poder disciplinar, na caminhada para o Direito, deve ter limites adequados e participação activa e autêntica de representantes de trabalhadores para que possa traduzir o equilíbrio possível face aos demais poderes do empregador que, queiramos ou não, vivem *tempos de engorda*. O Direito Disciplinar Laboral é o possível e necessário equilíbrio.

13. O poder disciplinar, positivado normativamente como se disse, sem estar funcionalizado[28] *in totum*, ao poder

---

[27] Deixando a porta aberta à contratação colectiva informal ou atípica.

[28] À funcionalização do poder disciplinar reporta-se GAILLARD, op. cit., p. 64, quando diz que ... *le pouvoir disciplinaire y apparait, au même titre*

de direcção, a verdade é que este não teria condições de se afirmar sem aquele. E sozinho também não teria qualquer razão de ser. Positivado, pois, aparece recheado de um vasto conjunto de formalidades. E estas podem ajudar à compreensão da existência de um Direito Disciplinar.

Não deixa de ser curioso lembrar que a configuração legal do poder disciplinar remonta à velha LCT de 1969, numa época em que, na Velha Europa, não estavam consagrados verdadeiros direitos disciplinares[29]. E nem em Portugal se deu nota do facto, talvez porque os ventos político-ideológicos não corressem de feição. Já com a procedimentalização mais extensa introduzida com o Decreto-Lei n.º 372-A/75 e com a proibição dos despedimentos

---

que le pouvoir de direction, dont il est destiné à assurer l' efficacité, comme une necessité de la vie en commun. No mesmo sentido MANUEL ALONSO OLEA e MARIA EMÍLIA CASAS BAAMONDE, *Derecho del Trabajo*, 26.º ed., Thomson Reuters, Madrid, 2009, p. 522, quando dizem que ... *o poder de direcção seria um mero poder moral se não estivesse acompanhado do de sancionar os incumprimentos às ordens gerais ou especiais do empresário*. *Vd.*, também, BERNARDO XAVIER, et. al., *Manual de Direito do Trabalho*, Verbo, Lisboa, 2011, p. 427, e COUTINHO DE ALMEIDA, *Poder Empresarial. Fundamento, Conteúdo e Limites* in *Temas de Direito do Trabalho*, Coimbra, 1990, p. 328.Como *corolário* do poder directivo – *vd.* RICARDO DEL PUNTA, *Diritto del Lavoro*, 4.º ed., Giuffrè Editore, Milano, 2011, p. 466. Já em sentido diferente veja-se ROSÁRIO RAMALHO, *Do Fundamento do Poder Disciplinar Laboral*, Coimbra, 1993, pp. 223 e ss.

[29] Nem em Espanha, nem em Itália – aqui só com o *Statuto dei Lavoratori* de 1970 é introduzida a matéria –, nem em França, onde só com a Reforma Auroux de 1982 se iria afirmar a existência de um direito disciplinar. Referem-se os países do Sul da Europa, cristãos e, para alguns, *viciosos*, e não os da Europa do Norte que, para outros, são os protestantes e *virtuosos*, numa estranha linguagem muito recente.

sem justa causa, lapidamente consagrada na Constituição da República de 1976, em jeito de conquista, o tema passa a ser visto a outra luz, nomeadamente pelos tribunais, verdadeiros obreiros do Direito Disciplinar Laboral.

Pode dizer-se que se o poder disciplinar, na sua primitiva e não muito longínqua acepção, era exercido com grande dose de subjectividade, sem possibilidade de defesa do trabalhador, e sempre com a confusão, a terrível confusão na esfera do empregador, dos poderes de incriminar e de julgar, com o Direito Disciplinar consagra-se a via procedimental para a aplicação das sanções disciplinares – levantando-se, aqui, a questão de saber que tipo de procedimento, questão que, propositadamente, se deixa em aberto – , institui-se o direito de defesa do trabalhador, sem cuidar de saber como se vai conformar o direito de *audiatur et altera pars*, sendo que, como bem diz LARENZ, sem este mecanismo apurado, sem o contraditório, o direito é um direito injusto, e confia-se ao tribunal o direito de exercer o controlo sobre a sanção disciplinar[30].

Como diz FERNÁNDEZ LÓPEZ[31], as garantias advindas do procedimento funcionam ... *como mecanismos de neutralização da supremacia do empresário*.

---

[30] JEAN-LUC CROZAFON, *Le controle jurisdictionel de la sanction disciplinaire dans l' entreprise et dans l' administration*, Droit Social, 3, 1985, p. 201, prescinde da sanção disciplinar e considera que existe um verdadeiro direito disciplinar a partir da Lei de 4 de Agosto de 1982, que se estriba na existência de um procedimento e nas garantias jurisdicionais.

[31] MARIA FERNANDA FERNÁNDEZ LÓPEZ, *El Poder Disciplinario en la Empresa*, Trotta, Madrid, 1991, p. 331.

Conclusão

Os artigos 328.º e seguintes do Código do Trabalho levantam múltiplas questões. Não é altura de as colocar e de as tentar resolver. Também é verdade que os novos tempos, *o nosso tempo*, poderão fazer perigar o sentido da caminhada anunciada e já feita, mas o futuro é sempre misterioso e insondável…

Certo é o seguinte:

- o poder disciplinar jurisdicizou-se;
- o poder disciplinar procedimentalizou-se;
- o poder disciplinar está sujeito ao controlo judicial.

E tudo isto, que *não é coisa pouca*, permite secundar VALDÉS DAL RÉ[32] quando diz que o poder disciplinar deixou de ser um *poder de* para ser um *poder sobre*, o que, desde logo, significa limitação, humanização. Por outras palavras, o empregador deixou de ser … *um monarca de direito divino*…[33], sendo que com o Direito Disciplinar Laboral se afirma e reforça a autêntica *cidadania* do trabalhador na empresa.

E esta, Senhoras e Senhores Congressistas, era a curta mensagem que eu queria transmitir, ou seja, e pesem embora os *contra-fogos*, nomeada-

---

[32] FERNANDO VALDÉS DAL RÉ, *Poderes del empresario y derechos de la persona del trabajador*, Relaciones Laborales, 8, 1990, p. 281.

[33] JEAN-EMMANUEL RAY, *Contrôle minimum ou contrôle normal du juge judiciaire en matiere disciplinaire?*, Droit Social, 4, 1987, p. 365.

mente considerando o Direito do Trabalho um instrumento de gestão e os poderes empresariais o centro à volta do qual gravita toda a construção teórica do Direito do Trabalho, o Poder Disciplinar Laboral é hoje, e não pode deixar de ser, Direito Disciplinar Laboral.

Há caminhadas que não podem ser apagadas.
Esta é uma delas.
Muito obrigado pela vossa atenção.

FIXED – TERM EMPLOYMENT IN POLAND

Leszek Mitrus
Professor at the Jagiellonian University of Krakow

1. Introductory remarks

According to the preamble to the framework agreement on fixed – term work[1] employers organizations and trade unions recognize that contracts of an indefinite duration are, and will continue to be, the general form of employment relationship between employers and workers. They also recognize that fixed-term employment contracts respond, in certain circumstances, to the needs of both employers and workers. Thus, in the opinion of social partners open – ended contracts should constitute the basic form of employment. It goes without saying that such contracts provide the highest level of employee protection. They also introduce stability: job security, stable income, protection against dismissal, regular social security contributions for future old – age pensions. Fixed – term employment contracts do not offer comparable advantages[2].

---

[1] **Council Directive 1999/70/EC of 28 June 1999 concerning the framework agreement on fixed-term work concluded by ETUC, UNICE and CEEP,** *OJ L 175, 10.7.1999, p. 43-48.*

[2] Certainly, there are also other legal forms of work performance, e.g. self – employment or civil law contracts. For a difficulties to establish whether an employment relationship exists in the particular case see e.g.

Currently we face a dangerous labour market segmentation. On the one side there are "insiders" who have contracts for an indefinite duration. On the other side there is a large group of "outsiders" who carry out precarious work or who remain unemployed. We need to be aware that fixed – term contracts constitute a regular component of contemporary labour market. There is neither need nor possibility to eliminate this form of employment. Therefore, it is necessary to improve the quality of fixed-term work by ensuring the application of the principle of non-discrimination and establish a framework to prevent abuse arising from the use of successive fixed-term employment contracts or relationships (clause 1 of the abovementioned framework agreement). In other words, it is desirable to lay down the legal framework of effective protection of fixed – term workers.

The topic of the present elaboration is the analysis of fixed – term employment in Poland. It is submitted that Polish law does not protect fixed – term workers to a sufficient extent. In view of the present author regulations concerning this type of employment should be amended.

2. Legal framework of fixed – term employment

Polish labour law is a statutory law and collective labour agreements play secondary role. The basic statute

---

B. Waas, *The Legal Definition of the Employment Relationship*, "European Labour Law Journal", vol. 1, No. 1. January 2010, p. 45 and following.

is the Labour Code (hereinafter: "LC")[3]. The Code was enacted on June the 26th, 1974, and took effect on January the 1st, 1975. This legal act came into being in different social, economic and political circumstances. Originally, the Code was designed to regulate employment relations in large state – owned enterprises. Since that time the abovementioned statute was substantially amended. There were more than 100 amendments, introduced mainly after breakthrough in 1989. The legislator had to introduce important changes due to market economy requirements and the obligation to implement the European Union law[4].

The Labour Code constitutes the primary source of individual labour law. The Code regulates i.a. ban on discrimination, types of employment contracts and protection against dismissal. It is of primary importance for the regulation of employment relationship and protection against abuse of fixed – term employment. In this context special Law of 1st July 2009 on the relief of the effects of the economic crisis for entrepreneurs and workers[5] should be mentioned, too. This is so – called "anti – crisis law" which became effective on 22nd August 2009 and remained in

---

[3] Law of 26th June 1974 Labour Code, consolidated text Journal of Laws of 1998, No. 21, item 94 with further amendments. For English version see: *"The Labour Code. Kodeks pracy. Bilingual edition"*, translation by Agnieszka Jamroży, C.H. Beck, Warszawa 2010.

[4] See e.g. L. Mitrus, *Flexicurity und das polnische Arbeitsrecht*, "Recht der Internationalen Wirtschaft" 8/2008, p. 518 and following.

[5] Journal of Laws of 2009, No. 125, item 1035; amendment: Journal of Laws of 2010, No. 219, item 1445.

force till 31ˢᵗ December 2011. The basic aim of the Law was to help employers overcome the effects of the economic crisis and to preserve jobs. The Law introduced another mode of protection of fixed – term workers than the protection envisaged by the Labour Code (see below point 5). Another type of employment recognized by Polish law is temporary agency work, which remains outside the scope of the present elaboration[6].

According to art. 25 § 1 LC an employment contract can be concluded for an indefinite period of time (*umowa o prace na czas nie okreslony*), for a definite period of time (*umowa o prace na czas okreslony*) or the time to completion of a specified task (*umowa o prace na czas wykonania okreslonej pracy*). If it is necessary to substitute an employee due to his or her justified absence from work, an employer may, for this purpose, employ another employee under an employment contract for a time comprising the absence (*umowa o prace na czas zastepstwa*). Under § 2 each of the abovementioned employment contracts may be preceded by an employment contract for a probation period of up to 3 months (*umowa o prace na okres probny*). Thus, on the one hand, there is an open – ended contract for an indefinite term. On the other hand, there are several types of fixed – term employment contracts[7].

---

[6] Regulated by Law of 9 July 2003 on employment of temporary workers, Journal of Laws 2003, Nr 133, pos. 166 with further amendments.

[7] See also A. Pisarczyk, *Fixed – term Employment Contracts in Poland – in Search of Equilibrium between Flexibility and Protection* (in:) T. Davulis, D. Petrylaite, *Labour Market of 21ˢᵗ Century: Looking for Flexibility and Security.*

With regard to the latter category the following types of employment contracts can be distinguished. Firstly, employment contract for definite period of time. This contract terminates at a specified date, stipulated by the parties in the contract. The contract for replacement constitutes a particular "subcategory" of a contract for a definite period. A contract for a replacement can be made when a "regular employee" is not able to carry out his/her duties, e.g. during an illness, maternity leave or unpaid leave etc. Secondly, an employment contract for a time of the execution of a specified task. Such a contract terminates at the moment when the specified task has been fulfilled. This type of contract is typical for a construction sector. Thirdly, an employment contract for a probationary period. Such a contract can be in principle concluded only once between the same parties. Its maximum duration amounts three months.

The Labour Code does not require to state objective reasons justifying the conclusion or renewal of a fixed – term contract. Thus, it is entirely up to the parties to choose the type of an employment contract. Needless to say, in time of high unemployment it is an employer who decides on this issue. It happens quite seldom that a person looking for a job has a bargaining power to negotiate the type of an employment contract. Polish labour law does not stipulate the maximum period of a contract for definite term. According to the Supreme Court contracts

---

The Material of the International Scientific Conference, 12-14 May 2011, Vilnius 2011, p. 366 and following.

concluded for many years (*in casu* 9 years) with stipulation on admissibility of earlier termination can be regarded as an abuse of rights[8]. In fact, such a stipulation can attempt to avoid the protection against dismissal (see below point 3). Besides, a long – employment contract for a definite period of time can be regarded as an employment contract for an indefinite duration.[9] In practice, however, long – term employment contracts are concluded and usually they are not challenged by employees.

A fixed – term contract comes to the end at the stipulated day or a completion of specified task. Special rule on exceeding the duration of a contract is connected with maternity protection. According to art. 177 § 3 LC a contract for definite term, a contract for a completion of a specified task, or a contract for a probation period exceeding one month that would terminate after the third month of pregnancy, is extended until the date of birth. In other words, a fixed – term contract with a pregnant female employee extends until the day of delivery[10].

Polish labour law introduced the principle of equal treatment in employment (Chapter IIa of the Labour

---

[8] Judgement of the Supreme Court of 07 September 2005, II PK 294/04, *Judicial Decisions of Supreme Court, Chamber for Labour, Social Security and Public Affairs, No. 13-14/2006, item 207.*

[9] Judgement of the Supreme Court of 25 October 2007 , II PK 49/07, *Judicial Decisions of Supreme Court, Chamber for Labour, Social Security and Public Affairs, No. 21-22/2008, item 317.*

[10] After expiration of an employment contract a women is entitled to a maternity benefit. This issue is regulated by the Law of 25 June 1999 on social security benefits in case of illness and maternity, Journal of Laws 1999, No. 60, pos. 636 with further amendments.

Code, art. 18³ᵃ-18³ᵉ LC). According to art. 18³ᵃ § 1 employees should be treated equally in relation to establishing and terminating an employment relationship, employment conditions, promotion conditions, as well as access to training in order to improve professional qualifications, in particular regardless of sex, age, disability, race, religion, nationality, political beliefs, trade union membership, ethnic origin, creed, sexual orientation, as well as regardless of employment for a definite or indefinite period of time or full time or part time employment. Thus, there should be no differences with regard to employment conditions between fixed – term workers and those who are employed on basis of an open – ended contract[11]. Any direct or indirect discrimination is prohibited. Besides, under art. 94² LC an employer must inform employees, in the standard method used at a particular undertaking, about the possibility of full – time or part – time employment, and in relation to employees employed for a definite term about vacant job positions. In other words, fixed – term workers should be informed about possibilities to conclude a contract for an indefinite term instead of a contract for a definite term.

3. Termination of fixed – term contracts

The termination of an employment contract with notice constitutes a typical way of terminating a contract by the

---

[11] However, there is a difference as far as protection against dismissal is concerned. See below point 3.

will of one of the parties. Under Polish law, the admissibility to terminate a contract in such a mode is strictly connected with the type of an employment contract. According to art. 32 § 1 LC either party may terminate with notice an employment contract concluded for a probation period or an indefinite period of time[12].

It is very easy to dismiss an employee during a probation period. It is not necessary to state the reason of dismissal. The period of notice amounts 3 working days, 1 week or 2 weeks depending upon the length of a probation period (art. 34 LC). Employees employed under open – ended employment contracts enjoy much stronger protection against dismissal. The termination with notice must be justified (art. 30 § 4 and 45 § 1 LC), an enterprise trade union representing an employee must be consulted (art. 38 LC), in case of an unjustified dismissal an employee may lodge a claim before a labour court and demand reinstatement or financial compensation (art. 45 LC). A contract for a definite period and a contract to complete a specified task should not in principle be prematurely terminated. Theoretically they should last until the agreed date or event. However, there are several exceptions to this principle.

Firstly, under art. 33 LC upon the conclusion of an employment contract for a definite period term of more than 6 months, the parties may provide for the possibility of early termination of a contract with a 2 week notice

---

[12] Each type of contract may be terminated without notice through the fault of an employee (art. 52 LC) or if an employee is unable to work as a result of a long – term illness (art. 53 LC).

period. The Supreme Court ruled that such a stipulation can be agreed by the parties not only at the moment of a conclusion of a contract but also at the later date[13]. When such a clause has been agreed by the parties, the termination with notice must not be justified. Trade unions are not involved either. Under Polish law each termination of an employment contract is effective, even when an employer violates provisions on dismissal. If the notice of termination of an employment contract for a definite period has been served in violation of the provisions on terminating such contracts, an employee is entitled to a financial compensation only (art. 50 LC). Thus, in case of termination of a contract for definite term an employee cannot claim a reinstatement.

Secondly, two further exceptions are connected with restructurisation of an enterprise. Under art. 41^1 § 2 LC upon the declaration of bankruptcy or liquidation of an employer, an employment contract concluded for a definite period or for the completion of specified task, may be terminated by either party with two weeks' notice. The very same possibility has been introduced by art. 5 point 7 of the so – called Law on collective dismissals[14]. Thus, it is admissible to terminate a fixed – term contract with notice

---

[13] Judgement of the Supreme Court of 14 June 1994 , I PZP 26/94, *Judicial Decisions of Supreme Court, Chamber for Labour, Social Security and Public Affairs, No. 8/1994, item 126.*

[14] Law of 13th March 2003 on specific terms and conditions for terminating employment relationships with employees for reasons not related to the employees, Journal of Laws 2003, No. 90, pos. 844 with further amendments.

due to reasons lying on employer's side, even when such a clause has not been stipulated in the contract.

Thus, under Polish law there is a fundamental difference with regard to protection against dismissal of contracts for indefinite or definite period. As stated before, the termination with notice of a contract for indefinite term must be justified, trade union should be consulted, a dismissed employee can claim reinstatement. A contract for definite term with stipulation of earlier termination with notice (abovementioned art. 33 LC) does not offer comparable protection. Since there is no obligation to justify a termination with notice of a contract for a definite period, a dismissed employee has no possibility to challenge the reason of dismissal before the court. Besides, he can only claim a financial compensation, without possibility of reinstatement.

The Constitutional Court in the ruling of 2nd December 2008[15] did not rule on unconstitutionality of this regulation[16]. The Court enhanced that the choice of the type

---

[15] Case P 48/07, published in OTK ZU 2008, nr 10/A, pos. 173. See also Journal of Laws 2008, No. 219, pos. 1409.

[16] The Constitution of the Republic of Poland of 2nd April 1997, Journal of Laws 1997, No. 78, item 483 with further amendments. For various linguistic versions of the Polish Constitution see: http://sejm.gov.pl/Sejm7.nsf/page/akty_prawne. The referring labour court indicated two articles of the Constitution to be considered. Article 2: The Republic of Poland shall be a democratic state ruled by law and implementing the principles of social justice; article 32: 1. All persons shall be equal before the law. All persons shall have the right to equal treatment by public authorities. 2. No one shall be discriminated against in political, social or economic life for any reason whatsoever.

of an employment contract is left to the parties. The existence of various types of employment contracts is commonly accepted. The conclusion of particular type of contract has consequences, i.a. with regard to a termination of a contract and claims arising out of that. A termination of a contracts for definite term is admissible only in situations provided by law (e.g. abovementioned art. 33 LC). A termination of an employment contract is an exercise of right to finish a contract by one of the parties. Besides, a labour court can in any dispute take into account a possibility of an abuse of right by an employer (e.g. in case of arbitrary decision to dismiss a particular employee). Thus, in view of the Constitutional Court different level of protection is not *per se* discriminatory and does not breach the Constitution.

In theory art. 33 LC should constitute an exception. In practice, however, almost all contracts for a definite period introduce the possibility of earlier termination with a two weeks' notice. It is a common practice to conclude fixed term – contracts for long periods. Since there is neither obligation to justify a dismissal nor a claim for reinstatement, an employer can at any moment easily dismiss an employee. As far as long term contracts for definite period are concerned, *de facto* there is no effective protection against dismissal.

4. Protection against abuses of fixed – term contracts

The abuse of the various forms of employment and the danger of unjustified differences and competitive advantages led to attempts to fix a legal threshold of fundamental principles, such as equal treatment for part – time and fixed – term workers with full time and permanent ones[17]. The directive 99/70 provides that Member States are obliged to establish a framework to prevent abuse arising from the use of successive fixed-term employment contracts or relationships. According to clause the clause 1 of the framework agreement national authorities should introduce: (a) objective reasons justifying the renewal of fixed – term contracts or relationships; (b) the maximum total duration of successive fixed-term employment contracts or relationships; (c) the number of renewals of such contracts or relationships. Besides, Member States after consultation with the social partners and/or the social partners shall, where appropriate, determine under what conditions fixed-term employment contracts or relationships shall be regarded as "successive" or shall be deemed to be contracts or relationships of indefinite duration.

In Poland the Directive 99/70 has been implemented by art. 25[1] of the Labour Code. According to § 1 the conclusion of a subsequent employment contract for a definite term shall have the same legal consequences as a conclusion of a contract for an indefinite period, if the parties previously concluded two employment contracts for a definite term for subsequent periods, where the lapse of time between a termination of the previous employment con-

---

[17] B. Veneziani, *The Employment Relationship*, (in:) B. Hepple, B. Veneziani (Eds.) *The Transformation of Labour Law in Europe. A comparative study of 15 countries 1945-2004*, Hart Publishing, Oxford and Portland, Oregon, 2009, p. 121.

tract and the conclusion of a subsequent employment contract was no longer than 1 month. Under § 2 if, within the duration of an employment contract for a definite term, the parties agree upon a longer period of work performance than previously established, it shall be deemed that parties have concluded, from the date following the termination of a previous contract, a subsequent employment contract as defined in § 1. According to § 3 the provision of § 1 does not apply to employment contract for a definite term concluded: (1) for substituting an employee during a justified absence from work or (2) for the purpose of executing occasional or seasonal work or tasks performed periodically.

Thus, in Poland the number of renewals of contracts for definite term has been introduced. The Labour Code determined under what conditions employment contracts shall be regarded as "successive" and when they shall be deemed to be contracts or relationship of indefinite duration. The very idea of the abovementioned art. 25^1 § 1 LC is that the third employment contract for a definite term shall automatically convert into a contract for an indefinite duration, provided that conditions specified in § 1 are fulfilled. However, this provision should be evaluated critically.

Firstly, art. 25^1 § 1 LC does not cover all the types of fixed – term contracts. It relates only to an employment contract for a definite term. Contract for a probationary period and a contract for a time of the execution of a specified task are not covered by art. 25^1 § 1 LC. In my opinion it is not compatible with Directive 99/70. Clause 3 point 1 of the framework agreement defines "fixed-term worker" as a person having an employment contract or relationship entered into directly between an employer and a worker where the end of the employment contract or relationship is determined by objective conditions such as reaching a specific date, completing a specific task, or the occurrence of a specific event. Polish definition of a "fixed – term worker" is narrower than the definition introduced by the Directive 99/70.

Secondly, the third employment contract for a definite term transforms into an employment contract for indefinite duration "where the lapse of time between a termination of the previous employment contract and the conclusion of a subsequent employment contract was no longer than 1 month". Thus, it is very easy for an employer to avoid concluding an employment contract for indefinite period. It is enough to have an interval between subsequent contracts which is longer than 1 month. In such a situation art. 25^1 § 1 LC is not applicable[18].

Against this background the case *Adeneler*[19] should be mentioned. The European Court of Justice challenged the Greek provision under which a "subsequent employment contracts" were contracts where the interval between them

---

[18] The Supreme Court is of the opinion "exceeding one month" under art. 25^1 § 1 LC takes place where an interval between termination of a previous contract and concluding subsequent one lasts at least 31 days. See Judgement of the Supreme Court of 15 February 2000 , I PKN 512/99, *Judicial Decisions of Supreme Court, Chamber for Labour, Social Security and Public Affairs, No. 13/2001, item 439.*

[19] Ruling of 4th July 2006 in case C-212/04 *Adeneler and Others v. Ellinikos Organismos Galaktos*, [2006] ECR, I-6057.

did not exceed 20 working days.[20] It is to be enhanced that AG Kokott in her opinion to *Adeneler* case underlined that "(…) such a short and inflexible interval between relationships allows employment to continue for years, with brief intervals of just 21 working days in each case, such cases consequently falling outside the scope of the national provisions protecting against abusive practice. Ultimately, the abuse of fixed-term employment relationships is almost encouraged by such practice"[21]. The Polish regulation is based on the very same philosophy, just the lapse of time between contracts is slightly longer. Therefore in my opinion Polish law does not meet the requirement of *effet utile* of the Directive 99/70 and is incompatible with EU law.

Besides, according to art. 30 of the EU Charter of Fundamental Rights "every worker has the right to protection against unjustified dismissal, in accordance with Community law and national laws and practices"[22]. It has been submitted in the literature that art. 30 forbids fixed – term employment when it leads to clear avoidance of protection against unjustified dismissal.[23] Thus, it is disputable whether Polish regulation is compatible with EU Charter of Fundamental Rights.

---

[20] See points 76-89 of the ruling.

[21] Point 68 of the opinion of the Advocate General.

[22] See e.g. N. Bruun, *Protection against unjustified dismissal (Article 30)*, (in:) B. Bercusson *(Ed.) European Labour Law and the EU Charter of Fundamental Rights*, Nomos Verlag, 2006, p. 337 and following.

[23] R. Rebhahn, *Der Kündigungsschutz des Arbeitnehmers in den Staaten der EU*, "Zeitschrift für Arbeitsrecht" 2003, p. 180; E. Riedel, *Kommentierung zum art. 30* (in): J. Meyer (red.), *Charta der Grundrechte der Europäischen Union*, Nomos Verlag, 3 Auflage, Baden Baden 2011, p. 436.

5. The anti-crisis law

Poland has been affected by the economic crisis to a lesser extent than other Members States. However, special anti-crisis law was in force in years 2009-2011[24]. The main goals of the Law on the relief of the effects of the economic crisis were: the introduction of flexible working time solutions, regulation of fixed-term employment, granting financial benefits to employers affected by the effects of the crisis, and subsidies to employee training[25]. The anti-crisis law applied to "entrepreneurs" only, i.e. employers running a business. Article 35 of the Law suspended, for the time of its effectiveness, the application of the abovementioned art. 25^1 LC on contracts for a definite period. Instead, art. 13 of the Law on the relief of the effects of economic crisis stipulated that the period of employment based on an employment contract for a definite period, and also the total period of employment based on subsequent employment contracts for a definite term between the same parties to the employment relationship, must not exceed 24 months. A subsequent contract for a definite term is considered to be a contract concluded before the end of 3 months from the termination or expiry of the previous contract for a definite term. Therefore, conclusion of any

---

[24] See above footnote No. 5.

[25] See L. Mitrus, *"Anti-crisis Regulations of Polish labour law"*, "European Labour Law Journal" 2/2010, p. 269 and following; M. Pliszkiewicz, – *Pologne – Actualités juridiques internationales* [in:] *Bulletin de droit comparé du travail et de la sécurité sociale*, COMPTRASEC, Université Montesquieu-Bordeaux IV. Bordeaux 2009.

number of fixed-term contracts was allowed provided that their total duration does not exceed 2 years.

As the result, the possibility of signing contracts for a definite period has been extended considerably. With regard to employers running a business the only requirement was that the contract(s) for a definite period would not exceed 24 months in total. At the same time, the Law did not provide that the contract for a definite period would automatically transform into an employment contract for an indefinite term after 24 months. In the recent judgement[26] the Supreme Court ruled that a contract for a definite period concluded before 22nd August 2009 (i.e. when the anti – crisis law took effect), terminates at the day stipulated in this contract, even when the contract lasted longer than 24 months after 21st August 2009. In other words, contract which lasted more than 2 years did not transform into a contract for an indefinite period. It seems that anti – crisis solutions simply encouraged entrepreneurs to conclude contracts for a definite period, even where there was no real economic justification for limiting expected period of employment.

6. Conclusions

Polish regulations on fixed – term employment can be summarized as follows: no reason justifying a conclusion or renewal of fixed – term contract is required, there is no maximum statutory limit of admissible length of a contract for a definite period, under art. 33 LC a possibility of ear-

---

[26] Ruling of 9th August 2012, case III PZP 5/12, not yet reported.

lier termination of a contract for a definite term can be introduced, a dismissed fixed – term worker cannot claim reinstatement, art. 25^1 LC on chain contracts for a definite period does not cover all fixed – term workers and may be very easily avoided by introducing an interval longer than 1 month between subsequent contracts for a definite period. Thus, the Labour Code does not guarantee the real protection against abuses arising from the use of fixed – term employment. It is submitted that Polish regulation is very close to the idea of "employment at will".

It is not surprising that fixed – term contracts are very popular among employers. Polish regulation on fixed – term employment offers a lot of flexibility for employers and no security for employees. Poland is one of the leaders in the European Union as far as fixed – term employment is concerned: around 27% of employees are employed under fixed – term contracts. The long – lasting acceptance for free use of employment for a definite duration may make the elimination of "fixed – term employment culture" extremely difficult[27]. It goes without saying that Polish labour market is highly segmented.

In Poland fixed – term workers do not enjoy stability of employment. The situation calls for changes. It seems that transformation of a contract for a definite period into a contract for an indefinite period after 2 years would correctly protect employee rights. It would be also compatible with the Directive 99/70. Fixed – term employment is currently under a hot debate and such solution is suggested by Polish trade unions.

---

[27] L. Pisarczyk, *Fixed – term Employment Contracts...*, p. 379.

CURRENT CHALLENGES OF LABOUR LAW IN HUNGARY*

GYÖRGY KISS
Professor at the University of Pécs

Introduction

This year is very important for the development of Hungarian labour law, because of the new Hungarian Labour Code (Act I of 2012 on the Labour Code), which was adopted by Parliament in December last year and came to force on 1st July 2012. The legislator has decided that the enforcement and transitional/interim provisions related to this Act are laid down in another separate act. This act was published in the meantime (Act LXXXVI on the enforcement of the Labour Code and transition regulations). Having such provisions separately indicates well the fight of the different interest and also the tension, as forty-seven provisions in the original text of the Labour Code were amended by this Act. (The Hungarian Labour Code consists of two hundred and ninety-nine sections.)

---

* The study is the extended and edited version of the lecture held on 13 April 2012 at Congresso Europeu de Direito do Trabalho. The study was prepared in the frame of the MTA-PTE Research Group of Comparative and European Employment Policy and Labour Law [2011TKI435] programme. The leader of the research group is Prof. Dr. György Kiss.

It is indisputable that the new Labour Code means a new approach, stops previous solutions/practice, and for this reason many interests are infringed. My study consists of three parts. The first issue covers the development and background of labour law policy after the political and economic change. In the second part I will analyse the requirements and developments of the European labour policy. Finally I would like to present main points of the new Labour Code in the light of requirements of the European labour law.

I. Historical and dogmatically development of Hungarian labour law

1) As known, the political and economic change depended on negotiations between the communist party and the oppositions at the end of the eightieths. The most important result was a bloodless transition. But likely to be for this reason the price of this consolidation agreement were lots of compromises, and had an influence on the development of the labour policy which still lasts until nowadays. Answering to latter criticisms Josef Antall, prime minister at that time, said: "Maybe you would have liked it better to make revolution". The Hungarian policy-maker would have liked to establish a state of rule of law and a state which is based on social protection at the same time[1].

---

[1] See Isensee, Josef: Verfassung ohne soziale Grundrechte, *Der Staat*, 1980/3, p. 371.

Many authors have analysed these phenomenon and emphasized the dangers of the so called *'Sozialstaat'*. The most important instability factor of state which is based on social protection is the privatisation[2].

Regarding the economic background of the Hungarian employment policy I would like to emphasize the doubtful effects of the privatisation. Privatisation means the change of legal status of former state owned companies. The so called mass-privatisation – or in other words – spontaneous privatisation began at the end of the eightieths alike. On one side the consequence of the privatisation was economic growth and also economic efficiency. But on the other side approximately one million employees have lost their workplaces. It was a shock and a huge price for this change[3]. It was not occasional that provisions regarding the employees' interests against the employer's power have

---

[2] Isensee, Josef: Verfassung ohne soziale Grundrechte, *Der Staat*, 1980/3; Badelt, Christoph: Soziale Dienstleistungen und der Umbau des Sozialstaats [*in* Hauser, Richard (Hrsg.): *Reform des Sozialstaats I*]. Berlin, 1997, Duncker & Humblot, p. 181; Esping-Anderson, Gosta: *The Three worlds of welfare capitalism.* Cambridge, 1990, Polity; Esping-Anderson, Gosta: *Why we need a new welfare state.* Oxford, 2002; Oxford University Press; Esping-Anderson, Gosta (ed.): *Welfare states in transition: national adaptations in global economies.* London, Sage in association with the United Nations Research Institute for Social Development, 1996; Rösner, Hans-Jürgen: Beschäftigungspolitische Implikationen des Globarisierungsphänomens als Herausforderung für den Sozialstaat [*in* Hauser, Richard (Hrsg.): *Reform des Sozialstaats I.*]. Berlin, 1997, Duncker & Humblot, pp.11-43.

[3] Analyzing the history of the Hungarian privatisation see Laky Teréz – Neumann László – Boda Dorottya: *A privatizáció foglalkoztatási hatásai. [Influences of Privatisation to employment]* Budapest, 2001, DJW–CONSULTATIO.

been left out from the first Labour Code but at a later stage such provisions were indicated the Labour Code, as the provisions of the EC Directives[4].

This statement is supported by the chronology of Hungarian legislation. The new legislation's process had two significant parts. The first step covered economy related acts. One of them, the most important, was the Companies Act[5] and Act on Transformation[6] which assured structural and proprietary frame for the employment for the future. In addition there were other important legislations: Act on personal income tax[7] and Act on the VAT[8]. The second step covered constitutional acts. On my opinion the most important legislation was the Act on Freedom of Association because this Act made the basis for pluralism, among others for trade unions[9].

But Hungary still did not have a new Labour Code. Under the above mentioned circumstances still the old Labour Code of 1967 existed. It was impossible to get employed, because this Act based on another social and economic order. This Code was built on a government control, on unified trade union and regulated a bogus collective agreement the content of which was determined by legislation.

---

[4] It would have implemented the content of the Directives on a collective redundancy and transfer of business particularly.

[5] Act VI of 1988 on Companies.

[6] Act XIII. of 1989 on Tranformation of Economic Organizations.

[7] Act VI of 1987 on Personal Income Tax

[8] Act V of 1987 on a VAT

[9] Act II of 1989 on Right to Association.

2) The elaboration of a new Labour Code started at the end of the eighties. This code was adopted by the Hungarian Parliament after a long negotiation in the year 1992[10]. The first difficulty was the lack of experiences. For this reason the legislator has decided, that it is necessary to look for a model. The model for the Hungarian legislator was the German labour law. There were three ideas behind this choice: firstly: implementing regulations which establish more favourable conditions for the employees; secondly: evolving the dual structure of the collective labour law; thirdly: establishing a contractual source of labour law by collective agreements.

But this attempt was unsuccessful, because – on my opinion – the former legislator did not understand of substance of *Günstigkeitsprinzip* of the German labour law[11]. While this principle is predominating in relation to the collective agreement and contract of employment in Germany, this requirement existed in relation to the legislation and collective agreement in the Hungarian labour law. Under these circumstances the employers did not intend to conclude collective agreements, and trade unions could not force to conclude a collective agreement. For this reason the third idea, namely establishing a contractual source for labour law by collective agreements did not come

---

[10] Act XXII of 1992 on the Labour Code.

[11] Belling, Detlev: *Das Günstigkeitsprinzip im Arbeitsrecht, Berlin*, 1983 Duncker & Humblot; Krummel Christopf: *Die Geschichte des Unabdingbarkeitsgrundsatzes und des Günstigkeitsprinzips im Tarifvertragsrecht.* Frankfurt am Main, 1991, Peter Lang.

true[12]. For this reason, the terms and condition of employment relationship has stayed at the level of floor of rights. On my opinion this status of legislation led to a rigid frame of the labour law.

Regarding the dual system of the collective labour law it is necessary to refer to the opinion of German labour lawyers. Many authors have written, that the system of the trade unions and collective agreements belong to a legal confrontation over/beyond the employer's organisation level. But 'Betriebsverfassung' means a trustful cooperation between employer and works council at level of employer's organisation[13]. As opposed to this system the main area of life for the trade union and works council alike was the organisation of the employer in the Hungarian Labour Code. Apart from the former regulation of recognition of trade unions – which depended on result an election of works council – this situation caused a structural and functional trouble[14].

3) I would like to summarize the characteristics of the Hungarian labour law after the economic change. Unfortunately, labour law did not have contractual sources; for

---

[12] About sources of labour law see Deakin, Simon – Morris S. Gillian: *Labour law.* London–Edinburgh–Dublin, 1998, Butterworths, pp. 65-82.

[13] Richardi, Reinhard: Staudinger/Richardi 1989, Vorbem. zu §§ 611. skk. RdNr. 832-833.

[14] György, Kiss: Das Verhältnis das Tarifsystem zur Betriebsverfassung im ungarischen Arbeitsrecht *[in Thomuschat, Christian – Kötz, Hein – von Maydel, Bernd (Hrsg.): Europäische Integration und nationale Rechtskulturen]*, Köln, 1995, Carl Heimans Verlag, pp. 419-435.

this reason the absence of contractual sources had to be substituted by legislation. Therefore, the system of legislative sources was not flexible – general static definitions can be found in the labour law. Finally – under changing economic circumstances there is mass escape from the employment relationship. This is a hotbed of illegal employment.

The substance of such approach of the legislation has remained unchanged. The above mentioned ideas of the legislator has lead to a marginal defence of the employees, which is also meant that lots of element of public law has appeared in the labour law, and the role of institutions of private law were reduced. The Labour Code was amended more than fifty times during the years. The amendments depended on the political situation and were based on background bargaining between government and or trade unions or employer's associations. It is not a wonder that the result of the amendments contained a package without professional support.

II. Significant changes in the concept of the European labour law in consideration of different legal status of 'employee'

1) There was a conceptual change in the European labour law. My starting point is the evaluation of the Green Paper – labour law to meet the challenges of the 21st century which was published in 2006. The document underlined that the original purpose of the labour law was to offset the inherent economic and social inequality within

the employment relationship. For this purpose the traditional structure and content of labour law was evolved: permanent and full time employment; employment relationship between one employer and one employee; employment relationship is regulated by labour law exclusively. The most important task in this system was establishing the 'employee status' as the main factor around which entitlements would be developed'.

But some cracks have appeared in this system in a short time. The first significant movement was the change of the employer's structure. Regarding the employment relationship, the employer is: any person who employs an employee on the basis of contract of employment. Many employers – as organisation – mean an international association of risk and investment. This characteristic causes trouble in the relationship of collective labour law, particularly on the field of obligation of information and consultation, employer's insolvency etc. For this reason the old directives were supplemented with cross border clauses. It can be concluded that the 'just-in-time' management and various lean-management[15] have influenced the traditional employment relationship.

These kinds of management want to decrease the losses and therefore it is in its interest to employ cheap

---

[15] Womack, James – Jones, Daniel: *Thinking Lean – Banish waste and create wealth in your corporation,* Simon Schuster, UK Ltd, 2003; Kerschberg, Larry – Jeong, Hanjo: Just in Time Knowledge Management, E-Center for E-Business, Department of Information and Software Engineering, George Mason University, MSN 4A4, Fairfax, Virginia, 22030-4444 {kersch, hjeong} @gmu.edu, http://eceb.gmu.edu/

employees and to apply inexpensive forms of employment. A just-in-time management has combined a new symptom, namely a just-in-time employment and employees have appeared[16]. Certain types of just-in-time employment exist in the frame of labour law but also the phenomenon of outsourcing the employees from/out of traditional labour law appears more and more frequently. This process is inconsistent with the traditional model of employment and it presumed a new kind and new legal status in this schema. I have to refer to the analysis of *Wheeler* regarding 'stakeholding' model[17]. This schema points beyond the relations of undertaker-owner-employer and other persons with substantial influence have appeared. Notwithstanding the above, the employees can receive a new legal status as stakeholder alike[18]. This system is very complex and is further complicated by the interests of the management and the employees. *Jacoby* has underlined that the entitlement of management is supported by representatives of employees several times. But this alliance proved to be

---

[16] Owens, Rosemary: The Future of the Law of Work, *Adelaide Law Review*, 2002, pp. 345-373.; Leighton, Patricia: Problems Continue for Zero-Hours Workers, *Industrial Law Journal*, 2002, pp. 71-78.; Capelli, Peter – Rogowsky, Nikolay: New Work System and Skill Requirements, *International Labour Review*, 1994, 205-220.

[17] Wheeler, Sally: Labour and the Corporation, *Journal of Corporate Law Studies*, 2006, pp. 361-396.

[18] Greenfield, Kent: The Place of Workers in Corporate Law, *Boston College Law Journal*, 1998, p. 283.; Lynch-Fannon, Irene: Employee as Corporate Stakeholders: Theory and Reality in a Transatlantic Context, *Journal of Corporate Law Studies*, 2004, pp. 155-186.

fragile when it comes to strengthening the owner's power[19].

2) The European Union sees clearly that requirements for structural and economical change are arisen. The Green Paper sets out the followings: 'Rapid technological progress, increased competition stemming from globalisation, changing consumer demand and significant growth of the services sector have shown the need for increased flexibility'[20]. And below: 'The traditional model of the employment relationship may not prove well-suited to all workers on regular permanent contracts facing the challenge of adapting to change and seizing the opportunities that globalisation offers'[21]. Finally a very important sentence follows: 'Alternative models of contractual relations can enhance the capacity of enterprises to foster the creativity of their whole workforce for increased competitive advantage'[22]. The Hungarian translation of this text deals with 'alternative models of contractual relations' alike. But the German text is as follows: 'Alternative Arbeitsvertragsmodelle können die Fähigkeit der Unternehmen verbessern, die Kreativität aller ihrer Arbeitskräfte im Hinblick auf größere Wettbewerbsvorteile weiterzuentwickeln.' This difference is not at all insignificant. The English version

---

[19] Jacoby, Sanford: Employee Representation and Corporate Governance: A Missing Link, *3 University of Pennsylvania Journal of Labour Employment law*, 2000-2001, pp. 454-456.

[20] Green Paper p. 5.

[21] Green Paper p. 5.

[22] Green Paper p. 5.

suggests opening a broad dimension to the contractual possibilities out of the borders of the labour law, but under the German text the above mentioned 'alternative models of contractual relations' remains in the frame of the labour law.

Further, it leads to the second issue of main goal of the European labour law: to define/determine the new legal status on the borders of labour law, namely persons having similar status as an employee. In the English labour law they are called "workers"[23], in the German law 'arbeitnehmerähnliche Personen'[24], and in the French labour law 'travailleurs économiquement dépendant'[25]. At the first step it is necessary to clarify the relationship between the original legal statuses of self employed respectively 'echte Selbständige' and worker respectively 'arbeitnehmerähnliche Personen'. The definition of self employed is in connection with the sorting of kind of work[26]. The ILO Resolution has given the following definition of elf-employment: Self-employment jobs are those jobs where the remuneration is directly dependent upon the profits (or the potential

---

[23] Davidov, Guy: Who is a worker? *Industrial Law Journal*, 2005, pp. 57-71.

[24] Neuvians, Nicole: Die arbeitnehmerähnliche Person, *Duncker & Humblot*, Berlin, 2002,

[25] Antomattei, Paul-Henry – Sciberras, Jean-Christophe: Le travailleur économiquement dépendant: quelle protection?, *Droit Social*, 2009/2, pp. 221-233.

[26] Resolution concerning the International Classification of Status in Employment (ICSE), adopted by the Fifteenth International Conference of Labour Statisticians (January 1993); The Fifteenth International Conference of Labour Statisticians.

for profits) derived from the goods and services produced (where own consumption is considered to be part of profits). The ILO Resolution makes a distinction between employee and self employment – apart from kind of remuneration – on the basis of range of employment stability. The ILO resolution underlies that employees have a 'paid employment job' on the basis of stable contract. On the contrary self employed 'have engaged one or more persons to work for them in their business'. Apart from this, several types of workers belong to this classification, and their legal relationship is not completely clarified; therefore the differentiation between 'worker' and 'self employed' (Selbstständige and arbeitnehmerähnliche Person) is lost. *Perulli* has remarked that the identification criteria are clarified between employee and self employment, but the most important challenge is to take a real and correct distinction between 'self employed' and 'worker' (Selbstständige and arbeitnehmerähnliche Person). In other words, it is necessary to find the main points of the 'grey area'[27]. It has to be emphasized that this 'grey area' hides a trap itself. The phenomenon of 'worker' seems at the first sight as simple self employment (Selbstständige), but deals with a real 'subordinate employment'. *Perulli* has referred, that this is estimated as 'false self employed' respectively 'Scheinselbs-

---

[27] Perulli, Adalberto: *Economically dependent/quasi-subordinate (parasubordinate) employment: legal, social and economic aspects*, Committee on Employment and Social Affairs of the European Parliament and DG Employment and Employment and Social Affairs, Brussels, 2003, pp. 14-16.

tändige'[28]. It is emphasised in this context that the terminology of 'false self employed' does not refer to a null and void contract. These persons conclude a valid contract for employment or a mandate agreement and fulfil theirs duties as an undertaker or as a substitute. Nevertheless, there is a common element with the employees, namely the demand for social protection. This derives from multiple text[29] and from economic reality.

And at this stage the problem of freedom to choose the type of contract versus indirect compulsion to choose the type of contract in the labour law has emerged[30]. The legal estimation of activity of 'worker' depends on legal circumstances. When a certain type of contract is bound to a certain activity by legislation, the schema is relatively simple. A contract contrary to legislation is null and void. But such provision is not found apart from marginable exceptions. Notwithstanding the above, it is not possible to cast doubt on the freedom to choose the type of contract. Despite of this freedom it is necessary to estimate not only a content of contract but real effectiveness of contract (die tatsächliche Durchführung).

---

[28] Perulli, Adalberto: *Economically dependent/quasi-subordinate (parasubordinate) employment: legal, social and economic aspects*, Committee on Employment and Social Affairs of the European Parliament and DG Employment and Employment and Social Affairs, Brussels, 2003, p. 15.

[29] See Ready Mixed Concrete (South East) Ltd. v. Minister for Pensions and National Insurance (1968) 2 QB 497

[30] Maschmann, Frank: *Arbeitsverträge und Verträge mit Selbständigen. Rechtliche Qualifizierung von Dienstleistungsverhältnissen als Abgrenzungs- und Einordnungsproblem*, Berlin, 2001, Duncker & Humblot, pp. 221-238.

3) The analysis of real effectiveness of contract means the analysis of employment relationship as legal effect of this contract out of labour law, for the actual effectiveness of the fundamental elements of the labour law.. In other words, this is an extension of certain elements of the labour law to the above mentioned persons in order to satisfy the demand of social protection[31].

There are at least two questions to state the legal status of 'worker' (arbeitnehmerähnliche Person). Firstly: is it necessary to find an answer for the question: who is a worker[32]? Secondly: which elements of labour law can be extended to 'work-relationship' of these persons?[33] The new approach regarding the personal scope of the labour

---

[31] Wank has written in connection with purpose of labour law: Eine der grundlegenden Rechtsfolgen der Arbeitsrechts ist der erhöhte Bestandsschutz. Wank, Rolf: *Arbeitnehmer und Selbständige*, München, 1988, C. H. Beck'sche Verlagsbuchhandlung, p. 113.

[32] Regarding English law see Davidov, Guy: Who is a worker? *Industrial Law Journal*, 2005, pp. 57-71.

[33] Importance this theme is indicated that the *Comparative Labor Law & Policy Journal* in 1999 has devoted a separate number to connection a legal status these persons and a labour law. See among others között Engels, Chris: Subordinate Employee or Self-employed workers? An Analysis of the employment situation of managers of management companies an illustration, *Comparative Labor Law & Policy Journal*, 1999 (21), 1, pp. 47-76.; Langille, A. Brian – Davidov Guy: Beyond Employees and Independent Contractors: a View from Canada, *Comparative Labor Law & Policy Journal*, 1999 (21), 1, pp: 7-45.; Davies, Paul – Freedland Mark: Labor Markets, Welfare and the Personal Scope of Employment Law, *Comparative Labor Law & Policy Journal*, 1999 (21), 1, pp. 231-248.; Källström, Kent: Employment and Conract Work, *Comparative Labor Law & Policy Journal*, 1999 (21), 1, pp. 157-185, etc.

law influences all other elements of the labour law. E.g.: In the area of individual labour law the personal scope is necessarily extended to the prohibition of dismissal (unfair dismissal), application of holiday and sick leave. This problem can be changed by the structure and function of a collective labour law. There are some suggestions how to solve the problem: can the organisations of 'worker' be regarded as trade unions with union's rights and duties[34]; can the personal scope of the collective agreement be extended[35]?

Three countries regulate the definition of economically dependent workers, namely Italy, Germany and United Kingdom. Nevertheless, there are discussions on how to

---

[34] See Pernicka, Susanne*: Organizing the Self –Employed: Theoretical Considerations and Empirical Findings, *European journal of Industrial Relations,* 2006, Volume 12, Number 2, pp. 125-142.; Bibby, Andrew: *Opening the doors wide to the self-employed – How trade unions are recruiting and organising self-employed workers as members*, UNI, Global Union, October, 2005.

[35] I have to refer to the German Tarifvertragsgesetz § 12a (1): Die Vorschriften diese Gesetzes gelten entsprechend für Personen, die wirtschaftlich abhängig und vergleichbar einem Arbeitnehmer sozial schutzbedürftig sind (arbeitnehmerähnliche Personen), wenn sie auf Grund von Dienst- oder Werkverträgen für andere Personen tätig sind, die geschuldeten Leistungen persönlich und im wesentlichen ohne Mitarbeit von Arbeitnehmern erbringen und überwiegend für eine Person tätig sind oder ihnen von einer Person im Durchschnitt mehr als die Hälfte des Entgelts zusteht, das ihnen für ihre Erwerbstätigkeit insgesamt zusteht; ist dies nicht voraussehbar, so sind für die Berechnung, soweit im Tarifvertrag nichts anderes vereinbart ist, jeweils die letzten sechs Monate, bei kürzerer Dauer der Tätigkeit dieser Zeitraum, maßgebend, …

regulate this group of people in almost all Member States. I refer to the research of the European Labour Law Network on "Characteristics of the Employment Relationship"[36]. This document contains a survey on the extension of certain elements of the labour law to 'persons comparable to employees'. The respective part of the Draft underlines that 'workers who are merely economically dependent are not legally recognised in most countries'[37]. But this fact does not mean that in these countries this problem would be unknown.

Below I would like to present the new challenges in the Hungarian labour law in connection with the traditional approach and new requirements.

III. Main points of the transition of labour law in light of elaborating a new Labour Code

1) The first question to be determined was the following: where should the labour law belong to? Is labour law one part of the social/public law, or is labour law one part of the private law (with elements of public law). These two approaches mean two concept of employee's protection. If the labour law is a part of private autonomy, protecting rules are existing on a basis of principle of a contract, this fact determines limits of protection. In this

---

[36] Draft Restatement Volume 1 – The Identification of an Employment Relationship, November 2011, Frankfurt/Leiden.

[37] Draft Restatement Volume 1 – The Identification of an Employment Relationship, November 2011, Frankfurt/Leiden, p. 25.

context the legislator had to reconsider regulation and application of several "traditional" institution of labour law. The estimation of legal kind of labour law influenced the scope of protection alike. The spirit of the new Labour Code gives an expression where to place the labour law in the legal system. The labour law is a form of expression of private autonomy and as such is part of the private law[38]. It was an important decision from the legislator, especially in light of the former ideology. In a new system the main determining factor for an individual or a collective labour relationship is a contract. Such approach has the following consequences. Firstly: the legislator must not regulate too much the relationship between parties which belong to a typical agreement. For this reason it was possible to concentrate on the fundamental measures which serve for protection of the legal status (Bestandschutz) of employee in the legislation. Secondly: the significance of the agreement is increased which has conduced to the change of relationship of collective labour law, and we hope that it will changed the structure of the source of the Hungarian Labour law [see 3)]. Thirdly: the general principle for the application of more favourable conditions for the employees (*Günstigkeitsprinzip*) is transformed [see 2)]. And fourthly: relationship between the Labour Code and the Civil Code has become closer.

---

[38] Richardi, Reinhard: Der Arbeitsvertrag im Zivilrechtssystem. *Zeitschrift für Arbeitsrecht*, 1988/7, pp. 221-255; Richardi, Reinhard: Arbeitsrecht als Sonderprivatrecht oder Teil des allgemeinen Zivilrechts *[in FS für Alfred Söllner zum 70. Geburtstag]*. München, 2000, C. H. Beck'sche Verlagsbuchhandlung, pp. 957-972.

Applying the rules of the Civil Code depended on the judge-made law, and for this reason the application was accidental in Hungary. Now we have to refer to the clause of Quebec. Under this clause, the (Civil) Code is the foundation of all other laws, although other laws may complement the Code or make exceptions to it." Accordingly, the new Labour Code determines the areas in which the rules of Civil Code must be applied[39].

2) The second issue was to clarify the application of the rule more favourable conditions for the employees (Günstigkeitsprinzip). The new legislation broke up with the above mentioned principle of the former Labour Code. The main principle was as follows:

"Unless otherwise provided for by Labour Code, a collective agreement or a contract of employment may derogate from the provisions laid down of employment relationship on condition that it offers more favorable terms for the employees"[40].

---

[39] In connection with application a regulations of the Civil Code see a discussion in the German labour law. I refer to the draft of Professor Herschel (1969) "*Entwurf eines Arbeitsgesetzbuches – Allgemeines Arbeitsvertragsgesetz.*"; Der Entwurf eines Arbeitsgesetzes (1992) und die Diskussion auf dem 59. Deutschen Juristentag. It is very important a "Diskussionsentwurf eines Arbeitsvertragsgesetzes (ArbVG) (2006) by professors Martin Henssler and Ulrich Preis. This Draft has stated – contrast with Draft of Hannover Juristentag – following rule: "§ 1 Arbeitsvertrag (1) Das Arbeitsverhältnis wird durch Vertrag begründet. Soweit dieses Gesetz nichts anderes bestimmt, gelten die Bestimmungen des Bürgerlichen Gesetzbuches."

[40] Act XXII of 1992 on the Labour Code Section 13 Sub 3

I have referred to above that no contractual source for the Hungarian labour law exists. According to the intention of the legislator it is necessary to reinforce the role of collective agreement, including its regulatory function alike. For this reason the capability of the trade unions to conclude a collective agreement was changed[(see 3)], but it was most important to make a suitable legal background. Under the general principle of the new Labour Code a bilateral derogation between the legislation and collective agreement is possible. But, in many cases it is allowed to derogate only in favour of the employees by collective agreement. Apart from this, the legislator states several cogent norms from which it is not allowed to derogate. The following rules allow deviating from regulation of the Labour Code by collective agreement both favourable and unfavourable to the employee: Section 69 of the LC. [notice period]; Section 77 of the LC [severance pay].

At least Section 43 of the LC contains an important rule regarding the deviation by contract of employment. The rule is as follows:

> 'Unless otherwise provided for by law, the employment contract may derogate from the provisions of Part Two and from employment regulations to the benefit of the employee'.

3) The third and most important change is the new condition how the trade unions will be able to conclude a collective agreement (Tariffähigkeit, recognition of trade union). Under the rules of the former Labour Code a trade union shall be entitled to conclude a collective agreement with the employer if its candidates have recei-

ved a certain per cent of vote in the works council election[41]. This regulation has created a mutual dependence between the trade union and the works council. Namely, under Section 65 Sub 1 in the Act XXII of 1992 on the Labour Code, works councils shall have the right of codetermination with regard to the appropriation of welfare funds, and the utilization of welfare institutions and real estate property of such nature, as specified in the collective agreement. Because of this construction the existence of trade union depended on compound of works council and the most important right of works council depended on the content of the collective agreement. This construction can be originated from the compromise just after the political change. As the unified trade union was crashed down the trade unions and the government has agreed in an interim solution regarding the recognition of trade unions. But big trade unions insisted to keep this status quo. The new regulation defeats a taboo. Under the new Labour Code a trade union shall be entitled to conclude a collective agreement if its membership reaches ten per cent:

- of all workers employed by the employer;

---

[41] Act XXII of 1992 on the Labour Code Section 33 Sub 2: Subject to the exceptions set out in Subsections (3)-(5), a trade union shall be entitled to conclude a collective agreement with the employer if its candidates have received more than half of the votes in the works council ballot. Sub 3: If more than one trade union operates a local branch at an employer the collective agreement may be concluded jointly by all the trade unions, provided that the candidates of such trade unions have jointly received more than half of the votes in the works council ballot...

– of the number of workers covered by the collective agreement concluded by the employers association.

The original text has become soft in the meantime. Under the new text it is possible to conclude a collective agreement by confederation/association of trade unions. The decision of the legislator is as follows: "Confederation of trade unions shall be entitled to conclude a collective agreement if at least one of its member-organization has membership that reaches ten per cent at one employer and the member-organization empowers the confederation to conclude a collective agreement." In this case it is not sure that the employee membership of this confederation reaches ten per cent. On my opinion this rule is dubious. The legislator wants to incite increasing the contractual sources of a labour law. For this the parties would need approximately equal positions. This balance can not be confirmed without the high level support of employees.

4) The fourth important challenge is linked to dismissal. The legal consequence of unfair dismissal by initiate of the employer was acutely disputed. In the former Labour Code the main consequence was the re-employment, with certain exception. The rules were as follows:

> "If the court decides that the employer has unlawfully terminated an employment relationship, such employee, upon request, shall continue to be employed in his original position. At the employer's request the court shall exonerate reinstatement of the employee in his original position if the employee's continued employment cannot be expected of the employer." There were two bearing of facts behind of this exception. The

re-employment cannot be expected by objective and subjective reasons[42].

The new regulation is as follows:

"The employer shall be liable to provide compensation for damages resulting from the wrongful termination of an employment relationship. Compensation for loss of income from employment payable to the employee may not exceed twelve months' average pay"[43].

What is the reason of this change? A reason of dismissal by initiate of the employer was analyzed. In 70% of all dismissals the reason is in connection with the employer's operation. Collective redundancies compose a majority of termination within this and in such cases that there is nowhere to put the employees back[44]. I have to emphasize if there is no damage, the employee may claim the amount due for the notice period once again.

In connection with the former and current regulations it has to be emphasized that the protection of the employee against dismissal does not depend only on the regulation of dismissal. The protection of employee is in connection with other matters of labour law. I refer to different experiments in certain countries which targeted the permeabi-

---

[42] Act XXII of 1992 on the Labour Code Section 100 Sub 1.

[43] Act I of 2012 on the (new) Labour Code Section 82 Sub 1-2.

[44] See Thematic Report 2011 European Labour Law Network of Labour Law Experts, Dismissal – Particularly for Business Reasons – and Employment Protection, Contract No. VC/2010/1636, November 2011.

lity between the different employment relationships and wanted to hinder long-time unemployment[45]. Unfortunately, the concept of active labour policy is absent in the Hungarian employment policy, there is an above mentioned marginal protection instead of it.

5) Finally it is necessary to touch two themes which, at the end, did not get into the new Labour Code. The first issue is the above mentioned legal status of persons having similar status as an employee. In the early draft of the Labour Code the criteria of this legal status could be found. The Hungarian regulation was as follows in the draft:

> 'With regard to the totality of the circumstances of the case, a person who works for another person not on the basis of an contract of employment shall be regarded as a person with a status similar to that of employee (worker) if
> *a)* she/he works for another party in person, for reward, regularly and on a long-term basis, and

---

[45] See Bericht des Generaldirektors – Sich wandelnde Strukturen in der Welt der Arbeit, Internationale Arbeitskonferenz 95. Tagung 2006, Bericht I (C), Internationales Arbeitsamt, Genf; Waas, Bernd: *Model Holland – Flexibilität und Sicherheit im Arbeitsrecht der.Niederlande.* Baden-Baden, 2003, Nomos Verlagsgesellschaft; Kongshoj, Madsen: *The Danish Model of 'Flexicurity' – a Paradise with some Snakes,* Interaction between Labour Market and Social Protection, Brussels, May 16, 2002, European Foundation for the Improvement of Living and Working Conditions; Aguirregabiria, Víctor – Alonso-Borego, César: *Labour Contracts and Flexibility: Evidence from a Labor Market Reform is Spain,* Version July 2009.; Güell, Mai – Petrolongo, Barbara: Workers Transition from Temporary to Permanent Employment: The Spanish Case, Employment Center for Economic Performance, London School of Economics, Discussion Paper, No. 438.

b) against the background of the fulfilment of the given contract, he cannot be expected to engage in any other regular, gainful activity.

For the purpose of this rule

a) work performed on behalf of a business organisation owned in majority by the person concerned or his relative shall qualify as work performed in person;
b) the relatives of the recipient of the service/work and those engaged in a regular business relationship with the recipient of the service/work as well as those qualifying as associated businesses under the rules of taxation shall be regarded as a single person or entity.

The provisions of the present Act relating to leave, notice period, severance pay and liability for damages as well as the provisions relating to the mandatory minimum wage shall duly apply to the persons defined to as "person with a status similar to employee".

Above mentioned provisions are not applicable if the regular monthly income derived from this contract exceeds five times the mandatory minimum wage in force at the time of the fulfilment of the contract.'

This draft was refused by both the employer's associations and the trade unions. The decision of employers is based on the fact that these 'workers' have performed their work as employees before. Employers have argued that costs of employment would increase by this construction. Apart from this employer association worried about further consequences this legal status. In this regard the employers are right, because this new legal status and relationship would have been inducing both a new tax and social insurance system.

As regards the trade union's opinion of this group, the main argument was that they are not members of the traditional trade unions, respectively they are out of view of interest of trade union. This opinion indicates well the influence of traditional structure and frame of former approach of the labour law. Different elements and relationships of collective labour law belonged to employment organisation (so called in German labour law: Betrieb), and to the traditional employment relationship. The opinion of trade unions reflects a traditional notion on organisation and membership of trade union. This approach means difficulties for atypical employees alike and almost gives no opportunity for 'worker' to establish a trade union. Nevertheless it is emphasized that recognition of legal status of 'worker' together with the consequences of labour law would mean a global transformation of Hungarian collective labour law.

6) The second issue what have been left out from the Labour Code is the managerial prerogative. The fist question is what does managerial prerogative mean? Managerial prerogative is not similar to the employer's right of discretion/order, and it is not similar to 'at will employment' – in its original meaning.[46] The managerial prerogative meant – in its original content – a freedom of termination

---

[46] On the original meaning of 'at will employment see: Wood, Gray Horace: *A Treaties on the Law of Master and Servant*, 1877. Buffalo, William Hein and Co., 1981.

by employer. The application of this institution was lengthened on statement of content of employment relationship by unilateral decision of employer[47]. In the current labour law a managerial prerogative is based on a contract – contract of employment or collective agreement – and means that the employer is entitled to change the terms and conditions of employment relationship unilaterally in certain circumstances. What is the cause of the managerial prerogative? The employer is on the one hand a party of a contract of employment but is on the other hand an owner. For this reason employer has a decision power. It is important to see that contract of employment is not only a synallagmaticall contract in the private law but the employee is included in the employer's proprietary interest[48]. The contract of employment is agreed in a certain time and under certain circumstances. Contract of employment can be seen as a snap. But on the contrary, the employment relationship is a long-term connection. It can be necessary to change the conditions for example in order to avoid collective redundancy. The managerial prerogative based on a contract is a controlled flexicurity instead of above mentioned marginal protection of employees.

This concept was refused alike. The new Labour Code contains many elements which give an opportunity to state

---

[47] Leary, Virginia: The paradox of workers rights as human rights *[in Compa, Lance – Diamond, Stephen (eds.): Human rights, labor rights and international trade]*, Philadelphia, 1996, PENN, pp. 22-47.

[48] Richardi has an appropriate remark in this connection: *Arbeitgeber als Vertragspartner des Arbeitnehmers und als Inhaber der betrieblichen Organisationsgewalt.* Richardi, Reinhard: Staudinger/Richardi 1989, Vorbem. zu §§ 611. skk. RdNr. 545.

terms and conditions of employment relationship by individual or collective contract. The above mentioned managerial prerogative would have provided too much flexibility. For this reason Section 19 Sub 1 regulates the following conditions:

'The parties may render the conclusion, amendment or termination of the agreement contingent upon certain future, uncertain events (conditions). Any condition that would alter the employment relationship to the disadvantage of workers, or that would bring about the termination of the employment relationship may not be applied.'

IV. Conclusion

Finally I have to remark, that a conceptual challenge is incredible difficult under circumstances of Hungarian economic and social stance and because of the former employment policy. The new Labour Code has brought a change of determining the employment relationship by giving priority to contractual sources instead of the legislation. For this reason the application of more favourable conditions for the employees (*Günstigkeitsprinzip*) is transformed. Contract as such and the possibility to conclude agreements on different level are placed on special/priority place against the state's care. Parties of employment or industrial relationship are part of the civil law order. We need a long time and more appreciation and patience to each other for applying the new Labour Code.

SOME ASPECTS REGARDING PRECARIOUS WORK. THE ROMANIAN CASE

RALUCA DIMITRIU
Professor at the Bucharest Academy of Economic Studies

1. Flexibilization trend of labour contracts in Romania

The time of standard labour agreements – open-ended, 8 hour a day, with a fixed working schedule, working at the premises of the employer, and with a clear distinction between working time and free time – seems to be over. The various needs of production, from the point of view of the employer, and the wish to harmonize professional objectives with private goals, from the point of view of the employee, currently lead the two parties towards identification of alternative, flexible formulae of labour. Workers acquire more autonomy and more responsibility in performing their tasks, leisure time is often restricted, work at home (declared as such or not) has become a practice, while the working schedule is adapted to the needs of both parties. Labour agreements are no longer concluded for a life time; career starts with a new chapter each time when the employment is terminated.

The flexicurity concept is meant to meet these new expectations of the parties in a labour relation; that is why "flexible contractual arrangements" are one of the pillars of the implementation of this (controversial) concept.

There are also fundamental distinctions between the applicability of the flexicurity concept, and the new member states have their own specifics marking a rather different approach of the flexicurity principles[1].

Compared to other new member states, the labour legislation in Romania was favourable to the standard agreement for a long period of time, and gave little chance to the options of flexibilization of the labour agreement. In fact, the very idea of flexibility was perceived as the advantage of the employer, so the Romanian legislator felt initially obliged to opt for some extremely protectionist regulations.

However, the fact that an excessively protective legislation is seldom complied with – soon became obvious. For instance, non-compliance with protective legal regulations takes sometimes place with the "consent" (vitiated) of the workers, or in exchange of wages higher to the average wages (lower in Romania then the average European wages), or simply in exchange of the promise to be ensured the job against the background of frequent laying off dictated by the generalized economic crisis.

Thus, practice reacted by looking for gaps in the restrictive norms and by forcing the permissive areas of the law; in addition, in 2005, 2006, 2007 and 2011, changes in the Labour Code were made.

To sum up, we can define the protectionist stages of the Romanian labour legislation as follows:

---

[1] See Cazes, S., Nesporova, A., (2006) *Flexicurity. A relevant approach in Central and Eastern Europe*, International Labour Organisation, p. 15.

1990-2003 – the Communist Labour Code adopted in 1972 still in force. Legislation included an inertial, post communist protectionism. Old unions (existing in the public sector mainly) oppose all form of flexibilization of labor relations and are usually perceived as anti-reform. The private sector looks for *extra-legem* flexibilization mechanisms. The extremely rigid legislation is often not complied with (in many cases with the connivance of the control bodies).

2003-2006 – the new Labour Code is adopted, still very influenced by the former one. Rigid legislation, but with some gaps. Pressure of former unions is still evinced, but the private sector starts developing its own antibodies.

2007-2011 – Romania becomes member of the EU and flexibilizes its labour relations. More fixed duration agreements, temporary agreements, etc. The public sector shrinks as well as the strength of former anti-reform unions. Oversight of law enactment becomes rigorous.

2011 – to present day – the Labour Code includes an unprecedented flexibilization of labour relations, and the new Law of Social Dialogue seriously limits not only the power of the former unions, but also the power of the new ones.

Therefore, in time, several changes have been made in order to render more flexible the regulations of the Romanian Labour Code. Such changes were recently made by the Law no 40/2011[2]. The conclusion of atypical labour contracts was thus liberalized; fixed-term contracts, home work contracts, temporary agency contracts, etc. – more and more non-standard labour agreements can be unres-

---

[2] Published in the Romanian Official Gazette, Part I, no 225 of 31 March 2011.

trictedly concluded. Indeed, art. 83 in the Labour Code[3], stipulates the possibility to conclude a fixed-term employment contract under the following circumstances:

a) to replace an employee whose labour agreement is suspended, except for the case when the employee takes part in a strike;
b) in case of temporary increase and/or modification of the structure of the activity of the employer;
c) to perform season activities[4];
d) in case it has been concluded under legal provisions issued in order to temporary favour certain categories of unemployed people;
e) to hire a person who, within 5 years, will meet the requirements to retire;
f) to fill a position eligible in a union, an entrepreneurs' association or a non-governmental organization, during the person's mandate;
g) to hire retired people who, under the law, can cumulate their pension with wages;
h) in other cases stipulated by special laws or in order to perform certain works, projects or programs.

As far as the temporary agency work is concerned, in order to implement art. 4 of the Directive 2008/104/EC,

---

[3] Republished in the Romanian Official Gazette, Part I, no 345 of 18 May 2011.

[4] Surprisingly, season employees make no exception from the stipulations regarding the maximal duration of the contract; the law stipulates in the case of season employees that the maximal duration of their labour agreements can be of 36 months.

the Labour Code currently stipulates that such work can be used without restrictions[5]. Today users can hire temporary labour agents to perform any specific temporary task, except to replace employees on strike.

The duration of the temporary work is currently 24 months, and it can be extended to 36 months[6].

The home work contracts become very popular, and the part-time contracts, still under the European average, are higher every year becoming over 10% from the total employment[7].

However, flexibilization of the contractual relations incurred risks. The atypical labour contracts have some features that cannot be ignored. The employee working under an atypical contract (e.g., home work employees) has fewer chances to integrate within a team, a union or to take part in collective bargaining, which gives force to the claims of the employees. The working relations are therefore fragmented. The employer negotiates individually with each employee and **"niche contracts"** result, which may correspond indeed to particular interests of each worker, thus reflecting the flexibilization of working relations; however,

---

[5] Before the changes in the Law no 40/2011, a user could hire temporary work agents only to perform a specific temporary task, called temporary mission, only in the following cases:

a) to replace an employee whose individual labour agreement was suspended, during the suspension period of time;

b) to perform season activities;

c) to perform specialized or occasional activities.

[6] Until 2011, the limit was 18 months.

[7] Eurostat, Code: tps00159

this can deprive the employees of practical exercising of their collective rights.

The atypical labour contracts may still be sometimes perceived as more beneficial for the employer than for the employee. Especially at times with job deficit, there is a risk that the option of atypical work will belong to the employer, and the employee will only accept it.

Given this background, the issue of the relations between the employer and the employee, more sensitive because of the economic crisis, reveals the dangers of the precarious work.

Precarious work in Romania became a subject of controversy when the labour relations effectively became flexible. However, to note that precarious work pre-existed the flexibilization of agreements and the liberalization of atypical labour agreements. Within this context, the definition of precarious work itself should be re-assessed.

2. The concept of precarious work

The difficulty to define the precarious work comes from the fact that it does not represent an illegal labour agreement. On the other hand, taking out all the arrangements susceptible to generate precarious work from the legal framework (which was the intention in Romania at a certain moment) cannot be a solution since it could have a harmful effect upon production and labour flexibility.

Precarious work is nor the opposite of the standard agreement. We shall not call precarious work any flexible form of the labour agreement. On the contrary, agreements concluded during a project, part-time labour agreements meant to combine professional options with private options, tele – work, flexible working schedule, *on call* professionals– all these are ways of flexibilization of contractual arrangements that are desirable for both parties and for the labour market in general.

The issue of precarious work appears when the employee cannot choose a certain agreement form freely. This is the moment when contractual freedom is over and the employee is subject to increased vulnerability.

We may generally say that precarious work is not equal to atypical labour agreements because:

- on the one hand, there are many agreements that do not imply precarious work,
- on the other hand, precarious work can be included in the standard agreement, 8 hour a day, non-fixed duration agreements – for instance, because of the minimal wages insufficient to ensure a living.

Despite protective legal regulations, in practice there is a tendency of diminishing the protection of standard employees, until even their position on the labour market becomes precarious.

In addition, precarious work is seldom "disguised" otherwise than as individual labour agreement. The disguise of civil agreements, of the activities of an authorized physical person or of other types of agreements – hides sometimes instances of precarious work.

The International Labour Organisation defines the concept of precarious work by opposition to decent work. Irrespective of the contractual form, work stops being decent when it no longer allows the worker to earn his living in a stable and sustainable way. In legal literature, precarious work is defined as temporary work[8], deprived of labour safety and protection of the worker, remunerated at rates that no longer allow the worker to support his household. Precarious work is generally described in terms of: low wages, low labour safety, limited control of the conditions at workplace, low protection against risks affecting health and safety at workplace and less chances for professional training and career promotion[9].

Reduction of precarious work cannot be achieved without operational collective bargaining mechanisms. One solution seen by the ILO is bargaining arrangements to workers in precarious forms of employment[10].

Collective bargaining in Romania includes, at least formally, all categories of workers, including fixed duration labour agreements, temporary agreements or part time workers. The right to collective bargaining of part time workers is not diminished in a proportionate way with the work load.

Precarious work is generally associated with related phenomena such as:

---

[8] See J. Fudge, R. Owens, *Precarious Work, Women and the New Economy: The Challenge to Legal Norms*, Onati International Series in Law and Society, Oxford, 2006, p. 12.

[9] See G. Rodgers, J, Rodgers, J., *Precarious Jobs in Labour Market Regulation; the Growth of Atypical Employment in Western Europe*, Geneve: International Institute for Labour Studies, ILO, p. 56

[10] *From Precarious Work To Decent Work*, Outcome Document to the Workers' Symposium on Policies and Regulations to combat Precarious Employment, International Labour Organization 2012, p. 5

- deficit in labour dignity;
- lack of information of employees regarding the decisions taken by the employer that may directly affect them;
- deficiency in capabilities to ensure health and labour safety;
- lack of professional training;
- discriminatory treatment and unequal opportunities.

Against this fragile balance between protection of the employee and the need to revive economy, the changes in the Labour Code made in 2011 increased the chance of precarious work.

Liberalization of the probation period as a way to check professional skills – is an example of open gate towards precarious work imposed on a group of employees. Art. 31 para. (1) in the new Labour Code stipulates that, in order to check the skills of the employee, a 90-calendar day period of time as a probation period can be defined upon conclusion of the individual labour agreement for operational positions and up to 120 calendar day period of time for management positions.

During the probation period, the labour agreement can end at any time without prior notice or justification, thus, the case of the employees in such a position becomes vulnerable. The Code stipulates also the possibility to make use of the probation period upon employment several times and it is limited only to a maximum of 12 months.

The obligation of the employer to inform the employee about his probation period remains valid; however, failure to comply with this obligation is no longer sanctioned with interdiction to make use of the probation period but with the obligation to pay damages, to the extent to which the employee may produce evidence that a prejudice has been caused.

Another example of precarious workers may be considered the day workers. Before April 2011, the Romanian law made no distinction between individuals who had a fix term contract of 24 months or 1 day. Day workers were mere employee who concluded a fix term contract with a very short duration while contract was consensual. Consequently, it caused legal effects even if not concluded in a written form.

The Law of the day workers no 52/2011 regarding occasional activities performed by day workers[11] specifically regulates the activity of those people. The new law stipulates under art. 3: "The relation between the day worker and the beneficiary shall be established without concluding a labour contract". The day worker is the physical person who possesses a working ability and can perform occasional unskilled activities for a beneficiary.

Briefly, regarding the relation between standard work and precarious work, the Romanian legislation and jurisprudence have the following trends:

a) to use more work without legal agreement concluded and without the protection implied;
b) to increase the number of atypical agreements, some of these generating instability;

---

[11] Published in the Romanian Official Gazette no 276 of 20 April 2011.

c) to make even some of the standard work "precarious".

Indeed, while resizing atypical work, we are witnessing the phenomenon of rendering standard work more "precarious". That is, de-protecting employees that work under atypical agreements, full time, for fixed duration. The trend has two components:

- collectively, by reducing participation in collective actions and diminishing significantly the power of the unions (by changing the criteria to acquire representativeness by social partners);
- individually, by reducing the rights of standard employees.

This phenomenon currently leads to the idea that the are no longer two types of workers, some of them sufficiently protected by the labour legislation, others overlooked by the labour legislation, but there are workers who, irrespective of their activity, have a (somehow similar) deficit of protection.

There have been attempt to prevent or limit the precarious work. For instance, Law no 279/2005 regarding apprenticeship at workplace[12] – thus defining norms for apprentices that were so harsh that the apprenticeship ended up by becoming non-attractive for the employers.

---

[12] Republished in the Romanian Official Gazette, Part I, no 522 of 25 July 2011.

3. Precarious work and the deficit of dignity at work

The name of "precarious" given to a type of work is not always the consequence of its duration, of the work space or external conditions where the work takes place. Sometimes, it can be the consequence of a deficit of dignity of work, of affecting the level of respect owed to human beings and private life of the worker, and has deeper negative effects that the mere limitation in time of the agreement.

The concept of "dignity" was introduced in the legal terminology in 1948, when the Declaration of the Human Rights and Citizen mentioned this right in its preamble and consecrated it as a right in art. 1: "all human being are born free and equal in dignity and rights". Art. 1 in the Charter of fundamental rights of the European Union stipulates that "Human dignity is inviolable. It must be respected and protected". According to art. 1 para. 3 in the Romanian Constitution, "Romania is a state of the rule of law, democratic and social, where human dignity (…) is a supreme value (…) and shall be guaranteed by the law".

Art. 72 in the Romanian new Civil Code[13] stipulates that any person shall be entitled to respect for one's dignity, and violation of one's honour and reputation without the person's consent shall be forbidden.

---

[13] Republished in the Romanian Official Gazette, Part I, no 505 of 15 July 2011.

A special area where rights to dignity are exercised is the labour relation. The European Social Charter, revised, consecrates the principle according to which "all workers have the right to dignity at work". Thus, the Romanian Labour Code stipulates under art. 39 para. 1 letter e), that employees shall be entitled to "dignity at work".

Among others, the respect for dignity at work means:

a) **Interdiction of any form of discrimination**. Both direct and indirect discrimination at work place result into affecting the human dignity of the employee;

b) **Equal opportunities**. Equal opportunities and equal treatment between men and women in labour relations implies, under the Law no 202/2002 regarding the equal opportunities and equal treatment between women and men[14], non-discriminatory access to:

– Free choice or exercise of a profession or activity;
– Employment in any position or vacancy, at all levels of professional hierarchy;
– Equal income for the same jobs;
– Professional information provided and counselling, apprenticeship, training, refreshment, special courses and professional reconversion;
– Promotion to any hierarchical and professional level;

---

[14] Republished in the Romanian Official Gazette, Part. I, no 150 of 1 March 2007.

- Work conditions complying with health and work safety requirements;
- Incentives, other than wages, like for instance public and private social security;
- Entrepreneurs' associations, unions and professional bodies, as well as benefits thereof;
- Social services;
c) **Interdiction of mobbing**. Mobbing is the constantly aggressive, humiliating and unreasonable behaviour of the employer.

Art. 2 para. (5) in the Governmental Ordinance no 137/2000 regarding the prevention and the sanctioning of all forms of discrimination[15], with further modifications defines harassment as the behaviour based on criteria of race, nationality, ethnic minority, language, religion, social category, beliefs, gender, sexual orientation, unfavoured category, age, handicap, refugee status or asylum-seeker status or any other criterion that may result into intimidation, hostility, degradation or offensive attitude.

Looking down at an employee, compromising the employee from the professional point of view, affecting the employee's reputation, undermining the employee's authority, isolation, lack of good sense, insulting attitudes and remarks regarding the physical or intellectual characteristics of the employee, intimidation, humiliation, social stigmatization or actions meant to jeopardize the employee's health – are manifestations of violation of the employee's

---

[15] Republished in the Romanian Official Gazette, Part. I, no 99 of 8 February 2007.

right to dignity at work place. All this is caused by unbalanced power which makes that a party abuses of the other party.

d) **Interdiction of sexual harassment**. Sexual harassment is defined as any abusive behaviour that affects a person, while that person, by refusing or accepting that behaviour of the employer or of a colleague who is placed higher in the organisation, explicitly or implicitly justifies a decision that influences his rights implied by his labour relations.

The notion of sexual harassment includes as well any behaviour that may cause intimidation, hostility, humiliation towards the person who is the subject of such behaviour.

e) The possibility of the worker to claim and obtain moral **damages** because his intangible rights have been affected.

According to art. 253 para. (1) in the Romanian Labour Code, the employer, under the norms and principle of civil liability governing civil agreements, shall pay damages to the employee if the employee has suffered a material or moral damage because of the employer during the time when the employee performed his work or work-related tasks. Affecting one's dignity at work is a reason to claim moral damages.

In addition, some violations of legal provision by the employer cause, together with the immediate consequence of non-compliance with the legal norms, a mediated consequence of affecting the dignity of the worker: wages lower to the legal minimum wages or to the contractual wages, excessive work load, accompanied by additional work time with non-compliance with the legal restrictions, non-compliance with the job description, the practice of resignation signed in advance on blank documents, non-compliance with the rights of the employees during the probation period, non-compliance with the right to rest of the employees etc. Depending on the context in which the non-compliance of the legal provisions has taken place, it can be a violation of the dignity of the worker who chose not to protest because of the subordination relation and of the prospects to lose his job.

The labour law is, by definition, a protective branch of law. The labour law appeared and defined itself as a law meant to interfere in the contractual balance, aiming at protecting, by special regulations, the more fragile party: the worker.

However, obviously, rigid regulations cannot be a solution. As mentioned before, flexibility in employment is a specific feature of the current labour regulations, going back to standard agreements is neither possible nor desirable.

Thus, the regulations on diminishing precarious work may include:

- the use of the concept of "comparable employee". The idea of comparing the work done with the work of an employee who works under a standard agreement appears in several European norms, e.g. the

Directive 97/81/CE of the Council of 15 December 1997 regarding the framework agreement for part time work, the Directive 2008/104/CE of 19 November 2008. Art. 5 para. (1) stipulates: "The basic working and employment conditions of temporary agency workers shall be, for the duration of their assignment at a user undertaking, at least those that would apply if they had been recruited directly by that undertaking to occupy the same job". The goal is to ensure equal opportunities and equal treatment, thus curbing the trend towards precarious work;
– a minimal set of rights (*the floor of rights*) enjoyed by all workers, irrespective of their kind of labour agreement. To include here the persons who have no formal capacity of employee but perform their activity in a subordination relation to the beneficiary that is typical of the labour relations;
– rules imposing the informing and consulting the workers about recent developments and probable evolution of the economic activities and situation of the company or of the economic unit, given the situation and the level of employment of the respective company or economic unit, according to the requirements of the Directive 2002/14/CE of 11 March 2002 for the establishment of a general framework of information and consultation of employees in the European Union etc.

Together with the regulations regarding health and work safety, such rules define the kind of activity that, irrespective of the type of labour agreement, prevents the risk that precarious work may be provided by the employee.

Additionally, the protection of dignity at work for employees is a form of protection against precarious work. "Precarious" means the case where the private life or the dignity of the employee are affected – not the form of his labour agreement, but the subjective contents of the work. Protection against precarious work by ensuring the right of the employee to private life and dignity at work is therefore very complex. It covers a whole range of rights for the employee. The capacity of human being of individual, of the employee should prevail in any circumstance of the labour relation, while his subordination or proximity should not affect his humanness.

Respect for the employee's right to private life and dignity at work means to prevent – through the labour law system – the situation where work becomes, in a sad paradoxical way, both the source of one's earning one's living as well as the source of one's unhappiness.

REVOLUÇÃO NAS LEIS LABORAIS – QUAL REVOLUÇÃO?
DA TEORIA À PRÁTICA NAS ALTERAÇÕES À LEGISLAÇÃO LABORAL EM MATÉRIA DE CESSAÇÃO DE CONTRATO DE TRABALHO

Diogo Leote Nobre
Sócio, Cuatrecasas Gonçalves Pereira R.L.
Sociedade de Advogados

Já muita tinta correu a propósito do "Compromisso para o Crescimento, Competitividade e Emprego" (Compromisso), documento através do qual o Governo e os Parceiros Sociais (com a excepção da CGTP) acertaram, no passado mês de Janeiro, um conjunto de alterações a introduzir na legislação laboral e de segurança social. Mas, para além das guerras de palavras trocadas entre as duas centrais sindicais, dos cenários catastrofistas que alguns analistas logo traçaram quanto a uma pretensa perda de direitos e garantias por parte dos trabalhadores, e, em geral, da muita atenção mediática que a assinatura do documento mereceu, a pergunta que se impõe fazer é se, de facto, as mudanças que o Compromisso implica trarão, ou não, um paradigma diferente na regulação das relações laborais no nosso país.

Não se nega que, em certas matérias, e pelo menos do ponto de vista teórico, as alterações projectadas podem representar vantagens para o empregador.

Porque o tempo de que disponho não me permite ir mais além, centrar-me-ei na matéria da cessação do contrato de trabalho e nas alterações que, segundo algumas vozes (talvez mesmo as maioritárias), contribuirão para facilitar a cessação de contratos de trabalho. E a pergunta é: será mesmo que vai passar a ser mais fácil despedir?

Segundo aqueles que quase se indignam com o que consideram ser um retrocesso significativo nas garantias da manutenção do emprego, essa maior facilitação da cessação de contratos de trabalho operar-se-á por duas vias: por um lado, através da abertura do despedimento por inadaptação a situações não resultantes da introdução de modificações no posto de trabalho, que, como é sabido, até à data são as únicas que permitem o recurso a esta figura; por outro lado, através de uma aparente menor rigidez de requisitos no procedimento de extinção de postos de trabalho.

Quanto ao regime anunciado para o despedimento por inadaptação, sendo certo que aquele que ainda está em vigor é, pura e simplesmente, inexequível e inaplicável na prática, a questão que importa colocar é se o que aí vem traduzirá ou não um efectivo e significativo avanço nos instrumentos à disposição do empregador para fazer operar a cessação de contratos de trabalho.

Ora, se atentarmos nos requisitos a que se continuará a submeter essa forma de cessação contratual, é legítimo que nos questionemos sobre a relevância prática ou o impacto das alterações a introduzir. Com efeito, parece que continuará a haver uma espécie de *via crucis* para despedir com fundamento em inadaptação.

Senão vejamos:

– Tal como já se verifica actualmente, o empregador terá de alegar modificação substancial da prestação do trabalhador, designadamente a sua redução con-

tinuada de produtividade ou de qualidade. Aqui surge a primeira dificuldade: não basta a falta de produtividade ou de qualidade, exigir-se-á uma redução de produtividade ou de qualidade face a um padrão anterior em que o trabalhador evidenciou níveis superiores. Mais: não se tratará de uma redução qualquer, mas sim de uma redução continuada de produtividade ou de qualidade;
– Mais: exige-se que essa redução continuada de produtividade ou de qualidade seja determinada pelo modo de exercício das funções do trabalhador. O que quer dizer que ficam de fora reduções de produtividade por motivos que não sejam imputáveis ao trabalhador;
– Mas ainda é necessário que, em face das circunstâncias, seja razoável prever que a redução continuada de produtividade tem carácter definitivo.

Diga-se que estes requisitos não parecem afastar-se muito da redução anormal de produtividade que já está prevista actualmente como justa causa de despedimento na alínea m) do n.º 2 do artigo 351.º do Código do Trabalho. É certo que tal redução anormal de produtividade tem de ser vista à luz da cláusula geral do n.º 1 do mesmo artigo 351.º – ou seja, terá de se tratar de comportamento culposo do trabalhador que, pela sua gravidade e consequências, torne imediata e praticamente impossível a subsistência da relação de trabalho. Mas não se pode negar alguma similitude nessas duas previsões: ou seja, nas mais das vezes, não poderá uma redução continuada de produtividade determinada pelo modo de exercício das funções do trabalhador – ou seja com culpa deste – e com carácter previsivelmente definitivo também ser configurada como justa causa de despedimento à luz do artigo 351.º do CT?

Mas, se os requisitos substanciais para concretização desta nova (ou não tão nova assim, como acabámos de ver) causa de despedimento (por inadaptação) parecem bastante exigentes, os requisitos procedimentais não lhe ficam muito atrás. De facto, o empregador, para promover o despedimento:

– Terá, em primeiro lugar, de informar o trabalhador, juntando cópia dos documentos relevantes, da apreciação da actividade antes prestada, com descrição circunstanciada dos factos, demonstrativa da modificação substancial da prestação, podendo o trabalhador pronunciar-se por escrito sobre tais elementos em prazo não inferior a 5 dias úteis;
– Após a resposta do trabalhador ou decorrido o prazo para o efeito, o empregador deve comunicar-lhe, por escrito, ordens e instruções adequadas respeitantes à execução do trabalho, com o intuito de a corrigir, e tendo presentes os factos invocados pelo trabalhador;
– Exigir-se-á ainda que o empregador tenha ministrado formação profissional adequada à correcção da execução do trabalho e ainda que tenha facultado ao trabalhador, depois da formação, um período de adaptação de pelo menos 30 dias, devendo informar o trabalhador dos resultados da formação profissional e do período de adaptação;
– Pode ainda o trabalhador, no âmbito do procedimento de despedimento, solicitar as diligências probatórias que se mostrem pertinentes, designadamente a audição de testemunhas, aplicando-se, nesta maté-

ria, o regime dos procedimentos disciplinares no que toca à audição de testemunhas;
- Têm ainda o trabalhador e as estruturas representativas dos trabalhadores a faculdade de emitirem parecer fundamentado, designadamente sobre os motivos justificativos do despedimento;
- Por último, o empregador emitirá ou não decisão escrita fundamentada em que dêem por confirmados todos os requisitos acima enunciados.

Perante o quadro bastante exigente acabado de traçar, há razões fortes para duvidar que algum empregador se decida de ânimo leve a lançar mão deste novo recurso. Por um lado, em casos extremos de redução continuada, ostensiva ou anormal de produtividade, assente em motivos imputáveis ao trabalhador ou decorrente de culpa do próprio, para aquele tipo de casos que envolvem negligência manifesta, grosseira e reiterada do trabalhador, parece que o empregador continuará a dispor de uma via mais barata para fazer cessar o contrato de trabalho, que é a da justa causa de despedimento sem direito a indemnização. É uma via bastante exigente, isso é certo, mas a verdade é que a alternativa da inadaptação não parece assumir-se de muito menor risco e exigência, sendo mais cara (pois que pressupõe o pagamento da indemnização legal ao trabalhador). Para casos em que a redução continuada de produtividade não reveste esse carácter tão marcante, tão ostensivo, parece quase uma temeridade o empregador arriscar-se a despedir o trabalhador com fundamento em inadaptação.

Significa isto que, em matéria de inadaptação, vamos ter mais do mesmo? Ou seja, mais uma inutilidade a juntar à inutilidade que actualmente vigora? Não necessariamente. É de admitir que a entrada em vigor do novo regime do despedimento por inadaptação possa exercer um efeito psicológico não desprezível sobre o trabalhador. De facto, este, tendo presente a ameaça (ainda que apenas aparente) que o novo regime de inadaptação para ele representará, poderá interiorizar a convicção de que o seu desempenho ficará sob vigilância especial e acrescida do seu empregador. Ou seja, aos olhos do trabalhador, esse novo regime de inadaptação tenderá a ser encarado como mais um instrumento de reacção do empregador a qualquer redução não justificada da sua produtividade. Por outro lado, do ponto de vista do empregador, do empresário ou do investidor esse efeito psicológico também se poderá fazer sentir, pois que, com este novo instrumento, poderá porventura julgar-se mais resguardado contra eventuais quebras de produtividade dos trabalhadores que decide contratar. Poderá, assim, o novo regime de inadaptação funcionar como um sinal que se lança para o mercado, um sinal de incentivo à contratação, um sinal que o empresário recebe como uma atenuação à especial rigidez da lei portuguesa na cessação de contratos de trabalho. Todavia, é provável que esse efeito psicológico positivo tenda a desvanecer-se à medida que trabalhador e empregador se forem apercebendo da pouca aplicação prática da figura.

E o que dizer do novo regime do despedimento por extinção de posto de trabalho? Será que o mesmo vai escancarar as portas para o despedimento *ad hominem*? Irá de facto contribuir para aumentar ainda mais o desemprego? Não estou certo disso. Antes, tenho sérias dúvidas de que possa servir esses propósitos. O que não parece oferecer grandes dúvidas é que, ao substituir o requisito da prioridade em função da antiguidade por um "critério relevante e não discriminatório face aos objectivos subjacentes à extinção do posto de trabalho", o legislador pretende adequar esta causa de cessação contratual às reais necessidades da Empresa. Mal se compreendia, aliás, que a Empresa, tendo dois trabalhadores em postos de trabalho de conteúdo funcional idêntico, fosse obrigada a ficar com o mais antigo só porque ele era o mais antigo, ainda que fosse menos enquadrável ou adaptável numa reestruturação projectada do que o trabalhador despedido, ainda que o mais antigo tivesse uma remuneração bastante mais elevada, ainda que o mais antigo tivesse piores classificações num eventual sistema de avaliação de desempenho em vigor na Empresa.

Quanto à eventual susceptibilidade do novo regime da extinção do posto de trabalho para tornar mais fáceis os despedimentos, a verdade é que, por mais contraditório ou paradoxal que isso possa parecer, pode servir até para manter mais postos de trabalho. Passo a explicar o que não vem nos livros e resulta exclusivamente da prática – a prática (comum em muitas empresas) do recurso ao procedimento de despedimento colectivo para fugir ao critério mais rígido do despedimento por extinção do posto de trabalho. Quantas e quantas dezenas ou centenas empresas deste país não recorreram ao despedimento colectivo nos últimos anos apenas para poder despedir trabalhadores que, num processo de extinção do posto de trabalho *stricto sensu*, estariam protegidos pela regra da prioridade em função da antiguidade? Quantos e quantos postos de trabalho se sacrificaram dessa forma só para fugir à rigidez do processo de extinção do posto de trabalho? Por esta razão, não me parece que seja de todo descabido defender que a alteração poderá, até, contribuir para salvaguardar postos de trabalho que, a manter-se o actual regime, poderiam ser sacrificados num despedimento colectivo artificial.

Mas, se era mais fácil despedir através de um despedimento colectivo do que através de um processo de extinção do posto de trabalho, não estou seguro que as alterações anunciadas em matéria de extinção de posto de trabalho, como já ouvi e vi escrito algumas vezes, venham equiparar os requisitos da extinção do posto de trabalho ao despedimento colectivo. Isto porque não estou certo que definir "critérios relevantes face aos objectivos subjacentes à extinção do posto de trabalho" na determinação dos postos de trabalho a extinguir (no processo de extinção do posto de trabalho) seja o mesmo do que definir "critérios de selecção" (no despedimento colectivo). Significará o "critério relevante" que, havendo diversos critérios relevantes, tenha de eleger-se o mais relevante de todos para fazer extinguir o posto de trabalho? Significará ainda o "critério relevante" que, havendo outras medidas mais adequadas ou tão adequadas a prosseguir o objectivo subjacente à da extinção, se tenham de privilegiar essa outras medidas? É que, se assim for, os critérios de selecção do despedimento colectivo poderão continuar a revelar-se de obtenção mais fácil do que os critérios relevantes da extinção do posto de trabalho, com a consequência de continuarmos a assistir ao fenómeno da fuga para o despedimento colectivo em detrimento da extinção do posto de trabalho.

Chegados a este ponto, parece que já temos condições para concluir que as alterações anunciadas estão longe, muito longe, das virtualidades revolucionárias que alguns lhe atribuem, pelo menos nesta matéria da cessação de contratos de trabalho. Designadamente, e não sendo meu objectivo, aqui, fazer a defesa da UGT, só uma análise menos atenta do Compromisso – e sobretudo, das suas implicações práticas – permitirá sufragar as acusações de "traição à classe trabalhadora" que, aqui e ali, lhe foram lançadas.

Mas o que é curioso é que, por um lado, se faça tanto alarido com estas medidas e, por outro lado, tenha passado quase despercebida aquela que foi, provavelmente, a medida legislativa com maior impacto na cessação de contratos de trabalhos desde o início da vigência do Código do Trabalho de 2003. Refiro-me à presunção de aceitação do despedimento com o recebimento da compensação de antiguidade (no despedimento colectivo e na extinção do posto de trabalho). De facto, e diversamente daquilo que se verificou com o Código de Trabalho de 2003 (na redacção anterior à Revisão de Fevereiro de 2009) – que abria a porta ou pelo menos não impedia que tal presunção pudesse ser afastada por outras vias (designadamente através de uma declaração do trabalhador no momento em que recebia a compensação), a Revisão do Código do Trabalho de 2009 veio estabelecer expressamente que a presunção de aceitação do despedimento só pode ser ilidida desde, em momento simultâneo a esse recebimento, o trabalhador entregue ou ponha, por qualquer forma, à disposição do empregador a totalidade da compensação pecuniária recebida. Ora, na prática, tal presunção veio funcionar como um importantíssimo factor de dissuasão da impugnação da cessação do contrato de trabalho, pois que os trabalhadores sem meios económicos, colocados perante a eventualidade de terem de prescindir da compensação enquanto o processo judicial perdurar, optam quase sempre, ainda que discordem do despedimento, por aceitar a compensação e, assim, por renunciar ao direito de impugnação.

Quererá isto dizer então que, de futuro, nada de verdadeiramente substancial mudará em matéria de cessação de contrato de trabalho? Mais uma vez, a resposta a esta questão não parece unívoca nem fácil de descortinar. Só o tempo nos permitirá saber qual o significado efectivo das medidas anunciadas no Compromisso. Não pelo que, em si, trarão de novo ao mercado de trabalho a curto prazo. Mas pelo que poderão prenunciar para o futuro menos imediato. Tratar-se-á de uma porta que, uma vez entreaberta, tudo acabará por deixar entrar, impelida pelo vento das crescentes exigências de competitividade da nossa economia? Ou trata-se apenas de mudar qualquer coisa, para que, à boa maneira do "Leopardo" de Tomasi di Lampedusa, tudo fique na mesma? É uma questão a que não vos consigo responder. E, provavelmente, ninguém saberá no país. Nem sequer a Senhora Merkel.

Lisboa, 14 de Abril de 2012

INSOLVÊNCIA DO EMPREGADOR E CONTRATO DE TRABALHO*

JOANA VASCONCELOS
*Professora Auxiliar da Escola de Direito de Lisboa
da Universidade Católica Portuguesa*

1. O quadro normativo vigente em matéria de insolvência do empregador e seus reflexos nos contratos que o vinculam aos respectivos trabalhadores foi, de novo, e duplamente, modificado: o Código da Insolvência e da Recuperação de Empresas (CIRE) pela Lei n.º 16/2012, de 20/4, e o Código do Trabalho (CT) pela Lei n.º 23//2012, de 25/6.

Importa descrever brevemente as novidades que nestes dois planos se nos deparam, antes de entrar na análise das suas eventuais repercussões na correspondente disciplina.

---

* O presente texto reproduz o essencial da nossa intervenção no Congresso Europeu de Direito do Trabalho, que decorreu na Faculdade de Direito da Universidade Nova de Lisboa, de 12 a 14 de Abril de 2012. Na revisão do mesmo que antecedeu a sua publicação limitámo-nos a introduzir-lhe as indispensáveis correcções formais e a acrescentar-lhe as indicações bibliográficas que se mostraram necessárias. Porque no período entretanto decorrido, as soluções constantes das Propostas de Lei n.º 39/XII e n.º 46/XII transitaram, inalteradas, respectivamente para a Lei n.º 16/2012, de 20/4, e para a Lei n.º 23/2012, de 25/6, optámos ainda por substituir as alusões àquelas pelas correspondentes referências a estas.

2. Começando pelo ordenamento laboral, cabe destacar que a Lei n.º 23/2012 aditou ao art. 347.º do CT um novo n.º 5, o qual prescreve que em caso de cessação do contrato de trabalhador "cuja colaboração não seja indispensável", decidida pelo administrador da insolvência ainda antes do encerramento definitivo, aquele terá direito à compensação prevista no art. 366.º, solução que era já consensualmente sufragada pela doutrina[1].

---

[1] Fosse por via da sua recondução ainda à figura da caducidade ou, diversamente, a um despedimento colectivo ou por extinção do posto de trabalho, consoante o caso, fosse da sua qualificação como causa autónoma de cessação, tendo a doutrina divergido, logo diante do articulado originário do CT, entre os que viam nesta hipótese uma outra situação de impossibilidade de manutenção do contrato, para lá da gerada pelo encerramento definitivo (Pedro Romano Martinez, reconhecendo, todavia, que o facto de ser sempre necessário recorrer ao procedimento para despedimento atenuaria significativamente a relevância da questão) e os que, contestando a ocorrência de qualquer situação de impossibilidade, desde logo com as características que esta deve revestir (absoluta e definitiva), sublinhavam ser a recepção da prestação laboral pelo empregador ainda possível, conquanto que dispensável, o que legitimaria a opção de fazer cessar os contratos através de despedimento, colectivo ou por extinção do posto de trabalho (Carvalho Fernandes, no mesmo sentido, Júlio Gomes, Joana Vasconcelos, Bernardo Xavier), uma "hipótese particular de resolução" (Luís Menezes Leitão) ou de "despedimento com base na dispensabilidade" (Rosário Palma Ramalho), seguindo estes últimos o regime dos arts. 360.º e segs. do CT. Sobre este ponto, que será retomado adiante no n.º 7, v. Carvalho Fernandes, "Efeitos da Declaração de Insolvência no Contrato de Trabalho segundo o Código da Insolvência e da Recuperação de Empresas" in *RDES*, 2004, n.ºs 1-3, pp. 23 segs.; Júlio Gomes, *Direito do Trabalho*, Vol. I, Coimbra Editora, Coimbra, 2007, pág. 937; Luís Menezes Leitão, *Direito da Insolvência*, 4.ª ed., Almedina, Coimbra, 2012, pág. 202; Pedro Romano Martinez, *Direito do Tra-*

Mais significativos – conquanto que meramente indirectos – são os reflexos que em matéria de insolvência tem a opção, de alcance geral, de reduzir os montantes das indemnizações devidas em caso de despedimento por motivos relativos à empresa[2]. Porque, declarada a insolvência do empregador, a cessação de contratos de trabalho motivada pelo encerramento definitivo da empresa ou estabelecimento ou decidida pelo administrador da insolvência, em momento anterior àquele e fundada na sua não indispensabilidade ao respectivo funcionamento, confere aos trabalhadores atingidos direito a uma compensação calculada nos termos do art. 366.º (prescrevem-no expressamente os arts. 346.º, n.º 5 e, agora, também, 347.º, n.º 5), o correspondente montante será, doravante, apurado segundo as novas regras naquele definidas e, bem assim, as soluções transitórias constantes do art. 5.º da Lei n.º 69/2013, de 30/8.

---

balho, 5.ª ed., Almedina, Coimbra, 2010, pp. 1004-1005; Rosário Palma Ramalho, "Aspectos Laborais da Insolvência. Notas Breves sobre as Implicações Laborais do Regime do Código da Insolvência e da Recuperação de Empresas" in *QL*, n.º 26, 2005, pp. 157-158; *Direito do Trabalho*, Parte II, 3.ª ed., Almedina, Coimbra, 2010, pp. 879-880; Joana Vasconcelos, "Insolvência do Empregador, Destino da Empresa e Destino dos Contratos de Trabalho" *in VIII Congresso Nacional de Direito do Trabalho – Memórias*, Almedina, Coimbra, 2006, pp. 226-227; Bernardo Xavier, *Manual de Direito do Trabalho*, Verbo-Babel, Lisboa, 2011, pp. 689-690.

[2] Sobre esta opção e as várias questões que suscita, v., por todos, Bernardo Xavier, "Compensação por despedimento" in *RDES*, 2012, n.ºs 1-2 (Número Especial sobre a Revisão do Código do Trabalho), pp. 71 segs.

3. Já no que se refere ao ordenamento falimentar, a principal alteração a registar consiste no que a Exposição de Motivos da Proposta de Lei n.º 39/XII, que antecedeu a Lei n.º 16/2012, apresentou como um "reorientar" do CIRE "para a promoção da recuperação, privilegiando-se sempre que possível a manutenção do devedor no giro comercial, relegando-se para segundo plano a liquidação do seu património sempre que se mostre viável a sua recuperação"[3]. Nesse sentido, o seu art. 1.º, n.º 1, afirma agora que "o processo de insolvência é um processo de execução universal que tem como finalidade a satisfação dos credores pela forma prevista no plano de insolvência, baseado, nomeadamente, na recuperação da empresa compreendida na massa insolvente ou, quando tal não se afigure possível, na liquidação do património do devedor insolvente e na repartição do produto obtido pelos credores"[4].

---

[3] Sobre este ponto, mais desenvolvidamente, Luís A. Carvalho Fernandes/João Labareda, *Código de Insolvência e Recuperação de Empresas Anotado*, 2ª ed., Quid Iuris, Lisboa, 2013, pp. 67 segs.; Catarina Serra, *O Regime Português da Insolvência*, 5.ª ed., Almedina, Coimbra, 2012, pp. 25 segs.

[4] Era outra, com efeito, a orientação definida no articulado inicial do CIRE e explicitada no preâmbulo do DL n.º 53/2004, de 18/3, que o aprovou: a recusa de uma "suposta prevalência da via da recuperação da empresa" e "o imediato ressarcimento dos credores mediante a liquidação do património do insolvente" como regime supletivo, logo susceptível de ser afastado por vontade dos credores, "provendo" estes "por sua iniciativa a um diferente tratamento do pagamento dos seus créditos". Aos credores caberia, pois, decidir "se o pagamento se obterá por meio de liquidação integral do património do devedor, nos termos do regime disposto no Código ou no de um plano de insolvência que venham a aprovar, ou através da manutenção em actividade e reestru-

Paralelamente, criou-se um novo "processo especial de revitalização", destinado a "permitir ao devedor que, comprovadamente, se encontre em situação económica difícil ou de insolvência meramente iminente", mas seja ainda susceptível de recuperação, "estabelecer negociações" com os seus credores de modo a concluir com estes um acordo conducente à referida revitalização (art. 17.º-A, n.º 1, do CIRE). Regulado nos arts. 17.º-A a 17.º-I, ora aditados ao CIRE, este processo é instaurado a pedido do devedor – que, para tanto, deve atestar por escrito "que reúne as condições necessárias para a sua recuperação" – e tem carácter urgente (art. 17.º-A, n.ºs 2 e 3)[5].

E é no contexto deste "processo especial de revitalização" que surge uma outra novidade, com reflexo directo

---

turação da empresa, na titularidade do devedor ou de terceiros, nos moldes também constantes de um plano" (n.ºs 5 e 6).

Em conformidade, estabelecia o art. 1.º do articulado originário do CIRE que "o processo de insolvência é um processo de execução universal que tem como finalidade a liquidação do património de um devedor insolvente e a repartição do produto obtido pelos credores, ou a satisfação destes pela forma prevista num plano de insolvência que, nomeadamente, se baseie na recuperação da empresa compreendida na massa insolvente". Referindo-se especificamente a este preceito, notavam Luís A. Carvalho Fernandes/João Labareda que apesar de este "parecer rejeitar qualquer preferência por uma ou outra das vias alternativas de satisfação dos interesses dos credores, é, realmente a liquidação do passivo na forma tradicional que acaba por prevalecer em razão da sua supletividade (*Código da Insolvência e da Recuperação de Empresas Anotado*, Quid Iuris, Lisboa, 2008, pág. 58).

[5] Sobre este novo "processo especial de revitalização", v. Luís A. Carvalho Fernandes/João Labareda, *Código de Insolvência e Recuperação de Empresas Anotado*, 2013, cit., pp. 139 segs. Catarina Serra, *O Regime Português da Insolvência*, 2012 cit., pp. 175 segs.

no regime de garantias dos créditos laborais do trabalhador consagrado no CT: o novo art. 17.º-H do CIRE cria, no seu n.º 2, a favor dos credores que no decurso daquele financiem a actividade do devedor, disponibilizando-lhe capital para o efeito, um "privilégio mobiliário geral, graduado antes do privilégio mobiliário geral concedido aos trabalhadores"[6].

4. Do que antecede resulta que a questão que aqui nos cabe tratar se prende essencialmente com a primeira das apontadas inovações em matéria falimentar – a "reorientação", que se pretende profunda, do processo de insolvência para a recuperação da empresa, com o consequente abandono da finalidade em primeira linha liquidatória, originariamente assumida pelo CIRE[7].

Será, pois, nela que nos vamos centrar daqui em diante, para apreciar em que medida esta mudança de paradigma se projecta nas soluções vigentes quanto aos efeitos da

---

[6] Sobre esta novidade e seus reflexos no plano das garantias dos créditos laborais dos trabalhadores, v. Joana Vasconcelos, Anotação III. ao artigo 333.º, *in* Pedro Romano Martinez/Luís Miguel Monteiro/Joana Vasconcelos/Pedro Madeira de Brito/Guilherme Dray/Luís Gonçalves da Silva, *Código do Trabalho Anotado*, 9.ª edição, Almedina, Coimbra, 2013.

[7] Neste sentido, Carvalho Fernandes, "Efeitos da Declaração de Insolvência no Contrato de Trabalho ...", 2004 cit., pp. 8 segs. e Luís A. Carvalho Fernandes/João Labareda, *Código da Insolvência e da Recuperação de Empresas Anotado*, 2008 cit., pág. 58., invocando os AA "diversos dispositivos" do CIRE que expressariam tal opção prevalente pela liquidação do património, entre os quais o art. 192.º, n.º 1, bem como o Preâmbulo do diploma que o aprovou, *maxime* o seu n.º 27. V., ainda, a n. 4 *supra*.

declaração de insolvência do empregador nos contratos de trabalho com os seus trabalhadores.

5. É certo que esta alteração mantém intocada a opção fundamental, com raízes no CPEREF[8], de cometer apenas ao Direito do Trabalho a regulação das repercussões na relação de trabalho da declaração de insolvência do empregador: este o sentido essencial do art. 277.º do CIRE, que ao prescrever que "os efeitos da declaração de insolvência relativamente a contratos de trabalho e à relação laboral" se regem "exclusivamente pela lei aplicável ao contrato de trabalho", delimita reciprocamente os estatutos falimentar e laboral, retirando tal matéria do âmbito das normas concursais[9]. Mas não é menos certo que, apesar da latitude com que o art. 277.º remete para o ordenamento laboral, "os efeitos" a submeter "exclusivamente" às suas normas parecem limitar-se ao destino dos contratos de trabalho, o qual é, invariavelmente, traçado, no decurso

---

[8] O art. 172.º do CPEREF submetia a manutenção dos contratos celebrados pelo falido com os seus trabalhadores ao "regime geral da cessação do contrato de trabalho, sem prejuízo da transmissão dos contratos que acompanhe a alienação dos estabelecimentos industriais e comerciais". Sobre este preceito, v., por todos, Luís A. Carvalho Fernandes/João Labareda, *Código dos Processos Especiais de Recuperação da Empresa e de Falência Anotado, 3.ª ed.*, Quid Iuris, Lisboa, 1999, pág. 439; *Código da Insolvência e da Recuperação de Empresas Anotado*, 2013 cit., pág. 986.

[9] Sobre este ponto, mais desenvolvidamente, v. Carvalho Fernandes, "Efeitos da Declaração de Insolvência no Contrato de Trabalho …", 2004 cit., pp. 868-869; Joana Vasconcelos, "Insolvência do Empregador, Destino da Empresa e Destino dos Contratos de Trabalho", 2006 cit., pp. 217 segs.

do processo de insolvência e segundo as suas regras próprias, pela assembleia de credores (ou, verificadas certas condições, pelo administrador da insolvência)[10] – limitando-se o CT, neste ponto, a proclamar que os contratos de trabalho não cessam com a mera declaração de insolvência do empregador (art. 347.º, n.º 1)[11].

Ora, sendo o destino dos contratos de trabalho indissociável do destino da empresa, será unicamente a partir das concretas opções que quanto a esta venham a ser tomadas no processo de insolvência – encerramento, continuação

---

[10] O mesmo sucede, aliás, em matéria de tutela dos créditos laborais em caso de declaração de insolvência, *i.e.*, com a situação do trabalhador enquanto credor da empresa (manutenção ou não de privilégios creditórios, direitos de participação no processo de insolvência), a qual é regulada, em paralelo com a dos demais credores, pelo CIRE, só acessoriamente, e na medida em que este salvaguarda, no essencial, o estatuto dos créditos laborais dos trabalhadores enquanto créditos privilegiados (arts. 97.º do CIRE, *a contrario*, e 333.º do CT) as correspondentes normas laborais sendo chamadas a intervir no âmbito do processo de insolvência. Para mais desenvolvimentos sobre esta matéria, v. Joana Vasconcelos, "Insolvência do Empregador, Destino da Empresa e Destino dos Contratos de Trabalho", 2006 cit., pág. 220; Anotação ao artigo 333.º *in* Pedro Romano Martinez/Luís Miguel Monteiro/Joana Vasconcelos/Pedro Madeira de Brito/Guilherme Dray/Luís Gonçalves da Silva, *Código do Trabalho Anotado*, 2013 cit.

[11] Sobre este ponto, v. Carvalho Fernandes, "Efeitos da Declaração de Insolvência no Contrato de Trabalho …", 2004 cit., pp. 21-22; Pedro Furtado Martins, *Cessação do Contrato de Trabalho*, 3ª ed., Principia, Parede, 2012, pp. 106-107; Rosário Palma Ramalho, "Aspectos Laborais da Insolvência…", 2005 cit., pág. 155; Joana Vasconcelos, "Insolvência do Empregador, Destino da Empresa e Destino dos Contratos de Trabalho", 2006 cit., pp. 219-220.

da laboração, alienação – que cabe às normas juslaborais determinar os seus efeitos nos vínculos com os respectivos trabalhadores[12].

6. Significa isto afinal que é a partir da concreta finalidade prosseguida no processo de insolvência – recuperação? liquidação? – que se determinará a aplicabilidade e, no limite, a admissibilidade, no caso, de certas soluções previstas e reguladas no CT.

É o que sucede, desde logo, com o regime da transmissão da empresa ou estabelecimento (arts. 285.º e segs. do CT), inaplicável num contexto de mera liquidação do património do devedor, mediante o desmantelamento da empresa e a alienação de elementos desagregados do seu património[13] – como o que era tomado como opção-regra pela versão originária do CIRE, a qual admitia, não obstante, ao longo de todo o seu articulado, que a assembleia de credores decidisse, em vez do encerramento, a conti-

---

[12] O ponto foi por nós tratado em Joana Vasconcelos, "Insolvência do Empregador, Destino da Empresa e Destino dos Contratos de Trabalho", 2006 cit., pp. 222 segs., para onde se remete.

[13] Hipótese que o CIRE contempla em mais de uma ocasião ao longo do seu articulado: refiram-se, entre outras, as referências à "alienação de bens necessários à continuação da exploração da empresa, anteriormente ao respectivo encerramento" ou, mais genericamente, "de qualquer bem da empresa", no art. 161.º, n.º 1, als. b) e g), ou a "alienação separada de certas partes", no art. 162.º, n.º 1, *in fine*. Sobre a subtracção de tais situações ao regime comunitário e nacional da transmissão da empresa ou estabelecimento – integralmente aplicável às transmissões de empresa, estabelecimento ou parte de uma e de outro realizadas no contexto de um processo de insolvência, v. adiante o n.º 8.

nuação da laboração da empresa, e em particular a sua venda ou a de apenas um seu estabelecimento[14]. E também com a cessação dos contratos de trabalho de todos os trabalhadores da empresa, por caducidade mas seguindo, "com as necessárias adaptações", a sequência procedimental definida para o despedimento colectivo, nos arts. 360.º e segs., a qual supõe, naturalmente, o encerramento definitivo da mesma[15].

Outras soluções há, contudo, que se mostram mais duvidosas, pois surgindo plenamente justificadas na perspectiva de um encerramento da empresa, já decidido e em curso ou a breve trecho expectável, ou de uma projectada alienação da mesma (ou de parte desta) num horizonte temporal igualmente limitado, parecem mais dificilmente sustentáveis num cenário de "manutenção do devedor no giro comercial" e/ou de "revitalização da empresa": é o caso da cessação de contratos de trabalhadores "cuja colaboração não seja indispensável ao funcionamento da empresa" (art. 347.º, n.º 2, do CT) ou da contratação a termo de trabalhadores "necessários (…) à continuação da exploração da empresa" (art. 55.º, n.º 4, do CIRE).

---

[14] Neste sentido, Carvalho Fernandes, "Efeitos da Declaração de Insolvência no Contrato de Trabalho …", 2004 cit., pp. 17-18; Joana Vasconcelos, "Insolvência do Empregador, Destino da Empresa e Destino dos Contratos de Trabalho", 2006 cit., pág. 226.

[15] Sobre este ponto, v., Carvalho Fernandes, "Efeitos da Declaração de Insolvência no Contrato de Trabalho …", 2004 cit., pp. 27 segs.; Pedro Furtado Martins, *Cessação do Contrato de Trabalho*, 2012 cit., pp. 107--108 e 88 segs.; Joana Vasconcelos, "Insolvência do Empregador, Destino da Empresa e Destino dos Contratos de Trabalho", 2006 cit., pp. 223 segs.

Porque tais "manutenção" e/ou "revitalização" constituem doravante as finalidades primeiramente visadas com o processo de insolvência, a questão reveste especial premência, pelo que importa que nela nos detenhamos, procurando, com base na ponderação do sentido e alcance de cada uma das apontadas soluções, determinar o seu âmbito de aplicação.

7. O CT permite, no seu art. 347.º, n.º 2, que o administrador da insolvência, ainda "antes do encerramento definitivo", faça cessar os contratos de trabalho dos trabalhadores "cuja colaboração não seja indispensável à manutenção do funcionamento da empresa"[16].

Esta cessação segue, "com as necessárias adaptações", o regime previsto nos arts. 360.º e segs. para o despedimento colectivo, salvo tratando-se de microempresa (art. 346.º, n.ºs 3 e 4, do CT)[17].

---

[16] Sobre esta cessação de contratos, v. Carvalho Fernandes, "Efeitos da Declaração de Insolvência no Contrato de Trabalho …", 2004 cit., pp. 23 segs.; Júlio Gomes, *Direito do Trabalho*, 2007 cit., pág. 937; Luís Menezes Leitão, *Direito da Insolvência*, 2012 cit., pp. 202-203; Pedro Romano Martinez, *Direito do Trabalho*, 6ª ed., Almedina, Coimbra, 2013, pág. 876, pp. 1004-1005; Pedro Furtado Martins, *Cessação do Contrato de Trabalho*, 2012 cit., pp. 109 segs.; Rosário Palma Ramalho, "Aspectos Laborais da Insolvência…", 2005 cit., pp. 157-158; *Tratado de Direito do Trabalho*, Parte II, 4ª ed., Almedina, Coimbra, 2012, pp. 798-799; Joana Vasconcelos, "Insolvência do Empregador, Destino da Empresa e Destino dos Contratos de Trabalho", 2006 cit., pp. 226-227; Bernardo Xavier, *Manual de Direito do Trabalho*, 2011 cit., pp. 689-690.

[17] Naturalmente que, conforme nota Pedro Furtado Martins, "a remissão para o regime procedimental do despedimento colectivo vale apenas para as hipóteses em que o número de trabalhadores a dispensar

No que se refere especialmente à sua fundamentação, o administrador da insolvência terá de demonstrar (para lá da declaração de insolvência) a dispensabilidade, para a manutenção em funcionamento da empresa, dos trabalhadores visados – remetendo tal requisito para um cenário em que, podendo o empregador receber a prestação do trabalho, *i.e.*, inexistindo uma situação de impossibilidade, aquela se mostre inconveniente ou desvantajosa na perspectiva da rentabilidade da empresa[18].

De entre as várias questões que suscita esta singular forma de extinção, uma há que, conforme fomos antecipando, se avoluma diante da nova orientação dada ao processo de insolvência pela Lei n.º 16/2012: em que circunstâncias é permitido ao empregador declarado insolvente dela lançar mão?

Do que se trata é de saber se esta cessação de contratos de trabalho promovida pelo administrador da insolvência supõe uma manutenção da laboração da empresa a título transitório e com a sua liquidação como horizonte – sendo, afinal, a expectativa do seu encerramento num futuro próximo (donde a alusão a "antes do encerramento defini-

---

pressuponha a aplicação dessa modalidade de extinção" e não a do despedimento por extinção do posto de trabalho (*Cessação do Contrato de Trabalho*, 2012 cit., pp. 109-110). No mesmo sentido, v. Júlio Gomes, *Direito do Trabalho*, 2007 cit., pág. 937.

[18] Carvalho Fernandes, "Efeitos da Declaração de Insolvência no Contrato de Trabalho ...", 2004 cit., pp. 24-25; no mesmo sentido, Júlio Gomes, *Direito do Trabalho*, 2007 cit., pág. 937; Luís Menezes Leitão, *Direito da Insolvência*, 2012 cit., pág. 203; Pedro Furtado Martins, *Cessação do Contrato de Trabalho*, 2012 cit., pág. 110; Joana Vasconcelos, "Insolvência do Empregador, Destino da Empresa e Destino dos Contratos de Trabalho", 2006 cit., pág. 227.

tivo") a legitimar este aligeirar dos fundamentos "objectivos" que a suportam. Ou se, diversamente, é também compatível com um cenário de recuperação e, até, de "revitalização" da empresa, no qual, estando em princípio afastado o encerramento, a extinção de vínculos não indispensáveis se perfilaria como meio especialmente apto a reorganizar e redimensionar a empresa, permitindo-lhe libertar-se de trabalhadores cuja presença se mostre inconveniente, porque desnecessária[19].

Atentando nos interesses contrastantes do empregador e do trabalhador envolvidos nestas situações, temos grandes dúvidas de que uma leitura do art. 347.º, n.º 2, do CT que nele inclua qualquer outro cenário que não o encerramento definitivo, projectado ou decidido, se conforme com a imposição constitucional de que todos os despedimentos tenham uma motivação "suficiente e socialmente adequada"[20].

Afigura-se-nos, com efeito, que alargar a situações de manutenção da actividade da empresa ou de alienação

---

[19] Aparentemente neste sentido, Rosário Palma Ramalho sublinha, referindo-se a esta solução, que "a possibilidade de fazer cessar os contratos de trabalho no decurso do processo de insolvência pode corresponder a uma boa gestão, quer a insolvência determine a extinção da empresa, quer se configure a possibilidade da sua recuperação, já que a empresa recuperada poderá ser viável com menos trabalhadores" ("Aspectos Laborais da Insolvência...", 2005 cit., pág. 156).

[20] Bernardo Xavier, *Manual de Direito do Trabalho*, 2011 cit., pág. 678, referindo-se o A. ao art. 53.º da Constituição, que "garante aos trabalhadores a segurança no emprego, proibindo os despedimentos sem justa causa, isto é, os despedimentos arbitrários, sem motivo, sem razão suficiente e socialmente adequada".

desta a possibilidade de realizar despedimentos colectivos ou por extinção do posto de trabalho fundados na mera não essencialidade da colaboração dos trabalhadores visados, a qual servirá, também, naturalmente de critério da respectiva selecção, vai muito para além do justificado pelo estado de excepção criado pela declaração de insolvência e envolve uma injustificada e desproporcionada compressão dos direitos dos trabalhadores – que a não garantia da percepção, até ao fim do aviso prévio, das quantias correspondentes à compensação, aos créditos vencidos e aos exigíveis por efeito da cessação (art. 363.º, n.º 5, do CT)[21] mais não faz que agravar.

A tal leitura obstam, além do mais e estando em perspectiva a alienação da organização empresarial, no todo ou em parte, os regimes comunitário e interno da transmissão da empresa ou estabelecimento, integralmente aplicáveis em tal hipótese[22], e que interditam os despedimentos tendo aquela como causa[23].

---

[21] Pelo menos nas situações de despedimento colectivo, às quais terá o legislador restringido "a excepção de o despedimento poder ser lícito ainda que não tenha havido disponibilização da compensação", opção evidenciada pelo contraste, quanto a este ponto, entre os arts. 372.º e 383.º, e os arts. 384.º e 385.º do CT e justificada pelo "volume de massas monetárias a disponibilizar, que será eventualmente muito mais considerável nos casos de despedimentos em massa" (Bernardo Xavier, "Compensação por despedimento", 2012 cit., pp. 95-96, n. 81).

[22] Em conformidade com o art. 5.º, n.º 2, da Directiva que – em contraste com o seu n.º 1, relativo a alienações de bens ou conjuntos de bens desagregados da empresa ou de um seu estabelecimento, por tal modo desmantelados – abarca situações que implicam a continuação da empresa ou do estabelecimento alienados, mesmo que a transmissão ocorra no contexto de um processo destinado a liquidar um património,

A mesma recusa se impõe quanto o processo especial de revitalização, no qual, inexistindo ainda a própria declaração de insolvência, falta um pressuposto essencial da aplicabilidade do art. 347.º do CT, logo de qualquer das hipóteses de extinção do contrato nele previstas.

Em síntese, e naquela que nos parece ser a leitura mais conforme com a Constituição da norma constante do n.º 2 do art. 347.º do CT, a cessação de contratos de trabalho de trabalhadores não indispensáveis à continuação da laboração da empresa nela prevista deve restringir-se aos casos de encerramento definitivo subsequente à declaração de insolvência, já decidido, mas ainda não consumado.

8. Paralelamente, e ainda a propósito da manutenção da laboração da empresa, o art. 55.º, n.º 4, do CIRE per-

---

e submete tais casos ao regime nela estabelecido, orientado para a manutenção dos direitos dos trabalhadores num cenário de continuidade. A integral aplicabilidade de tal disciplina e, bem assim, das normas que a transpõem, decorre do facto de o legislador português não se ter prevalecido das duas derrogações que as als. a) e b) do n.º 2 do mesmo art. 5.º consentem aos Estados membros – e que serão especificamente referidas adiante no n.º 8, onde retornaremos a esta questão. Sobre este ponto, mais detalhadamente, v. Joana Vasconcelos, "Insolvência do Empregador, Destino da Empresa e Destino dos Contratos de Trabalho", 2006 cit., pp. 229 segs.; Anotação X. ao artigo 285.º, *in* Pedro Romano Martinez/Luís Miguel Monteiro/Joana Vasconcelos/Pedro Madeira de Brito/Guilherme Dray/Luís Gonçalves da Silva, *Código do Trabalho Anotado*, 2013 cit.

[23] Afirma-o expressamente o art. 4.º, n.º 1, da Directiva, à luz de cujas disposições devem ser interpretadas as normas de direito interno que procedem à transposição da sua disciplina (TJCE, Ac. *Marleasing*, de 13 de Novembro de 1990, Proc. n.º C-106/89).

mite ao administrador da insolvência contratar, a termo certo ou incerto, os trabalhadores necessários à liquidação da massa insolvente e os trabalhadores necessários à continuação da exploração da empresa.

Estes novos contratos, necessariamente transitórios (a termo certo ou incerto), visam satisfazer necessidades temporárias da empresa – daí que caduquem no momento do encerramento definitivo do estabelecimento onde os trabalhadores prestam a sua actividade ou, tendo estes sido admitidos para continuar a exploração da empresa, no momento da sua transmissão (e salvo convenção em contrário).

São, de novo, inúmeras as questões que se suscitam a propósito desta permissão legal de contratação a termo pela empresa insolvente, e que vão da sua articulação com o CT, mais exactamente, com o regime comum da contratação a termo[24], bem como com o regime de cessação de contratos de trabalho de trabalhadores não indispensáveis[25] ou, ainda, à sua conformidade com o regime nacio-

---

[24] Pronunciaram-se sobre a questão, em termos não convergentes, Carvalho Fernandes, "Efeitos da Declaração de Insolvência no Contrato de Trabalho ...", 2004 cit., pp. 34 segs.; Júlio Gomes, *Direito do Trabalho*, 2007 cit., pág. 939; Luís Menezes Leitão, *Direito da Insolvência*, 2012 cit., pp. 204--205; Rosário Palma Ramalho, "Aspectos Laborais da Insolvência...", 2005 cit., pág. 159; *Tratado de Direito do Trabalho*, Parte II, 2012 cit., pág. 800; Joana Vasconcelos, "Insolvência do Empregador, Destino da Empresa e Destino dos Contratos de Trabalho", 2006 cit., pág. 227, n. 31.

[25] Sobre este ponto, mais desenvolvidamente, v. Carvalho Fernandes, "Efeitos da Declaração de Insolvência no Contrato de Trabalho ...", 2004 cit., pág. 35; Joana Vasconcelos, "Insolvência do Empregador, Destino da Empresa e Destino dos Contratos de Trabalho", 2006 cit., pág. 228.

nal e comunitário da transmissão da empresa ou estabelecimento – na qual se justifica que nos detenhamos, neste revisitar de aspectos do regime vigente à luz da nova orientação dada ao processo de insolvência.

Antes de prosseguir, importa recordar que, não tendo o legislador português quando da transposição da Directiva (em 2003 e 2009[26]) utilizado a prerrogativa que lhe é conferida pelo seu art. 5.º, n.º 2, de introduzir certas derrogações ao seu regime, este, mais exactamente, as normas de direito interno que lhe dão execução, *i.e.*, os arts. 285.º a 287.º do CT, se aplicam integralmente às alienações de empresas, estabelecimentos ou partes de umas e de outros que ocorram no âmbito de um processo de insolvência, seja este orientado para a recuperação, seja para a mera liquidação do património do devedor insolvente[27].

---

[26] Arts. 2.º, al. q), da Lei n.º 99/2003, de 27/8 e 2.º, al. l), da Lei n.º 7/2009, de 12/2.

[27] No que respeita à sujeição ao regime comunitário e nacional da transmissão da empresa ou estabelecimento das alienações de empresas, estabelecimentos ou partes de umas e de outros efectuadas no contexto de um processo de insolvência, temos entendido que o sentido do silêncio do CT quanto a este ponto deve buscar-se na Directiva n.º 23/2001, mais exactamente no seu artigo 5.º – o qual cura da aplicabilidade às transmissões realizadas em processos concursais ou de recuperação do regime nela estabelecido, admitindo duas hipóteses em razão, não da natureza do processo em causa (falência ou recuperação), mas da finalidade prosseguida com tais alienações e conferindo, em qualquer delas, larga margem de decisão ao legislador interno. Assim, enquanto o n.º 1 do referido artigo 5.º abrange as alienações com intuito puramente liquidatório (*i.e.*, não dirigidas ao prosseguimento da exploração da empresa ou do estabelecimento), prescrevendo, "salvo determinação em contrá-

Ora, esta contratação a termo certo ou incerto de trabalhadores tendo como horizonte temporal a transmissão da empresa insolvente ou de um seu estabelecimento permitida pelo CIRE mostra-se dificilmente compatível, e em mais de um ponto, com o estabelecido na disciplina nacio-

---

rio" daquele, a inaplicabilidade do regime de garantias dos seus artigos 3.º e 4.º, o seu n.º 2 contempla situações que implicam a continuação da empresa ou estabelecimento alienados, ainda que a transmissão ocorra no contexto de um processo destinado a liquidar um património, e submete-as àquele regime, orientado para a manutenção dos direitos dos trabalhadores num cenário de continuidade, apenas permitindo aos Estados membros introduzir-lhe duas derrogações – uma relativa à transmissão das dívidas emergentes dos contratos de trabalho abrangidos, a outra à possibilidade de, por acordo com os sindicatos, se alterarem as condições de trabalho àqueles aplicáveis. Por tudo o que antecede, o silêncio do legislador interno reveste, num e noutro caso, um claro significado: inaplicabilidade do regime de garantias constante dos arts. 3.º e 4.º da Diretiva, nos casos previstos no n.º 1, aplicabilidade na íntegra do mesmo, nos casos previstos no n.º 2.

Sobre este ponto, com mais desenvolvimento, v. Joana Vasconcelos, "Insolvência do Empregador, Destino da Empresa e Destino dos Contratos de Trabalho", 2006 cit., pp. 229 segs.; Anotação X. ao artigo 285.º, *in* Pedro Romano Martinez/Luís Miguel Monteiro/Joana Vasconcelos/Pedro Madeira de Brito/Guilherme Dray/Luís Gonçalves da Silva, *Código do Trabalho Anotado*, 2013 cit.

De referir ainda, a este propósito, o recente Ac. RP de 16-4-2012 (Proc. n.º 434/08), integralmente disponível em www.dgsi.pt, que afirmou que "dos n.ºs 2 e 3 do art. 5.º da Diretiva resulta que, visando o processo de insolvência o desmantelamento da unidade económica, não se aplica a disciplina da transferência, cessão ou reversão da unidade económica; porém, se as medidas adotadas no processo de insolvência visarem a manutenção da unidade económica, embora com alteração subjetiva do titular do estabelecimento ou da sua exploração, nada impede que se mantenha a proteção dos trabalhadores".

nal e comunitária da transmissão da empresa ou estabelecimento. Um primeiro problema refere-se à opção legal de fazer, em regra, caducar os contratos com a mera transmissão do estabelecimento, tratando-se de trabalhador contratado para assegurar a respectiva laboração, de questionável conformidade com a Directiva, a qual assegura, sem admitir derrogações quanto a este ponto pelos Estados membros[28], a transmissão de todos contratos de trabalho ligados à unidade transmitida[29]. Parece-nos, contudo, que o problema tem contornos mais vastos e decorre da própria admissibilidade de uma causa justificativa da contratação a termo consistindo na iminência da transmissão da empresa ou estabelecimento[30]. O que vale por dizer que é

---

[28] Com efeito, e conforme houve ocasião de sublinhar na nota anterior, são apenas duas as derrogações consentidas ao legislador interno e nenhuma delas referente à regra da transmissão, junto com a unidade económica, de todos os contratos de trabalho que a integram.

[29] Neste sentido, Júlio Gomes, *Direito do Trabalho*, 2007 cit., pág. 939. Diversamente, considerando que esta caducidade do contrato a termo no momento da transmissão do estabelecimento "constitui um desvio às regras laborais em matéria de transmissão do estabelecimento" justificado "no contexto específico que fundamenta esses contratos (a necessidade de fazer face à gestão da situação de insolvência)", pelo que "desparecendo este fundamento quando o estabelecimento é transmitido, escapando assim à massa insolvente, compreende-se a solução da caducidade do contrato", Rosário Palma Ramalho, "Aspectos Laborais da Insolvência…", 2005 cit., pág. 160; *Tratado de Direito do Trabalho*, Parte II, 2012 cit., pág. 800, n. 206.

[30] A questão foi recentemente versada no Ac. RP de 7-5-2012 (Proc. n.º 362/09), com texto integral disponível em www.dgsi.pt, que decidiu não justificar, só por si, a admissão a termo de um trabalhador o facto de o empregador explorar o estabelecimento em regime de cessão, com

duplamente duvidosa a conformidade com a Directiva n.º 2001/23 do art. 55.º, n.º 4, do CIRE.

Igualmente problemática se mostra a "convenção em contrário" que o mesmo art. 55.º, n.º 4, do CIRE admite, sem, contudo, esclarecer em que momento pode esta ser celebrada (logo no momento da outorga do contrato? posteriormente, quando da transmissão?[31]) e por quem (trabalhador e adquirente? trabalhador e transmitente? transmitente e adquirente?). Desde logo, porque a sua estipulação, para além de obstar à caducidade do contrato pelo mero facto da transmissão, poderá ter, não raro, o efeito de evidenciar a não transitoriedade da necessidade da empresa invocada para motivar a admissão a termo do trabalhador. Mas também por, de novo, se mostrar dificilmente conciliável com o prescrito na Directiva e, por influxo desta, no art. 285.º do CT, a opção subjacente a este art. 55.º, n.º 4, do CIRE, de fazer, no limite, depender da vontade concorde dos interessados a transmissão de contratos de trabalho, ainda que a termo, afectos à empresa ou estabelecimento a alienar[32].

---

cujo prazo pretendia que coincidisse o termo aposto ao contrato de trabalho, de modo a que este caducasse no momento da reversão para o titular.

[31] Admitem ambas as hipóteses Luís A. Carvalho Fernandes/João Labareda, *Código da Insolvência e da Recuperação de Empresas Anotado*, 2012 cit., pág. 347.

[32] Relembre-se, a este propósito, que o art. 37.º, n.º 1, da LCT permitia que por "acordo entre o transmitente e o adquirente" os trabalhadores permanecessem "ao serviço daquele noutro estabelecimento", tendo a sua conformidade com a Directiva sido questionada ainda no direito anterior ao CT, que não acolheu tal solução (v., por todos, Júlio

Em jeito de conclusão dir-se-á que, mesmo num contexto de insolvência, não pode a contemplação isolada da árvore, por mais incomum que seja, fazer perder de vista a floresta, da qual esta faz parte.

Gomes, "O conflito entre a jurisprudência nacional e a jurisprudência do Tribunal de Justiça das Comunidades Europeias em matéria de transmissão do estabelecimento no Direito do Trabalho", *in RDES*, 1996, n.os 1-2-3-4, pág. 155).

INEFECTIVIDADE DAS LEIS E JUSTIÇA DO TRABALHO

António Garcia Pereira
Professor do Instituto Superior de Economia e Gestão

O tema da "inefectividade das leis" e em particular das leis laborais poderá parecer à primeira vista um tema recorrente e até já bastante debatido, quase um lugar-comum, mesmo entre nós.

Mas a verdade é que de todo o <u>não</u> é, sobretudo com a reflexão e a profundidade que ele merece e impõe.

Com efeito e ao invés do que alguns gostam de referir, não acho que estejamos todos de acordo com o diagnóstico e que só divergimos quanto a alguma da terapêutica. Não ! Estamos é de acordo com a maior parte da sintomatologia, mas não acertamos com o diagnóstico, e quanto à terapêutica as discordâncias e a falta de uma perspectiva estratégica são mesmo quase totais.

Partirei então dos sintomas: hoje, muito em particular na área Laboral, ainda existem, formalmente consagrados, diversos direitos, faculdades, poderes e garantias mas, na grande maioria dos casos, eles não estão verdadeiramente ao dispor dos cidadãos, em especial dos cidadãos trabalhadores, que não têm reais condições para os exercitarem e deles retirarem a utilidade social e pessoal que, teórica e formalmente, a Ordem Jurídica lhes garantiria.

As coisas chegaram mesmo a um ponto em que, de acordo com um inquérito encomendado pela SEDES e realizado há uns 3 anos atrás, 82% dos cidadãos considerou que a Justiça, e o acesso a ela, não era realmente igual para ricos e para pobres, para poderosos e para fracos e vulneráveis. Mas, bem pior ainda do que isso, se possível, 49% dos cidadãos inquiridos responderam que, por mais razão que uma pessoa tenha, não vale a pena recorrer à Justiça para ver tal razão reconhecida e garantida. E desde então a situação não tem cessado de se agravar.

Trata-se, como se compreenderá, de um autêntico "barril de pólvora", em cima do qual todos nós, mas muito em particular os nossos dirigentes políticos, têm estado tão ignara quanto irresponsavelmente sentados. Porque – tal como não me tenho cansado de repetir – se problemas de Saúde, Educação ou Transportes mal resolvidos sempre geraram, ao longo da História, reclamações e protestos, questões de Justiça não resolvidas e sentimentos generalizados de injustiça sempre geraram explosões sociais de consequências tão graves quanto imprevisíveis e incontroláveis.

Ora, a verdade é que temos hoje em geral, mas de uma forma muito marcada no Portugal de hoje em dia, uma situação grave, caracterizada por uma profunda rarefacção e por uma acentuada inutilização prática dos direitos dos cidadãos/trabalhadores. Para não ir mais longe, verifica-se hoje no nosso País, e de forma tão generalizada quanto (cada vez mais) impune, a utilização fraudulenta de contratos de prestação de serviços para encobrir relações de verdadeiro trabalho subordinado; o uso igualmente fraudulento e, logo, ilícito, da contratação a termo, certo ou incerto, para preencher postos de trabalho mais do que permanentes; a não remuneração de milhares e milhares de horas, efectivamente prestadas, de trabalho suplementar; a adopção de mecanismos de registo informático dessas horas de "trabalho a mais" que se apagam automaticamente ao fim de poucas horas ou dias; a habilidade fraudulenta de "partir" aquilo que verdadeiramente é a remuneração de base dos trabalhadores em várias "fatias", apenas se designando uma delas por "vencimento base" e as restantes por eufemismos como os de "complemento de remuneração", "subsídio de disponibilidade e desempenho", "diferencial absorvível", etc., etc., como forma de assim baixar as compensações de antiguidade devidas ao trabalhador; todos os dias se verificam processos chamados de "extinção de postos de trabalho" – umas vezes levados até ao fim, outras vezes levados até ao ponto em que o trabalhador decide finalmente aceder sair da Empresa por algo que de "mútuo" e de "acordo" só tem mesmo a denominação… – totalmente fora dos pressupostos objectivos que legalmente fundamentam tal forma de cessação do contrato de trabalho. Todos os dias também são, de forma quase sempre totalmente impune, levados a cabo inúmeros processos de assédio moral, alguns de extrema gravidade e que conduzem à autêntica destruição da vida, não só profissional como também pessoal e familiar, de alguns dos nossos melhores concidadãos. Como também "suspensões" e "encerramentos" de facto, verdadeiros "*lock-out*" legal e constitucionalmente proibidos. E "transmissões" de empresas ou partes de empresas, designadamente no âmbito de processos de "*out-sourcing*", ou cedências ocasionais de trabalhadores que se acabam por consubstanciar, as mais das vezes, pela efectiva perda de direitos e regalias por parte dos trabalhadores por elas abrangidos.

E todavia, não obstante a sua patente ilegitimidade, ilegalidade ou até inconstitucionalidade, é ínfima a parte dessas situações que é levada à Justiça Laboral e verdadeiramente microscópica a percentagem dos casos em que esta opera uma real e efectiva recomposição da Ordem Jurídica violada!

Dito de maneira mais simplista, esses direitos (cada vez menos, é certo) até estão, de um modo geral, abstracta e formalmente consagrados, mas o que se verifica é uma sua patente e marcada inutilização ou inviabilização prática.

Ou, referindo-o de uma forma porventura um pouco mais rude, hoje e em Portugal, na área do Direito do Trabalho, o crime largamente compensa !...

As duas grandes questões que se devem então colocar e para as quais é não só urgente como imprescindível lutar por encontrar as respostas adequadas são estas:

1ª – Por que é que isto é assim ?

2ª – E o que deve ser feito para se alterar qualitativamente este estado de   coisas ?

É claro que se podem invocar os eternos – e que nem por isso deixam de ser verdadeiros – argumentos da profusão e da falta de qualidade das leis, bem como da escassez dos meios empregues na fiscalização (aqui mais apropriado seria falar em quase inexistência) e na aplicação das mesmas leis.

Cremos, contudo, que, embora verdadeiro, tal não chega, e que é preciso ir bem mais fundo.

Na verdade, temos leis que, à partida, se verifica logo que não vão poder funcionar; temos medidas como as da extinção da 3ª Secção de todos os 5 Juízos do Tribunal do Trabalho de Lisboa, com as consequências hecatômbicas daí provenientes; como temos uma persistente depauperação dos meios (materiais, humanos e financeiros) e da capacidade de intervenção da Inspecção do Trabalho.

Temos também decisões judiciais de bradar aos céus, v.g. em matéria de não reparação de danos morais, denegando tal reparação sob o pretexto de que se trataria de "meros incómodos que não merecem a tutela do Direito" ou fixando indemnizações miserabilistas, se não mesmo provocatórias; de sistemático privilégio das questões de forma sobre o fundo, de completa desconsideração das características próprias de uma relação jurídica estruturalmente assimétrica como é a de trabalho, de inutilização dos meios adjectivos (designadamente providências cautelares) de defesa de direitos substantivos ou da brutal taxação em custos de todo e qualquer requerimento que contrarie a lógica do despachar decisões a todo o transe.

Mas é evidente que tudo isto não pode ser explicado apenas pela inépcia do legislador, pela má vontade dos decisores políticos ou pela menor capacidade ou deficiente formação destes ou daqueles julgadores.

A questão é, como já referimos, bem mais funda.

Vivemos hoje a época da chamada "globalização" e Portugal tem vivido uma situação de crescente empobrecimento económico e sucessiva perda da sua independência política, estando-lhe a ser cada vez mais imposto o estatuto de país pretensamente "inviável" e reservado o papel de uma mera região periférica, para não dizer mesmo uma simples província espanhola.

Ora, um país que praticamente nada produz, mesmo aquilo que está em absoluto ao seu alcance (pescas e minas) ou aquilo em que já mostrámos ser dos melhores do Mundo (como a construção e reparação naval), que não tem um plano de desenvolvimento económico, cuja classe empresarial não só é, do ponto de vista económico e social, muito fraca como continua a apostar no velho e esgotado modelo "*taylorista*" do trabalho intensivo, pouco qualificado e muito barato, ou seja, muito mal pago, é um País não só em crise, mas à beira da sua inviabilização não apenas económica, como também política, e igualmente social e até filosófica. Um País incapaz de reflectir e de pensar, e caracterizado, do ponto de vista do pensamento (também jurídico, entenda-se), pelo mais fossilizado e anacrónico dos seguidismos, sem se querer compreender o que se passa à nossa volta e aquilo que urge verdadeiramente fazer.

Assim, também na Justiça Laboral, nós não temos propriamente uma "crise da Justiça", mas sim temos a "Justiça da grave crise" em que o País se encontra.

A nível mais global, vivemos hoje, e de forma cada vez mais evidente, a fase da implementação do grande capital financeiro, ou seja, do capital bancário fundido com o capital industrial e do combate a nível mundial pelo controle das fontes de riqueza e dos mercados. Só que assumindo algumas características próprias e muito específicas relacionadas, sobretudo, com as Novas Tecnologias da Comunicação e Informação (NTCI's) e com as inúmeras potencialidades que elas vieram efectivamente criar. Vemos, pois, o seguinte:

- Operou-se o autêntico estilhaçamento das noções tradicionais do tempo e do espaço:
- As organizações empresariais passam a poder ser uma "cadeia" ou uma "constelação", a qual pode operar, em todo o Mundo, 24 horas por dia;
- Os negócios das bolsas de valores (como Nova Yorque, Bancoque, Londres, S. Paulo, Tóquio) operam incessantemente em todo o Mundo e é por isso aliás que os dias de 24 horas já não chegam para responder a todas as solicitações e exigências desta operação incessante;
- A classe dos titulares dos meios de produção, que criou historicamente a noção de "nação" (mais ampla e mais livre do que o reduzido espaço económico do "feudo"), está agora a destruir essa mesma noção e a substitui-la por uma outra bem mais vasta, a planetária, determinando uma crescente interdependência económica, financeira e monetária das nações, e criando assim espaços e processos que cada vez mais se eximem com facilidade às formas tradicionais de regulação social, em particular à regulação nacional.

Daqui decorrem, por seu turno, diversos outros fenómenos, em que há igualmente que atentar:

a) Organizações empresariais funcionando, como já referido, em forma de "cadeia" ou "constelação" e recorrendo cada vez mais, como "estratégia competitiva", à exteriorização dos sectores ou unidades directamente produtivas (seja através do "*out-sourcing*" internacional, seja através da "terciarização", aparentemente a grande "descoberta" patronal do final do Século XX).

b) Extrema concentração da produção num reduzido número de grandes gigantes mundiais (a soma da facturação das 10 maiores multinacionais equivale à soma dos PIB's dos diversos países da América do Sul!) que tudo controlam e tudo decidem, sendo que, por via de tal extensa concentração, as relações sociais, e logo também Jurídicas, do Mundo são cada vez mais moldadas pela exigência dos interesses dessas grandes corporações multinacionais.

c) Crescente "concentração no topo e fragmentação na base" da produção a nível mundial, com a consequente "dualização do mercado de trabalho", isto é, com um mercado de trabalho "central" onde se concentram os trabalhadores mais qualificados dos países mais fortes e ricos, normalmente com remunerações e níveis de direitos e regalias sociais mais elevados, e um mercado de trabalho "periférico" onde os salários e os patamares de protecção social são ou bem mais baixos (na chamada "zona cinzenta", composta designadamente pelos trabalhadores mais precários daqueles mesmos países) ou mesmo totalmente inexistentes (na área do denominado *"travail au noir"*, onde se incluem não apenas os "paraísos" da desregulação social e laboral mas também a chamada "economia informal" ou "atípica", o trabalho infantil, o da imigração ilegal, etc., sendo que igualmente se verifica, como bem o demonstram, por exemplo, os sucessivos Relatórios sobre o Desenvolvimento Humano da ONU, o agravar crescente entre os mais ricos e os mais pobres do Mundo.

Ora, a tudo isto corresponde uma forma de organização, estruturação, regulação e reprodução das relações sociais imposta, a nível "globalizado", por esse grande Capital Financeiro e que Boaventura Sousa Santos certeiramente chama de "fascismo", nas suas diversas vertentes:

- <u>Fascismo legal</u> – assente no ideário neo-liberal e conduzindo à desregulamentação e à deslegalização e ao afrouxamento, inclusive por via jurisdicional tal como veremos adiante, de tudo o que respeite a direitos sociais e humanos.
- <u>Fascismo contratual</u> – Assente essencialmente na hipócrita proclamação, como valores supremos de regulação social, da "autonomia da vontade das partes" e da liberdade individual, e na consequente e sistemática possibilitação, assim tornada "legal", do esmagamento do contraente mais fraco pelo contraente mais forte.
- <u>Fascismo económico-financeiro</u> – Impondo um sistema em que, de cada 100 dólares que a cada momento circulam no mundo, apenas 2 respeitam à actividade produtiva e 98 são de especulação financeira, e que se caracteriza por:
- Combate feroz pelo controle de matérias-primas e mercados do mundo, pela autêntica ditadura das agências de "*rating*" que, com a sua classificação dos destinos do investimento, promove como "paraísos" desse destino precisamente os países em que os direi-

tos sociais e humanos, *maxime* os direitos dos Trabalhadores, são pura e simplesmente chacinados.
- Imposição aos países mais fracos das "receitas", v.g., as proclamadas e defendidas pelo FMI, que as grandes potências do Mundo não aceitam para si – redução do défice a todo o transe, com compressão das despesas do Estado, em particular as relativas às necessidades sociais mais básicas das populações, como a Saúde, a Educação e a Justiça, e o contínuo aumento da carga fiscal e do "aperto do cinto" sobre quem trabalha; paralisação crescente do investimento público nos sectores sociais mais importantes, privatizados e transformados, quando possível, em apetecíveis áreas de negócio para o capital privado. E é assim também que a globalização se <u>caracteriza precisamente por os espaços de judicialização da cidadania e os próprios direitos sociais mais elementares serem cada vez mais reduzidos, descentralizados, depreciados; e, na parte em que se revelem lucrativos, entregues à iniciativa privada e, na restante, denegados na prática aos cidadãos</u>.

É a célebre lógica – que nós Juristas do Trabalho infelizmente tão bem conhecemos !... – de que a Justiça é, não um direito, mas um serviço, logo os cidadãos não são titulares desse direito mas meros "utentes" e, como serviço que é, "quem quer Justiça, paga-a !".

- <u>Fascismo ideológico e social</u> – Esta época da chamada "globalização" caracteriza-se também pela permanente, sistemática, eficiente e avassaladora produção da "missa hipnótica" com que somos bombardeados todos os dias, designadamente pelos grandes órgãos de Comunicação de massas como as televisões, e que visa, por um lado, entorpecer a capacidade de reacção dos cidadãos e, por outro, "normalizar", justificar e assim assegurar a reprodução das relações de trabalho dominantes. E que é aquilo que se ensina hoje, de modo generalizado, no nosso sistema de ensino, do básico ao ensino superior, e muito em particular nas Faculdades de Direito.

O ideário neo-liberal é deste modo apresentado como a única opção possível, legitimando assim a visão do mundo coerente com o novo cenário económico, e regulando em conformidade as relações sociais de uma forma que seja aceite como tão "normal" e "natural" quanto indiscutível e inelutável…

Daqui decorre igualmente uma "cartografia social e urbana" marcada designadamente pelo contraste e pela ambivalência entre as zonas ditas "civilizadas", constituídas em particular pelos condomínios privados e áreas ou bairros ricos das grandes metrópoles, e as zonas ditas "selvagens" (tais como bairros ditos "problemáticos" ou favelas).

O Direito e a Justiça, reproduzindo e amplificando essa mesma ambivalência, revelam-se, então e de forma geral, fortes para com os fracos e fracos para com os fortes.

Daqui decorre igualmente, e em linha recta, uma verdadeira "hierarquia urbana" de influência e de controle, em cujo topo estão as grandes capitais mundiais, fortemente interligadas pelo poder financeiro, e que constituem um centro mundial de controle da produção e da expansão dos mercados (como sucede por exemplo com Tóquio, Nova Yorque, Londres, Paris, Rondstadt, Bancoque, Singapura, Hong-Kong ou S. Paulo).

Esta "cidade global" é o reflexo, em toda a sua plenitude, das estruturas próprias da era da globalização e nela os *shopings-centers*, por exemplo, servem também para transmitir ao homem a (utilíssima para o capitalismo) ideia de que tudo é mercadoria, e de que tudo tem afinal um preço... Coisa tão útil quando se trata de impor acordos a todo o transe e se qualifica de "teimosia incompreensível ou irresponsável" a resistência a tais acordos e a persistência na defesa de princípios...

As únicas coisas alegadamente importantes acontecem nesses grandes centros, e a lógica que se pretende impôr como dominante é a de que aquilo que não passa na TV não existe no mundo e de que este é apenas o mercado e o que nele se mercadeja.

Cria-se assim uma massa imensa de proletários/consumidores que, por não poderem participar no processo decisório dos seus mundos, tendem a ter, melhor, são levados e manipulados a ter, uma percepção diversa e difusa do fenómeno social e político, o qual, como refere Ramonet, eles são precisamente conduzidos a não dominar nem compreender.

Assim é que, nas "democracias" actuais, cada vez mais cidadãos se sentem engolidos e lambuzados por uma espécie de "doutrina viscosa" que envolve e embala toda a rebeldia, procurando anulá-la, desorganizá-la e sufocá-la. Esta doutrina é a do "pensamento único", só ele autorizado, e simultaneamente difundido e controlado, por uma subtil, quase invisível mas tremendamente eficaz, omnipotente e omnipresente política de opinião, seja ela a política, a económica, a social ou até mesmo a Jurídica.

Por seu turno e do ponto de vista das relações de trabalho, esta fase caracteriza-se essencialmente pelos seguintes factores:

1.º <u>Flexibilização</u> – flexibilidade a todo o transe e a toda a força dos processos de trabalho, dos mercados, do trabalho, dos produtos e dos padrões de consumo, com o surgimento de sectores de produção inteiramente novos, a diminuição ou até o encerramento dos meios industriais tradicionais caracterizados por elevada concentração operária, a redução da dimensão das empresas, o carácter temporário dos empregos, a maior mobilidade dos trabalhadores, e com o daí consequente maior poder dos empregadores e o crescimento de factores objectivamente enfraquecedores da acção colectiva, designadamente a sindical.

2.º <u>Mundialização da oferta do trabalho</u> – o surgimento dos grandes "blocos" vem criando, e vai criar ainda mais, um mercado de mão-de-obra global, onde ela poderá ser facilmente transferida de país para país, de região para região, num "nomadismo" forçado imposto a grandes contingentes populacionais transnacionais.

3.º <u>Desemprego estrutural</u> – decorrente não apenas de desestruturação do campesinato e da mão-de-obra pouco qualificada, mas também da própria proletarização da mão-de-obra bem qualificada, muito em particular em países como o nosso que, a troco da integração na UE, aceitaram destruir o essencial da sua capacidade produtiva.

A possibilidade da existência ou não de emprego no dia ou mês que vem em cada País é assim cada vez mais determinada pelo grande capital especulativo nas bolsas de valores, na classificação dos diversos países pelas agências de "*rating*", na estabilidade da moeda filipina ou coreana nas bolsas da Ásia, tudo causas longínquas, determinadas pelas necessidades do fetichismo capitalista e relacionadas com a auto-reprodução da riqueza por ela própria. Que precisamente se pretende e impõe que o homem comum não conheça, não discuta e não entenda !

Por outro lado, o mundo capitalista globalizado imprime, em todos os pontos das relações económicas, sociais e jurídicas – e isto mesmo que os Juristas persistam em não o querer ver ! – a ideologia e os valores que mais convêm aos seus interesses. E assim, todos os vínculos sociais e todos os princípios mais básicos são afinal interpretados, aplicados e até substituídos na medida em que tais interesses, e a nova concepção "técnica" conforme a esses interesses, o exijam.

Estamos então num mundo que o grande capital financeiro pretende que seja caracterizado por uma "nova mitologia do trabalho", no qual a empresa se transforma em definitivo num instrumento de exclusão e que o chamado "moderno" Direito do Trabalho é chamado a "legalizar" e a justificar, e que se caracteriza essencialmente:

a) Pela capacidade de produção, pela velocidade dos processos e pela superficialidade dos conceitos – tidos e apresentados como os instrumentos de apreciação dominante de tudo e de todos !

b) Pela natureza "descartável" também de tudo e de todos (de acordo com a qual cada produto deve ser incessantemente "reciclado" atendendo ao contexto da moda, sob pena de se implacavelmente retirado da montra, procurando impôr-se a mesma ideologia e a mesma lógica para o próprio trabalho humano).

c) Pelas pretensas "inelutabilidade" e "eternidade" destes mesmos fenómenos:

d) Pelo elogio do individualismo extremo, com desprezo pela organização e pelo colectivismo, com desprezo pelos Sindicatos, e dentro da lógica de que todos os meios são legítimos para atingir fins – é o "vale tudo" ! – e, mais, numa prática de autêntico *"darwinismo* social" de desprezo pelos fracos, pelos doentes, pelos idosos, pelos vulneráveis, pelos deficientes, com a consequente "justificação" da sua exclusão v.g., do mercado de trabalho.

e) Pela afirmação da pretensa desnecessidade das ideologias e dos princípios, e pela negação dos princípios e valores básicos (como a solidariedade, a entreajuda, a honradez) sempre em nome do "pragmatismo", da "eficácia", da "competitividade" e do deus Mulloch do "mercado". E, a nível jurídico, pela diluição e esvaziamento dos grandes princípios constitucionais – como o da dignidade da pessoa humana, como valor estruturante da República Portuguesa, o da valorização do trabalho como instrumento de realização, etc., etc. – esvaziamento esse tendente a apresentar tais princípios, com a "justificação" ideológica da sua alegada datação no tempo, como algo ultrapassado ou, pelo menos, meramente programático, virtual, ou seja, inútil !

f) Pela gestão "científica" e pela justificação social e jurídica da incerteza, da angústia e do medo – o medo de perder o emprego, de perder a casa, de não poder educar os filhos, o medo do estrangeiro, do estranho, do deficiente, do divergente...

Noutros tempos, tinha-se medo da Natureza. Hoje, procura impôr-se (de forma que, como é óbvio, não é ideologicamente neutra) que se tenha medo da Sociedade, do próximo, do futuro, como forma de manietamento da consciência colectiva e do amordaçamento da razão crítica de cada um.

A vulnerabilidade dos cidadãos, a generalização da incerteza e da insegurança, a desestabilização mesmo dos aparentemente estáveis revelam-se assim instrumentos absolutamente fundamentais de controle social.

E é por isso que a precariedade de que hoje tanto se fala é então apresentada como um destino comum, interiorizado por todos, e deixa de ser uma característica marginal para passar mesmo a constituir, como refere Robert Castel, a "nova questão social".

Importa, pois, não esquecer que quando o capitalismo se instalou, na sua fase inicial (concorrencial), foi a luta dos trabalhadores que conseguiu impôr o reconhecimento de alguns direitos.

Hoje, o fundamento do grande capital financeiro é a sua expansão sem limites para todos os pontos do globo. E por isso mesmo as classes trabalhadoras devem agora preparar-se para uma nova e heróica época de lutas pelos novos direitos sociais, à escala planetária, porque este novo momento histórico haverá de alterar as suas conquistas sociais e os próprios Direitos que as regem, *maxime* o Direito do Trabalho.

Neste quadro – e face a uma lógica de transformação do Direito que se baseia em que, se a velocidade e a capacidade de produção ao minuto são valores máximos num mundo em que as relações intersubjectivas se tornam cada vez mais efémeras em virtude da quantidade de problemas a serem resolvidos ao segundo, o mesmo Direito e os juristas teriam então de aceitar submissa e passivamente serem transformados em mero "instrumento de actuação", e que deve ser instrumentalizado, agilizado e simplificado, a fim de satisfazer essa imperiosa necessidade de rotação do capital e da obtenção do máximo lucro – a resistência a uma tal "lógica"constitui uma prioridade absoluta, em particular por parte dos mesmos juristas, adoptando aquilo que Miguel Pressburger justamente apelidou de "positivismo de combate" (em que se defende e se combate por que as conquistas sociais alcançadas tenham efectiva concretização, ou seja, tenham vida real, e não meramente formal ou virtual).

Aqui chegados, diria que a chamada inefectividade prática das normas laborais de todo não é uma espécie de fatalidade do destino, mas desempenha afinal um papel importante de controle social. Pois que afirma a existência (formal) dos direitos na medida em que tal afirmação é imposta pela necessidade ideológica de parecer conferir tais direitos e, logo, de conter e normalizar o conflito de interesses subjacente à norma dentro dos limites do socialmente aceitável. Mas logo comprime e restringe efectivamente esses mesmos direitos aos limites impostos pelas novas racionalidades do sistema e assegura assim a larga margem de manobra dos grandes "poderes de facto".

Se os Juristas, em particular os laborais, não compreenderem ou não quiserem compreender esta realidade, estarão sempre irremediavelmente condenados a fazer o papel dos sábios de Bizâncio que, já os Bárbaros trepavam as muralhas dos respectivos palácios, ainda se dedicavam, nas suas Torres de Marfim, a discutir o sexo dos Anjos !...

Uma vez aqui chegados, não podemos deixar de referenciar o que são hoje, em nosso entender, os principais meios, formas ou modalidades de inefectividade das normas jurídico-laborais e de como combater a lógica da sua pretensa "justificação" e/ou inevitabilidade.

Assim, entre os factores de inefectividade temos, antes de mais, a própria produção de normas que, à partida, ou se revelam completamente desajustadas em relação à situação económica e social que as envolve e que por isso se destinam a não terem qualquer aplicação (como é, por exemplo, o edifício normativo da retribuição – art. 258.º e segs. do CT – que pura e simplesmente ignora todas as novas modalidades retributivas – os chamados *"fringe benefits"* – criados nos últimos 20/30 anos) ou contêm excepções tão grandes ou maiores que as regras (é o caso das continuadas excepções ao pleno reconhecimento e exercício dos direitos de personalidade em nome das "particulares exigências inerentes à natureza da actividade" do empregador).

Ou a produção de uma arrepiante confusão ou mesmo imperfeição técnico-formal – como é o caso do já tristemente célebre n.º 5 do art.º 366.º do Código do Trabalho, quando impõe, como única modalidade da elisão da presunção de aceitação do despedimento por parte do trabalhador despedido que receba a indemnização de antiguidade, que "em simultâneo o trabalhador entregue ou ponha, por qualquer forma, à disposição do empregador a totalidade da compensação". Ou a produção de outras normas que consagram soluções que, embora manifestamente ilegítimas ou inconstitucionais, a verdade é que inviabilizam mesmo o exercício de direitos, como é o caso dos já citados n.ºs 4 e 5 do mesmo art.º 366.º, determinando assim que, se quem quer impugnar não pode receber a compensação, então apenas os ricos poderão exercer esse direito de impugnação. Ou ainda consagrando medidas como a do escândalo que são os actuais regimes do Apoio Judiciário (que praticamente apenas isenta de custas os indigentes) e das Custas Judiciais (que, além de serem brutalmente elevadas em geral, não se justifica de todo que existam na Jurisdição Laboral, *maxime* em acções como as da impugnação de despedimento), tudo ao estilo da já denunciada lógica de que "quem quer Justiça, paga-a !".

A isto se some a propositada colocação no atoleiro de determinados Tribunais, com a eliminação de secções, e a retirada formal ou subreptícia de magistrados ou funcionários, levando a que, quando o trabalhador despedido tenha finalmente o julgamento do seu caso, já há muito que ficou sem subsídio de desemprego e se encontra assim totalmente vulnerável a toda a sorte de "acordos" desequilibrados e iníquos.

Depois, temos uma (crónica e politicamente aceite) ausência de meios eficazes de 1ª linha de prevenção e de repressão da violação de normas laborais, como é o caso da completa debilidade em que é persistentemente mantida a intervenção do ACT, numa lógica de tolerância e mesmo de tributo, próprio de País do Terceiro ou do Quarto Mundo, ou a estratégias de competitividade assentes na irregularidade e ilegalidade (considerando-se socialmente "aceitável" arranjar mão-de-obra mais barata e mais dócil por exemplo com a precariedade dos chamados recibos verdes fraudulentos, como forma de assim "garantir a sobrevivência" das empresas), ou à chamada "não hostilização" das empresas, normalmente grandes empresas, e de sectores considerados estratégicos para a Economia do País, e de que a completa omissão de efectiva supervisão também laboral na Banca é apenas um triste mas significativo exemplo.

Por fim – e perdoe-se-nos que, até em atenção ao tema do painel, se dê um pouco mais de relevo a esta aspecto ! – <u>uma fraquíssima capacidade de resposta doutrinária e sobretudo jurisdicional</u>, que passa designadamente pelos seguintes aspectos:

a) Tendência crescente – propiciada e incrementada por fenómenos perversos como os da acumulação de processos, dos critérios de avaliação dos Juízes e da pressão objectiva para que, mesmo que os meios não sejam os mais correctos, se atinjam fins "estatísticos" de "avianço de processos" – para se buscarem as soluções mais fáceis, em particular privilegiando as decisões de forma sobre as de fundo e abandonando a figura do Juiz activo que busca atingir a verdade material dos factos e a solução justa (entre muitos e muitos outros, são disso exemplo a posição adoptada, quase sempre, quanto à não determinação oficiosa do depoimento de parte ou quanto à necessidade de o trabalhador, enquanto autor, articular factos que não pode antecipadamente conhecer por constarem de elementos ou documentos que se encontram em poder da parte contrária mas que se não notifica para tal efeito, precisamente porque … o trabalhador tem de os articular primeiro !?).

b) Gritante incapacidade de conhecer e compreender as realidades económicas e sociais que efectivamente condicionam o exercício dos direitos (como a diminuta dimensão e o baixo grau de empregabilidade do nosso mercado de trabalho, a natureza muito fechada e de fácil circulação da informação patronal de alguns sectores de actividade, as naturais dificuldades de disponibilização de prova testemunhal, as práticas e técnicas de gestão habituais, etc., etc.) e a gritante incapacidade também de operacionalizar os grandes princípios do Direito (já nem falo sequer nos grandes princípios do Direito do Trabalho, como os da igualdade substancial, da Justiça completa, da busca da verdade material, etc., etc.), princípios gerais esses como por exemplo os da fraude à lei e do abuso de direito, quase sempre apenas invocados – por puro preconceito ideológico – para justificar soluções favoráveis à posição do empregador.

c) Ausência de qualquer esforço dogmático de densificação dos grandes princípios legais ou constitucionais (de que é exemplo a tranquilíssima aceitação generalizada da já supra-referida solução do art.º 366.º, n.ºs 4 e 5 do CT da presunção da aceitação do despedimento, sem se colocar sequer a hipótese da sua inconstitucionalidade) e uma gritante recusa em "criar direito" no sentido de, no quadro da unidade do sistema jurídico vigente, integrar as lacunas do legislador (teorias como as do "efeito Lázaro" da Jurisprudência espanhola, ou as da "desconsideração da personalidade jurídica para efeitos de responsabilização laboral" e da "consideração do grupo" para efeitos de apreciação dos pressupostos de um despedimento colectivo, da Jurisprudência alemã, são completamente impossíveis de surgir, em particular no momento actual, na Jurisprudência portuguesa). Mas, mais do que isso, soluções que a nossa doutrina e, sobretudo a Jurisprudência laboral, inclusive de antes do 25 de Abril de 1974, fora capaz de ir produzindo, de molde a dar corpo concreto a princípios e direitos genericamente consagrados, actualmente nunca surgiriam, e sem que tal se deva à imposição de qualquer quadro legislativo (v.g., a ineficácia extintiva de declarações do estilo "nada mais tem a receber ou a reclamar seja a que título for", a consideração de um tempo máximo de trabalho mesmo para os trabalhadores em regime de IHT, etc., etc.).

d) A completa inutilização do sistema de fiscalização da constitucionalidade de normas através da perversidade de um processo que, de novo, privilegia "*a autrance*" as decisões de forma sobre a substância, possibilita e incentiva a multiplicação de decisões sumárias individuais e, tratando como receitas correntes do Tribunal Constitucional as custas e multas que este próprio aplica, coloca a decidir a parte interessada (pelo menos financeiramente ...) no respectivo desfecho, tudo isto para além do montante escandalosamente elevado de tais custas, em particular em processos laborais.

e) Isto, para já não falar na directa vinculação político-partidária e, logo, ideológica de muitos dos Juízes do Tribunal Constitucional e na debilidade, para não dizer inexistência – própria das sociedades retrógradas em que o Trabalho e as questões do Trabalho são continuamente desvalorizadas ... – de Juslaboralistas entre eles.

f) Por fim, um peso considerável de legisladores e de julgadores formatados e mesmo deformados no "pensamento único" antes examinado, com uma formação essencialmente técnico-formal, com algum e às vezes até vasto conhecimento da letra das várias disposições legais, mas totalmente desconhecedores do Direito e dos seus grandes princípios, sem bastante formação cívica e até sem qualquer formação filosófica, que – e citando a tal propósito Alain Supiot, na sua obra *"Homo Juridicus"* – não conseguem desde logo compreender, por exemplo, que "a língua materna, primeira fonte do sentido, é também o primeiro dos recursos dogmáticos indispensáveis à constituição do sujeito"; que não alcançam descortinar que "não se adicionam lesmas e nuvens, porque só se podem enumerar objectos identificáveis aos quais se atribui uma natureza comum"; que julgam aceitável – ou, pior, não chegam sequer, em nome do "realismo" ou do "pragmatismo", a colocar-se tal questão – expulsar as considerações da Justiça da análise do

Direito; ou, pior ainda que tudo, que pretendem reduzir a sociedade dos homens à soma das suas "utilidades individuais" e que, consequentemente, procuram – mesmo que disso se não dêem consciência – sujeitar toda a regra jurídica a um cálculo de pretensa "utilidade", que seria simultaneamente a fonte e a medida da sua legitimidade.

Na época em que a racionalidade dos grandes interesses económico-financeiros se procura impor, apresentando-se como uma realidade imutável e inelutável de que os Juristas devem ser meros instrumentos passivos e eficazes, a grande resposta deve ser afinal buscada no papel do Homem (e logo também do Homem Jurista) face ao seu percurso histórico !

Ora, essa resposta passa por rasgar caminhos inteiramente novos !

Caminhos inteiramente novos como a revogação completa dos regimes do Acesso ao Direito e das Custas Judiciais, garantindo a gratuitidade da Justiça Laboral; a reformulação da composição e funcionamento actuais do Tribunal Constitucional e a instituição do recurso de amparo em matéria constitucional; a proibição do recurso a questões formais para obviar ao conhecimento e decisão das questões de fundo; a defesa da autonomia da Jurisdição e do Processo de Trabalho; a radical alteração quer do ensino, em particular do Direito, com a imposição do papel das universidades como centros de criação de cidadãos activos e conscientes, com a obrigatoriedade das disciplinas da Filosofia e da Filosofia do Direito, quer da formação dos magistrados, demolindo o actual "edifício ideológico" do CEJ, abrindo-o à sociedade e ao controle democrático dos cidadãos e introduzindo uma forte componente cívica nessa mesma formação; a revisão do papel dos Juristas, em particular em época de crise, com o combate persistente pela densificação dos princípios, em particular dos princípios constitucionais e até internacionais, combate esse norteado por uma visão do mundo antropocêntrica e valorizadora da dignidade do Trabalho e da pessoa humana e pela concretização da lógica de que, numa Sociedade democrática e evoluída, em Direito Laboral o crime não pode mais compensar e que sem a realização da Justiça, <u>não</u> há verdadeiro Direito pois ela é o verdadeiro paradigma de orientação e de legitimidade deste sendo certo que a realização da Justiça passa não só pelo seu reconhecimento como também e sobretudo pela sua garantia.

E, sobretudo, que esse deve ser o grande critério para aferir da justeza das leis produzidas, das reformas implementadas, das interpretações adoptadas e das práticas instituídas !

Mas o traçar destes caminhos novos implica também a radical alteração dos conteúdos, dos agentes e dos métodos formativos, quer do ensino em geral, em particular do Direito, com a imposição do papel das universidades como centros de criação de cidadãos activos e conscientes e com a obrigatoriedade das disciplinas da Filosofia (a nível do ensino secundário) e da Filosofia do Direito (no próprio curso universitário), quer da formação dos magistrados, designadamente demolindo o actual "edifício ideológico" do CEJ, abrindo-o à sociedade e ao controle democrático dos cidadãos e introduzindo uma forte componente cívica nessa mesma formação.

Assim, toda a formação dos Juristas, desde o ensino universitário até à formação "profissionalizante" mais específica de cada profissão jurídica, com particular destaque para os juízes e advogados, tem de ser revista de alto abaixo.

A ideia central é a de que toda essa formação deve servir, antes de tudo e acima de tudo, para criar cidadãos activos e conscientes, capazes de reflectirem pela sua própria cabeça e de tudo sujeitarem ao crivo da sua razão crítica. Na lógica de que, mais do que conhecer, é preciso compreender. E, mais do que declarar, se impõe assegurar. E ainda fazê-lo ao serviço do Povo em nome do qual se exerce um poder soberano. Porque, por exemplo e como bem afirma Alain Supoit, "a simples declaração de igualdade formal não serve, num primeiro tempo, senão para despojar os mais fracos das prestações que lhes são próprias".

Com a implicação dos formandos no contacto com as realidades em que se terão de mover no futuro (como por exemplo as visitas aos mesmos estabelecimentos prisionais para onde mandarão no futuro cidadãos quando os condenarem a penas de prisão; ou os períodos de estágio de Advocacia, para melhor compreenderem o papel dos representantes dos cidadãos e a pressão dos prazos, etc.), e, sobretudo, a permanente insistência seja na ideia-matriz de que um magistrado é titular de um órgão de poder de soberania, a qual reside no Povo, e de que ele não tem mais dignidade social do que aqueles que ele julga, seja na concepção antropocêntrica do Mundo e valorizadora da dignidade da pessoa humana e na noção de que sem a realização da Justiça não há verdadeiro Direito (pois que aquela é o verdadeiro paradigma da orientação e da legitimidade deste e a realização da mesma Justiça passa não só pelo seu reconhecimento como também e sobretudo pela sua garantia).

A pública discussão dos respectivos conteúdos, a aprovação dos respectivos docentes por critérios cristalinos de competência (v.g. concursos), com a imposição de uma parcela das vagas preenchidas por não magistrados, a atribuição da sua direcção a não magistrados, bem como a efectiva abertura dos lugares dos Supremos Tribunais a não Juízes e a real implementação do funcionamento dos Tribunais de Júri são outras tantas medidas no mesmo sentido, cuja adopção se impõe, e cada vez mais.

Mas o que acima e antes de tudo se impõe é que se não aceite o verdadeiro "estado de sítio não declarado" em que se pretende colocar o País, nem a suspensão "de facto" da Constituição que todos os dias se pretende impôr. Até porque a rendição do Direito e dos Juristas a esta lógica fascizante de que os fins justificariam os meios, de que a Lei Fundamental foi substituída pelos "*diktats*" de entidades e interesses estrangeiros e de que se teria de aceitar de novo, 38 anos depois do 25 de Abril, o "manda quem pode, obedece quem deve !", só poderá significar que, doravante, a resistência à aplicação destas medidas decerto que não se irá reduzir à (cada vez mais diminuta e ineficaz) dimensão da sua apreciação jurídico-formal – apreciação essa transformada praticamente num mero juízo da respectiva legitimação, nomeadamente sob o argumento da indiscutibilidade da razão da Força – e antes se irá inevitavelmente transferir para o campo em que a força da Razão se possa, e seguramente se irá, impôr !...

Sob pena de ser o Direito e serem os Juristas os coveiros da famosa máxima de Kant "*Sapere aude*", ou seja, "ousa servir-te do teu próprio entendimento", que consagrava a fé no Homem como ser da Razão.

ALGUMAS NOVAS QUESTÕES SOBRE AS CLÁUSULAS OU PACTOS DE NÃO CONCORRÊNCIA EM DIREITO DO TRABALHO

JÚLIO MANUEL VIEIRA GOMES
*Professor da Escola do Porto da Faculdade de Direito
da Universidade Católica Portuguesa*

1. Ainda que considerada por alguns autores como "anacrónica"[1], a cláusula de não concorrência tem conhecido um notável sucesso, suscitando uma intensa polémica doutrinal e dando azo a uma jurisprudência muito rica e, por vezes, também ousada, em vários ordenamentos, mormente em França, Itália e Espanha[2]. De resto, também

---

[1] Assim, expressamente, Marie-Cécile Escande-Varniol, *La sophistication des clauses du contrat de travail*, Droit Ouvrier 1997, págs. 478 e segs., pág. 483, n. 47.

[2] Sobre as cláusulas de não concorrência em outros ordenamentos cfr., por todos, Steven Anderman, "Regards: la clause de non-concurrence, Vu d'ailleurs, Royaume-Uni" *RDT 2007*, págs. 675 e segs., a respeito do direito Reino Unido. Neste ordenamento as cláusulas de não concorrência têm que ter um carácter razoável. Na realidade, elas devem ser razoáveis para ambas as partes, mas também à luz do interesse geral. Este critério de serem tais cláusulas razoáveis para ambas as partes e no interesse geral exige, em primeiro lugar, que haja uma real necessidade de protecção do empregador, porque verdadeiros segredos de fabrico e informações confidenciais correm risco; além disso, é necessário que a restrição se justifique à luz da exigência invocada para motivar a cláusula, isto é, que exista uma possibilidade real de que informações confidenciais sejam utilizadas de maneira imprópria e tal que utilização seja susceptível de provocar um prejuízo. Além disso, o alcance das restrições

entre nós a cláusula de não concorrência começa a ser objecto, em medida crescente, de decisões jurisprudenciais.

Como é sabido, a cláusula de não concorrência visa limitar a concorrência de um trabalhador com o seu anterior empregador na fase pós contratual. Não se confunde, pois, com o dever de não concorrência na vigência do contrato, o qual representa um afloramento ou manifestação do dever de lealdade, que existe sem necessidade de qualquer cláusula expressa nesse sentido. E tão pouco se confunde com a proibição da concorrência desleal, no período pós contratual[3], já que esta concorrência desleal é uma concorrência ilícita vedada a qualquer um.

---

tem de ser razoável, o que implica ter em conta a natureza das actividades sujeitas à restrição, o posto ocupado pelo trabalhador, o período durante o qual a actividade do trabalhador vai ser restringida e o espaço geográfico dessa restrição. Sobre o direito alemão cfr., por exemplo, Patrick Remy / Meinhard Zumfelde, "Regards: la clause de non-concurrence, Vu d'ailleurs, Allemagne", *RDT 2007*, págs. 678 e segs. Na Alemanha, as cláusulas de não concorrência (ob. cit., pág. 679) são objecto de uma interpretação contra quem as redigiu uma vez que aparecem frequentemente em contratos de adesão. A lei alemã subordina a validade da cláusula de não concorrência à obrigação de pagar ao trabalhador durante toda a proibição da interdição e no fim de cada mês (§74 b, I, HGB) uma indemnização que deve ser metade, pelo menos, do que o trabalhador recebia em virtude do seu contrato de trabalho. Para o cálculo da retribuição para este efeito entendem-se mesmo as gratificações e as férias pagas. Quando o trabalhador for obrigado a mudar de domicílio por força da proibição de concorrência, a compensação da mudança mais as novas prestações a que só tenha direito por o seu contrato de trabalho anterior ter cessado, podem chegar a mais 25% do que o salário anterior. Note-se que a indemnização deve ser paga seja qual for o motivo pelo que o trabalhador se abstém de concorrência no fim do contrato e assim, mesmo quando já se reformou ou não está apto

Durante a vigência do contrato de trabalho o trabalhador está adstrito a uma obrigação de não concorrência, por assim dizer, total[4], que é, para alguns autores, pelo menos, uma das manifestações ou corolários do seu dever de lealdade. Mas, uma vez terminado o contrato de trabalho, o trabalhador readquire a sua plena liberdade de emprego e de trabalho e até, como qualquer cidadão, a liberdade empresarial[5], bem podendo, nos limites apenas da concorrência desleal, iniciar uma actividade, por conta própria ou alheia, directamente concorrente com a do seu anterior empregador[6]. Muito embora esta concorrência

---

para trabalhar. A única excepção é a hipótese de estar preso, isto é, a de cumprir uma pena privativa da liberdade (parágrafo 74 c, I, 3, HGB).

[3] Como destaca Christoph Neeracher, *Das arbeitsvertragliche Konkurrenzverbot*, Stämpfli Verlag, Bern, 2001, pág. 7, a concorrência proibida pela cláusula seria lícita na ausência desta não se confundindo pois com a concorrência desleal.

[4] Como destaca Maria Giovanna Mattarolo, ob. cit., pág. 94, na concorrência proibida durante a pendência do contrato não está em jogo apenas a chamada concorrência diferencial, mas toda e qualquer concorrência.

[5] Para Christoph Neeracher, *Das arbeitsvertragliche Konkurrenzverbot*, Stämpfli Verlag, Bern, 2001, pág. 4, a regulamentação da cláusula de não concorrência procura atingir um ponto de equilíbrio entre a liberdade de trabalho e de estabelecimento, por um lado, e o interesse do empregador em proteger-se contra uma concorrência particularmente perigosa. Em todo o caso, as restrições àquelas liberdades não podem ser mais do que proporcionais ao necessário para preservar aquele interesse e devem salvaguardar uma margem irredutível de liberdade pessoal.

[6] Cfr., por todos, Claude Wantiez, *Les clauses de non-concurrence et le contrat de travail*, 2ª ed., Larcier, Bruxelles, 2001, pág. 5: "Do princípio da liberdade de trabalho resulta que o trabalhador pode iniciar a actividade

seja por vezes sentida psicologicamente quase como uma traição[7], a verdade é que ela é perfeitamente natural em uma economia de mercado.

A cláusula de não concorrência é, todavia, permitida na maior parte dos sistemas porquanto existe a consciência de que a concorrência de um ex-trabalhador de uma empresa pode ser particularmente perigosa para esta, representando o que se designa de concorrência diferencial. A ideia nuclear é a de que alguns trabalhadores pelas funções que concretamente desempenham[8] – e é neces-

---

que escolher após ter deixado o seu empregador, mesmo que essa actividade seja concorrente com a deste".

[7] Jacqueline Amiel-Donat, *Les clauses de non-concurrence en droit du travail*, Litec, Paris, 1988, pág. 1: "a concorrência de um trabalhador é sempre inoportuna. Psicologicamente tem a aparência de traição".

[8] Como ensina Jacqueline Amiel-Donat, ob. cit., págs. 31-32, sendo a cláusula de não concorrência acessória ao contrato de trabalho, é da relação instaurada por este último que deve resultar para o empregador a necessidade de proteger a clientela da concorrência que o trabalhador poderia realizar. É preciso pois que da relação contratual e do modo concreto de execução do contrato resulte para o empregador um risco específico por ser a clientela daquele trabalhador mais perigosa que a dos outros concorrentes. Por outro lado, a cláusula de não concorrência deve ser estritamente ajustada às necessidades de protecção do credor face a esse risco específico de concorrência. Em suma, a obrigação de não concorrência resultante da cláusula deve ser a estritamente necessária para prevenir aquele risco e o interesse do empregador só legitima a cláusula na medida do que for indispensável à sua protecção: "l'engagement restrictif de concurrence doit être à la mesure de la nécessaire protection de l'employeur et être strictement ajusté à ce qui est indispensable à cette fin" (ob. cit., pág. 38).

sário que as desempenhem efectivamente[9] – podem ser concorrentes particularmente perigosos, arrastando consigo uma parte substancial da clientela ou divulgando segredos de fabrico e outras informações confidenciais[10]. Sublinhe-se, desde logo que só nestes casos é que é legítima a introdução de uma cláusula de não concorrência: Em suma, o escopo da cláusula não deve ser simplesmente o de dificultar a saída de um colaborador, por muito dedicado ou importante que ele seja, nem o de eliminar mais um concorrente, mas apenas o de evitar uma concorrência diferencial, caso ela possa efectivamente existir[11].

A introdução da cláusula no contrato de trabalho tem pois que corresponder a um interesse legítimo do empregador e é este interesse que ele terá que alegar a provar: nas palavras da lei, há-de "tratar-se de actividade cujo exercício possa efectivamente causar prejuízo ao emprega-

---

[9] Jean-Yves Kerbourc'h, "Clauses de non-concurrence", *Semaine Sociale Lamy*, Supplément n.º 1169, 17 mai 2004, págs. 4 e segs., pág. 18: "são as funções desempenhadas pelo trabalhador que devem determinar se o empregador tem ou não um interesse legítimo e não a maior ou menor competência pessoal do trabalhador no plano técnico de que não depende a validade da cláusula de não concorrência".

[10] Enrico Ghirotti, *Il patto di non concorrenza nei contratti commerciali*, Giuffrè, Milano, 2008, págs. 157-158: "salvaguarda do know-how empresarial, conservação de conhecimentos relativos a mercados específicos, manutenção de clientes importantes constituem algumas das finalidades" do pacto de não concorrência.

[11] Christoph Neeracher, ob. cit., pág. 17, observa que a cláusula de não concorrência deve ter como escopo a protecção de um interesse sério do empregador, mas não o de evitar qualquer concorrência ou limitar a liberdade de qualquer trabalhador de se desvincular.

dor" (al. b), n.º 2 do art. 146.º do CT de 2009). Mas este prejuízo não é um qualquer prejuízo, o prejuízo causado por um qualquer concorrente, mas sim um prejuízo especial, um prejuízo causado por um concorrente diferente dos demais pelo seu especial contacto com a clientela ou acesso a informações confidenciais, cabendo, aliás, ao empregador o ónus de alegação e prova desse interesse legítimo[12].

A atitude dos vários ordenamentos europeus continentais face à cláusula de não concorrência traduz, assim, um delicado compromisso entre princípios e valores conflituantes. Este tipo de cláusulas é, com efeito, uma daquelas

---

[12] Como destacam Grégory Damy / Sabrina Pelli, "La clause de non-concurrence dans les relations de travail", *JCP (La Semaine Juridique)* 2008, págs. 13 e segs., pág. 15, "a cláusula de não concorrência impede o trabalhador de exercer livremente uma actividade profissional" e "fundamentalmente contrária aos direitos fundamentais, a proibição de concorrência deve ser proporcionada ao escopo prosseguido que reside na tutela dos interesses da empresa". O princípio era, no passado, o de que as cláusulas de não concorrência eram válidas, cabendo ao trabalhador provar a existência de uma violação grave da sua liberdade de trabalho para obter a nulidade da cláusula. Como os autores referem, "criticável de um ponto de vista jurídico, esta perspectiva era também socialmente injusta". Mas a jurisprudência francesa moderou gradualmente a sua posição e em um Acórdão histórico de 14 de Março de 1992, a Cour de cassation afirmou que as cláusulas de não concorrência são válidas desde que sejam indispensáveis à protecção dos interesses da empresa. Verifica-se assim uma inversão do ónus da prova: cabe ao empregador demonstrar que os conhecimentos adquiridos pelo trabalhador no decurso do contrato implicam riscos particulares específicos para a empresa. Na falta de um interesse do empregador justificado pelo risco de uma concorrência diferencial a cláusula é nula.

sobre as quais já se disse que "realizam uma conciliação frágil entre o valor do trabalho e o do capital"[13], sendo que a cláusula de não concorrência representa sempre uma restrição da liberdade de trabalho e da própria liberdade de iniciativa económica do trabalhador[14]. Tal circunstância explica, aliás, que o regime legal destas cláusulas tenda a ser, pelo menos nos ordenamentos europeus continentais, bastante cauteloso e exigente e a própria jurisprudência muito cautelosa na aplicação da lei[15-16].

---

[13] Mustapha Mekki, "Existe-t-il un jus commune applicable aux clauses du contrat de travail ? ", *Revue de Droit du Travail* 2006, págs. 292 e segs., pág. 292.

[14] Grégory Damy /Sabrina Pelli, ob. cit., pág. 13: "(a) cláusula de não concorrência impede o trabalhador de exercer livremente uma actividade profissional. Fundamentalmente contrária aos direitos fundamentais, a proibição de concorrência deve ser proporcionada ao escopo prosseguido que reside na tutela dos interesses da empresa".

[15] Pascal Lokiec / Sophie Robin-Olivier, "Regards, La clause de non-concurrence", *Revue de Droit du Travail* 2007, págs. 674 e seg., observam, a este propósito, que a cláusula de não concorrência, pelo próprio momento em que será executada, é daquelas que devem ser encaradas com a maior cautela: "la plus grande circonspection" (ob. cit., pág. 675).

[16] A doutrina dominante tende também a defender que em face da natureza excepcional da cláusula se faça uma apreciação particularmente rigorosa do que constitui ou não uma actividade concorrente. Neste sentido cfr., por todos, Ángel Arias Dominguez, *Pactos "típicos" en el contrato de trabajo*, in El Contrato de Trabajo, dir. por Antonio V. Sempere Navarro e Pilar Charro Baena, vol. I, Régimen General del Contrato de Trabajo, Aranzadi, Thomson Reuters, Pamplona, 2010, págs. 733 e segs., págs. 779-780: a apreciação de quando nos encontramos face a uma actividade realmente concorrente deve apreciar-se de maneira estrita porque está em jogo não apenas a necessidade de receber proventos por parte do trabalhador, mas o seu direito constitucional à

Na verdade, contudo, o juízo de apreciação da validade de uma cláusula de não concorrência tem que ser feito atendendo ao particularismo do caso concreto[17], não podendo ser meramente formal.

Para o compreendermos é necessário ter em conta que as cláusulas de não concorrência e o respectivo regime legal[18] representam, como se disse, um delicado ponto de equilíbrio[19] entre direitos ou liberdades fundamentais que entram em conflito.

2. A jurisprudência tem desempenhado, em alguns ordenamentos como o francês e o italiano, um papel fun-

---

escolha de profissão. Defende-se pois uma interpretação restritiva das cláusulas de não concorrência. Cfr., também, o que se afirma a págs. 788-789: "este tipo de pactos deve interpretar-se restritivamente, atendendo-se ao sentido que mais favoreça a liberdade do trabalhador para exercer a sua profissão".

[17] Como refere Isabelle Beyeneix, "Sur l'indemnité de préavis et la contrepartie financière de l'obligation de non-concurrence", *JCP (La Semaine Juridique)*, Édition Sociale, 2008, n.º 1551, os tribunais franceses atendem sempre em matéria de cláusula de não concorrência à actividade real, concreta, efectivamente desempenhada pelo trabalhador.

[18] Em países como a França o seu regime resulta da jurisprudência e não da lei.

[19] Mustapha Mekki, "Existe-t-il un jus commune applicable aux clauses du contrat de travail ?", *Revue de Droit du Travail* 2006, págs. 292 e segs., pág. 293, refere que tais cláusulas "realizam uma conciliação frágil entre o valor do trabalho e o do capital". Para Pascal Lokiec/Sophie Robin-Olivier, "Regards, La clause de non-concurrence", *Revue de Droit du Travail* 2007, págs. 674 e seg., a circunstância de se tratar aqui de uma restrição à liberdade do trabalho autoriza também ou impõe, mesmo, aos Tribunais um controlo da sua proporcionalidade.

damental. Efectivamente, importa sublinhar que se assiste a uma interpretação "evolutiva" dos requisitos para a validade das cláusulas de não concorrência e do seu regime mesmo em países em que a letra da lei não tem sofrido alterações, há várias décadas. É que o próprio significado e impacto das cláusulas de não concorrência tende a alterar-se, quer por força da evolução da actividade económica, quer, também, em consequência de mudanças no próprio mundo do direito do trabalho.

Na verdade, o regime legal das cláusulas de não concorrência surgiu em alguns ordenamentos – é o caso, por exemplo, do italiano, mas também, no essencial, do nosso – quando não se tinha ainda verificado (pelo menos com a extensão e a profundidade actuais) o fenómeno de concentração das empresas, mas também da sua fragmentação, do ponto de vista jurídico, em grupos e, sobretudo, em redes. Inicialmente a cláusula foi concebida como vinculando o trabalhador face a um empregador que era o titular de uma empresa com uma actividade que, frequentemente, estava bem circunscrita a uma zona geográfica e a um sector de produção ou a um segmento de mercado. A cláusula – por vezes a mesma cláusula inserida em um contrato de trabalho há vinte ou trinta anos – pode hoje ser invocada por uma empresa de dimensão multinacional que pretende vedar a actividade de um trabalhador, não apenas no território nacional[20], mas, por vezes, em espaços

---

[20] Curiosamente o direito belga, um dos mais sofisticados e complexos em matéria de cláusula de não concorrência, limita o possível âmbito espacial de uma cláusula de não concorrência ao território nacional, não admitindo que a proibição de concorrência possa estender-se para além

geográficos muito mais amplos que podem ser, inclusive, todo um continente[21] ou mais ainda[22]. Verifica-se, igualmente, uma tentativa dos empregadores de procurar construir cláusulas de não concorrência que limitariam a concorrência do trabalhador, não apenas com a sociedade que o empregou, mas, por exemplo, com todas as outras sociedades do mesmo grupo.

Mas, se do ponto de vista económico as cláusulas de não concorrência podem ter hoje, no caso concreto, conse-

---

daquele território, segundo informa Viviane Lebe-Dessard, *La clause de non-concurrence et la concurrence déloyale*, in Clauses spéciales du contrat de travail, Utilité, Validité, Sanction, dir. por Viviane Vannes, Bruylant, Bruxelles, 2003, págs. 217 e segs., pág. 235.

[21] Como destaca, de modo certeiro, Silvia Rossetti, "Il patto di non concorrenza tra orientamenti giurisprudenziali e nuove esigenze di mercato", *Rivista giurica del lavoro e della previdenza sociale* 2010, n.º 2, págs. 293 e segs., pág. 296, "em um contexto produtivo que já não é dominado pela pequena ou média empresa, e com a globalização do mercado, o interesse do empregador de poder defender o seu próprio património material mesmo fora do território nacional aumenta, mas também aumenta o interesse do trabalhador de não se ver excessivamente sacrificado na procura de uma nova colocação coerente com a sua profissionalidade e compatível com as suas exigências de vida".

[22] Em Itália teve já ocasião de discutir-se da validade de um pacto que proibia ao trabalhador realizar a sua actividade técnica a favor de empresas que realizassem actividades de produção e venda de máquinas automáticas computorizadas para a dosagem de fluidos no sector dos têxteis e dos químicos na Europa, Ásia, EUA, Canadá, América do Sul, Japão e Austrália. No sentido da nulidade de semelhante pacto cfr. Barbara de Mozzi, *Tutela della professionalità e autonomia del limite territoriale nel patto di non concorrenza*, Il Lavoro nella Giurisprudenza 2006, n.º 2, págs. 171 e segs., para quem se impõe uma interpretação rigorosa dos requisitos legais do pacto de não concorrência (ob. cit., pág. 173).

quências bem mais assinaláveis e extensas, tem-se imposto, do ponto de vista jurídico, uma visão que aconselha a sua interpretação restritiva, ou, mesmo, uma intervenção dos tribunais no sentido de limitar o seu âmbito de eficácia. É sabido que no direito do trabalho tem assumido crescente importância o direito à (e dever de) formação profissional. No mundo da "flexisegurança", em que se destaca a importância crescente da "empregabilidade" do trabalhador, é também cada vez mais importante o "património" profissional que cada um vai adquirindo ao longo da execução do seu trabalho e questiona-se, em medida crescente, até que ponto será legítimo impor restrições ao trabalhador quanto à utilização desse mesmo património profissional. A jurisprudência e a doutrina francesas[23] e alguma doutrina italiana[24] afirmam já que de uma cláusula

---

[23] Já em 1988 Jacqueline Amiel-Donat, ob. cit., pág. 45, observava que "nenhum interesse, por legítimo que seja, pode justificar que uma pessoa seja colocada na impossibilidade de exercer a sua profissão" e acrescentava que mais do que a liberdade de emprego o que está em jogo é o próprio direito à qualificação profissional por parte do trabalhador.

[24] Contudo, segundo informa Nadia Paolucci, "Osservazioni in tema di patto di non concorrenza", *RIDL* 2000, parte II, págs. 329 e segs., pág. 331, a jurisprudência italiana está dividida a respeito da possibilidade de admitir uma cláusula de não concorrência válida para todo o território nacional. Massimiliano Bartesaghi, "Sui requisiti di legittimità del patto di non concorrenza", *RIDL* 1995, parte II, págs. 582 e segs., pág. 583, cita jurisprudência italiana que considerou nulo um pacto de não concorrência que se estendia a todo o território nacional e cobria todas as actividades para as quais o trabalhador detinha conhecimentos especializados. Verificar-se-ia assim uma interpretação evolutiva da norma procurando garantir ao trabalhador a necessidade de não emi-

de não concorrência não pode resultar, em termos práticos, a necessidade de emigrar por parte de um trabalhador e a impossibilidade de exercer a profissão para a qual ao longo dos anos se recebeu formação específica – tantas e tantas vezes, aliás, com o apoio de fundos públicos – e se tem hoje uma competência especializada. Um sector da doutrina italiana defende, mesmo no silêncio da lei, que a cláusula de não concorrência para ser válida terá que ser espacialmente limitada ou circunscrita[25].

3. À luz do que acabamos de dizer tornam-se, porventura, mais compreensíveis algumas das evoluções recentes, em termos jurisprudenciais e doutrinais, em matéria de cláusula de não concorrência, como também alguns dos pontos em que se verifica uma acesa controvérsia. Comecemos por referir os requisitos de validade de uma cláusula de não concorrência.

Como é sabido já o Decreto-Lei n.º 49408 previa, no seu art. 36.º, que a cláusula de não concorrência tinha que

---

grar para poder exercer a sua profissão; mas, como já se referiu, a posição não é pacífica em Itália.

[25] Na verdade, também a doutrina portuguesa tem exigido mais um pressuposto que não consta da letra da lei: uma limitação geográfica, e não apenas temporal, à obrigação de não concorrência. Neste sentido cfr., por exemplo, Joana Vasconcelos, em anotação ao artigo 136.º, in Código do Trabalho Anotado, Pedro Romano Martinez e outros, 8.ª ed., Almedina, Coimbra, 2009, pág. 375: "muito embora a presente disposição, tal como a que a antecedeu, se refira apenas à limitação temporal dos pactos de não concorrência, a validade destes dependerá, ainda, e atenta a finalidade que os justifica, também da sua limitação geográfica ou espacial, em estreita correspondência com a área de actuação da empresa empregadorea".

obedecer a forma escrita, ser acompanhada da previsão de uma contrapartida económica e ter um limite de duração temporal que, à época, era de três anos. Também no Código actualmente em vigor estes requisitos se mantêm: com efeito, o n.º 2 do artigo 146.º do Código do Trabalho de 2009 exige que a cláusula conste, por forma escrita, do contrato de trabalho ou do acordo de cessação deste (alínea a)); que se trate de "actividade cujo exercício possa efectivamente causar prejuízo ao empregador" (alínea b)); e que se atribua "ao trabalhador uma compensação durante o período de limitação da sua actividade, que pode sofrer redução equitativa quando o empregador houver despendido somas avultadas com a sua formação profissional" (alínea c)), sendo que o limite temporal da cláusula é agora, em princípio, de dois anos (n.º 2 do artigo 146.º), embora possa, ainda, de acordo com o n.º 5 do artigo 146.º ser este período prolongado até três anos.

A cláusula de não concorrência tem, pois, em primeiro lugar, que ser uma cláusula escrita[26], valendo aqui as razões

---

[26] Cumprirá este requisito uma cláusula de não concorrência em língua estrangeira, aposta em um contrato de trabalho celebrado entre um trabalhador português, residente em Portugal, e uma empresa igualmente portuguesa, destinando-se o contrato a ser executado em Portugal? A questão pode parecer académica, mas já nos foi colocada (a empresa, que embora portuguesa pertencia a um grupo espanhol, apresentara apenas ao trabalhador uma minuta em castelhano e só essa foi assinada). Em França o artigo 1221.3 do Code du Travail exige que os contratos de trabalho que se destinam a ser executados em França sejam celebrados em língua francesa, acrescentando a disposição que os trabalhadores estrangeiros têm direito a uma tradução oficial em língua materna. Infelizmente não dispomos de norma similar. Pode, é certo,

comummente aduzidas para a forma, sobretudo em um
contrato como o contrato de trabalho em que existe, em
regra, uma certa desigualdade de poder entre as partes.
A forma – tratando-se aqui de uma formalidade *ad subs-
tantiam* – desempenha aqui uma função de protecção[27], não
sendo apenas exigida por razões de segurança e certeza,

---

questionar-se se cumprirá verdadeiramente a exigência legal de forma
escrita do pacto de não concorrência um acordo em língua estrangeira.
É verdade que pode distinguir-se entre a exigência de forma e a exigência do uso de uma determinada língua. Assim o diz, expressamente,
Carlo P. Cicala, *Uso della língua straniera nel testo contrattuale*, Contratto e
impresa 1999, n.º 1, págs. 178 e segs., pág. 181: "sem dúvida que a língua
do texto contratual constitui uma forma, se por tal termo compreende-
mos todas as modalidades e instrumentos através dos quais os sujeitos
comunicam a sua própria vontade, mas das disposições da lei civil parece
emergir uma noção de "forma" mais restritiva que não abrange a língua
[utilizada]" (outros, todavia, como Francesco Macario, recensão a Elisa
Morelato, "Nuovi requisiti di forma nel contrato; transparenza contrattuale e neoformalismo", *Rivista di Diritto Civile* 2008, parte I, págs. 238
e segs., pág. 239, consideram que os vínculos linguísticos podem "reconduzir-se a um conceito de forma do contrato entendido em sentido
amplo"). No entanto, mesmo CICALA discute da possibilidade de anu-
lar um contrato por erro assente no imperfeito conhecimento da língua
estrangeira, ou até da possibilidade de existência de um dissenso e de
situações em que a utilização da língua estrangeira corresponderia a um
abuso de direito da parte mais forte, dando a este propósito, curiosamente, um exemplo de direito do trabalho: o empregador que escrevesse
a nota de culpa, em um procedimento disciplinar contra o trabalhador,
em língua estrangeira, desconhecida deste último. Será, contudo, curioso
que a preocupação com a língua utilizada se quede pelos consumidores
e não abranja os trabalhadores subordinados (sem querermos aqui cuidar da questão de saber se os próprios trabalhadores subordinados não
serão consumidores para certos efeitos legais).

mas para chamar a atenção do trabalhador para a gravidade do vínculo que assume.

Mas já a nossa LCT, como dissemos, estabelecia que a cláusula de não concorrência tinha que prever uma compensação económica que se designava, aliás, por uma retribuição. Não queremos deixar de o sublinhar porquanto, neste, como em tantos outros aspectos, a LCT era substancialmente muito moderna – recorde-se que à época semelhante exigência não era colocada, por exemplo, pelos tribunais franceses que só a partir de 2002/2003 passaram a exigir, para que a cláusula de não concorrência fosse válida, a previsão de uma contrapartida económica para o trabalhador.

A cláusula de não concorrência tem, por conseguinte, uma natureza onerosa e sinalagmática. Efectivamente, a contrapartida económica visa compensar o trabalhador pelo prejuízo que este poderá sofrer durante[28] o período

---

[27] Neste sentido cfr., por exemplo, Giovanna Nalis, *Forma e contratto di lavoro*, IL Diritto del Mercato del Lavoro 2009, n.º 3, págs. 565 e segs., pág. 572. e, sobretudo no que toca ao contrato de trabalho, pág. 580. Sobre as exigências de forma em geral cfr., igualmente, Peter Mankowski, *Formzwecke*, Juristenzeitung 2010, págs. 662 e segs., autor que sublinha que os escopos da exigência legal de forma são muito mais numerosos do que aquilo que geralmente se assinala (o autor identifica cerca de catorze: para além da facilidade de prova ou da função de alarme quanto à atenção do vínculo que se assume, permitimo-nos destacar, de entre os múltiplos escopos apontados pelo autor, o de que a forma facilita o próprio controlo pelos tribunais do conteúdo do acordo).

[28] A letra da alínea c) do n.º 2 do artigo 146.º refere-se, inclusive, a uma compensação "durante o período de limitação" da actividade.

acordado de abstenção de concorrência[29], o qual, no nosso ordenamento, pode estender-se, como já dissemos, em algumas situações, até três anos. A natureza necessariamente onerosa deste acordo ou pacto de não concorrência acarreta, obviamente, que não será válido o acordo em que esteja prevista uma compensação económica insignificante ou irrisória.

Resta saber, contudo, se apenas nos casos em que a compensação prevista seja claramente irrisória é que os tribunais poderão afirmar a nulidade do pacto ou se, em matéria de compensação, a sua intervenção deverá ser mais ampla, cabendo igualmente aos tribunais verificar se a compensação prevista no pacto é adequada ou proporcionada ao sacrifício imposto ao trabalhador.

Dir-se-á, em contrário, que também em uma compra e venda tem que existir necessariamente um preço e se um prédio, cujo valor de mercado for de centenas de milhares de euros for vendido por um euro, teremos aquilo que a doutrina designa por uma "venda fantástica". Contudo, na compra e venda, os tribunais hesitarão em intervir, averiguando da adequação entre prestação e contraprestação até porque não se exige para a validade do contrato qualquer equivalência objectiva das prestações, limitando-se o

---

[29] Não se devendo confundir com a retribuição paga ao trabalhador durante a vigência do contrato de trabalho. Com efeito, como assinala Luisa Zamboni, "Sui limiti del patto di non concorrenza a carico del prestatore di lavoro (art. 2125 c.c.)", *Rivista di Diritto Industriale* 2003, ano LII, parte I, págs. 339 e segs., pág. 342, "o pacto [de não concorrência] embora funcionalmente coligado ao contrato de trabalho, tem uma causa autónoma".

ordenamento jurídico a intervir em situações de usura. Mas o contrato de trabalho, sendo embora um contrato de intercâmbio, não é uma compra e venda e também o acordo de não concorrência apresenta características singulares que o afastam de uma compra e venda: como já dissemos, trata-se de um acordo em que o trabalhador, apesar da situação de subordinação jurídica em que se encontra, renuncia, ainda que parcial e temporariamente, ao exercício de direitos constitucionalmente consagrados, como sejam o direito ao trabalho e à iniciativa económica[30]. A ordem jurídica só consente nesta renúncia se a mesma for remunerada, mas, como é evidente, não se pode desinteressar de saber se a compensação pela renúncia é adequada ou proporcionada[31]. Não é por acaso, de resto, que tanto os tribunais espanhóis, como os franceses ou os italianos, se têm reservado a faculdade de controlar a adequação entre o sacrifício concretamente exigido ao trabalhador e a compensação económica que lhe é garantida pela cláusula de não concorrência.

Em suma, a nulidade da cláusula de não concorrência é hoje afirmada, não apenas quando a contrapartida é irrisória, mas também quando não é proporcional[32] ao sacri-

---

[30] Como refere Enrico Ghirotti, ob. cit., pág. 178, a previsão da obrigação de *non facere* a cargo do trabalhador deve ser compensada, visando esta compensação "indemnizar o trabalhador pela renúncia parcial ao direito ao trabalho constitucionalmente garantido". A compensação deve, pois, ser proporcionada ao sacrifício exigido ao trabalhador.

[31] Neste sentido cfr., por todos, Fabrizio Miani Canevari, *patto di non concorrenza e tutela del lavoratore*, Il Diritto del Lavoro 1995, parte II, págs. 40 e segs.

fício exigido ao trabalhador e à redução das suas possibilidades de ganho. Este entendimento justifica-se porquanto a compensação económica desempenha uma função de garantia e é condição da licitude da restrição a liberdades constitucionalmente garantidas.

4. Outros aspectos que se têm revelado polémicos respeitam ao momento em que pode ser paga a compensação e às modalidades que esta pode assumir, sobretudo nos ordenamentos, como o nosso, em que estas questões não recebem uma resposta legal expressa.

Começando por aquela primeira interrogação, será que a compensação pode ser paga, no silêncio da lei, durante a vigência do próprio contrato de trabalho, ou terá que sê-lo no momento em que se verifica a cessação deste ou durante o período de não concorrência propriamente dito[33]? Enquanto em Espanha, a resposta praticamente

---

[32] Segundo informam Grégory Damy / Sabrina Pelli, ob. cit., pág. 18, o montante da compensação financeira aceite como válida pelos tribunais franceses, por exemplo, oscila entre 25% e 66% do salário, sendo que a soma mais frequentemente paga é a de 50% da remuneração mensal bruta.

[33] Também se pode questionar se poderá a compensação ser paga apenas no final do período de não concorrência. Ángel Arias Dominguez, ob. cit., pág. 787, admite que o pagamento da compensação ocorra apenas no fim do prazo de não concorrência, afirmando que "seria esta uma forma um tanto radical de assegurar-se à empresa o cumprimento do pacto". Parece-nos, contudo, que tal solução é claramente contrária à teleologia das normas que impõem a onerosidade do pacto e que parecem visar que o trabalhador disponha da compensação durante o período de não concorrência, que é o período em que poderá passar por sérias dificuldades económicas em razão dos limites impostos pela

unânime é afirmativa, não se vendo razão para impor limites, que não resultam da letra da lei, à autonomia negocial das partes, posição igualmente assumida pela doutrina e jurisprudência dominantes em Itália[34], em França a Cour de cassation, mesmo na ausência de qualquer texto legal, considerou que era contrária à teleologia do pacto de não concorrência – ou, talvez melhor, à sua causa – a previsão contratual do pagamento da compensação durante a vigência do contrato de trabalho.

---

cláusula à liberdade de emprego e até à liberdade de iniciativa económica. Esta solução retiraria também ao trabalhador os remédios (designadamente a excepção de não cumprimento) que poderiam derivar da natureza sinalagmática do pacto.

[34] Segundo informa Andre Pilati, "Sulla nullità del patto di non concorrenza per esiguità del compenso corrisposto nel corso del rapporto di lavoro", *RIDL* 2000, parte II, págs. 728 e segs., consolidou-se na jurisprudência italiana o entendimento dominante de que é possível pagar a compensação pela cláusula de não concorrência através de um pagamento por percentagem da retribuição durante a vigência do contrato. Tal modalidade de pagamento satisfaria o requisito da determinação ou determinabilidade do objecto do contrato e que quanto à adequação da compensação ela poderia ser valorável apenas *a posteriori* no momento da conclusão do contrato. Repare-se, contudo, que em regra, este entendimento se afirmava quando se previa uma percentagem da retribuição e não uma quantia fixa, o que, segundo o autor, representou sempre "um argumento não secundário para concluir no sentido da validade desta modalidade de pagamento da compensação". E isto porque deste modo se garantiria que o correspectivo se incrementasse à medida que a retribuição ela própria fosse subindo; assim, à medida que se aperfeiçoassem os conhecimentos e a posição do trabalhador na empresa melhoraria a retribuição e correspondentemente a percentagem. A posição dos tribunais italianos parece bem mais cautelosa quando o pagamento tem lugar através de uma quantia fixa mensal ou anual paga durante a vigência do contrato.

Um primeiro aspecto a ter em conta é o de que a contrapartida económica é uma compensação pelo sacrifício exigido ao trabalhador por força da abstenção no exercício da sua profissão durante um determinado período. Nesta perspectiva, a compensação não depende da antiguidade do trabalhador, da maior ou menor duração da relação laboral, mas apenas daquele período de "carência"[35-36].

---

[35] Nas palavras de Louis Fréderic Pignarre, "Contrepartie financière de la clause de non-concurrence et droit des obligations: jeux d'influences", *Revue de Droit du Travail* 2009, págs. 151 e segs., pág. 153, "a finalidade da contrapartida financeira é a de contrabalançar os limites espaciais, temporais e profissionais impostos ao trabalhador e estes são por essência independentes da simples duração do contrato de trabalho". A cláusula, de resto, é também independente do seu facto gerador, isto é, das várias modalidades de ruptura do contrato de trabalho. O contrato de trabalho assemelha-se, assim, a um núcleo duro constituído por obrigações fundamentais, em torno do qual gravitam satélites, cláusulas do contrato que, embora autónomas e apresentando propriedades próprias, permanecem sob a influência daquele núcleo duro. O autor considera, pois, que a cláusula de não concorrência tem a sua própria causa, de algum modo distinta da causa do referido núcleo duro e daí a exigência de uma contrapartida específica. Como lapidarmente observa o autor, ob. cit., pág. 158, "a última das condições para a validade da cláusula de não concorrência, a contrapartida financeira não deixa de representar o elemento matricial. Exclusivamente causada pela obrigação de não concorrência, uma tal contrapartida não se identifica, nem com uma recompensa por bons e leais serviços, ou pela antiguidade passada, nem mesmo como um preço da fidelização do trabalhador, mas compensa a lesão da sua liberdade de exercer uma actividade profissional".

[36] Sobre o reforço do carácter sinalagmático da cláusula de não concorrência em França cfr. Grégory Damy / Sabrina Pelli, *La clause de non-concurrence...*, cit., págs. 17 e segs. A partir de 10 de Julho de 2002 a Cour de cassation passou a exigir uma contrapartida financeira à cláusula

Pode, mesmo, afirmar-se que desta perspectiva o momento mais adequado para pagar a compensação é o momento da cessação da relação laboral[37].

---

de não concorrência. Em um Acórdão de 15 de Novembro de 2006 decidiu-se, também, que uma contrapartida financeira irrisória equivale à ausência de qualquer contrapartida. Assim, é nula qualquer cláusula que preveja uma contrapartida insuficiente. No caso em apreço foi considerada irrisória ou insuficiente uma contrapartida financeira equivalente a 10% do salário mensal. Em Acórdão de 7 de Março de 2007 a Chambre Sociale da Cour de cassation pronunciou-se quanto às modalidades de fixação da contrapartida. O Tribunal afirmou que o montante da contrapartida não pode depender apenas da duração da execução do contrato de trabalho (tratava-se de uma contrapartida fixada em uma percentagem do salário atendendo à duração do contrato). Nas palavras do Tribunal, "no quadro de uma cláusula de não concorrência, a exigência de uma contrapartida financeira encontra a sua causa na lesão à liberdade fundamental do trabalhador de exercer uma actividade profissional. Nesta lógica, o montante da indemnização deve ser proporcionado à proibição sofrida pelo trabalhador. Fixar o montante da compensação em função da antiguidade do trabalhador contrariaria a própria razão de ser da indemnização". Mas o Tribunal foi ainda mais longe e corrigiu um dos aspectos da sua anterior jurisprudência. Considerava-se anteriormente que o empregador tinha uma opção quanto ao pagamento da compensação: podia pagar a compensação durante a execução do contrato de trabalho, mediante uma importância que acrescia ao salário e que devia, aliás, ser indicada separadamente no recibo ou, em alternativa, podia pagar posteriormente à ruptura da relação contratual. Este Acórdão de 7 de Maio de 2007 eliminou a primeira alternativa: "a contrapartida tem por objecto indemnizar o trabalhador pela obrigação de não concorrência. O pagamento deve ocorrer no momento preciso em que a sua liberdade de exercer uma actividade profissional se encontre limitada pelo efeito da obrigação".

[37] Isto mesmo foi afirmado recentemente na doutrina italiana por Alessandro Boscati, *Patto di non concorrenza*, *Art.2125*, Il Codice Civile,

Mesmo na ausência de norma legal neste sentido foi esta a conclusão, em certo sentido lógica, a que chegou, recentemente, a Cour de cassation. Com efeito, a jurisprudência francesa, desde 2007, considera nula a cláusula em que a compensação pela não concorrência seja paga ao trabalhador ao longo da duração do contrato de trabalho, como, por exemplo, uma percentagem ou um montante que acresce à retribuição[38]. Esta posição jurisprudencial tem a inegável vantagem de eliminar comportamentos fraudulentos – mas em que a fraude é de prova delicada – em que componentes materiais da retribuição são apresentados como se fossem uma compensação pela

---

Commentario, dir. por Francesco D. Busnelli, Giuffrè, Milano, 2010, pág. 196: o pagamento da compensação depois da cessação da relação de trabalho constitui "a solução mais adequada à natureza sinalagmática do pacto", embora o autor acabe por admitir o pagamento da compensação durante a vigência do contrato de trabalho, já que a lei italiana não o proíbe expressamente. Alguma doutrina, ainda que minoritária, pronunciou-se, contudo, contra essa possibilidade. Assim Silvia Rossetti, ob. cit., pág. 299, que adere à tese de Scorcelli (autor a cuja obra não tivemos acesso directamente), sustenta que exigir que a compensação seja paga quando cessa a relação laboral ou durante o período de não concorrência é o entendimento mais coerente com a *ratio* da compensação e é o que melhor garante o trabalhador relativamente ao sacrifício que deverá suportar por força do pacto. Entendimento oposto (permitindo o pagamento da compensação ao longo da execução do contrato de trabalho) conferiria ao pacto um inadmissível momento de aleatoriedade e acabaria por premiar a fidelidade do trabalhador, em vez de o compensar pelo sacrifício que deriva da estipulação do pacto.

[38] Sobre o tema cfr., por exemplo, Isabelle Beyneix, *Distinction entre obligation de non-concurrence et clause de non-concurrence*, JCP, Entreprise et Affaires, 2011, 1037, págs. 57 e segs.

cláusula de não concorrência. Além disso, e mesmo na ausência de fraude, o pagamento da compensação ao longo da vigência do contrato apresenta vários inconvenientes e perigos para o trabalhador: o pagamento pode ocorrer (ou, pelo menos, começar) anos (ou mesmo décadas) antes do momento em que a obrigação de não concorrência derivada da cláusula surge efectivamente, o momento da cessação da relação laboral, momento em que a compensação pode já ter sido gasta pelo trabalhador, deixando-o em situação de necessidade quando mais carece da referida compensação. É certo que o jurista pode ser tentado a encolher os ombros e a dizer *sibi imputat*: o trabalhador que fosse mais previdente e guardasse as importâncias que lhe foram pagas a título de compensação. Mas mesmo o jurista deve ter em conta que o próprio direito civil não é insensível ao modo, por vezes excessivamente optimista, como o ser humano encara o futuro – sendo, para alguns autores, essa a razão pela qual é nula a doação de bens futuros, como, porventura, também constitui uma das razões para a nulidade do pacto comissório. E mais sensível a este propósito deve mostrar-se um direito como o direito do trabalho que frequentemente trata como retribuição importâncias que em um primeiro momento o não são, mas que podem passar a confundir-se com a retribuição, em homenagem às expectativas e à aparência criadas. Ao que acresce que se o pagamento tiver sido estabelecido em um montante fixo, mensal ou anual, bem pode suscitar-se o problema da sua não actualização com a inflação (recorde-se que a cláusula pode ser invocada anos, quando não décadas, após a sua inserção em um contrato de trabalho).

No entanto, muito embora *de iure condendo* nos pareça mais feliz a solução encontrada pela jurisprudência francesa, temos sérias dúvidas em propô-la no plano do direito constituído. No silêncio da nossa lei, afigura-se-nos que será válida a previsão do pagamento da compensação durante a vigência do contrato de trabalho[39]. Contudo, segundo cremos, importará ter presente o já assinalado risco de fraude, isto é, a possibilidade de fazer passar como compensação pela cláusula de não concorrência o que materialmente é retribuição. Consideramos, por isso, que não só será importante verificar se a compensação é autonomizada no recibo, como se a pretensa compensação não era já antes paga a outro título (por exemplo, como prémio), só tendo mudado o seu nome, ou se não absorveu aumentos retributivos (de tal modo que, por exemplo, trabalhadores com as mesmas funções, mas sem a cláusula de não concorrência, acabam por auferir, no conjunto, sensivelmente o mesmo que o trabalhador onerado com tal cláusula...).

5. Mesmo que se aceite que a compensação pela obrigação de não concorrência póscontratual possa ser paga durante a vigência do contrato de trabalho, subsistem,

---

[39] Entre nós pode ler-se no Acórdão do Tribunal da Relação de Lisboa de 10.12.2009 (Isabel Tapadinhas) que "não choca e nada na lei impede a possibilidade de o empregador poder proceder ao pagamento da compensação na pendência do contrato", embora no caso concreto o Tribunal tenha igualmente destacado que "o seu valor global [da compensação] sempre teria de ficar previamente determinado ou ser determinável de acordo com os critérios objectivos estabelecidos no próprio contrato".

ainda, outros problemas. Será válida a cláusula em que se prevê o pagamento de uma compensação, mas sem qualquer referência ao seu montante? E se a cláusula prever o pagamento de uma quantia ou percentagem sobre a retribuição, periodicamente (por exemplo, com a mesma periodicidade que a retribuição) enquanto o contrato de trabalho durar?

Ainda que aceitando que a compensação pela cláusula possa ser paga durante a vigência do contrato de trabalho, afigura-se-nos, na esteira do Acórdão da Relação de Lisboa de 10.12.2009[40-41], que essa mesma compensação

---

[40] De que foi Relatora a Juíza Desembargadora Isabel Tapadinhas. Pode ler-se no sumário deste Acórdão que "a lei não impõe que essa compensação [pelo período de limitação da actividade] seja fixada, desde logo, no documento que insere a cláusula de não concorrência, devendo entender-se que a fixação do correspondente montante poderá ter lugar, ou por acordo ou por decisão judicial, depois de se ter operado a cessação do contrato". Entendeu-se, contudo, igualmente que "na medida em que se trata de uma prestação que integra o objecto mediato do negócio, para que o mesmo seja válido é indispensável que seja determinável, conforme é exigido pelo art. 280.º do Código Civil", sendo que "não satisfaz esse requisito o facto de se ter estipulado que, como contrapartida da obrigação assumida pela trabalhadora de não exercer a actividade em empresa concorrente da entidade patronal, nos 18 meses subsequentes à cessação do contrato, esta lhe pagaria a quantia mensal de €38,40 durante a vigência do contrato, na medida em que não se quantificou o valor global dessa compensação, nem estabeleceu qualquer critério objectivo susceptível de o determinar, ficando o valor global a pagar exclusivamente dependente da duração do contrato e a trabalhadora colocada na situação de não saber qual a contrapartida que lhe seria paga pelo empregador como compensação durante o período de limitação da sua actividade". O tribunal considerou, pois, que "não choca e nada na lei impede a possibilidade de o empregador poder

há-de, pelo menos, ser determinada ou determinável no momento da celebração do pacto de não concorrência. O problema que se suscitou neste Acórdão era o de se saber se seria válida uma cláusula de não concorrência que previa uma compensação a qual consistia em um montante pago mensalmente durante o tempo que viesse a vigorar o contrato de trabalho. Uma compensação deste género acaba, na sua grandeza ou montante, por ficar dependente da vontade do próprio empregador. Atendendo a que uma cláusula de não concorrência pode ser invocada, independentemente da causa da cessação do contrato de trabalho, pelo menos no nosso ordenamento, nada impede que o contrato termine no período experimental[42] por denúncia pelo empregador, para pôr o caso mais extremo, ou em qualquer momento subsequente, por exemplo, por decisão de extinção do posto de trabalho. Fica a ser assim totalmente incerta a grandeza da compensação económica – quando não mesmo, de facto, dependente da vontade do empregador em fazer ou não cessar

---

proceder ao pagamento da compensação na pendência do contrato, mas o certo é que o seu valor global sempre teria de ficar previamente determinado ou ser determinável de acordo com os critérios objectivos estabelecidos no próprio contrato".

[41] No mesmo sentido cfr., igualmente, o Acórdão do Tribunal da Relação de Lisboa de 14 de Janeiro de 2009 (Maria João da Graça Romba), CJ 2009, tomo I, ainda que perante um pacto de não concorrência totalmente omisso quanto ao montante da compensação.

[42] Será, depois, uma questão a avaliar no caso concreto, a de saber se, terminando o contrato no período experimental, o trabalhador teve já conhecimento efectivo, por exemplo, de segredos de fabrico que justifiquem a invocação da cláusula.

a relação laboral. Parece-nos, igualmente, na esteira de SERGIO MAGRINI, que viola o tipo legal de cláusula ou pacto de não concorrência a introdução nesta de uma incerteza fundamental quanto ao montante que, a final, o trabalhador terá direito como contrapartida do vínculo que assume[43]. Por conseguinte, ainda que se admita o pagamento da compensação durante a vigência do contrato de trabalho, a cláusula de não concorrência que preveja um pagamento periódico durante a vigência do con-

---

[43] Sergio Magrini, "Sul corrispettivo nel patto di non concorrenza fra lavoratore e datore di lavoro", *Rivista di Diritto del Lavoro* 1966, ano XVIII, págs. 335 e segs., defende (ob. cit., pág. 351) que o legislador teve a intenção inequívoca de garantir um determinado equilíbrio económico das prestações. A razão pela qual a compensação económica é um requisito da validade do pacto está na exigência, não de retribuir o trabalhador pelo vinculo laboral propriamente dito e pela duração deste, mas de garantir-lhe uma certa segurança económica, relativamente à previsível dificuldade acrescida em encontrar um emprego durante o período de vigência da cláusula. A certeza da compensação e do seu montante (pelo menos mínimo) configura-se como um dado que qualifica o próprio sinalagma contratual. Nas palavras do autor, o pacto de não concorrência é um pacto necessariamente comutativo que deve garantir ao trabalhador uma contraprestação adequada, excluindo-se qualquer forma de álea. E daí que, para o autor (pág. 353), a introdução desta álea ou incerteza contrarie o esquema legal, acarretando a invalidade do pacto. Assim, muito embora este autor considere que, em um caso semelhante ao decidido pelo Acórdão do Tribunal da Relação de Lisboa de 10.12.2009, não se pode, em rigor, dizer que a compensação é indeterminável, já que os critérios para a sua determinação constam do próprio pacto (x por mês de duração do contrato), a lei, ao exigir uma compensação, imporia que esta fosse adequada e que fosse previsível ao trabalhador, enquanto parte geralmente mais fraca da relação, saber quanto é que iria receber em contrapartida do sacrifício contratualmente assumido.

trato de trabalho, deverá, pelo menos, sob pena de nulidade, prever igualmente um montante mínimo que possa, em si mesmo, considerar-se contrapartida adequada pela obrigação contratualmente assumida pelo trabalhador[44].

6. Uma outra matéria em que se verifica uma evolução sensível, sobretudo em França[45], é a que respeita às consequências da nulidade de uma cláusula de não concorrência, por exemplo, por falta de um real interesse do empregador na cláusula[46] – já que o trabalhador, em razão das funções que exerce, não representa qualquer perigo em

---

[44] Na doutrina espanhola, Luis Gil Suarez, *Pacto de no competência* ex post, Enciclopedia Laboral Básica "Alfredo Montoya Melgar", Civitas/Thomson Reuters, 2009, págs. 965 e segs., pág. 967, destaca que a compensação financeira recebida pelo trabalhador tem uma especial relevância pois que para o trabalhador constitui a única razão objectiva pela qual ele aceita o pacto. A importância desta compensação importa na "necessidade que fique devidamente fixada e delimitada desde o seu princípio".

[45] Mas também há doutrina italiana no mesmo sentido. Assim, por exemplo, Rosanna Barchi, "Il patto di non concorrenza: gli orientamenti della dottrina e della guirisprudenza", *Diritto & Pratica del Lavoro* 2001, n.º 14, págs. 899 e segs., pág. 902, defende que em certos casos em que a cláusula seja ilícita e nula porque, por exemplo, não há interesse do empregador na sua celebração, não deve haver repetição ou restituição das importâncias pagas a titulo de compensação pela cláusula de não concorrência.

[46] É interessante destacar que no direito belga algumas normas legais a respeito da cláusula de não concorrência são "unilateralmente imperativas", isto é, a nulidade da cláusula que resulta da sua violação só pode ser invocada pelo trabalhador, o qual pode optar por cumprir a cláusula, como se fosse váilda, e exigir a respectiva compensação. A este respeito, cfr. Viviane Lebe-Dessard, ob. cit., págs. 225-226.

termos de concorrência diferencial, não tendo por hipótese acesso a quaisquer informações confidenciais, nem podendo desviar clientela – ou porque a cláusula não prevê qualquer compensação económica, esta não é determinada nem determinável ou é irrisória ou claramente desproporcionada com o sacrifício exigido ao trabalhador.

À primeira vista, dir-se-ia que não há aqui razão para qualquer desvio aos princípios gerais: sendo nulo o pacto de não concorrência, deverá ser restituído tudo o que tiver sido prestado em execução deste e, por conseguinte, se o trabalhador já tiver recebido a (ou parte da) compensação, deverá restituí-la na íntegra. No entanto, não foi essa a decisão da Cour de cassation em Acórdão de 17 de Novembro de 2010: tendo a cláusula sido considerada nula, o trabalhador não foi, apesar disso, condenado a restituir a compensação que já recebera. O tribunal francês parece ter atendido, fundamentalmente, ao seguinte: embora a cláusula ou pacto de não concorrência produza o essencial dos seus efeitos jurídicos após a cessação do contrato de trabalho, já que é nesse momento que "entre em acção" a obrigação de não concorrência gerada pela cláusula, o seu efeito prático é anterior. Com efeito, pode dizer-se que já durante a própria vigência do contrato de trabalho a cláusula de não concorrência tem, por assim dizer, um efeito dissuasor, desencorajando o trabalhador de se desvincular do contrato, por ter consciência de que a sua liberdade de procurar novo emprego ou de desenvolver uma actividade económica estará (temporariamente) limitada. Ora, mesmo uma cláusula nula pode ter já produzido esse efeito prático, até porque o trabalhador pode não se ter apercebido logo da invalidade da cláusula, ao que acresce que esta invalidade podia, no caso concreto, revelar-se duvidosa e a própria incerteza sobre a posição que os tribunais, a final, tomariam quanto à validade da cláusula, pode ter levado a trabalhador a agir com cautela, dissuadindo-o de, por exemplo, denunciar o contrato de trabalho.

Talvez se deva, no entanto, reconhecer que o que se trata, mais do que um problema de restituição, é de uma questão de reparação de um dano. Com efeito, do que se trata é de reconhecer que o respeito por uma cláusula de não concorrência nula pode já ter causado um dano ao trabalhador[47] – ainda que este dano seja dificilmente men-

---

[47] Em Acórdão de 11 de Janeiro de 2006 a Cour de cassation decidiu precisamente que "o respeito pelo trabalhador de uma cláusula de não concorrência ilícita causa-lhe necessariamente um prejuízo, cabendo ao juiz determinar o montante deste" ("le respect par le salarié d'une clause de non-concurrence illicite lui cause nécessairement un préjudice dont il appartient au juge d'apprécier l'étendue") e, mais recentemente, em Acórdão de 12 de Janeiro de 2011, afirmou, inclusive, que "a estipulação no contrato de trabalho de uma cláusula de não concorrência nula causa necessariamente um dano ao trabalhador" ("la stipulation dans le contrat de travail d'une clause de non-concurrence nulle cause nécessairement un préjudice au salarié"). Neste último caso, o Acórdão recorrido afirmara não existir qualquer prejuízo por parte do trabalhador, já que sendo a cláusula nula o trabalhador não tinha que a observar e dispunha de toda a liberdade para encontrar um emprego, mesmo que concorrente com o do seu anterior empregador. Pelo contrário, a Cour de cassation sublinhou que, embora nula, a cláusula de não concorrência foi na prática eficaz, designadamente desencorajando ao trabalhador a ruptura do contrato de trabalho pela dificuldade que poderia vir a existir se a cláusula fosse considerada válida em encontrar outro posto de trabalho que não fosse concorrente. Em suma, a dúvida sobre a validade

surável – dano esse que importará indemnizar ou compensar. Efectivamente, a inclusão de uma cláusula nula parece ser susceptível de poder configurar, no caso concreto, uma situação de responsabilidade pré-contratual do próprio empregador.

7. O tratamento rigoroso que a lei e a jurisprudência têm dado, em crescente medida, às cláusulas de não concorrência tem igualmente motivado a adopção, por parte dos empregadores, de outros mecanismos contratuais.

Um deles consiste no recurso a variadas cláusulas, não reguladas na lei, mas que, em princípio, seriam válidas em homenagem à liberdade contratual, como as cláusulas de confidencialidade[48] ou as cláusulas de clientela (ou de protecção da clientela, como também são conhecidas), para

---

da cláusula não deve prejudicar o próprio trabalhador. Sobre o tema cfr. Isabelle Beyneix, "Une clause de non-concurrence illicite et annulée cause nécessairement un préjudice au salarié", *JCP*, Édition Sociale, 2011, n.º 5, 1042, págs. 28 e segs. e, sobretudo, Florence Canut, *Stipulation d'une clause de non-concurrence nulle et indemnisation du salarié*, Le Droit Ouvrier, 2011, n.º 753, págs. 209 e segs.

[48] Sobre estas cfr., por todos, Jean-François Funck, *La clause de confidentialité dans le contrat de travail*, in Clauses spéciales du contrat de travail, Utilité, Validité, Sanction, dir. por Viviane Vannes, Bruylant, Bruxelles, 2003, págs. 187 e segs. O autor sublinha a extrema dificuldade em distinguir as informações que seriam confidenciais daquelas que integram a experiência profissional do trabalhador que ele foi adquirindo ao longo da execução do seu contrato e dá conta de que a jurisprudência belga se tem pronunciado pela nulidade de cláusulas de confidencialidade que proíbem ao trabalhador, após a cessação do contrato de trabalho, a utilização de conhecimentos ou informações a que este teve acesso na sua formação e experiência profissionais (ob. cit., pág. 211).

mencionar apenas alguns exemplos. Desenvolvendo, a título de ilustração, apenas a última das cláusulas referidas, dir-se-ia que ela não se confunde com uma cláusula de não concorrência, já que não veda ao trabalhador o exercício de uma actividade concorrente com a do seu anterior empregador, mas, tão-só, proíbe ou limita contactos com clientes que o trabalhador teve ocasião de conhecer, com maior ou menor proximidade, durante a anterior relação laboral. Mas basta ter presente que esse pode ser no caso concreto o interesse legítimo que pode justificar uma cláusula de não concorrência e que o mercado em concreto pode ser tão "rarefeito" que a proibição de contactar com os clientes que se teve ocasião de conhecer anteriormente pode redundar, em termos práticos, em uma proibição com um efeito útil muito semelhante ao de uma genuína cláusula de não concorrência, contornando os requisitos legais da validade desta (por exemplo, sendo a cláusula de clientela desacompanhada de compensação económica). E daí que, em França, o Acórdão da cassation de 27 de Abril de 2009 tenha decidido que uma cláusula dita de clientela era na realidade (e devia ser requalificada como) uma cláusula de não concorrência[49].

---

[49] A referida cláusula proibia ao trabalhador contactar directa ou indirectamente a clientela do seu anterior empregador, mesmo que fossem esses clientes a procurá-lo, sendo que tal cláusula era destituída de qualquer compensação financeira. A limitação à liberdade de trabalho foi considerada tão intensa que a cláusula de não desvio da clientela foi, pois, considerada uma verdadeira cláusula de não concorrência. Sobre o tema cfr. Bérnard Bossu, "Clause de non-concurrence; Requalification d'une clause de clientèle en une clause de non-concurrence", *JCP*, Édition Sociale, 2010, n.º 6, 1055, págs. 17 e seg. e Marieke Castronovo,

Outro mecanismo consiste em inserir um pacto de não concorrência no contrato de trabalho, mas acompanhá-lo, por exemplo, da previsão da possibilidade de o empregador denunciar o pacto até ao momento em que o contrato de trabalho cessa ou em um período de tempo, mais ou menos curto, após esse momento, ou de o empregador poder optar pela cláusula de não concorrência no momento da cessação do contrato.

Seja qual for o mecanismo empregue, o empregador reserva-se, assim, a possibilidade de tomar a decisão final no momento da cessação do contrato de trabalho ou em momento próximo deste, se lhe interessa ou não invocar a obrigação de não concorrência (e pagar a correspondente compensação). Nos ordenamentos em que esta possibilidade não está expressamente prevista na lei[50], como é o caso do nosso, julgamos, contudo, que estes expedientes contratuais devem considerar-se nulos. O que atrás já dissemos sobre as hipóteses em que, sendo nula a própria cláusula de não concorrência, ela não deixa no plano fác-

---

"Clause de clientèle et clause de non-concurrence", *Revue de Droit du Travail* 2010, págs. 507 e segs. Em Espanha predomina o entendimento de que o pacto de não concorrência não pode ser denunciado unilateralmente por qualquer uma das partes. Assim, o STS em Acórdão de 2.7.2003 (*cit apud* Luis Gil Suarez, ob. cit., pág. 970) pronunciou-se sobre um contrato que continha uma estipulação segundo a qual a empresa se reservava o direito de renunciar à cláusula no prazo de um mês a contar da data de notificação da ruptura do contrato. O tribunal considerou que esta estipulação era nula porque implicava deixar ao arbítrio do empregador o cumprimento ou não do pacto de não concorrência.

[50] Esta possibilidade está consagrada, por exemplo, na lei belga, segundo informa Viviane Lebe-Dessard, ob. cit., pág. 238.

tico de produzir um efeito dissuasor, ajuda-nos a compreender o perigo de permitir ao empregador uma desvinculação unilateral da cláusula: o empregador conseguiria, assim, beneficiar daquele efeito dissuasor − porquanto o trabalhador não sabia nem poderia saber se o empregador viria ou não a desistir da cláusula de não concorrência − ficando-lhe aberta a possibilidade de escapar ao respectivo custo[51-52].

---

[51] Daí que para Angelo V. Izar, ob. cit., pág. 738, se trate aqui de "um expediente fraudulento sancionável com a nulidade, para iludir as disposições imperativas". Também Rosanna Barchi, ob. cit., pág. 905, se inclina pela nulidade da cláusula que preveja uma possibilidade de desistência unilateral pelo empregador (por exemplo, um pacto de opção). Tal violaria a boa fé, consentindo ao empregador a denúncia do pacto quando o trabalhador já sofreu uma limitação na própria liberdade de trabalho, cerceando-se a sua possibilidade de procurar uma outra ocupação. Nessa hipótese, o pacto de opção ou a faculdade de desistir unilateralmente será nula, mas não a própria cláusula de não concorrência em si mesma. Também Alfonso Tagliamonte, "Contenuto e limiti del patto di non concorrenza", Massimario di Giurisprudenza del Lavoro 2007, págs. 565 e segs., pág. 569, sustenta que não é possível para um empregador desistir unilateralmente do pacto de não concorrência e que será nula a cláusula que atribua ao empregador essa possibilidade de desistência ou denúncia unilateral.

[52] Em Itália, designadamente, os tribunais têm-se pronunciado recentemente pela nulidade das cláusulas na parte em que prevêem que o empregador pode desistir da cláusula de não concorrência por exemplo em um período curto subsequente à cessação do contrato de trabalho. Como destacou Massimo Lanotte, "Patto di non concorrenza e nullità della clausola di recesso. Spunti di riflessione su corrispettività delle obbligazioni e fidelizzazione del lavoratore", Massimario di Giurisprudenza del Lavoro 2005, págs. 44 e segs., tal acabaria por violar os requisitos imperativos de validade da cláusula de não concorrência que exigem que o

8. Como se vê, a asserção de que a cláusula de não concorrência é "anacrónica"[53] parece ser claramente desmentida pela realidade dos factos. Em tempos de crise e de concorrência redobrada a cláusula parece, bem ao invés, assumir uma importância crescente. Mas talvez a autora francesa que o afirmou pretendesse, sobretudo, chamar a atenção para o facto de que considerar sempre prevalente o interesse do empregador seria obsoleto; a este nível, parece, com efeito, que o ponto de equilíbrio entre o interesse do empregador em evitar uma concorrência diferencial e o interesse do trabalhador em fruir plenamente da sua "profissionalidade" e exercer a sua liberdade de emprego ou de iniciativa económica se deslocou. As cláusulas de não concorrência continuam, na maior parte dos sistemas, e também no nosso, a poderem

---

trabalhador conheça de antemão qual a dimensão da obrigação que assume, sem que esta possa ser unilateralmente alterada (ou suprimida) pelo empregador, depois de a cláusula na prática ter já produzido o seu efeito dissuasor sobre a possível demissão do trabalhador. Importaria, pois, ter em conta que mesmo antes da cessação do contrato, o trabalhador já tem que efectuar opções sobre o seu próprio futuro laboral condicionado pela existência do pacto de não concorrência (ob. cit., pág. 46) e que seria injusto que o empregador pudesse, depois de beneficiar do efeito dissuasor da cláusula, porventura durante longos anos, furtar-se ao pagamento da compensação, pretendendo desistir da cláusula no momento da cessação do contrato de trabalho ou em momento próximo deste. Trata-se, também, de reconhecer aquilo que o autor designa pelo "direito do trabalhador à programação da [sua] futura actividade laboral" (ob. cit., pág. 48). Sobre o tema cfr., ainda, Andrea Pardini, "Recedibilità dal patto di non concorrenza", *Rivista Italiana di Diritto del Lavoro* 2004, parte II, págs. 161 e segs.

[53] Cfr. supra n. 1.

ser lícitas no caso concreto, mas os tribunais tendem a ser cada vez mais rigorosos na apreciação dos requisitos da sua validade, mormente do interesse do empregador, na decisão sobre se efectivamente existe ou não um perigo de concorrência e nas consequências da onerosidade da própria cláusula.

Exigência e cuidado crescentes que só merecem aplauso, face a uma cláusula frequentemente inserida no início da relação laboral, em um momento em que seria muito delicado ao trabalhador recusá-la, e que poderá só desencadear a sua eficácia jurídica anos ou até décadas depois, quando o contrato de trabalho cessar, muito embora tenha imediatamente o efeito prático de dificultar a denúncia do contrato de trabalho pelo próprio trabalhador pela maior dificuldade em que este poderá encontrar-se em encontrar um emprego compatível com a sua experiência e com os seus talentos.

TRANSFER OF UNDERTAKINGS

Francis Kessler
Professor at the University of Paris 1 – Panthéon-Sorbonne

There is a long tradition of transfer rules under French law. Since 1928, French law has been providing for the continuation of employment agreements in the case of a transfer of the employer's "undertaking" to another employer.

The purpose of this rule is to protect employment: whenever an undertaking is transferred to a different owner, the new owner must keep the employees who used to contribute to the running of the undertaking.

The French Labor Code provides that "in the event of a change in the employer's legal situation, **notably**, as a result of inheritance, sale, or merger of the undertaking, a change in its legal form or its incorporation, all employment contracts in force on the date of this change in the employer's legal situation continue between the new employer and the undertaking's staff".

This rule has been extended by French case law to similar fact patterns of transfer of undertakings not expressly provided for by the Labor Code.

Similar provisions were enacted at the European level in 1977. Current European rules on employee transfer are now contained in Directive #2001/23 of March 12, 2001. (The original Directive 77/187/EEC was subsequently amended by Directives 98/50/EC and 2001/23/EC). To a large extent, French transfer rules were already in line with European rules when the latter became binding in

France. Only slight changes had to be made in order for French law to be in line with European rules.

LEGAL BACKGROUND OF COLLECTIVE TRANSFER OF EMPLOYMENT

Transfers of Undertakings and Protection of Employee Rights under European law – EU Acquired Rights Directive

History

Within the European Economic Area, there is a core legislation on tranfers of undertakings that applies in all member states.

This derives from an EU Directive agreed originally in 1977, Directive 77/187/EEC, referred to as the "Acquired Rights Directive".

The Directive was one of the few directives created as a result of the European Community's First Social Action Programme of 1974 which was meant to further address social policy issues within the European Community Member States. The legislation was first introduced because it was anticipated that the single market within Europe would lead to restructuring both at a national level and trans-national level and, in particular, that there would be an intensification of mergers and acquisitions. This Directive aims to safeguard the rights of workers in the event of a transfer of undertakings, businesses, or parts of business. The Directive gave rise to a long series of different problems of interpretation and a large number of cases were referred to the European Court of Justice.

In 1997 the Commission published a Memorandum on acquired rights of workers in cases of transfers of undertakings, intended to serve as guidance on the application of Community law. With Directive 98/50/EC amending the original Transfer of undertakings directive, the Council mainly codified the abundant case law of the Court.

These Directives were in turn repealed in October 2001 through the revised Transfer of undertakings directive 2001/23/EC, which was adopted in the interests of clarity and rationality but did not materially change the Directive or the scope of the original Transfer of undertakings directive which had been interpreted through ECJ case law.

Directive 2001/23/EC

The law applies where there is a tranfer of an undertaking or business (or part of one) from an employer (transferor) to another (transferee). Such a transfer arises if there is a transfer of an organised grouping of resources which has the objective of pursuing an economic activity with a substantial retention of the grouping's identity in the hand of the transferee.

If the law applies, the employees assigned to the undertaking transfer from the transferor to the transferee.

Then, rights and obligations arising under a contract of employment or an employment relationship transfer to the transferee (other than rights in relation to pensions). Although liability falls on the transferee, member states have the option to make the transferor and transferee jointly liable for obligation arising before the transfer.

In addition, the transferee must continue to observe collective agreements.

As long as the undertaking transferred preserves its autonomy, employee representation arrangements continue to operate on the pre-tranfer basis.

There are constraints on dismissal. The transfer of undertakings must not itself constitute grounds for dismissal by the transfror or the transferee – though that does not prevent dismissals for economic, social or organisational reasons entailing changes in the workforce.

The transferor and transferee are required to inform representatives of employees of:

- the date of the transfer ;
- reasons for the transfer ;
- the legal, economic and social implications of the transfer ;
- any measures that they envisage in relation to employees.

Transfers of Undertakings and Protection of Employee Rights under French law

History

The purpose of this rule is to protect employment: whenever an undertaking is transferred to a different owner, the new owner must keep the employees who used to contribute to the running of the undertaking.

The French Labor Code provided in article L. 122-12 that "in the event of a change in the employer's legal situation, **notably**, as a result of inheritance, sale, or merger of the undertaking, a change in its legal form or its incorporation, all employment contracts in force on the date of this change in the employer's legal situation continue between the new employer and the undertaking's staff".

This rule has been extended by French case law to similar fact patterns of transfer of undertakings not expressly provided for by the Labor Code.

Confusions to be avoided

A transfer of shares is not a transfer of an undertaking

In the case of a share transfer, the legal entity of the employer is not modified. Only the shareholders change. Therefore, in this type of situation, there is no "transfer of undertaking" within the meaning of the French transfer rules.

An agreement between the transferor and the transferee is not required for an undertaking to be deemed transferred

The typical case scenario where French transfer rules apply is the situation where the assets of an undertaking are sold to a new owner *("cession de fonds de commerce")*, which requires the existence of a sale-and-purchase agreement to be entered into between the seller and the buyer.

However, French transfer rules can also apply in situations where the transfer is not achieved through an agreement between the former and the new employer. Hence, the requirements for a transfer of an undertaking can sometimes be met in the following case scenarios:

- 1st case scenario – A company outsources a line of business to a service provider: there is an agreement between the transferee and the transferor;
- 2nd case scenario – A company terminates an outsourcing contract and concludes a new outsourcing contract with a new service provider: no agreement between the transferee and the transferor;
- 3rd case scenario – A company terminates an outsourcing contract and takes over the line of business performed by a service provider: no agreement between the transferee and the transferor.

An undertaking can be transferred to a state-owned entity

Where the requirements for the transfer of an undertaking are met, the employees are transferred to the new employer, even if the latter is a state-owned entity.

For example: A city decides to terminate an outsourcing contract for the running of a harbor with a private company and runs the harbor itself.

However, the transfer of employees raises an issue when the new employer must propose a public law employment agreement ("un contrat de travail de droit public"), which usually entails radical changes to the previous contractual terms and conditions, which the employee is not entitled to refuse.

Notion of "transfer of an undertaking"

In addition to the situations of transfer of assets expressly listed under the relevant provision of the French Labor Code (i.e. inheritance, sale of an undertaking, merger or incorporation of an undertaking), the notion of "transfer of an undertaking" has been extended by the French Cour de cassation ("Cour de Cassation") to similar situations.

In doing so, the French Cour de cassation defined the general notion of a transfer as "a transfer of an autonomous business entity that keeps its identity and whose business is continued after the transfer" ("transfert d'une entité économique autonome conservant son identité et dont l'activité est poursuivie ou reprise": Empl. Div. Supreme Court, March 16, 1990, n° 86-40.686).

This case law was overtaken by the new Labour Code, according to article L. 1224-1 of the Labour Code, in the event of a transfer of undertakinf "if there is a change in the legal status of the employeur, including without limitation through inheritance, sale, transformation of the business, or creation of a company" the contracts of employment in force at the time of the transfer will continue to operate with the transferee.

Legal consequences of the transfer

Automatic continuation of employment contracts: The employment contracts of the employees assigned to the transferred entity automatically continue with the transferee by operation of law.

All contractual terms and conditions in force with the previous employer are transferred with the new employer. Eg:

- the transferee must carry over the employee's full length of   service with the transferor ;
- the transferred employees are entitled to perform the same duties and are entitled to the same compensation levels as with their initial employer.

Conversely, as part of the continuation of employment, the new employer may take into account the employee's former conduct. The new employer may therefore base a dismissal or disciplinary sanction on recent misconduct committed by the employee during his/her employment with the former employer.

Unless the circumstances under which the amendment to the original employment contract was entered into give rise to a claim of fraudulent avoidance of the automatic transfer of employment contracts, the new employer can have the transferred employees accept such an amendment.

Dismissals after the transfer: Dismissals for economic reasons after the transfer can be upheld by French courts if the economic reasons are not solely connected to the transfer.

Moreover, successive employers may enter into an agreement providing for any dismissal-related costs to be split. The Cour de cassation upheld an agreement whereby the transferor undertook to reimburse the transferee for indemnities covering pay in lieu of notice and severance pay for employees it contemplated dismissing after the transfer. (Employment Division of the Supreme Court, October 30, 1987).

The influence of the European court of justice over French case law

Community law has reshaped the national rights in their provisions, by the enactment of new line or by modifying existing ones. But, beyond these legal reforms, judges, when they are called upon to apply a text of national law, they must interpret it taking into account EU standards and interpreted by the European court of justice.

The French Cour de cassation uses a very significant phrase: she performs "in light of the guidelines as interpreted by the ECJ / EU".

Despite the antiquity of the rule, the French courts had to adapt their decisions to the interpretation that the ECJ has made of the Directive "Acquired Rights Directive" reformed by the Directive 2001. Thus, in 1986 (Cass Soc. June 12, 1986), the Cour de cassation had reversed its own jurisprudence, considering that the rule on the maintenance of the employment contract did not apply when no legal connection existed between too successive concessionaires. The ECJ had decided otherwise by a judgment in February 1988[1], case Tellerup. That forced the Cour de cassation to operate a new change provided in judgments delivered in plenary session on 16 March 1990[2].

Progressively in its decisions, the ECJ has developed a definition of the transfer of undertakings, now enrolled in the Directive and repeated in national decisions. But, some shadow areas remain especially because each situation requires a specific examination of the situation. Nevertheless, it remains that the contracts must be maintained as soon as what is being transferred (possible partial transfer) is an organization structured, and that this transfer is associated with "tangible and intangible ways."

Nevertheless in the Katsikas case, the European Court of Justice held that the employees have a fundamental right to choose their employer (ECJ December 16, 1992) and refuse to work for the transferee. However, European rules do not grant the employee the right to be kept by the transferor. They leave each EU member state the freedom to choose what should be the legal consequences of an employee's objection to his/her transfer.

French case law takes the stance that if the requirements for the transfer of an undertaking are met, the employees assigned to the transferred undertaking are not entitled to keep working for the transferor. Their only options are either to resign or work for the transferee. Any refusal to work

---

[1] EJC, February 10, Case n° 324/86, Tellerup.
[2] Plenary session, March 16, 1990, Case n° 86-40686.

for the transferee can justify a dismissal for breach of disciplinary duties (i.e., misconduct).

However, there is a slight exception to the public order nature of the transfer rule: Although an employee concerned by the transfer cannot require that the transferor keep him/her, the transferor can, at its own will, specifically agree to keep an employee who should have been transferred. Indeed, the French Cour de cassation upholds a commitment by the transferor to continue employing employees who should have been transferred (Empl. Div. of the Supreme Court, January 9, 1985).

But, a difficulty remains on service companies, mainly composed of workforce (cleaning, consultants …). In that case, the judges focus on the economic aspects: is there any transfer of undertaking or just a loss of a market ?

On this issue, the ECJ case law has been hesitant, while the Cour de cassation has consistently held that "the loss of a contract" does not involve the obligatory transfer of employment contracts. Some collective agreements require the transfer to new contractor (cleaning companies eg.). Without this requirement, the employee who is engaged in this case can refuse the transfer, while in the case of transfer of undertaking the employee can not oppose the change of employer.

Another issue led to discussions in France. The subject deals with the identity of the employers. After having decided that the rule had no reason to apply for transfers between private parties and legal entities, the Cour de cassation had to comply with the European vision for which the employer's status does not matter. What has to be examined is the concrete work situation. Whenever there is subordination and transfer of undertakings, the contract must be maintained[3].

Nevertheless, the fact remains that some divergences exist, especially regarding material resources which are transferred, the Cour de cassation did not include the EU distinction for companies mainly composed of persons. It seems that the careful Cour de cassation is facing companies whose collective agreements provide for the recovery of a part (in%) of staff, the risk of a too harsh interpretation would be the denunciation of the collective agreement.

Other example: employee's objection to the transfer

Pursuant to Article L.1224-1 of the French Labor Code, in the event of a transfer of undertaking, the continuation of the transferred employment contracts is compulsory for the transferor, the transferee and the employee. Thus, an employee cannot object to the transfer of his/her employment contract.

Contrary to the position taken by the European Court of Justice[4], the French Cour de cassation considers that the employee does not have the right to object to the transfer. Indeed, for a long time, the French Cour de cassation con-

---

[3] ECJ, Septembre 26, Case n° 176/99, Mayeur ; Employment Division of the Supreme Court, June 25, 2002, Bul. Civ. V No. 209.

[4] EJC, January 24, 2002, Case n° 51/00, Temco.

sidered that the employee's refusal to continue to perform his/her employment contract had to be treated as a resignation[5]. The only exception was where the transfer involved an essential change to the employment contract, in which case the employee could legitimately refuse the amendment of the employment contract imposed by the transferee and indirectly refuse the transfer of his/her employment contract.

Since then, the French Cour de cassation has changed its position and no longer treats such a refusal as a resignation. The employee assigned to a transferred undertaking has only two options: either resign or keep working for the transferee. The employee's refusal to work for the transferee allows the latter to dismiss the employee for serious misconduct[6].

---

[5] Employment Division of the Supreme Court, May 29, 1985, Bull. Civ. V, Number 307; November 5, 1987, Bull. Civ. V, Number 616.

[6] Employment Division of the Supreme Court, October 25, 2000, Bull. Civ. V, Number 307.

EL DERECHO DEL TRABAJO EN ESPAÑA A LA ALTURA DE 2012: LÍNEAS DE EVOLUCIÓN Y TRANSFORMACIONES RECIENTES

Joaquín García Murcia
Catedrático de Derecho del Trabajo y Seguridad Social
Universidad Complutense de Madrid

1. En la actualidad, las bases del Derecho del Trabajo en España se encuentran principalmente en la Constitución de 1978. No deben desconocerse, sin embargo, otras fuentes de inspiración y de influencia. Hay que tener en cuenta, antes que nada, la tradición y la inercia histórica, que ha entrañado la pervivencia no sólo de algunas normas e instituciones procedentes de periodos preconstitucionales, sino también de ciertos modos o hábitos de regulación (como el predominio del Derecho "legal" frente al "convencional"). Durante los años previos a la Constitución de 1978 fueron aprobadas algunas normas que aún siguen vigentes (como el Real Decreto-ley de 1977 que regula la huelga y los conflictos colectivos de trabajo) y, en general, puede decirse que muchas de las normas aprobadas con posterioridad (como el propio Estatuto de los Trabajadores, que constituye el eje de la legislación laboral española), y buena parte de las pautas de regulación utilizadas desde entonces, estuvieron muy influidas por la legislación existente con anterioridad. La configuración legal de la negociación colectiva (alrededor de un convenio colectivo de naturaleza normativa y eficacia general), el cauce principal de participación de los trabajadores en la empresa (mediante comités y delegados que representan al conjunto de los trabajadores de la empresa o centro de trabajo), la manera de atender el contrato de trabajo (mediante una regulación muy detallada de sus modalidades, de sus condiciones de ejecución y de las vicisitudes de la relación laboral), o los procedimientos principales de solución de conflictos laborales (a través de una jurisdicción especializada), por poner algunos ejemplos significativos, deben mucho a criterios y opciones normativas muy tradicionales en el Derecho del Trabajo español. Tampoco debe olvidarse la influencia que desde sus primeras manifestaciones tuvieron los Convenios de la Organización Internacional del Trabajo en la legislación laboral española, bien es cierto que con algunos paréntesis muy señalados y con algunas excepciones de relieve (como ocurrió con la libertad sindical durante el régimen franquista).

La Constitución de 1978, en todo caso, obligó a dar un nuevo semblante al ordenamiento laboral español, no sólo porque incorporaba nuevos principios y valores, sino también porque contenía encargos concretos de aprobación de nuevas leyes laborales. Preveía, por ejemplo, la aprobación del Estatuto de los Trabajadores, que tenía por objeto principal sustituir la regulación anterior del contrato de trabajo (que procedía de una Ley de 1944, que a su vez se había construido a partir de una Ley homónima de 1931), pero que también fue aprovechado para dar una nueva regulación a la negociación colectiva y a la representación de los trabajadores en la empresa (con la consiguiente derogación de las leyes aprobadas durante el régimen franquista). Junto a ese encargo central, la Constitución de

1978 preveía asimismo la elaboración de una nueva ley de libertad sindical, que fue aprobada en 1985 y que, por causas de diversa índole (bastante ligadas a un curioso debate sobre la titularidad de ese derecho), supuso la concurrencia desde entonces de dos leyes en la materia, una para los trabajadores y sus organizaciones (los sindicatos), que fue esa misma de 1985, y otra para los empresarios y las asociaciones empresariales (para las que siguió rigiendo una ley de asociación sindical que se había aprobado en 1977). La Constitución de 1978 preveía, además, la aprobación de una ley sobre huelga y conflicto colectivo de trabajo, encargo que, seguramente por la "sensibilidad" social y política de esa materia, aún no se ha cumplimentado, pese a los años transcurridos, por lo que sigue vigente la norma aprobada en 1977, que es preconstitucional pero que fue sometida a un proceso de revisión y escrutinio constitucional (mediante una conocida e importante sentencia de 1981), a resultas del cual fueron declarados nulos algunos de sus preceptos.

Además de esa adaptación formal del ordenamiento laboral, la Constitución española de 1978 abrió dos vías de transformación material o de fondo, bien ayudada, por cierto, por una serie de normas y declaraciones internacionales que fueron ratificadas por España en los años de la "transición política" (1975 a 1978), que supusieron, entre otras cosas, la incorporación plena de los derechos laborales de dimensión colectiva. La transformación más radical y visible tuvo lugar, en efecto, en el campo de las relaciones colectivas de trabajo, mediante el reconocimiento de la libertad sindical, el derecho de negociación colectiva y el derecho de huelga y conflicto colectivo, que en un primer momento se llevó a cabo por vía de remisión a la normativa internacional correspondiente y que más tarde fue abordado de forma directa por el propio texto constitucional. Aunque muchos de esos derechos se restablecieron en el ordenamiento español mediante un proceso paulatino que tiene sus orígenes en las últimas décadas del régimen franquista, y que se aceleró notablemente en los años de la "transición política", la entrada en escena de la Constitución de 1978 sirvió para proporcionarles una dimensión más acabada, no sólo por su rotunda formulación al más alto nivel normativo, sino también por su cohorte de garantías, que actuaban sobre todo frente al legislador ordinario y a la generalidad de los poderes públicos, pero también frente a los actos de particulares. No tan aparente, pero también importante, fue la transformación operada en el ámbito del contrato de trabajo, aunque en este caso se produjo sobre todo mediante la proyección a dicho terreno de los derechos fundamentales reconocidos con carácter general a todos los ciudadanos, tarea que fue asumida e impulsada principalmente por la jurisprudencia, con un apoyo indudable pero bastante más discreto por parte del legislador, que se limitó prácticamente al reconocimiento de una tabla de derechos básicos a los trabajadores.

2. Desde la década de los ochenta del siglo XX el Derecho del Trabajo español empezó también a experimentar un importante proceso de adaptación al Derecho de la Unión Europea. La incorporación de España a las entonces denominadas "Comunidades Europeas" supuso un nuevo impulso para la modernización del país y, en particular, para el enriquecimiento del Derecho del Trabajo español. Tal vía de influencia se ha dejado notar de modo suave y progresivo, en parte porque el ordenamiento español preexistente no ofrecía en realidad contradicciones insuperables con el ordenamiento comunitario, y en parte porque la intensificación de la labor legislativa de las instituciones europeas en materia social comienza justamente por esos años, pero en todo caso ha provocado una transformación muy significativa de la legislación laboral española, tanto en sus contornos materiales como en la formulación de muchas de sus reglas. La transposición al Derecho del Trabajo español de las directrices comunitarias en materia social ha seguido en síntesis dos procedimientos: de un lado, la reforma de las leyes ya existentes, con la consiguiente adaptación de su contenido; de otro, la aprobación de leyes nuevas, normalmente dedicadas a temas muy concretos o localizados. El procedimiento más habitual ha sido el primero, que ha afectado principalmente al Estatuto de los Trabajadores. Puede decirse, en esencia, que las operaciones de "reforma laboral", que responden primordialmente a factores económicos y que han sido muy frecuentes en España en las últimas décadas, como después veremos, han sido aprovechadas también para introducir ajustes en la legislación interna en cumplimiento de las directrices comunitarias. Tales ajustes se han producido, por ejemplo, en la regulación de los despidos por causa económica (con la introducción expresa de la figura del despido colectivo), en la regulación de los supuestos de transmisión de empresa (con el incremento de los deberes de información a cargo de las empresas afectadas), en la regulación de los contratos temporales y a tiempo parcial (con las consiguientes medidas de igualdad de trato y los pertinentes derechos de información sobre vacantes), en la regulación de los derechos de información acerca de los elementos esenciales del contrato de trabajo (materia más novedosa para la legislación española), en la ordenación de los tiempos de trabajo y los tiempos de descanso (donde el impacto del acervo comunitario debe mucho a la jurisprudencia), en la regulación de los medios de garantía del salario en caso de insolvencia de la empresa (con la progresiva mejora de una maquinaria que en España había sido creada en el año 1976), o en la delimitación de las competencias de los representantes de los trabajadores (que, siguiendo las pautas comunitarias, fueron sistematizadas alrededor de los consabidos derechos de información y consulta).

Es verdad que también han sido aprobadas leyes específicas de transposición de Directivas comunitarias, que en muchos casos han entrañado una ampliación interesante —en sentido cuantitativo pero también cualitativo— del Derecho del Trabajo español respecto de sus líneas tradicionales. Tal intervención legislativa ha tenido lugar, por supuesto, en aquellos asuntos de marcado carácter trasnacional, como los referidos a ciertas formas de participación de los trabajadores en la empresa (en las empresas o grupos de empresas de dimensión comunitaria, y en las sociedades y cooperativas europeas), o los relativos al desplazamiento temporal de trabajadores con ocasión de una prestación de servicios. Leyes españolas sobre estos temas fueron aprobadas, por ejemplo, en el año 1997 (comités de empresa europeos), en el año 1999 (desplazamiento temporal de trabajadores) o en el año 2006 (implicación de los trabajadores en sociedades o cooperativas europeas), lo cual pone de relieve, dicho sea de paso, que, en términos generales, el Estado español ha actuado con diligencia en la transposición de las correspondientes directivas comunitarias, sin perjuicio de algún pequeño retraso en algún tema concreto. Terreno de inevitable dimensión supranacional es asimismo el de la regulación de la entrada y estancia de extranjeros, en el que España ha procedido, como era de esperar, tanto a la regulación específica de la libre circulación de los ciudadanos procedentes del resto de países miembros, como a la regulación general, mediante una legislación cada vez más influida por los criterios comunitarios, de los derechos y libertades de los ciudadanos procedentes de "terceros países". Una intervención legal específica con fines de transposición se ha producido también en la materia relativa a seguridad y salud en el trabajo, mediante la aprobación de la Ley de "prevención de riesgos laborales" de 1995, una disposición legal que de algún modo actúa como regulación paralela y complementaria a la del Estatuto de los Trabajadores, en el que también se contiene alguna regla sobre seguridad y salud en el trabajo y en cuya elaboración se acumuló más retraso de lo habitual, tal vez por la trascendencia y la dificultad intrínseca de esta particular regulación. De todas formas, puede decirse en términos generales que la tarea de acomodación del Derecho del Trabajo español a las directrices de la Unión Europea ha sido cumplimentada en condiciones aceptables, tanto por su ritmo como por su contenido, sin perjuicio de que en más de un caso España haya sufrido, como la mayor parte de los países comunitarios, la pertinente condena o llamada de atención por parte del Tribunal de Justicia (como ha sucedido, precisamente, en algún aspecto relativo a la seguridad y salud en el trabajo).

Como dijimos, esa continuada tarea de adaptación ha proporcionado al Derecho del Trabajo en España una composición más rica que en los estadios precedentes, un tono más claro de modernidad y un mayor grado de actualización. Conviene decir, asimismo, que la introducción en nuestro país de las directrices comunitarias ha supuesto la incorporación al ordenamiento laboral no sólo de nuevas normas o nuevas formulaciones en las leyes ya existentes, sino también nuevos criterios de regulación. La distinción entre decisiones de carácter colectivo y decisiones individuales en la gestión de los recursos humanos en la empresa (no sólo a propósito del despido, sino también a propósito de la movilidad o la modificación de condiciones de trabajo), la idea de "flexibilidad" (particularmente la denominada "flexibilidad interna"), o la apuesta por una "política activa de empleo" (en sus dimensiones de cualificación profesional y fomento del empleo), están muy presentes ya en el sistema español. Lo mismo puede decirse de la progresiva recepción en el sistema español de los derechos de conciliación de la vida laboral y familiar (con el consiguiente incremento de los "permisos parentales", en sus distintas modalidades), o de la fuerza vinculante adquirida por el principio de igualdad y no discriminación (por razón de sexo o por otros múltiples factores como la ideología, el origen, la discapacidad, la edad o la orientación sexual), cuya irradiación al conjunto del ordenamiento laboral español es bastante notable.

Capítulo particular en este proceso de adaptación a pautas o directrices procedentes de la Unión Europea ha de reservarse para la intermediación en el mercado de trabajo, terreno en el que el sistema español ha experimentado una transformación radical desde los años noventa, sin duda por influencia de las libertades económicas y profesionales difundidas e impulsadas desde las instituciones comunitarias. Frente a un sistema anclado en el tradicional modelo de monopolio de los servicios públicos de empleo y de absoluta prohibición de las prácticas de cesión de mano de obra, se ha pasado en un par de décadas a un sistema que acepta de modo expreso tanto la intervención de empresas de trabajo temporal (legalizadas en 1994, mediante una regulación que fue remozada en 2010 para adaptarla a la correspondiente Directiva comunitaria), como la presencia de agencias privadas de colocación (limitada en un primer momento, en 1995, a las que actuaban sin ánimo lucrativo, pero posteriormente extendida, en el año 2010, incluso a las que persiguen ánimo de ganancia). Esas nuevas líneas de regulación, de todas formas, siguen atribuyendo un relevante papel institucional a los servicios públicos de empleo, aunque su labor se va concentrando paulatinamente en la gestión de la "política activa de empleo" (programas de formación profesional y de fomento del empleo, básicamente) y de las prestaciones y subsidios de desempleo, con la consiguiente pérdida de protagonismo en las tareas clásica de anotación y ajuste de ofertas y demandas de empleo, limitada hoy en día, prácticamente, a la búsqueda de colocación para los grupos de población con mayores dificultades de colocación (jóvenes, discapacitados o trabajadores "maduros") mediante planes de inserción laboral.

3. Ya se anunció que la transformación del Derecho del Trabajo en España se ha producido, asimismo, a través de un intenso y continuado proceso de "reforma laboral" que tiene sus inicios en los años ochenta del siglo pasado y que presenta puntos de contacto con los procesos seguidos con ese mismo fin en muchos países de nuestro entorno. Como es sabido, este proceso de reformas viene impulsado sobre todo por la situación de crisis económica que con carácter cíclico y recurrente se ha vivido en las últimas décadas en el occidente europeo, y trata de dar respuesta tanto a los problemas que dicha circunstancia ha provocado en el mercado de trabajo, con el conocido incremento de las tasas de desempleo, como a los desafíos que los nuevos escenarios han venido planteando para la competitividad y la supervivencia de las empresas, entre otras razones por la "globalización" de la economía, el incremento de las prácticas de deslocalización y las nuevas pautas de desarrollo de la actividad productiva a escala mundial. La reforma laboral ha supuesto, de alguna manera, un replanteamiento del sentido y la razón de ser del Derecho del Trabajo, sobre todo en dos planos de análisis. Ha obligado a realizar, sobre todo, dos grandes preguntas: por un lado, si el Derecho del Trabajo debe dedicarse tan sólo a la tutela de los trabajadores empleados, sin atender a lo que suceda en el ámbito del empleo ni, en particular, a las bolsas de desempleados; por otro, si la norma laboral tan sólo debe centrar sus preocupaciones en la mejora constante y progresiva de las condiciones de ejecución del trabajo, sin reparar en las posibilidades del sistema productivo ni en sus constantes oscilaciones, y sin hacerse cargo, en particular, de que en determinadas coyunturas retroceden las tasas de rendimiento empresarial y los niveles de riqueza.

A estas alturas del proceso, sabemos ya que la respuesta aportada por el Derecho del trabajo a ese tipo de incógnitas se ha fraguado alrededor de las operaciones de "reforma laboral", que en síntesis encierran una llamada de atención sobre la necesidad de reconsiderar las preocupaciones tradicionales de la legislación laboral y reorientar sus líneas de actuación hacia la empresa y el mercado de trabajo. La reforma laboral supone, dicho de otra forma, una mayor dependencia del Derecho del Trabajo de la coyuntura económica del momento, bajo el presupuesto de que sólo una situación económica boyante permite dar continuidad a la senda de mejora de las condiciones de trabajo y de que las coyunturas críticas o con perfiles negativos obligan, por el contrario, a una reducción más o menos intensa de los niveles existentes. De ahí que la reforma laboral haya perseguido siempre tanto la mejora del mercado de trabajo, para que ofrezca mayores oportunidades de empleo, como la mejora de la empresa, para que pueda sobrevivir en un contexto cada vez más competitivo; el mercado requiere fluidez y flexibilidad para su adecuado funcionamiento, mientras que la empresa necesita márgenes suficientes para la adopción rápida y diligente de las medidas que en cada momento se estimen más pertinentes para dar respuesta a la situación del mercado. La reforma laboral ha entrañado, en suma, una especie de vuelco del Derecho del Trabajo con el objetivo de atender mejor los problemas de la producción y el empleo, sustentado en una serie encadenada de hipótesis interdependientes: a) el buen funcionamiento de las organizaciones productivas puede redundar en un mejor funcionamiento del sistema económico; b) el mejor funcionamiento del sistema económico puede reportar mejores condiciones para el mercado de trabajo, y c) todas esas mejoras pueden proporcionar a la postre mayores oportunidades de empleo para aquellos grupos sociales, mayoritarios en el tipo de sociedad que conocemos, que tienen que vivir de su trabajo.

Con esos objetivos, no es difícil hacerse a la idea de que las operaciones de reforma laboral han incidido sobre todo en tres grandes parcelas de la regulación del trabajo asalariado: la parcela relativa a la colocación y contratación de trabajadores, la parcela relativa a las condiciones de ejecución del contrato de trabajo, y la parcela relativa a la extinción de la relación laboral. En esas tres parcelas se ha trabajado con un mismo propósito: dotar de mayor flexibilidad a las normas laborales correspondientes para que sus usuarios puedan afrontar en mejores condiciones las transformaciones incesantes de la actividad productiva. En primer término se ha querido profundizar en la "flexibilidad de entrada", lo cual significa ampliar los instrumentos de información y los cauces de encuentro entre demandas y ofertas de empleo, pero también adaptar las fórmulas de contratación laboral a las condiciones del mercado y las necesidades de las organizaciones productivas. En segundo término se ha procurado mayor "flexibilidad interna", que implica en esencia la concesión a la dirección de la empresa de mayores espacios para la gestión cotidiana de sus recursos humanos (asignación de funciones, ubicación territorial, condiciones de trabajo, etc.), sin perjuicio de que el ejercicio de los correspondientes poderes empresariales pueda someterse en mayor o menor medida a exigencias de información y consulta con los representantes de los trabajadores. En tercer término se ha intensificado la "flexibilidad de salida", en el sentido de mayores facilidades para la empresa con vistas a la extinción de los contratos de trabajo por razones de tipo económico o productivo, lo cual puede afectar tanto a la formulación de las causas como a la fijación de los pertinentes requisitos de forma y procedimiento, con un papel muy protagonista para el coste del despido. Todos estos objetivos han tratado de alcanzarse en primer lugar mediante la modificación directa de los correspondientes preceptos legales, que como resultado de todo ello se han hecho más dúctiles y han adoptado un tono más híbrido o grisáceo, con el consiguiente abandono de su tradicional inclinación protectora. Pero también se han perseguido a través de una nueva concepción de la negociación colectiva, que de su clásica función de mejora progresiva de las condiciones de trabajo ha pasado a ser un ingrediente más de flexibilidad, como instrumento especialmente apropiado para la adaptación coyuntural o periódica de las reglas aplicables en la empresa.

Todos esos rasgos se han dejado ver con claridad en el proceso español de reformas laborales. Un aspecto constante de las mismas ha sido, como ya vimos, la incorporación progresiva de nuevos agentes intermediarios en la colocación de los trabajadores, como las agencias privadas y, bien es cierto que con un papel más singular, las empresas de trabajo temporal. Otro punto constante en la reforma laboral española ha sido la búsqueda de vías contractuales atractivas para las empresas, y a tal efecto se han puesto en marcha, según la coyuntura política o económica, contratos temporales con fines de fomento del empleo (1984), contratos indefinidos con menores costes de extinción (1997), o contratos con aspiración de estabilidad dotados de importantes incentivos económicos en forma de reducción de cuotas a la seguridad social o incluso de desgravaciones fiscales (2012). Punto habitual en las reformas laborales españolas, especialmente a partir de 1994, ha sido asimismo la apertura de mayores márgenes para que la empresa modifique, según sus necesidades cotidianas, tanto las tareas asignadas al trabajador (movilidad funcional) como las condiciones de organización y remuneración del trabajo, con especial atención al lugar y tiempo de trabajo (movilidad geográfica, modificación de condiciones de trabajo, reducción temporal de jornada o suspensión de los contratos de trabajo). Punto estelar de toda reforma laboral en España ha sido, en fin, la extinción del contrato de trabajo, en cuya regulación se ha buscado de forma constante una descripción legal de las causas de despido capaz de ofrecer seguridad al empresario a la hora de tomar ese tipo de decisiones, tratando de evitar en lo posible una eventual declaración de nulidad o improcedencia por parte de los órganos judiciales y tratando de ajustar los costes de la misma a parámetros más acordes con las reivindicaciones empresariales.

En una presentación y valoración de las reformas laborales desarrolladas en España durante las últimas décadas también tiene interés el aspecto procedimental. Prácticamente todas las reformas llevadas a cabo en nuestro país (1984, 1994, 1997, 2001/2002, 2006, 2010, 2011 y 2012, sin perjuicio de algunas otras de alcance más limitado) han seguido tres fases en su preparación y elaboración. Una primera fase de diálogo social del Gobierno promotor de la reforma con las organizaciones más representativas de trabajadores y empresarios, diálogo que no responde a una exigencia legal sino más bien a una práctica muy tradicional de nuestro sistema y que no siempre ha concluido con acuerdo; es más, las reformas de mayor envergadura y profundidad se han llevado a cabo tras la frustración de esa vía de negociación e intercambio de pareceres entre el Gobierno y los interlocutores sociales. Una segunda fase de intervención directa del Gobierno, mediante la aprobación de un decreto-ley que habitualmente ha recibido la denominación de "reforma del mercado de trabajo" y que formalmente se ampara en la cláusula constitucional que habilita al poder ejecutivo para la aprobación de ese tipo de normas de rango legal en situaciones de "extraordinaria y urgente necesidad". Y una tercera fase de tramitación parlamentaria del texto de dicho decreto-ley, reconvertido ya en "proyecto de ley", durante la que normalmente se añaden nuevas previsiones al texto inicial o se retocan algunas de las cláusulas aprobadas en primera instancia por el Gobierno. En hipótesis, tal procedimiento de reforma laboral puede ser positivo, pues permite tener en cuenta las peticiones de trabajadores y empresarios, permite poner en marcha la reforma con relativa anticipación y rapidez, y permite, llegado el caso, rectificar en sede parlamentaria eventuales deficiencias del texto inicial. Pero la experiencia demuestra que es un procedimiento poco eficaz, en parte porque el proceso de consulta y negociación con los agentes sociales suele servir ante todo para hacer visibles las discrepancias existentes y suele desembocar en situaciones de divergencia y tensión (que en más de un caso han conducido a la convocatoria de "huelga general"), y en parte porque la modificación por vía parlamentaria del texto legal aprobado previamente por el Gobierno produce una reforma "en cascada" de los textos legales afectados que es contraria a los valores de certidumbre y seguridad jurídicas, que puede crear confusión entre los destinatarios (las empresas, principalmente), y que inevitablemente genera la sensación de precariedad e inestabilidad legislativa.

4. De momento, el último paso en el proceso de reformas laborales en España corresponde a la reforma del año 2012, iniciada mediante un decreto-ley de febrero de ese año (que fue precedido de un periodo de diálogo social anormalmente corto y expeditivo), y culminada con una ley aprobada en el Parlamento español en el mes de julio. Por supuesto, la reforma laboral aprobada en España en el año 2012 tiene bastantes puntos de contacto con reformas anteriores, aunque también presenta alguna nota distintiva; cabe decir, en esencia, que la reforma de 2012 se sitúa en la línea habitual de la reforma laboral española (iniciada en el año 1984 y plenamente asentada en el año 1994), aunque en muchos aspectos entraña una toma de posición mucho más contundente y decidida, tratando de poner cierre, al menos momentáneo, a muchas de las cuestiones que durante todos esos años han sido objeto de tratamiento pero que, de algún modo, seguían estando pendientes de resolución definitiva. Como la mayor parte de sus precedentes, esta nueva reforma laboral española busca su justificación en la situación de crisis económica y en sus consecuencias directas en el mercado de trabajo, con el previsible resultado de destrucción continuada de empleo y el consiguiente impacto en la población trabajadora, especialmente en determinados grupos de demandantes de empleo. La reforma apela, como otras veces, a las especiales dificultades de colocación de jóvenes y desempleados de larga duración, y hace también referencia al alto grado de precariedad del empleo en España, por la abundancia relativa de los contratos temporales. Por ello, apuesta formalmente por un mercado de trabajo que genere no sólo mayores posibilidades de empleo sino también empleos con carácter más estable o duradero; podría decirse que la reforma apuesta tanto por el incremento del empleo como por la mejora de la "calidad" del empleo, aunque, como también ha sucedido con anteriores reformas, no constituye exactamente una operación de política de empleo destinada a la creación de puestos de trabajo (operación, por cierto, difícil de articular y de ejecutar con el solo concurso de los poderes públicos), sino más bien una operación flexibilizadora de las normas relativas al contrato de trabajo para hacerlas más acordes con las necesidades de la empresa y, de esa manera, elevar la tasa de actividad y eliminar posibles barreras a la contratación de trabajadores. El razonamiento es ya conocido: un sistema eficiente desde el punto de vista de la empresa será capaz de generar riqueza y, por consiguiente, de crear puestos de trabajo e incrementar las oportunidades de empleo.

En el plano de las ideas inspiradoras o de las fuentes de influencia, la reforma laboral de 2012 vuelve a inscribirse en la conocida senda de la "flexiseguridad", entendida como una técnica de regulación que aspira a combinar un adecuado grado de "flexibilidad" a favor de las empresas, con vistas a una mejor gestión de sus recursos humanos, con suficientes dosis de "seguridad" para los trabajadores, entendida cuando sea posible como estabilidad en el empleo pero también entendida como atención y cuidado constante de la trayectoria profesional y vital de quienes necesitan trabajar para vivir, ya sea mediante programas y medidas de formación continua, ya sea mediante la cobertura económica de las situaciones de desempleo. En esta senda, la reforma laboral de 2012 busca particularmente un razonable equilibrio en los dos planos en los que en definitiva se mueve la actividad económica y productiva: el plano interno de la empresa, en el que el legislador trata de impulsar la "flexibilidad interna" como posible antídoto de la "flexibilidad externa" (en el entendimiento de que una gestión más eficaz de los recursos humanos puede evitar decisiones de despido), y el plano general del mercado de trabajo, respecto del que el legislador presupone que un aligeramiento de ciertos valores otrora intocables (como los de "estabilidad", "inamovilidad" e "irregresividad") puede redundar en una actitud empresarial más favorable a la contratación de nuevos trabajadores y en una relación más equilibrada entre los empleados "de siempre" y los nuevos demandantes de empleo. La finalidad última de tal operación no es otra que ir rompiendo la llamada "segmentación del mercado de trabajo", es decir, ir acabando con las barreras existentes entre los viejos ámbitos de trabajo, altamente protegidos, y los nuevos actos de empleo, que suelen celebrarse en condiciones mucho más precarias.

La reforma laboral de 2012 ha afectado a grandes parcelas de la legislación laboral española. Ha actuado en primer término en el terreno que se viene conociendo como "flexibilidad de entrada", en el que introduce tres grandes novedades. De un lado, abre la posibilidad de que las empresas de trabajo temporal (cuya actividad típica es la contratación de trabajadores para cederlos a otra empresa) realicen también funciones de agencias de colocación (esto es, labores de encuentro entre quienes buscan un empleo y quienes ofertan empleo). De otro, ha impulsado una vez más los contratos de formación y aprendizaje, que siempre se han reservado en el sistema español para jóvenes carentes de especial cualificación y que ahora quieren conectarse en mayor medida a la trayectoria del sistema educativo, mediante técnicas de conjugación de formación y trabajo. De otro, en fin, ha puesto en marcha una nueva modalidad de contrato de trabajo que denomina "de apoyo a los emprendedores", que puede ser utilizado por las empresas de menos de cincuenta trabajadores y que proporciona dos grandes ventajas al empresario contratante: por una parte, y con carácter general, cuenta con un periodo de prueba de un año, de modo que durante todo ese periodo el empleador está habilitado para poner fin al contrato sin necesidad de aducir causa específica ni de abonar indemnización alguna; por otra parte, va acompañado de importantes incentivos económicos (en forma de reducción de cuotas de seguridad social y de desgravaciones fiscales) cuando se celebra o bien con menores de treinta años (para favorecer el empleo juvenil). Algunos de estos incentivos también se aplican en caso de contratación de mayores de cuarenta y cinco años, y pueden ir acompañados de ventajas adicionales en caso de contratación de desempleados perceptores de prestación de desempleo, que en tal hipótesis pueden compatibilizarse, en determinadas condiciones, con el salario.

La reforma laboral de 2012 también continúa la tarea iniciada en anteriores reformas laborales con el fin de introducir mayores dosis de flexibilidad interna en las empresas. En este sentido, la reforma laboral de 2012 introduce tres grandes novedades sobre la situación normativa anterior. En primer lugar, amplía las posibilidades empresariales de asignación de nuevas funciones a sus trabajadores, tanto de nivel superior como de nivel inferior, lo cual va acompañado de un abandono definitivo del viejo molde de la "categoría profesional" (válido para sistemas de producción ya en trance de desaparición) a favor del molde más moderno y flexible del "grupo profesional" (que aporta a la empresa mayores posibilidades de asignación de funciones, pero que también abre para el trabajador mayores expectativas de mejora profesional). En segundo lugar, configura de una forma mucho más potente y flexible el poder empresarial de introducir modificaciones en las condiciones de trabajo (jornada, horario, régimen de trabajo, sistema de remuneración, etc.), pues tan sólo exige que existan razones relacionadas con la competitividad, la productividad o la organización del trabajo en la empresa. En tercer lugar, incluye expresamente la "cuantía salarial" entre las condiciones de trabajo que pueden ser objeto de modificación por iniciativa empresarial cuando concurran tales causas, de modo que el empresario puede decidir unilateralmente la reducción del salario sin otra posibilidad para el trabajador que o bien seguir trabajando con el nuevo salario o bien rescindir su contrato de trabajo con una indemnización de veinte días de salario por año de servicio, sin perjuicio de la impugnación judicial de la decisión empresarial para que el juez examine su justificación causal. Quede claro que este procedimiento de modificación de condiciones de trabajo por iniciativa empresarial no puede afectar a condiciones establecidas o reguladas por convenio colectivo, que sólo pueden modificarse mediante un acuerdo entre el empresario y los representantes de los trabajadores.

La reforma laboral de 2012 afecta, en tercer lugar, a las reglas de extinción del contrato de trabajo. En términos generales puede decirse que la reforma de 2012 aporta mayor "flexibilidad externa" al ordenamiento laboral español, en la medida en que facilita la toma de decisiones de despido por parte del empresario; dijimos que se facilita la "flexibilidad interna" para tratar de evitar la externa, pero también ha de decirse ahora que la reforma de 2012 da pasos muy significativos en este otro terreno, con la consiguiente flexibilización de las decisiones de despido. Una medida que de forma muy clara se sitúa en esa línea es la que entraña una reducción de los costes del despido "improcedente" (despido injustificado o carente de causa), que son de dos tipos: la reducción de la indemnización de despido de 45 días por año de servicio a 33 días de salario por año de servicio (con la reducción del anterior máximo de 42 mensualidades al actual máximo de 24 mensualidades). Una segunda medida en el mismo sentido es la supresión de la obligación empresarial de abonar "salarios de tramitación" en caso de despido improcedente (salarios correspondientes al tiempo de tramitación procesal de la acción judicial de despido), obligación que sólo en casos muy concretos (readmisión del trabajador o despido de representantes de trabajadores). Una tercera medida flexibilizadora de especial interés ha sido la eliminación de la autorización administrativa para los despidos colectivos, que regía en el sistema español desde los años treinta del siglo XX y cuya supresión se venía barajando desde la incorporación de España a la Unión Europea. Con la reforma laboral de 2012 se sustituye por un mero deber de comunicación del despido a la autoridad laboral, que mantiene en todo caso antiguas competencias de seguimiento y control y que ahora ve incrementadas sus funciones de asistencia y asesoramiento, muy importantes con toda seguridad para la puesta en marcha de "medidas de acompañamiento" a favor de los trabajadores afectados. La eliminación de aquella autorización administrativa afecta, por cierto, a otras medidas empresariales que pueden jugar como alternativa al despido colectivo y que pueden adscribirse sin dificultad al ámbito de la "flexibilidad interna": se trata de la reducción temporal de jornada y la suspensión de los contratos de trabajo, cuyo uso ha querido impulsar el legislador español desde la reforma laboral de 2010 y cuya regulación ha sido también objeto de retoques con la reforma de 2012.

La reforma laboral de 2012 ha entrañado asimismo una nueva revisión de las normas legales reguladoras de la actividad de negociación colectiva, profundamente retocadas en el año 2011 y objeto de retoque, asimismo, prácticamente en todas las reformas anteriores. Como en otras ocasiones, la reforma laboral de 2012 ha querido reconstruir la regulación legal de la negociación colectiva para hacerla más flexible y, en especial, para que ofrezca mayores posibilidades de revisión de los convenios y acuerdos colectivos y permita una mejor adaptación de la regulación pactada a las necesidades de la empresa. Flexibilidad y descentralización de la negociación colectiva son los grandes objetivos de la reforma laboral española desde hace tiempo. Para ello, la reforma laboral de 2012 ha profundizado en algunas líneas de regulación que ya estaban presentes en las reformas de 2010 y 2011, entre las que vale la pena destacar las siguientes: la preferencia del convenio colectivo de empresa respecto de los convenios colectivos de ámbito superior en la regulación de determinadas materias (salario, clasificación profesional, horario, etc.), la posibilidad de celebrar un acuerdo en el ámbito de la empresa para modificar o dejar de aplicar las condiciones de trabajo reguladas en convenio colectivo (particularmente las condiciones de contenido económico o salarial), y la pérdida de vigencia del convenio colectivo al transcurso del plazo de un año desde su denuncia salvo pacto en contrario (regla que tiene por objeto acelerar la renovación temporal de los convenios colectivos).

5. Las transformaciones recientes del Derecho del Trabajo en España no pueden entenderse tan sólo desde la óptica de la flexibilidad. Ni las operaciones de reforma laboral se limitan a ese objetivo, ni todos los cambios legales efectuados en el ordenamiento laboral español en los últimos años se han producido en el contexto de la reforma laboral. Por lo pronto, todas las leyes que han abordado operaciones de reforma laboral han incluido reglas que responden a otra clase de preocupaciones o que se inspiran en otro tipo de ideas. La reforma laboral del año 2012, por ejemplo, incrementa los derechos de formación del trabajador en el seno de su relación laboral (mediante la concesión al trabajador de un "crédito horario" de formación acumulable hasta por periodos de cinco años), y también precisa las condiciones de disfrute del derecho a vacaciones anuales (con la incorporación de los nuevos criterios interpretativos de la jurisprudencia comunitaria). Algo similar podría decirse de cualquier otra operación española de reforma laboral, puesto que siempre se han tratado de conjugar las medidas flexibilizadoras (aparentemente más beneficiosas para la empresa) con algunos progresos en los derechos laborales. La afirmación del principio de igualdad para trabajadores temporales y trabajadores a tiempo parcial en relación con los trabajadores de carácter indefinido y a tiempo completo, o la incorporación a la regulación laboral correspondiente de un tiempo máximo para las situaciones de temporalidad en la empresa a partir del cual el trabajador pasa a tener la condición de trabajador indefinido, son otras manifestaciones significativas de esa tendencia. La introducción sucesiva de nuevos derechos de información a favor de los representantes de los trabajadores al hilo de otras reformas laborales es otro ejemplo de esa corriente de signo más protector.

Las reformas laborales, por otra parte, suelen tener por objeto la programación de nuevas medidas de política de empleo, especialmente en el terreno de la formación profesional y del fomento del empleo. La puesta en marcha de nuevas modalidades de contratación laboral con un régimen singular más atractivo para la empresa, que constituye una constante de las reformas laborales en España, no puede verse tan sólo como una medida de flexibilización de las condiciones de ejecución del contrato de trabajo; debe contemplarse también como una fórmula de fomento del empleo dirigida a los grupos de población con mayores dificultades de colocación, principalmente de los jóvenes y de los desempleados de larga duración. Además de esa actuación típica, las reformas laborales suelen incentivar la contratación de trabajadores mediante la concesión de bonificaciones en las cuotas de seguridad social o desgravaciones en los correspondientes impuestos, ya sea para los actos de nueva contratación, temporal o indefinida, ya sea para las decisiones de transformación de contratos temporales en contratos indefinidos. La reforma laboral de 2012, por ejemplo, prevé reducciones en las cuotas de seguridad social para los contratos de formación y aprendizaje, y concede bonificaciones en dichas cuotas a las empresas que decidan la transformación de contratos en prácticas en contratos indefinidos. La reforma laboral de 2012 también adopta algunas medidas encaminadas a facilitar el mantenimiento del empleo de los trabajadores mayores de cincuenta años, así como la continuidad de los contratos de trabajo tras el cumplimiento por el trabajador de la edad ordinaria de jubilación.

Conviene decir, por lo demás, que la adaptación progresiva del Derecho del Trabajo en España desde la puesta en marcha del actual régimen constitucional (en los años finales de la década de los setenta del siglo XX) no sólo se ha efectuado mediante leyes de reforma laboral. También se han aprobado otras muchas disposiciones legales de ampliación o especificación de derechos laborales. En el año 1999 fue aprobada una ley destinada a favorecer la conciliación de la vida laboral y familiar mediante la ampliación de los permisos que pueden disfrutar los trabajadores para el cuidado de familiares. Esa línea de regulación fue intensificada en el año 2007 mediante una ley de igualdad entre mujeres y hombres que también introdujo mejoras en la formulación y el ejercicio de determinados derechos laborales conectados con la compaginación de familia y trabajo y que, sobre todo, plasmó de una manera más precisa y detallada el alcance del principio de no discriminación por razón de sexo en el ordenamiento español. Con esta última orientación, en el año 2003 fueron aprobadas normas de transposición de las Directivas comunitarias sobre igualdad y no discriminación por razón de edad, discapacidad, origen racial y étnico, religión, convicciones personales y orientación sexual. En el año 2007 se procedió a una importante reordenación de los derechos de información y consulta de los representantes de los trabajadores.